1902

RÉCITS ALGÉRIENS

---

*

1830-1848

PROPRIÉTÉ DES ÉDITEURS

Droit de traduction réservé

LES FRANÇAIS EN AFRIQUE

RÉCITS ALGÉRIENS

PAR

E. PERRET ✵, O. Nicham

ANCIEN CAPITAINE DE ZOUAVES

LE DEY D'ALGER. — DEBARQUEMENT DE L'ARMÉE FRANÇAISE EN AFRIQUE. — STAOUÉLI. — ENTRÉE DES FRANÇAIS A ALGER. — BONE. — MÉDÉA. — TRAITÉ DESMICHELS. — LA MACTA. — MASCARA. — TRAITÉ DE LA TAFNA. — PRISE DE CONSTANTINE. — LES PORTES DE FER. — MAZAGRAN. — MOUZAÏA. — PRISE DE LA SMALA D'ABD-EL-KADER. — TANGER. — MOGADOR. — BATAILLE D'ISLY. — MASSACRE DE LA DEÏRA. — REDDITION D'ABD-EL-KADER.

1830-1848

Septième Edition illustrée de HUIT PORTRAITS

PARIS

B. BLOUD, LIBRAIRE-ÉDITEUR

4, RUE MADAME, ET 59, RUE DE RENNES

INTRODUCTION

En 1830, la France ne se rendait pas un compte bien exact de l'effort que ses armées allaient tenter en Algérie ; elle ne voyait pas qu'une lutte séculaire, acharnée, se poursuit à travers les âges entre l'idée chrétienne et l'idée musulmane. Les compagnons d'armes de Saint-Louis, les miquelets espagnols, les lansquenets de Charles-Quint, les mousquetaires de Louis XIV ont fait tour à tour leur apparition sur la terre islamique du Moghreb, l'Afrique du Nord, continuant ainsi sans s'en douter la grande lutte entreprise depuis des siècles entre la race *âryenne* (1) et la race *sémitique*, lutte marquée par les noms

(1) On appelle race Aryenne ou Aryane ce groupe ethnologique auquel beaucoup d'écrivains donnent le nom d'*Indo-Germanique*. Cette race se compose de deux branches, celle d'Orient et celle d'Occident. Cette dernière comprend les habitants de l'Europe, à l'exception des Turcs, des Hongrois et des Finnois. Les ethnologistes placent le berceau de la race aryenne entre la mer Caspienne et l'Hindou-Kouch. De ce centre partirent les peuplades qui rayonnèrent vers le nord-ouest. La plus connue peupla l'Europe sous le nom générique de Celtes. — Les Sémites, ou descendants de Sem, formèrent deux branches également, les Sémites monothéistes, comprenant les Juifs et les Arabes, et les Sémites païens, représentés autrefois par les Babyloniens et les Phéniciens.

(*Note des éditeurs.*)

prestigieux de Godefroy de Bouillon, du Cid Campéador. de Jean Sobieski.

Le christianisme, issu de l'idée sémitique, n'obtint qu'un succès relatif auprès des Sémites eux-mêmes, mais eut un effet magique sur la race âryenne ; du coup, cette race, à peine sortie de l'enfance, se haussa prodigieusement et prit le sceptre du monde connu. La race sémite, race toute primitive, toute spontanée, toute d'instinct, eut la perception confuse que l'Europe, patrie de la race âryenne qu'elle avait toujours eue en horreur, allait déborder sur elle. Elle se prépara donc à la lutte, tant il est vrai qu'il y a des presciences instinctives dans les agissements des races. Restée telle que nous la dépeignent les plus anciens récits bibliques, se sachant incapable de ce reploiement intime que s'impose l'esprit âryen, elle eut le sentiment vague que la lutte ne se poursuivrait qu'à grands coups d'idées ; elle essaya donc aussi d'avoir son idée à elle. C'est ainsi que l'idée musulmane naquit sur la terre sémitique, s'assimilant ce qu'elle pouvait de l'idée chrétienne dont elle percevait la supériorité, le plus souvent la pastichant outrageusement. Un homme de génie, Mahomet, — les Arabes disent Mohamed, — présenta aux Sémites le Coran, — le Qorân, de qora, lire, — œuvre originale et incohérente, généralement mal jugée et mal comprise par les peuples occidentaux. Le Coran n'imite l'Evangile qu'en le travestissant et ne le copie qu'en prenant en général le contrepied de tout ce qu'il dit. Cette œuvre étrange est à la fois un code religieux, un code civil, un manuel d'hygiène, un cours d'hippologie, bien autre chose encore. C'est un amas de turpitudes et d'absurdités, et s'il n'avait eu pour premier effet de plonger les peuples de l'islam dans un profond abrutissement, on aurait peine à concevoir l'immense empire qu'il exerce aujourd'hui sur tant de millions d'hommes.

Mahomet n'a réussi qu'en déchaînant les frénésies brutales, les passions abjectes d'une race essentiellement sensuelle et rapace. Pauvres, ne comprenant que des plaisirs grossiers, ne connaissant que des jouissances chétives dans les arides profondeurs de l'Hedjâz, les Arabes ont été vite séduits par un homme qui venait leur dire : Ce n'est pas ma parole que je vous présente; c'est la parole de Dieu, miraculeusement reçue par moi, écrite ensuite par moi.

Le Coran, tel qu'il fut conçu, creusa un abîme entre les deux races âryenne et sémite; c'est une véritable école de haine et d'intolérance. On y lit par exemple que tout musulman convaincu de connivence avec les infidèles est considéré lui-même comme un infidèle et mérite la mort. Il est plus facile, disent encore aujourd'hui les Arabes fanatiques, adeptes des confréries religieuses musulmanes qui pullulent de Tripoli au Maroc et qui prennent leur mot d'ordre à la Mecque, il est plus facile de mêler l'eau avec le feu que de cohabiter avec des chrétiens. Un Arabe instruit disait un jour au général Daumas : Si l'on faisait bouillir dans la même marmite un chrétien et un musulman, le bouillon de chacun se séparerait.

Mais, diront quelques optimistes, ces sentiments d'intolérance tendent à s'effacer.

C'est une étrange erreur, car la religion musulmane est avant tout une religion de propagande. Il m'a été ordonné, a dit Mahomet, de tuer tous les hommes jusqu'à ce qu'ils confessent qu'il n'y a de Dieu que Dieu et que Mahomet est son prophète.

On comprend si les populations sémites, qui ont la passion du meurtre et auxquelles on promettait la conquête, le butin et le paradis le plus grossièrement sensuel qu'il soit permis de rêver, partirent en guerre avec joie. Unies dans une foi commune, les tribus sémites, d'habitude profondément divisées, se soudèrent et conçurent un moment l'idée de patrie. Il n'y eut ni tièdes ni hésitants ; tous partirent. Dieu, leur avait dit Mahomet, se complaît à voir les rangs serrés à la conquête. Et les rangs des Arabes furent serrés. Ils se ruèrent sur le Moghreb, la terre de l'ouest, et conquirent l'Afrique au galop de leurs chevaux. Tu vois, grand Dieu, s'écria le célèbre Okba en lançant son cheval dans les flots de l'Atlantique ; la mer seule arrête tes fidèles.

Mais cette sauvage invocation du conquérant arabe ne devait pas être le dernier mot de son successeur. Par delà l'ancien détroit des colonnes d'Hercule, les côtes d'Espagne se profilaient à l'horizon ; elles tentèrent Tarik, qui débarqua au pied d'un rocher qui a gardé son nom, Djebel-Tarik, montagne de Tarik, dont par corruption les Espagnols ont fait Gibel-Tarik ou Gibraltar. En quelques années l'Espagne fut conquise. Mais les Arabes, dans leur fureur conquérante, voulurent pénétrer dans la Gaule carolingienne, et les flots de l'invasion sarrasine se brisèrent contre les lourds bataillons francs de Charles-Martel.

Œil pour œil, dent pour dent. L'Europe rendit aussitôt l'invasion et se rua aux croisades qui échouèrent par le décousu des efforts. Les hommes d'armes qui suivaient Godefroy de Bouillon ou Richard Cœur de Lion ne se doutaient pas qu'ils étaient d'humbles acteurs dans cette lutte gigantesque entre deux races, car, comme nous venons de le dire, les agissements des peuples sont instinctifs, inconscients. L'homme s'agite et Dieu le mène. Victorieux à Saint-Jean d'Acre, à la Mansourah, et à Tunis, les musulmans essayèrent une dernière fois d'envahir l'Europe ; un peuple sorti des steppes de l'Asie centrale prit la tête de l'Islam et pénétra dans la vallée du Danube. C'est à grand'peine que les cavaliers de Sobieski arrêtèrent devant Vienne les flots de l'invasion turque.

Qui sait si l'âryen, dans cette lutte sans merci, n'eût pas à la longue été vaincu ? Heureusement que le grand mouvement d'idées amené par le christianisme lui avait apporté une arme négligée par le sémite, la science, résultat de l'observation et de l'esprit d'examen. Mahomet s'était proclamé ignorant, invitant à l'ignorance ses grossiers sectateurs, sans doute pour mieux s'imposer à l'imbécillité publique, et faire passer les redites, les moralités niaises, les contradictions, les vieilleries talmudiques dont il émaillait ses élucubrations ; il crut faire œuvre de maître en interdisant à ses fidèles l'étude de la philosophie, des lettres et des sciences. La civilisation arabe avait jeté un certain éclat ; tout s'effondra dans le gouffre du renoncement aux choses humaines prêché par les orthodoxes musulmans. La science n'a donc jamais pu révéler au sémite le moindre secret. L'âryen, lui, est en possession des forces scientifiques les plus extraordinaires, telles que la vapeur et l'électricité ; il a perfectionné l'outillage de la guerre et fait de celle-ci une science, et le sémite en est encore, là où il n'est pas frotté de civilisation par des mains intéressées, à son vieux fusil à pierre et à son yatagan de famille. L'Arabe assistera aux spectacles les plus extraordinaires sans même essayer de comprendre ; c'est à peine s'il murmurera : Dieu l'a voulu. En plongeant ses sectateurs dans l'ignorance et l'abrutissement, Mahomet a réussi à fonder une religion sans athées, mais il a préparé l'anéantissement des races musulmanes. Leur décomposition s'opère, leur décadence marche à pas de géant.

C'est une rude charge que de prendre un pays musulman et de le façonner à la vie européenne. Petit à petit, l'Europe se partage les débris du monde islamique ; un jour c'est la Grèce, un autre jour c'est la Russie, un autre jour c'est l'Angleterre qui arrache un morceau de l'empire des califes. Mais un monde ne meurt pas sans être agité par de formidables soubresauts, et la France, qui a mis la main sur une partie de l'Afrique du Nord, a payé et paie encore du plus pur de son sang pour accomplir la tâche que la mystérieuse Providence assigne aux races supérieures, celle de civiliser autour et quelquefois loin d'elles.

Toute domination en pays turc ou arabe est une compression ininterrompue, exigeant un déploiement continu de forces. Après 1830, la France devait en faire la dure expérience et ne pas tarder à voir qu'il est aussi difficile de pénétrer par les armes que par les idées dans ce monde décrépit avant l'âge. Aujourd'hui encore, après plus d'un demi-siècle d'occupation, nous n'avons pas conquis l'Algérie ; les populations arabes, quoi qu'en disent les optimistes qui veulent s'endormir sur l'oreiller trompeur de la tranquillité, nous sont hostiles. La France a violenté l'Algérie, rien de plus, et il faudra de longues années pour que l'ère des insurrections soit close à jamais. Le nomade, le nomade surtout, est irréconciliable ; l'Arabe nous hait non seulement comme conquérants, non seulement parce qu'il voit que la civilisation européenne aura raison de lui peu à peu, mais encore parce que, croyant sincère, il méprise profondément notre scepticisme.

Qui s'empare d'un pays musulman s'affaiblit. Les Anglais, race éminemment pratique, s'en sont aperçus au Soudan qu'ils ont évacué sans s'attarder à faire des expérimentations hasardées comme certain peuple de rêveurs, habitant les bords de la Seine, affolé de doctrines humanitaires. Toujours téméraire, la France, cherchant des consolations pour les provinces qui lui ont été arrachées en 1870, trouvant que l'Algérie avait besoin d'un complément, a entrepris en 1881, sans avoir terminé dans ce dernier pays sa tâche civilisatrice, de régénérer la Tunisie, pays qui s'éteignait dans la pourriture et qu'elle ne voulait pas laisser à d'autres. Tâche sur tâche. L'avenir nous apprendra si le moment était bien choisi et si l'effort n'est pas au-dessus des forces de la patrie française.

Le maréchal Bugeaud disait un jour : « Soyons justes et cléments envers les indigènes, mais n'oublions jamais qu'ils ne connaissent que la force. » Les philanthropes et les politiciens d'aujourd'hui l'oublient trop. Sans connaître l'Algérie et les peuples qui l'habitent, sans s'enquérir des vrais besoins de ceux-ci, sans voir que les cerveaux arabes sont façonnés autrement que les nôtres, ils ergotent à perte de vue, parlent colonisation et assimilation, ne voyant guère que quelques milliers d'électeurs à ajouter à ceux de la métropole. Et pour le reste ils prétendent qu'on obtiendra tout des Arabes par la douceur, la persuasion et la reconnaissance de leurs prétendus droits civiques.

La suite de ces récits montrera ce qu'est l'Arabe réellement. Pour lui le mot clémence est synonyme de faiblesse ; c'est un fauve que l'on aura la plus grande peine à apprivoiser.

L'assimilation à la race française des peuples habitant l'Algérie est une œuvre de longue haleine. Sans doute, les Français ont de remarquables qualités assimilatrices, mais ils n'ont pas de patience, ils ne savent pas attendre, et manquent parfois de l'intelligence des transitions. C'est à peine si aujourd'hui la conquête de l'Algérie, la conquête morale bien entendu, est commencée. On ne veut pas voir que deux peuples dont les civilisations ne sont ni égales ni contemporaines ont la plus grande peine à se rapprocher ; on ne veut pas convenir de la puissance sur les Arabes des idées religieuses, hostiles à notre scepticisme frelaté. De longtemps l'Arabe ne se hissera pas jusqu'à nous ; nous parlons du vrai Arabe, et non de ces Arabes abrutis qui nous ont pris tous nos vices sans prendre aucune de nos qualités, et qui se croient naïvement européanisés après avoir pris l'habitude de l'absinthe.

Et colonisons à force. Pour que l'indigène, qui se voit peu à peu enserré dans le filet de la colonisation, se résigne tout à fait et cesse de se révolter à tout moment, il faut qu'il soit submergé par le flot des colons. Alors il perdra peut-être l'espérance, car, dit-il aujourd'hui, le joug des chrétiens a été imposé aux croyants comme un châtiment, et Dieu y mettra fin s'il le veut.

Alors enfin, les marabouts, prédicateurs de guerre sainte, cesseront d'être écoutés et prétendront vainement que c'est Dieu qui les envoie. Le temps des Mouley-Sâa, ou maîtres de l'heure, disparaîtra pour ne plus revenir, et nous serons définitivement les maîtres de l'Algérie et de la Tunisie.

RÉCITS ALGÉRIENS

CHAPITRE PREMIER

SOMMAIRE :

La question d'Alger. Le gouvernement de la Restauration et l'opposition. L'Europe devant la piraterie barbaresque. Le baron d'Haussez et lord Stuart. — L'armée en 1830. Le comte de Clermont-Tonnerre. Les camps d'instruction. Composition de l'armée expéditionnaire. Savants, peintres, volontaires, officiers étrangers. Le capitaine Mansell. L'orage de Charles-Quint. — Charles-Quint. Les captifs. Armadas espagnoles. Charles-Quint devant Alger. Le duc de Beaufort à Djigelly. Duquesne devant Alger. Les Anglais. La flotte française en 1830. — L'amiral Duperré. Ses débuts dans la carrière maritime. Duperré dans la mer des Indes et à Saint-Thomas. — Prise d'Alger. Aspect du pays L'Atlas, le Sahara, le Sahel, les hauts-plateaux, le désert, les oasis. — Les Arabes. Leur portrait par Joinville. Manière de combattre. Salluste. Cruauté des Arabes. Combat de Staouëli. Le jeune de Bourmont. Le capitaine Changarnier. Les maladies. La tente-abri, la demi-couverture et le duc d'Orléans. — Les Turcs chassés d'Alger. Peuples qui les ont précédés. Carthaginois, Romains, Vandales, Grecs, Arabes. Caractère de ceux-ci. Paresse et imprévoyance. La tribu. La propriété. La famille La femme arabe. — L'odjack d'Alger. Ses Barberousse. Deys, janissaires. Justice turque et justice arabe. Les Coulouglis. Les tribus maghzen. Le trésor des deys. Calomnies. Le maréchal de Bourmont.

I

Peu de temps après l'établissement en France de la première République, vers 1793, le gouvernement français conclut un marché avec un négociant juif d'Alger, nommé Bacri, pour l'expédition de grains à Marseille et à Toulon.

Bacri acheta des grains à Alger et en Italie et les fit entrer dans les ports français de la Méditerranée ; mais il n'obtint jamais d'être payé. Obligé de tenir tête à l'Europe, la République française était hors d'état de faire face à ses engagements, et l'empire, qui lui succéda, refusa d'écouter Bacri. Le gouvernement de la Restauration ne crut pas devoir se dérober aux engagements pris par un des gouvernements qui l'avaient précédé, et reconnut en 1816 la validité des réclamations du négociant juif. La somme due s'élevait à quatorze millions ; mais une transaction, survenue en 1817, la réduisit finalement à sept.

Les nombreux créanciers de Bacri firent opposition ; les sept millions furent donc versés à la Caisse des dépôts et consignations. La validité d'un grand nombre de créances ayant été reconnue plus tard par une série de jugements réguliers, il ne restait plus en caisse, vers 1825, que quelques centaines de mille francs.

Au nombre des créanciers de Bacri était Hussein, dey d'Alger, pour une somme de soixante-dix mille piastres. La réclamation du dey se produisit fort tard, ce qui ne l'empêcha pas de se plaindre avec amertume et hauteur des paiements qui avaient déjà été effectués ; bien plus, il eut l'audace d'émettre des doutes sur la bonne foi du gouvernement français, et continua ses réclamations même après avoir été désintéressé par Bacri, prétendant qu'il y avait un reliquat. Il écrivit directement au roi Charles X, qui, bien entendu, ne répondit pas à cette singulière prétention.

Un jour, le 30 avril 1827, Hussein, recevant M. Deval, consul de France à Alger, se plaignit d'avoir été traité cavalièrement par Charles X, et M. Deval lui ayant répondu qu'il était au-dessous de la dignité d'un roi de France de correspondre directement, pour des questions de détail, avec un dey d'Alger, celui-ci, qui tenait à la main un éventail en plumes de paon, en frappa le consul.

Se redressant, M. Deval dit avec dignité :

« — Ce n'est pas à moi, c'est au roi de France que l'insulte a été faite. »

A quoi le dey répondit sottement et insolemment :

« — Je ne crains pas plus le roi de France que son représentant. »

M. Deval reçut l'ordre de quitter Alger, et, dès lors, la guerre fut considérée comme déclarée. Nous aurions beaucoup trop à nous étendre si nous voulions expliquer les raisons de politique intérieure qui firent ajourner cette guerre à près de trois ans ; le ministère Villèle ne voulait s'occuper de la question africaine qu'après la question helléno-turque et le rappel de l'expédition débarquée en Morée sous les ordres du général Maison. En 1827, d'ailleurs, la question helléno-turque était entrée dans une phase aiguë ; on se souvient, en effet, que la bataille navale de Navarin est du 20 octobre 1827. Une expédition fut cependant projetée, et en attendant le gouvernement français établit une croisière devant Alger. Cette croisière, composée d'une douzaine de bâtiments, fut confiée au capitaine de vaisseau Collet. L'on envoya également des croiseurs sur divers points de la Méditerranée, tels que le cap Bon, les côtes de Sicile, les îles Baléares. Pendant près de trois ans, la Méditerranée occupa ainsi près de cinquante bâtiments de la marine française.

Bientôt les affaires de la piraterie ne marchèrent plus à Alger et la population jeta les hauts cris ; le dey dut donner l'ordre à la flotte algérienne de prendre la mer pour forcer le passage. Onze bâtiments corsaires furent disposés pour la lutte et plus de mille volontaires se joignirent aux équipages. Les Algériens choisirent pour la sortie de leur flotte l'anniversaire de la naissance de Mahomet ; il fallait bien mêler un peu de fanatisme aux rancunes de l'intérêt lésé et à l'ardeur de l'esprit de rapine. Dès que la flotte algérienne parut, le capitaine Collet se porta sur elle avec deux frégates, deux bricks et une canonnière ; chaque navire français avait donc à combattre deux adversaires. Les terrasses des maisons d'Alger étaient couvertes de femmes qui criaient et agitaient leurs mouchoirs pour encourager les pirates ; les plus bruyantes étaient les juives, dont les maris et les frères n'avaient, bien entendu, pas fourni un seul volontaire et n'avaient pas de coups à recevoir. Après deux heures d'un combat fort vif, les corsaires algériens, passablement maltraités, rentrèrent dans le port dont par prudence ils s'étaient fort peu éloignés.

On rapporte que le bey fit venir les onze capitaines, les traita de chiens, et leur dit aimablement qu'il éprouvait une tentation violente de leur faire couper la tête.

Mais toute histoire a son envers. Les habitants d'Alger jouissaient d'un des bienfaits réservés aux peuples civilisés ; ils avaient le bonheur d'avoir une sorte de *Moniteur*, et connaissaient les beautés de la phraséologie officielle. Le lendemain, dans le *Daftar Takrifat* (Recueil de choses nobles), ils purent lire un récit hyperbolique sur la déroute des Français. L'allemand Pfeiffer nous a conservé ce récit qui se termine par cette phrase colorée :

« Par la grâce de Dieu, le zéphyr de la gloire souffla sur le parti de la foi, et le vent de la honte et de la calamité atteignit ses ennemis. Leur commandant donna le signal de la retraite en tirant trois coups de canon à poudre, et ils s'enfuirent couverts d'opprobre. »

Les habitants d'Alger qui, ce jour-là, jetèrent un coup d'œil du côté de la mer, ne purent qu'être stupéfaits. Pendant près de trois ans, ils aperçurent à l'horizon les bâtiments français, comme une image menaçante de la fatalité.

Cependant le commerce languissait dans la Méditerranée ; le prix des assurances maritimes montait toujours, et bien que le résultat dût en être attribué à l'inquiétude des esprits plutôt qu'aux prises faites par les pirates barbaresques, de nombreuses doléances s'élevèrent de tous côtés. Les organes de l'opposition ne se firent pas faute de s'en emparer; ils déplorèrent à l'envi la situation faite à nos intérêts dans la Méditerranée, s'indignèrent sur le degré d'abaissement auquel la monarchie des Bourbons avait fait descendre la France, et sommèrent le gouvernement de prendre un parti décisif.

Charles X n'avait pas à recevoir de sommation puisque l'expédition était résolue de longue date ; il fut répondu que les préparatifs étaient commencés.

Les oppositions, quel que soit leur drapeau, n'ont jamais varié dans leurs procédés, et la presse nous fait parfois assister à des spectacles réjouissants. A peine sut-elle que l'on travaillait avec ardeur dans nos grands arsenaux maritimes qu'il y eut un revirement soudain. L'expédition projetée sur Alger devint une folie et les journaux entassèrent les unes sur les autres les plus sinistres prédictions, qui eurent naturellement leur écho à la Chambre des pairs et à la Chambre des députés. Tout journal, grand ou petit, devint tout à coup très versé dans les questions maritimes et militaires. Pour commencer, on s'évertua à prouver que le débarquement était impossible ; chacun fit preuve d'érudition, et le *mare sævum et impetuosum* de Salluste courut dans toutes les bouches et s'étala à la première page de tous les journaux.

Il n'y avait pas d'*agence Havas* officieuse à l'époque. Outrée de ne pas être contredite, la presse opposante s'enivra de colère : la France avait assez de gloire, elle en était rassasiée, il n'y aurait pas un grand honneur à chasser d'Alger quelques pirates et à faire brèche à de vieux remparts qui devaient s'écrouler au premier coup de canon. Tant que la presse resta sur ce terrain, elle échappa au ridicule ; mais lorsque, par la suite, les citations classiques et les récits de voyage firent leur apparition, les journaux atteignirent les plus hautes régions du comique. Tous les contes fabuleux des anciens sur l'Afrique furent exhumés de la poussière des bibliothèques. On voulut bien ne pas puiser dans l'Odyssée du vieil Homère qui représente Ulysse débarquant en Lybie « où les agneaux naissent avec des cornes », on se contenta d'éplucher Procope et Salluste. Le *Journal des Débats*, alors à la tête de l'opposition dynastique, publia une série d'articles où l'Afrique était représentée comme « une rude terre, couverte de tribus indomptables qui devaient accourir du désert à flots pressés pour nous rejeter dans la mer » ; les lions, les tigres, les reptiles, voire les sauterelles, n'étaient pas oubliés, non plus que le redoutable vent du midi qui ensevelit jadis une des armées de Cambyse.

Et la soif! Pauvres soldats français, victimes d'une politique insensée, rappelez-vous la campagne d'Égypte. Un journal bonapartiste, dénommé journal libéral parce que le bonapartisme et le libéralisme avaient fusionné, dit que pour faire une nouvelle expédition en Afrique il fallait un autre général Bonaparte dont la France était absolument dépourvue. Préparons-nous, dit une brochure du temps sur un ton tragique, à nous écrier : Varus, rends-nous nos légions !

Cette brochure, due à la plume de M. de Laborde, député de la Seine, eut un succès énorme. « La France, s'écriait M. de Laborde, a besoin d'institutions et non de conquêtes. » Un peu plus loin, l'auteur, qui tenait à ce que l'opposition gardât aux yeux du pays une bonne renommée de patriotisme — les élections approchaient ! — écrivait : « Oui, sans doute, la France ne peut rester sous le coup d'une insulte; il faudra peut-être reporter en Afrique l'étendard de Saint-Louis. » Cette petite concession n'ôtait rien à la violence générale de la brochure. « Cette guerre, demandait M. de Laborde, est-elle juste? Non. On vole le dey, il réclame, il se plaint et on le tue. » L'auteur terminait par cette tirade d'une éloquence douteuse : « La voix de la morale publique assignera les ministres à la barre de la France et de l'humanité... La France a le droit de leur demander compte de la vie et de la fortune de ses enfants... Elle prendrait pour témoins ces nouveaux Palinure laissés sans tombeaux sur la terre ennemie. »

La presse dénaturait aussi de la façon la plus étrange les rapports de la France avec les puissances étrangères. Il n'y avait pas à douter ; l'expédition d'Alger devait être le signal d'une guerre générale. La vérité est que toute l'Europe nous encourageait. Presque toutes les puissances européennes payaient des tributs au dey d'Alger et brûlaient du désir d'en être affranchies par une conquête française qui eût écrasé la piraterie barbaresque. Ces tributs étaient vraiment déshonorants. Le Portugal et les Deux-Siciles avaient consenti en faveur des deys d'Alger à un tribut annuel de 24,000 piastres (1), et étaient tenus en outre à fournir des présents de la valeur de 20,000 piastres fortes. La Suède et le Danemark payaient leur tribut en nature et fournissaient annuellement pour environ 4,000 piastres de munitions et de matériaux de mer, sans compter qu'elles s'étaient engagées à en verser 10,000 au renouvellement de chaque traité, c'est-à-dire tous les dix ans. La superbe Angleterre, les Etats-Unis, l'Espagne, la Sardaigne, le Hanovre, Brême, payaient six cents livres sterling à chaque renouvellement de consul. Seules, la France et l'Autriche ne payaient rien, et encore l'Autriche avait bénéficié de la protection du sultan qui avait bien voulu s'interposer pour que le dey daignât accorder cette faveur.

La Turquie, ne croyant pas au succès de nos armes, vit d'abord sans déplaisir la France s'engager dans une expédition contre le dey ; elle était persuadée qu'une deuxième édition du malheur de l'armada de Charles-Quint rehausserait le prestige de l'islam en détresse. Au dernier moment, apprenant que les préparatifs faits à Toulon étaient sérieux et qu'il ne s'agissait pas d'une de ces petites expéditions qu'un rien fait échouer, elle céda aux instances de l'Angleterre qui nous suscitait des obstacles partout et s'avisa de protester ; comme le gouvernement français ne

---

(1) Monnaie d'argent de la valeur de cinq francs environ de notre monnaie.

s'émut pas de ses récriminations, elle proposa d'envoyer à Alger, pour le compte de la France, une expédition égyptienne.

Les offres de la Turquie furent poliment déclinées. Restait l'Angleterre, qui aurait cru déroger à sa dignité et négliger la politique traditionnelle du Foreign-Office en ne montrant pas les dents — les grandes dents de la vieille Albion ! — au sujet d'une expédition française et de la concentration d'une flotte dans la Méditerranée. Elle eut l'audace de vouloir exiger du gouvernement français l'engagement de se retirer sitôt la ville d'Alger prise. Elle obtint un refus catégorique. Diverses autres propositions ayant été poliment refusées, sa colère ne connut plus de bornes. Lord Stuart, ambassadeur à Paris, fatiguait les ministres de Charles X les uns après les autres, se permettant des observations auxquelles son caractère hautain et violent donnait le plus souvent le caractère de la menace. Celui des ministres français qui perdit patience le premier fut le baron d'Haussez, ministre de la marine. Voici en quels termes, dans ses Mémoires, il raconte une conversation avec lord Stuart :

« Plusieurs fois l'ambassadeur d'Angleterre chercha à entamer la question avec moi, quoique je lui disse que, le côté diplomatique de cette affaire n'étant pas dans mes attributions, je ne pouvais ni ne voulais m'en occuper. Un jour qu'il m'avait pressé fortement, et sans plus de succès que de coutume, il ajouta que ces questions n'avaient pour objet que la confirmation de ce qu'il savait ; qu'il avait découvert que nous ne songions pas sérieusement à l'expédition, et que nos préparatifs ne tendaient qu'à faire peur au dey et à l'amener à composition. — Ce serait peine perdue, lui répondis-je ; dans son insouciance turque, le dey ignore peut-être que nous nous proposons de l'attaquer, et, s'il le sait, il s'en remet à Dieu du soin de le défendre. Au reste, je puis vous déclarer, parce que nous n'en faisons pas mystère, que c'est très sérieusement que nous faisons des préparatifs. Le roi veut que l'expédition se fasse, et elle se fera. — Vous croyez donc que l'on ne s'y opposera pas? — Sans doute, qui l'oserait? — Qui? Nous les premiers! — Milord, lui dis-je avec une émotion qui approchait fort de la colère, je n'ai jamais souffert que, même vis-à-vis de moi, simple individu, on prît un ton de menace ; je ne souffrirai pas davantage qu'on se le permette à l'égard du gouvernement dont je suis membre. Je vous ai déjà dit que je ne voulais pas traiter cette question diplomatiquement ; vous en trouverez la preuve dans les termes que je vais employer..... La France se moque de l'Angleterre..... La France fera, dans cette circonstance, ce qu'elle voudra, sans souffrir de contrôle ni d'opposition. Nous ne sommes plus au temps où vous dictiez des lois à l'Europe. Votre influence était appuyée sur vos trésors, vos vaisseaux et une habitude de domination. Tout cela est usé. Vous ne compromettrez pas ce qui vous reste de cette influence en allant au delà de la menace. Si vous voulez le faire, je vais vous en donner les moyens. Notre flotte, déjà réunie à Toulon, sera prête à mettre à la voile dans les derniers jours de mai. Elle s'arrêtera pour se rallier aux îles Baléares ; elle opérera son débarquement à l'ouest d'Alger. Vous voilà informé de sa marche : vous pourrez la rencontrer si la fantaisie vous en prend ; mais vous ne le ferez pas ; vous n'accepterez pas le défi que je vous porte, parce que vous n'êtes pas en état de le faire. Ce langage, je n'ai pas besoin de vous le répéter, n'a rien de diplomatique. C'est une conversation entre lord Stuart et le baron d'Haussez, et non une conférence entre l'ambassadeur d'Angleterre et le ministre de la marine de France. Je vous prie cependant de réfléchir sur le fond que le ministre des affaires étrangères pourrait vous traduire en d'autres termes, mais sans rien changer au fond.»

Le baron d'Haussez ajoute, en terminant le récit de cette conversation, dont il fixe la date à la fin d'avril 1830 : « Lord Stuart ne me parla plus de cette affaire. »

Plus tard, on fut moins patient à Londres contre ceux qui se permettaient de faire à la grande Albion des observations déplacées ; seulement on fut moins poli que le baron d'Haussez et l'on ne se servit pas de la même façon courtoise de cette belle langue française adoptée comme la langue diplomatique du monde entier. En 1852, avant la guerre d'Orient, l'ambassadeur d'Autriche auprès du gouvernement anglais, baron de Hubner, jouait à Londres le même rôle de matamore qu'en 1830 avait joué à Paris lord Stuart. Il s'agissait de la formation projetée d'une légion polonaise qui devait faire partie des armées britanniques, et cette formation, qui n'eut pas lieu du reste, car les Polonais préférèrent entrer au service de la Turquie, déplaisait singulièrement à l'Autriche. Tous les ministres anglais avaient les oreilles rebattues des doléances du baron de Hubner ; mais celui qui recevait les visites les plus fréquentes du diplomate autrichien, était lord Clarendon, ministre des affaires étrangères. Horripilé un jour par une visite qui n'en finissait plus, agacé par des menaces peu déguisées, le ministre anglais dit au baron de Hubner :

« — Mais enfin que voulez-vous de moi ?
» — Une réponse définitive pour mon gouvernement.
» — Eh bien ! dites-lui qu'il aille..... se promener.

Se levant aussitôt, lord Clarendon prit les mains de l'ambassadeur autrichien stupéfait et lui dit d'un ton caressant :

» — Seulement, vous traduirez ma réponse en langage diplomatique. »

II

Un des plus gros arguments que l'opposition mettait en avant pour empêcher cette guerre était que l'armée n'était pas capable de subir l'épreuve d'une expédition lointaine. Rien de vrai ni d'exact dans cette allégation. Le général comte de Clermont-Tonnerre, un des meilleurs ministres de la guerre que la France ait jamais possédés, avait fait de l'armée française une armée excellente, préparée à toute éventualité. Ce ministre hors de pair avait servi dans trois armes différentes, l'artillerie, la cavalerie et l'infanterie, non pas à la façon des officiers de l'ancien corps d'état-major qui faisaient dans ces trois armes des stages dérisoires comme durée, mais d'une façon sérieuse et effective, pendant de longues années. De la sorte, le général de Clermont-Tonnerre était au courant de tout et connaissait la langue de chacun.

Travailleur consciencieux et acharné, ce ministre très complet avait appris la sténographie pour prendre le plus de notes possible et éviter les pertes de temps. La réforme de l'administration militaire fut son œuvre capitale ; ce fut lui qui substitua le système des adjudications publiques au système vicieux des marchés de gré à gré, système louche qui provoque les tentations et amène les tentateurs. Comme on le verra, l'armée de 1830 fut administrativement outillée de façon remarquable et le *Précis administratif* de M. l'intendant général Denniée nous donne à cet égard des détails dont nos jeunes intendants d'aujourd'hui tireraient un excellent parti. On alla même au delà des besoins.

Un autre titre de gloire de M. de Clermont-Tonnerre est d'avoir rétabli la discipline dans l'armée ; estimant que l'exemple de l'obéissance doit partir d'en haut, sourd à tout esprit de camaraderie, il tint rigoureusement la main à l'observation des règles prescrites. Il aurait fallu dans ces derniers temps des ministres de cette trempe pour opérer, après la funeste guerre de 1870, le relèvement rapide de l'armée française ; nos ministres de la guerre, humbles serviteurs des hommes politiques du jour, changés à tous moments par les fluctuations de la politique, ballottés par les remous d'un parlementarisme insensé, ne sont plus pour les autres généraux des supérieurs, mais bien des camarades sortis momentanément du rang et destinés à y rentrer au premier orage parlementaire. Une prescription ministérielle? Est-ce bien la peine de s'y conformer? Le ministre d'aujourd'hui l'édicte; le ministre de demain la rapporte.

C'est ainsi que s'en va le principe d'autorité, indispensable au bon fonctionnement des armées, base essentielle de cette discipline sans laquelle ces armées ne sauraient exister; c'est ainsi encore que se perpétue dans l'armée française cette tendance funeste, commune à tous les officiers dans les hauts degrés de l'échelle hiérarchique : ne jamais obéir aux ordres venus d'en haut, tout en ne souffrant pas la moindre dérogation à ses ordres à soi.

Le général de Clermont-Tonnerre créa aussi des camps d'instruction pour préparer les troupes à la guerre. Ce fut longuement, en deux ou trois ans, depuis 1827, date où l'expédition d'Alger fut résolue en principe, jusqu'en 1830, que l'armée expéditionnaire fut préparée par un entraînement sagement progressif.

Cette méthode d'entraînement fut conservée et sagement pratiquée par le gouvernement de Juillet. En 1832, fut formée la division active des Pyrénées-Orientales sous les ordres du général de Castellane, plus tard maréchal de France. Jamais un régiment ne fut expédié en Algérie sans avoir passé quelques mois par cette division.

Les quatre premiers régiments qui furent confiés au général de Castellane furent les 2ᵉ et 17ᵉ légers, les 11ᵉ et 47ᵉ de ligne. Le maréchal Clauzel les emmena ensuite en Afrique pour faire, avec le duc d'Orléans, l'expédition de Mascara en 1835, et ils ne tardèrent pas à devenir célèbres. Le 2ᵉ léger avait déjà envoyé un de ses bataillons à l'expédition d'Alger, et la compagnie d'élite de ce bataillon, la compagnie de carabiniers, était alors commandée par le capitaine Changarnier, qui devait successivement devenir chef de bataillon, lieutenant-colonel, et colonel de ce régiment. Le 2ᵉ léger s'illustra aussi en Afrique, surtout à l'expédition de

Constantine et de façon à faire envie à tous les régiments de l'armée française. Le 17° léger ne voulut lui céder en rien ; quand il fut entre les mains du colonel Bedeau, on le citait dans l'armée d'Algérie comme un régiment modèle. Du 47° de ligne nous ne dirons qu'un mot : il était entre les mains du colonel Combes qui venait de le ramener d'Ancône et qui devait être tué à sa tête à l'assaut de Constantine.

Le duc d'Orléans, excellent juge, vint souvent à Perpignan, et il appelait avec raison la division des Pyrénées-Orientales la meilleure école militaire de la France. En effet, jamais troupes mieux entraînées, mieux préparées n'ont été expédiées en Algérie. Le général de Castellane a eu nombre de détracteurs ; on a débité sur lui une infinité de niaiseries, mais ceux qui ont critiqué ce rude soldat étaient des ignorants, des paresseux, ou de mauvais serviteurs. Les militaires vigoureux, actifs, intelligents, possédant le feu sacré, aimaient ce général qui leur demandait beaucoup, et auquel on ne pouvait reprocher le plus petit acte d'injustice ; il fatiguait le soldat, mais était vraiment bon pour lui. C'est à l'école de la division des Pyrénées-Orientales que furent formés les Chargarnier, les Canrobert, les Forey, les Leflô, et une foule d'autres officiers qui devaient s'illustrer en Afrique.

Quantité de récits ont été faits sur le général de Castellane et parmi eux quelques-uns de ridicules. En voici un toutefois que nous avons quelques raisons de croire inédit et exact. Le général avait plaisir à faire souvent la petite guerre ; un jour qu'il suivait de l'œil les évolutions de sa division, la manœuvre exécutée par un de ses colonels l'intéressa vivement. Afin de mieux se rendre compte, il fit escalader à son cheval un mouvement de terrain derrière lequel il vit deux soldats couchés nonchalamment sur l'herbe. Ces deux soldats, qui s'étaient embusqués pour ne pas suivre la manœuvre, étaient de ceux que le général avait baptisés énergiquement du nom de fricoteurs, nom qui est

resté dans l'armée. A l'aspect du général, les deux amateurs de sieste se levèrent précipitamment et essayèrent de s'échapper. Un geste les cloua sur place.
« — Que faites-vous là ?
» — Mon gé.....néral, répondit l'un d'eux tout effaré, nous sommes des..... des factionnaires blessés. »
Le général de Castellane ne riait jamais dans le service ; cette fois pourtant il se dérida. Ce que voyant, les deux blessés prirent leurs jambes à leur cou, et rejoignirent leur compagnie.

L'armée de 1830, formée ainsi par le général de Clermont-Tonnerre et les généraux sous ses ordres, était réellement prête. Jetée sur la terre d'Afrique, elle devait tenir haut le drapeau de la France.

Le tout était d'arriver au bon moment. L'amiral André Doria disait un jour à Charles-Quint qui méditait son expédition d'Alger :

« Il y a trois ports excellents en Afrique, juin, juillet et août. »

La marine française avait le souvenir de cette parole prononcée par l'illustre homme de mer génois. En outre, les renseignements abondaient. La marine tint donc essentiellement à ce que l'expédition eût lieu au mois de juin, c'est-à-dire fût prête à mettre à la voile dans les derniers jours de mai. La flotte, commandée par l'amiral Duperré, fit voile de Toulon le 25 mai, s'arrêta à Palma pour se rallier, évolua pendant quelques jours, et le 13 juin 1830 les murailles blanches d'Alger, *el meharouçat el Djezaïr* (Alger la bien-gardée par la protection divine) comme l'appelaient les Turcs, parurent aux yeux de nos marins et de nos soldats. Il serait fastidieux, après tant de touristes, de faire le panorama d'Alger ; ce serait venir un peu tard, car « Alger la blanche » a été qualifiée tour à tour de « triangle blanchâtre encadré dans la verdure », ou de « carrière de granit ». Les moins poétiques d'entre nos voyageurs ont comparé Alger, vue de la mer, à un énorme bateau de blanchisseuses. Il est de fait qu'on ne peut être frappé d'aucun aspect de grandeur à la vue d'Alger ; c'est tout simplement un triangle blanchâtre plaqué contre une montagne verte, celle du Sahel.

Le débarquement eut lieu le 14 juin et les jours suivants, non pas en vue de la ville, mais à 16 kilomètres au Sud, à Sidi-Ferruch. Sur la presqu'île de Sidi-Ferruch, qui s'avance de près de deux kilomètres dans la mer, on voyait une tour carrée que les Espagnols appelaient Torre-Chica (la petite tour). Des travaux de reconnaissance avaient été prescrits en 1810 sur cette presqu'île par Napoléon Ier, qui rêva pendant un moment d'une expédition sur Alger après la paix avec l'Angleterre. A quelle expédition, disons-le en passant, n'a pas rêvé Napoléon Ier ? Les travaux de reconnaissance à Sidi-Ferruch furent alors exécutés par le colonel du génie Boutin, officier distingué qui fut ensuite chargé d'une mission en Egypte et en Syrie ; c'est dans ce dernier pays qu'il fut assassiné en 1815.

Les travaux du colonel Boutin furent utilisés en 1830. Après examen et contre-examen, la marine les avait trouvés parfaits. Seul, l'amiral Verhuell, à la Chambre des Pairs, les déclara sans valeur. L'événement lui donna tort.

Le drapeau français fut arboré sur la Torre-Chica par deux marins : Sion, chef de la grande hune de la frégate la *Thétis*, et Brunon, matelot de 1re classe de la frégate la *Surveillante*.

Telle était l'inconcevable apathie des Turcs, que la flotte française put faire ses préparatifs de débarquement sans être inquiétée. Les beys de Titteri (Médéah) et de Constantine n'étaient pas encore arrivés avec leurs contingents, et quant aux beys de Tunis et de Tripoli, ils s'étaient bien gardés d'envoyer un seul soldat; ils n'avaient donné que des réponses dilatoires et des encouragements stériles, et avaient cru devoir faire part d'une opinion très répandue dans leurs beylicks, que Dieu ne permettrait pas la victoire des Français. Le plus petit bataillon, irrégulier même, eût mieux fait l'affaire du dey d'Alger.

Le vieux Hussein nomma son gendre Ibrahim (Abraham) commandant en chef des milices turques ; au lieu d'accourir à Sidi-Ferruch quand la flotte française fut en vue, ce général improvisé, aussi vain que rodomont, s'écria : « Les infidèles veulent nous attaquer par terre ; laissons-les tous débarquer, afin que pas un seul d'entre eux ne retourne dans sa patrie. »

Et le brave Ibrahim, au lieu de faire occuper les batteries basses de la baie de Sidi-Ferruch, et d'en élever de nouvelles, se contenta de couronner les hauteurs de Staouëli, sans même faire tracer un épaulement pour une grosse batterie qu'il avait emmenée d'Alger. Aussi, quand la division Berthezène, la première débarquée, se porta en avant du rivage, enleva-t-elle du premier élan cette batterie qui se composait de 13 grosses pièces de 16 et de 2 mortiers.

L'armée française était composée de trois divisions d'infanterie, de trois escadrons seulement de cavalerie, de quatorze batteries d'artillerie, d'une compagnie de pontonniers, de huit compagnies du génie, de quatre compagnies d'ouvriers d'administration et de quatre compagnies du train des équipages.

Les trois divisions d'infanterie étaient commandées par les lieutenants-généraux Berthezène, Loverdo et duc d'Escars ; les maréchaux de camp sous leurs ordres étaient MM. Poret du Morvan, Achard, Clouet, Denys de Damrémont, Monck d'Uzer, Colomb d'Arcine, Berthier de Sauvigny, Hurel et Montlivault. Chaque division comprenait trois brigades, et chaque brigade comprenait deux régiments à deux bataillons. Les régiments qui prirent part à l'expédition étaient les 3°, 6°, 14°, 15°, 17°, 20°, 21°, 28°, 29°, 30°, 33°, 34°, 35°, 48° et 49° de ligne ; il y avait en outre deux régiments de marche que l'on avait organisés avec des bataillons appartenant aux 1er, 2°, 4° et 9° légers.

Les compagnies étaient à 94 hommes non compris les officiers ; toutefois les compagnies d'élite, appelées grenadiers et voltigeurs dans la ligne et carabiniers dans les régiments légers, avaient été complétées à 120 hommes. La force des bataillons dépassait donc 750 hommes.

Les trois escadrons de cavalerie étaient pris, un au 13°, les deux autres au 17° chasseurs à cheval. Ils formaient un régiment de marche dénommé régiment de marche des chasseurs d'Afrique, aux ordres du colonel Bontemps-Dubarry.

L'artillerie, commandée par le général La Hitte, comprenait, outre les quatorze batteries dont nous avons déjà parlé, c'est-à-dire 48 pièces de campagne et 24 de montagne, un parc de siège de 50 grosses pièces de 24 et de 16, de 8 mortiers et de 12 gros obusiers, avec 88 affûts, 156 voitures, 50,000 boulets, 12,000 obus et 6,400 bombes. L'artillerie s'était également munie de 150 fusils de rempart et de 2,000 fusils d'infanterie de rechange, avec un approvisionnement total de 5 millions de cartouches.

Le génie était commandé par le général Valazé ; il emportait, outre un parc de 20 voitures et un immense attirail en outils et en sacs à terre, 8 blockhauss démontés.

Par les détails que nous donnons pour l'artillerie et le génie, on voit que tout était prévu et que l'on n'entendait rien livrer au hasard. On est plus imprudent de nos jours, et nous croyons que les blockhauss démontables auraient été d'un excellent secours au début de l'expédition du Tonkin.

L'armée expéditionnaire, dont l'effectif général était d'un peu plus de 37,000 hommes avec 4,000 chevaux, était commandée par le lieutenant-général comte de Bourmont, qui avait, à cet effet, quitté le ministère de la guerre. Le commandement de l'expédition avait été vivement sollicité par le maréchal Marmont, duc de Raguse, et par le général Clauzel. Ce fut l'influence du Dauphin, duc d'Angoulême, qui décida du choix du général de Bourmont, assez peu populaire dans l'armée et qui tenait beaucoup à consacrer son nom par une victoire.

Le général de Bourmont accepta pour chef d'état-major le général Desprès, excellent officier auquel on pardonnait, en considération de ses qualités militaires, les difficultés qu'il avait suscitées, en 1823, au maréchal Moncey, commandant l'armée de Catalogne. Le sous-chef d'état-major fut le général Tholozé.

Tous les services administratifs étaient dirigés par M. l'intendant général Denniée. Le matériel de campement et des ambulances fut formé sur une très large échelle. Outre 4,840 tentes, l'administration emporta 30 hangars pour cinquante malades chacun, et 3,000 lits en fer avec matelas et draps. Nous donnons tous ces détails afin que le lecteur puisse faire des rapprochements à sa convenance.

Le ministère de la guerre rédigea minutieusement trois volumineuses instructions, la première pour le campement, la seconde pour le service des troupes pendant les sièges ; la troisième indiqua les précautions à prendre en Afrique pour le maintien de la santé des hommes. Dans cette dernière instruction, nous relevons les prescriptions suivantes :

Se laver deux fois par jour ;
Eviter l'usage des liqueurs fortes ;
Boire du vin et de l'eau-de-vie avec modération.

Il nous semble que les trois prescriptions qui précèdent ne sont pas observées souvent ; dans tous les cas, si on les a faites en 1830, on ne les a pas renouvelées depuis.

Le *mare sævum et impetuosum* de Salluste fut pris à la lettre. On crut que, même aux mois de juin et de juillet, la mer, aux environs d'Alger, était mauvaise neuf jours sur dix, et on voulut prévenir toutes les mauvaises chances. L'administration prit des précautions minutieuses qui firent rire d'abord, mais que le hasard se chargea de justifier. Les ballots contenant les approvisionnements de subsistances furent enveloppés d'une double toile imperméable, afin qu'au moindre symptôme de mauvais temps la marine pût les jeter par-dessus bord, laissant à la mer le soin de les rejeter sur la plage. Deux jours après le débarquement des troupes il y eut un orage et il venta frais ; l'amiral Duperré, très désireux de simplifier les longues opérations du débarquement du matériel, se hâta de faire jeter à la mer tonneaux et ballots. Nos soldats passèrent plusieurs jours à pêcher des épaves sur la plage de Sidi-Ferruch. Les tribus arabes voisines en ramassèrent bien quelques-unes également; mais l'administration militaire avait le droit de ne pas y regarder de si près. Tout était calculé largement.

On était si peu renseigné sur l'intérieur de l'Afrique que, dans l'opinion générale, le désert commençait aux portes d'Alger; Alger était une oasis ou quelque chose d'approchant, rien de plus. Du sable, puis du sable! Le désert, noir chaos! Malgré les récits de ceux qui prirent part à l'expédition, et qui affirmèrent qu'ils avaient trouvé dans la banlieue d'Alger de l'eau et du bois en abondance, l'idée du désert aux portes d'Alger resta, pendant de longues années, enracinée dans l'opinion publique. Comme les Arabes campent d'ordinaire dans le voisinage de nos grandes routes de communication, leur grande tente de poil de chameau, la *Khima,* donnait de singulières idées aux touristes qui avaient la témérité, vingt ou trente ans après la prise d'Alger, de s'aventurer jusqu'à Blidah, douze lieues plus au sud. Les sables manquent dans la Mitidja, plaine qui s'étend d'Alger à Blidah ; nombre de voyageurs les ont pourtant vus, de leurs yeux vus, et ont fait des phrases parfaitement arrondies sur les « majestueux silences » et les « horizons infinis du désert ». De bien belles choses avaient été écrites sur le désert aux portes d'Alger, quand nos colonnes expéditionnaires s'avisèrent de le découvrir cent cinquante lieues plus au sud.

C'est sous l'empire de ces idées que l'intendance embarqua 10,000 quintaux métriques de bois, 8,000 de charbon de terre, 14 ou 1,500 de foin comprimé, outre de l'avoine, des bœufs, et bien d'autres « harnois de gueule » comme dit le bonhomme Rabelais. Il était convenu que l'on ne trouverait pas d'eau dans le désert d'Alger ; on emporta donc des appareils perforatoires pour creuser des puits instantanés. On trouva bien des ruisseaux qui descendaient des hauteurs vers Sidi-Ferruch ; mais les appareils perforatoires étaient là, on avait même eu soin de les faire débarquer avant des objets indispensables, et l'on ne voulu pas en avoir le démenti. Certains médecins et pharmaciens militaires déclarèrent gravement que l'eau des ruisseaux n'était pas potable, et il se trouva un pharmacien qui fit une analyse complète de l'eau incriminée, laquelle fut convaincue — *horresco referens !* — contenir au lieu d'iode beaucoup de magnésie et quantité de sels malfaisants. On pria le général Valazé de prendre livraison des appareils perforatoires et de se mettre à l'œuvre. Comme les travaux du camp retranché que l'on établit dès le premier jour dans la presqu'île de Sidi-Ferruch n'absorbaient pas tout le personnel du génie, le général Valazé chargea la compagnie du capitaine Duvivier de creuser des puits devant le front de bandière de chaque bataillon.

Le lieutenant de cette compagnie s'appelait de Lamoricière. Il ne faut faire fi d'aucune gloire ; le creusement d'une vingtaine de puits fut le premier exploit, sur la terre d'Afrique, de deux officiers du génie qui, plus tard, passèrent dans l'infanterie où ils se sont signalés par des exploits qui tiennent de la légende.

Ce qui faisait surtout faire la grimace aux joyeux fantassins, c'est que l'administration, beaucoup trop prévoyante, leur avait mis sur le dos en débarquant cinq jours de vivres de campagne. Le biscuit, le riz, le sucre, le café, passe encore ; mais le pauvre soldat avait reçu une distribution de cinq jours de lard ! Toujours le désert où l'on ne trouve pas un brin de bois ! L'intendance avait cru de son devoir de faire cuire le lard d'avance ; mais cette précaution eut des résultats désastreux. Le lard que les soldats durent porter dans leurs sacs laissa suinter une graisse fondante qui fit sur les capotes des dessins géographiques et topographiques du plus vilain aspect. Comme les soldats campaient dans la broussaille et que le combustible était loin de manquer, tous les chefs de corps en refusèrent formellement une deuxième distribution.

Le soldat ne fit pas la même grimace quand on lui distribua d'un coup cinq jours de vin. Il faut réellement ne pas connaître le troupier pour s'imaginer qu'il fera durer jusqu'au cinquième jour une pareille provision ; ce sont des procédés administratifs enfantins. La distribution des cinq rations eut lieu à bord, le 13 juin au soir ; le lendemain matin 14, jour du débarquement, tous les soldats avaient le bidon vide.

Beaucoup de savants, de peintres, de volontaires, d'hommes de lettres, d'officiers étrangers avaient obtenu la permission de suivre l'armée.

Parmi les savants, on distinguait M. Desalles, savant médecin et célèbre naturaliste, M. Vincent, orientaliste distingué, M. Lauxerrois, attaché au ministère des affaires étrangères. Ces messieurs se firent presque tous attacher à l'expédition comme interprètes ; ils ne savaient pas un traître mot d'arabe, mais ils recevaient des appointements, et ils faisaient un beau voyage aux frais du gouvernement. *Utile dulci.*

Quantité de jeunes volontaires des premières familles de France étaient attachés aux états-majors ; tels étaient MM. de Noailles, de Talleyrand, de Maillé, de Biancourt, de Bethisy, etc. Quand la fusillade commençait, ces officiers d'état-major amateurs avaient l'habitude d'ôter leur chapeau au général auprès duquel ils étaient employés pour la forme, de prendre congé de lui et d'aller se mêler aux lignes de tirailleurs où ils étaient gênants plus qu'utiles. Un de ces volontaires, M. Gauthier de Villers, ne voulut être attaché à aucun état-major ; extrêmement robuste, il était armé d'un formidable fusil de rempart au moyen duquel il envoyait à l'ennemi ces gros projectiles que les artilleurs appellent des œufs de pigeon. Les soldats étaient émerveillés de voir M. de Villers se servir avec autant d'aisance que de sang-froid d'un fusil dont le recul eût pu renverser un bœuf.

Tous ces savants, tous ces hommes de lettres, tous ces volontaires, tous ces *pékins* comme dit le troupier, prêtèrent bien à rire le 14 juin au soir. Les chevaux n'avaient pu être débarqués le premier jour non plus que les voitures ; les pékins, déposés par les marins sur la plage avec des sacs de vivres, des ballots de livres ou de cartes, des manteaux, des instruments, des bagages de toute sorte, firent piètre figure. Quoique l'on fût dans une presqu'île, assez loin des Arabes et aussi en sûreté que possible, ils n'étaient pas rassurés. Tous avaient des pistolets et d'immenses coutelas passés à la ceinture ; la plupart avaient des fusils de chasse.

Les armées oisives d'Europe subirent le contre-coup de l'enthousiasme qui s'était emparé de l'armée française et envoyèrent de nombreux officiers volontaires pour suivre l'expédition ; nous autres, Français, nous avons toujours été beaucoup trop confiants, et nous ne voulons pas voir que les étrangers accueillis dans nos rangs ne viennent le plus souvent que pour étudier notre côté faible et nos défauts, et se livrer à des investigations qui, par beaucoup de points, ne sont que de l'espionnage. Parmi ces *dilettanti di guerra*, ainsi dénommés par le duc d'Orléans en 1840, et que l'Europe nous envoya dès 1830, on distinguait le prince de Schwartzenberg, fils aîné du généralissime commandant les armées alliées en 1813, le colonel russe Filosoloff, le colonel espagnol Lansaca, le capitaine toscan Mazzi, le capitaine de vaisseau Mansell, de la marine anglaise.

Ce dernier mérite une mention particulière. Il avait servi comme officier sur l'escadre de lord Exmouth qui vint bombarder Alger en 1816. Il se présenta dans les salons du général en chef à Toulon avant l'embarquement, avec un petit habit noir râpé, boutonné dans toute sa longueur et cachant un gilet de soie d'une couleur impossible ; le col était douteux, le pantalon et les bottes étaient à l'avenant.

Le capitaine Mansell tenait dans sa main un chapeau rond bossué et parfaitement crasseux.

Le costume de cet original insulaire ne pouvait rien avoir d'attractif dans une réunion de broderies et d'épaulettes ; le représentant militaire du Royaume-Uni fut loin d'en imposer, quoi qu'il eût une physionomie assez fine et spirituelle et qu'on trouvât chez lui, au bout de quelques instants de conversation, des paroxysmes de gaîté mêlés à des paroxysmes d'*humour* anglais.

Quand il parut sur le pont de la frégate la *Didon,* qui avait reçu l'ordre d'embarquer les officiers étrangers, savants, volontaires, etc., etc., le chapeau rond était remplacé par une casquette un peu plus crasseuse. Ayant abordé un groupe d'officiers de marine français avec un aplomb étourdissant, il fut bientôt entouré, fit pouffer de rire tout le monde, passa ensuite au sérieux, et donna des renseignements tellement précis sur l'expédition de lord Exmouth, que les officiers français, voyant qu'ils n'avaient pas devant eux un homme ordinaire, l'accaparèrent bien vite. Pendant la traversée, le capitaine Mansell garda son habit noir râpé et sa casquette ; lorsque la flotte arriva en vue d'Alger, le vice-amiral Duperré crut devoir ordonner le branle-bas de combat, ignorant si le vent pousserait ses vaisseaux sous les batteries de la ville. Le capitaine Mansell disparut alors un moment pour reparaître en grand uniforme de capitaine de vaisseau de la marine anglaise, avec la cocarde française à son chapeau. Les soldats et les marins, qui se moquaient du petit homme en casquette, se gardèrent bien de rire d'un marin étranger qui se mettait en grande tenue pour assister à un combat.

Au lieu d'une épée, Mansell portait une immense colichemarde, sorte de claymore écossaise qu'il disait provenir du célèbre Clan des Mac... n'importe quoi.

Le capitaine anglais débarqua un des premiers et s'avança hors de la presqu'île avec les tirailleurs de la division Berthezène. Une compagnie de grenadiers lui plut tellement par son entrain, qu'il demanda aux braves gens qui la composaient de prendre part à leur ordinaire. Il partagea la soupe du soldat jusqu'à l'entrée de l'armée à Alger et prit place au bivouac d'une compagnie de grenadiers; il faut dire qu'il payait largement son écot. Une nuit, il promenait ses rêveries philosophiques dans le voisinage des avant-postes ou grand'gardes; comme il faisait très chaud, il s'était tout simplement, sans la moindre cérémonie, mis en chemise. Une sentinelle avancée le prit pour un Arabe, fit feu sur lui et le manqua fort heureusement. La grand'-garde prit les armes et allait faire feu à son tour, quand l'Anglais se fit reconnaître; il s'avança ensuite vers la sentinelle qui avait fait feu, et lui dit avec son sang-froid britannique : « Quand ce sera un Arabe, il faudra mieux viser. »

Aussitôt la prise d'Alger, il quitta ses amis les grenadiers après avoir échangé cent vingt poignées de main, autant qu'il y avait d'hommes à l'effectif. Il reparut dans l'entourage du général en chef; mais là, il changea tout à coup. Il prit une attitude politique qui déplut singulièrement, perdit son air de bonhomie et s'enveloppa d'une sorte de morgue diplomatique qui ne tourna pas à son avantage. Quand il entreprit, de concert avec le consul anglais d'Alger, de s'interposer entre le général en chef et le dey, il fut reçu de telle sorte que, dégoûté subitement de la diplomatie, il s'embarqua à la première occasion.

Nous aurions tort de négliger un personnel d'un autre genre qui se cramponna à l'expédition. Nous voulons parler des spéculateurs, des fripons, des marchands de galons, des marchands de comestibles avariés ou de boissons frelatées qui sont la plaie des armées expéditionnaires. En 1830, la cohorte des cantiniers civils était extrêmement nombreuse aux trousses de l'armée ; Marseille, Cette, Nantes. Bordeaux, voire les ports de la Catalogne et de l'Italie, avaient envoyé l'élite de leurs empoisonneurs.

Rarement ces gens rendent service en s'attachant aux colonnes expéditionnaires. Ils sont en premier lieu assez peu courageux de leur naturel ; et puis ils détestent les procédés expéditifs des chefs militaires, qui contrôlent les marchandises et les liquides, et font jeter impitoyablement les comestibles avariés ou les boissons frelatées. Un cantinier civil est tenu, s'il veut avoir l'autorisation de suivre une colonne, d'avoir de la bonne marchandise, et cela ne convient pas toujours à cette catégorie de négociants qui veulent acheter bon marché pour revendre un prix très élevé.

En 1830, on constata une exception. Un négociant de Nantes, nommé Hennequin, fort honnête homme, fréta un brick et débarqua à Sidi-Ferruch un stock de comestibles choisis et de bonne qualité, avec force bons vins. Ce brave négociant fit fortune en une semaine en improvisant, sous une immense tente dressée dans la presqu'île au bord de la mer, un restaurant aussi bien fourni qu'une table ministérielle. On disait : Allons déjeuner chez Hennequin, comme on dit aujourd'hui : Allons déjeuner au café anglais.

Il ne faut pas confondre le vulgaire cantinier civil, le marchand de goutte, généralement épave de la vie sociale, avec les cantiniers des régiments. Ceux-ci sont le plus souvent d'honnêtes gens, quoique avides de faire leur petite fortune le plus vite possible ; mais, s'exposant bravement dans les expéditions à des risques fort grands, ils ont rendu et rendent dans les colonnes d'Afrique de réels services. En 1830, on remarqua une cantinière du 37° de ligne ; la malheureuse, pendant le combat du 29 juin, eut le genou fracassé en distribuant des verres d'eau-de-vie dans la ligne des tirailleurs. La pauvre femme dut être amputée de la cuisse, et subit l'opération dans les bras de son mari, sapeur au même régiment. Elle mourut quelques jours après. Son mari était à la tranchée devant le fort l'Empereur quand il apprit la nouvelle ; quelques minutes après, un boulet turc lui emporta la tête.

Parmi les peintres qui avaient suivi l'expédition se ouvaient Isabey fils et Gudin. Un orage ayant éclaté le 15 juin, le lendemain du débarquement, toute l'armée cria : l'orage de Charles-Quint ! On se crut à la veille d'un désastre, et Gudin, voulant au moins emporter un souvenir de l'expédition, consigna à la hâte dans une étude le spectacle imposant que chacun avait sous les yeux.

L'orage n'éclata pas et fila dans la direction de Blidah.

III

Ce n'était pas dans un fol espoir de conquête que Charles-Quint avait jadis entrepris une expédition sur Alger. On se ferait difficilement une idée de la perturbation que jetait dans le commerce européen la piraterie barbaresque. Les corsaires algériens s'aventuraient même dans l'Océan, et l'on cite des bâtiments marchands capturés au Texel et à Terre-Neuve. Mais ce qui rendait surtout la situation intolérable pour l'Europe, c'était le nombre immense de captifs détenus en Afrique. Les gouvernements européens, toujours en guerre, ne faisaient rien pour leur délivrance. Des puissances méditerranéennes le plus directement intéressées, l'une, l'Italie, n'était pas unifiée et était la proie de tous ses voisins, les deux autres, la France et l'Espagne, étaient engagées l'une contre l'autre, depuis la fin du moyen âge, dans une terrible lutte. La charité privée, cette magnifique vertu qui a fini par devenir une puissance, dut s'employer à la rédemption des esclaves chrétiens. Des ordres monastiques se fondèrent à cet effet, et parmi eux on distingua les Pères de la Sainte-Trinité en Espagne et de la Merci en France. Le souvenir de saint Vincent de Paul, pris par les corsaires barbaresques et conduit à Alger où il étudia les misères des esclaves en les éprouvant lui-même, est resté populaire.

Le rachat des captives s'opérait de trois manières : ou par l'entremise des frères de la Merci ou de la Sainte-Trinité qui rachetaient avec le produit des quêtes destinées à cette œuvre ; ou directement par les familles elles-mêmes ; ou bien encore, mais plus rarement, par l'Etat auquel appartenaient les malheureux esclaves. La rançon était toujours arbitraire et atteignait parfois des chiffres fort élevés.

L'effroyable tribut de chair humaine que l'Europe payait de la sorte aux pirates algériens était la principale source des revenus du dey d'Alger. Pendant près de quatre siècles, ce tribut fut un tribut de sang ; au commencement du dix-neuvième siècle, ce tribut avait été peu à peu converti en tribut d'argent comme nous l'avons dit plus haut.

Il y avait, au temps de Charles-Quint et même un ou deux siècles plus tard, vingt-cinq à trente mille esclaves à Alger ou aux environs. Ils étaient divisés par catégories. Les capitaines des navires capturés, leurs officiers, les passagers de marque, formaient une première classe présumée rachetable. Les hommes étaient employés comme domestiques, les femmes servaient de femmes de chambre dans les harems, les enfants, que l'on s'efforçait de convertir, étaient mêlés d'habitude aux enfants des maîtres. Il est bien entendu que ces derniers, lorsqu'ils espéraient des captifs une forte rançon, les traitaient avec une brutalité révoltante et leur donnaient toutes les facilités pour transmettre leurs doléances en Europe ; la brutalité devenait spéculation. En outre, la position des jeunes femmes, des jeunes filles, des jeunes garçons, était extrêmement pénible dans une population perdue de mœurs.

La deuxième classe était formée de matelots ou de pauvres diables présumés trop pauvres pour être rachetés. On les vendait à l'encan au bazar, où on examinait soigneusement leur force, leur santé, et leur dentition ;

comme les acheteurs étaient surtout des armateurs ou des capitaines corsaires, on comprend l'attention apportée aux dents des malheureux captifs, destinés à ramer sur des galères et à se nourrir de biscuit. Les jeunes femmes se vendaient à des prix fort élevés. Nous avons pendant longtemps usé des mêmes procédés à l'égard des nègres d'Afrique, et, il faut le dire à la honte de notre civilisation, les esclaves chrétiens en Afrique étaient traités avec plus d'humanité que les nègres des plantations de Cuba ou des Carolines.

La plus malheureuse des trois classes était celle des esclaves appartenant à l'Etat ou esclaves de magasin. Ils étaient logés dans les bagnes et amoncelés, au nombre de vingt ou trente, dans des cabanons infects où la vermine les dévorait. Leur ration se composait d'une galette et d'un peu d'huile rance.

Si les particuliers se laissent aller à la pitié, l'Etat, cet être collectif, est généralement insensible, surtout quand cet Etat est musulman. Les deys d'Alger, ne sortant presque jamais de leur casbah de peur d'être assassinés, ne voyaient jamais les malheureux captifs.

C'est à cette troisième classe qu'appartenait jadis Michel Cervantès, l'illustre auteur de *Don Quichotte*. Cervantès, qui n'avait pas appris dans l'armée espagnole à être endurant, avait été enfermé par punition d'avoir formé le téméraire projet de s'emparer d'Alger en se mettant à la tête de ses compagnons de misère.

Au commencement du xvie siècle, les Espagnols étaient à peu près maîtres de l'Italie, y compris la Sardaigne et la Sicile; pour eux la situation était intolérable, car les communications entre l'Italie et l'Espagne étaient presque impossibles. Une première expédition, forte de 7,000 hommes, fut envoyée par Charles-Quint contre Alger en 1518; mais elle échoua par la faute du marquis de Moncade qui commandait le corps de débarquement. Ce dernier ne débarqua que 1,500 hommes qu'il envoya sur les hauteurs qui dominent Alger au sud, et garda le reste sur ses vaisseaux, on ne sait dans quel but. Une tempête survint, qui jeta à la côte la plus grande partie des navires espagnols, noya 4,000 marins et soldats, et ne laissa aux hommes mis à terre que la ressource de se rembarquer au plus vite sur ceux des vaisseaux qui avaient échappé au naufrage. En 1529, les Espagnols perdirent le Penon d'Alger, forteresse élevée sur un rocher en face de la ville. Cet îlot est aujourd'hui rejoint à la terre ferme par une chaussée et on y voit les bâtiments de la marine. C'est lui qui a donné son nom à Alger ; en effet, île en arabe signifie el Djezaïr, ou al Djezaïr, d'où, par corruption, est venu le mot Alger. C'est également dans le mot el Djezaïr qu'il faut rechercher l'origine du mot Algésiras. En face de cette ville, au fond de la baie de Gibraltar, se trouve un îlot, l'île Verte, dont le contre-amiral Linois se servit habilement dans le beau combat naval de 1801.

Ce fut Khaïr-ed-Din (le défenseur de la religion), le second des Barberousse, qui emporta le Penon d'Alger, grâce à un juif de Livourne qui lui apprit à fabriquer des bombes. Cette forteresse n'était défendue que par cent cinquante Espagnols aux ordres de Martin de Vargas. Les Turcs n'eurent pas de peine à faire brèche et cinq mille d'entre eux se ruèrent à l'assaut. La brèche était défendue par un seul homme, Martin de Vargas, demeuré seul de toute la garnison sans blessures. Armé d'une épée à deux mains, il renouvela les exemples de prouesse des temps héroïques ; il défendit la brèche comme Bayard défendit le pont de Garigliano. A la fin, couvert de sang, il fut renversé par quatre Turcs qui s'accrochèrent à lui. Khaïr-ed-Din ne trouva dans la citadelle que vingt-cinq Espagnols presque tous atteints de blessures mortelles ; c'était ce qui restait de cent cinquante hommes. Vargas fut d'abord épargné ; mais quelques mois après, caprice de despote, Barberousse le somma d'apostasier. Le fier Espagnol refusa, et Barberousse eut l'indignité de le livrer à la populace qui le fit mourir dans les tourments et traîna son cadavre dans les rues de la ville.

Les pirates algériens ne craignirent plus les Espagnols. Un jour, ils enlevèrent Rodrigo Porfondo, général des galères d'Espagne, avec huit de ses meilleures galères. Ils formèrent l'audacieux projet d'aller brûler Cadix ; mais l'amiral André Doria les prévint, surprit la flotte barbaresque dans le port de Cherchell, et la détruisit.

Charles-Quint voulut en finir avec ces insolents forbans. En 1535, il conduisit une immense expédition à Tunis, et commença par attaquer le fort de la Goulette, défendu par quelques milliers de Turcs. Une relation contemporaine rapporte que trois colonnes d'assaut furent formées, l'une espagnole, l'autre italienne, l'autre allemande. La seule qui réussit à pénétrer dans la forteresse fut la colonne espagnole, électrisée par un moine franciscain, qui arriva le premier sur la brèche un crucifix à la main. Barberousse, qui était accouru d'Alger, essaya de tenir dans la plaine qui sépare la Goulette de Tunis ; il disposait encore de neuf mille Turcs secondés par d'innombrables contingents arabes. Mais il fut culbuté par les vieilles bandes de l'empereur qui du coup pénétrèrent dans la ville. Charles-Quint ne put empêcher le pillage qui dura trois jours et trois nuits ; les lansquenets allemands, en particulier, commirent à Tunis d'inimaginables horreurs.

Plus de vingt mille esclaves chrétiens furent délivrés à Tunis.

En 1541, Charles-Quint, en paix avec François Ier, tenta une autre expédition. Il se présenta devant Alger avec une flotte de 350 bâtiments portant 25,000 hommes, dont 500 chevaliers de Malte et 3,000 volontaires des premières familles d'Espagne et d'Italie ; parmi ces volontaires, était Fernand Cortès, le conquérant du Mexique, suivi de ses trois fils. L'empereur n'avait voulu écouter ni les supplications du pape Paul III, ni les observations de l'amiral André Doria, qui tous deux trouvaient la saison trop avancée, et voulaient que l'expédition fût remise à l'année suivante. Charles-Quint, qui nourrissait toujours de vastes projets comme plus tard Napoléon Ier, et dont le temps était compté, donna à la flotte italo-espagnole l'ordre d'embarquer à la fin d'octobre 1841. La saison était bien mal choisie ; nous verrons, au cours de ces récits, ce qui arriva au maréchal Clauzel lorsque, pour attaquer Constantine, il se mit en route à la même époque de l'année. Le débarquement de l'armée de Charles-Quint eut lieu au cap Matifou le 26 octobre. Un renégat piémontais, qui avait pris le nom de Hassan, avait été commis par Barberousse, en croisière du côté de l'Archipel, à la défense d'Alger avec huit cents Turcs seulement; quelques milliers d'Arabes avaient répondu à l'appel des Turcs, mais ces auxiliaires, bons tout au plus à piller, étaient douteux, car les Turcs chassés de Tunis par Charles-Quint quelques années auparavant n'avaient pu gagner Bône par terre qu'à grande peine, et avaient été assaillis pendant leur retraite par les Arabes qui les avaient complètement dévalisés. Touchante solidarité des musulmans. Sommé de se rendre, Hassan répondit qu'une vieille devineresse arabe, qui avait déjà prédit le désastre du marquis de Moncade en 1518, venait de prédire un désastre nouveau pour l'armée espagnole, et qu'en conséquence il n'y avait pas à parler reddition à la garnison qui avait la plus grande confiance dans la pythonisse algérienne.

Le 27 octobre, l'armée de Charles-Quint arriva devant Alger. Le corps italien campa sur le bord de la mer, vis-à-vis de la porte Bab-Azoun; le corps allemand s'établit le long des pentes, à l'endroit où est bâti aujourd'hui le village d'Isly, et le corps espagnol, conduit par son souverain en personne, occupa le petit plateau dominant la ville sur lequel a été élevé plus tard le fort l'Empereur (en turc : Sultan Calarassi, le fort du sultan). Le 28 octobre les Italiens voulurent escarmoucher et se firent battre; Fernand de Gonzague fut envoyé à leur secours avec quelques compagnies espagnoles et repoussa les Turcs ; mais il entraîna les troupes sous ses ordres dans un vif mouvement d'offensive qui les fit arriver à la porte Bab-Azoun. Un chevalier de Malte, de langue française, Ponce de Balaguer, furieux de voir cette porte se refermer, y planta son poignard en guise de protestation et de défi. Bien des années auparavant, le chevalier de Villegagnon, un Français aussi, en avait fait autant. Le mouvement d'offensive auquel se laissa aller Fernand de Gonzague était une de ces témérités héroïques qui coûtent cher à la guerre ; assaillis en tête, en flanc et en queue, abandonnés par les Italiens, les Espagnols ne furent sauvés que par le bataillon des chevaliers de Malte. Très redoutés des Turcs et des Arabes qui les reconnaissaient de loin à leur cotte d'armes violette surmontée d'une croix blanche, les chevaliers de Malte tinrent assez longtemps pour permettre aux vieux routiers espagnols de se rallier.

Pendant que ce rude combat se livrait sous les murs d'Alger, une tempête d'une violence inouïe éclata, battant les navires espagnols qui chassaient sur leurs ancres. Cent quarante bâtiments de transport et quinze galères allèrent se briser sur la côte, occupée par des milliers d'Arabes qui massacraient tous les naufragés. Le désastre de la flotte fut le pendant de l'échec subi par le prince de Gonzague ; l'armée prononça un mouvement général de recul, et les portes d'Alger vomirent des milliers de Turcs, de Maures et d'Arabes pour qui la victoire n'était plus douteuse. L'amiral Doria ne pouvait débarquer ni la grosse artillerie de siège, ni les chevaux, ni les vivres, ni les munitions dont l'armée avait absolument besoin, et l'état de la mer ne permettait pas aux navires de s'approcher de la côte. « Mon cher empereur et fils, écrivit à Charles-Quint le vieil amiral génois, l'amour que je vous porte m'oblige à vous annoncer que si vous ne profitez pas pour vous retirer du premier moment de calme, l'armée navale et celle de terre sont perdues sans ressource. »

Charles-Quint donna le signal de la retraite. L'amiral avait encore assez de navires pour embarquer les troupes qui restaient, mais cet embarquement n'était possible qu'à l'abri du cap Matifou. L'armée, avec des munitions mouillées, avait au moins six lieues à faire dans un pays inondé et sans routes, et encore avait-elle à franchir l'Harrach débordé. La retraite fut désastreuse ; parties des environs d'Alger le 29 octobre, les troupes de Charles-Quint n'arrivèrent au cap que dans la soirée du 31. Trois jours pour faire six lieues ! C'est une des plus belles pages de la vie de Charles-Quint que celle où sont racontés le courage et le dévouement qu'il déploya dans cette funeste et mémorable circonstance.

Au cap Matifou, l'armée reçut des vivres et des munitions. Fernand Cortès proposa hardiment à l'empereur de retourner devant Alger, se faisant fort, avec les troupes qui restaient, de prendre la ville. Cet avis montre de quelle trempe était le caractère du conquérant du Mexique.

Charles-Quint voulut s'embarquer le dernier. De vingt-cinq mille hommes, il en ramenait un peu plus de dix mille.

Les Turcs d'Alger passèrent pour invincibles, et l'Europe, saisie de terreur, n'osa rien tenter contre eux pendant trois siècles. Nous devons ajouter que les succès des Turcs furent singulièrement facilités par l'alliance que le roi de France, François Ier, avait conclue avec le sultan, alliance qui fut maintenue par les premiers successeurs de ce roi, contre laquelle l'opinion publique protesta jadis avec indignation et que l'histoire a pu excuser depuis, mais non absoudre. Dans le seizième siècle, les Espagnols perdirent successivement Tunis et Bougie, et en 1708, pendant les difficultés de la guerre de succession, ils durent évacuer Oran. Mais, en 1732, ils reprirent cette dernière ville ; l'expédition espagnole de 1732 était commandée par un Français, M. de Mortemart, qui la conduisit sagement et avec énergie.

En 1775, les Espagnols firent une dernière tentative contre Alger. L'expédition comptait trente et quelques mille hommes, avec cent bouches à feu ; mais elle échoua par suite des divisions du général en chef O'Reilly avec l'amiral Castéjon. Tous deux voulaient commander à la fois. Les Arabes, dont l'imagination est très grande, assurent qu'en 1775, Alger était défendue par cent mille hommes ; il y en avait peut-être dix à peine. Les Espagnols, dont l'imagination n'est pas moins prodigieuse, puisque par le nord ils confinent aux Gascons et par le midi aux Arabes, assurent que l'armée d'O'Reilly trouva Alger garnie par une armée de cent quatre-vingt mille hommes. Il ne serait peut-être pas hors de propos de rappeler à ce sujet l'étymologie du mot hâbleur, qui vient du verbe espagnol *hablar*, parler. Toujours est-il que leur armée, débarquée par petits paquets, fut ramenée à la côte. Elle essaya de tenir dans un camp que l'on avait ébauché à l'emplacement actuel du village d'Hussein-Dey ; mais les Turcs amenèrent des canons, la position ne fut bientôt plus tenable, et les Espagnols durent se rembarquer avec infiniment peu de gloire.

En 1785, l'Espagne conclut avec le dey d'Alger une paix sans dignité, et en 1792 elle rendit Oran lorsqu'elle déclara la guerre à la France.

Sous Louis XIV, la France était depuis près d'un siècle dégagée de l'alliance compromettante des Turcs, alliance dans laquelle François Ier ne l'avait engagée qu'à contre-cœur et pour échapper à la domination universelle que rêvait Charles-Quint. Avec le jeune roi qui devait être plus tard le roi Soleil ou le grand roi, le gouvernement de la France, plein de vigueur et de hauteur, ne voulut pas tolérer l'existence de la piraterie barbaresque. En 1663, le duc de Beaufort, l'ancien roi des Halles de la guerre de la Fronde, donna la chasse aux corsaires algériens avec une flotte de six vaisseaux ; des lettres de marque furent données à des corsaires marseillais et cettois qui allèrent sur les côtes d'Afrique promener le pavillon blanc. C'est à bord d'un de ces corsaires que l'amiral Tourville commença comme volontaire sa glorieuse carrière maritime.

En 1664, le duc de Beaufort débarqua à Djigelly, l'ancienne Igilgilis des Romains, avec six mille hommes. La ville fut enlevée sans trop de résistance, et l'ingénieur Clerville, un des précurseurs de Vauban, fut chargé d'élever une citadelle sur la presqu'île où était bâtie la vieille ville de Djigelly, détruite depuis par un tremblement de terre. Mais Clerville, par trop de mépris de l'ennemi et dans la conviction que celui-ci ne disposait pas d'artillerie, ne donna ni force ni relief aux ouvrages qu'il entreprit. Les Kabyles des environs de Djigelly reçurent d'Alger quelques pièces de canon, avec lesquelles ils démolirent la citadelle de carton de l'ingénieur français ; la petite armée du roi dut s'éloigner.

L'échec de Djigelly fut vengé l'année suivante ; le duc de Beaufort attaqua la flotte algérienne à hauteur de Tunis, et, dans deux combats successifs, lui infligea des pertes telles que seize ans se passèrent avant qu'on fût obligé d'armer dans les ports de France pour réprimer les insultes des Barbaresques.

Mais ceux-ci étaient incorrigibles. En 1681, le dey d'Alger fit appeler le Père Levacher, vicaire apostolique dans la régence, et lui signifia que la course allait reprendre et qu'il eût à en aviser le roi de France. En effet, les corsaires d'Alger, de Tunis, de Tripoli, recommencèrent leurs déprédations. Mais la patience n'était pas une des vertus de Louis XIV. L'année ne s'était pas écoulée que Duquesne et Tourville n'eussent détruit les flottes de Tunis et de Tripoli.

Les beys de ces deux régences, comme première condition, devaient rendre la liberté à tous les esclaves chrétiens sans distinction de nationalité. Voltaire dans son *Siècle de Louis XIV*, rend compte d'un incident qui montre bien l'orgueil national des Anglais. Le capitaine de vaisseau d'Amfreville était chargé de la négociation avec le bey de Tunis ; parmi les esclaves qui lui furent remis, se trouvaient beaucoup d'insulaires. Ceux-ci, arrogants comme tous leurs compatriotes, répondirent aux bienveillantes paroles de M. d'Amfreville que leur libération était due à la considération des Turcs pour le roi d'Angleterre. « Puisque cela est ainsi, dit d'Amfreville, qu'on fasse venir les Turcs », et, leur remettant les Anglais, l'officier français ajouta : « Ces gens-ci prétendent n'être délivrés qu'au nom de leur roi ; le mien ne prend pas la liberté de leur offrir sa protection ; je vous les rends. C'est à vous de montrer ce que vous devez au roi d'Angleterre. »

Les Turcs, très satisfaits et ne croyant rien devoir à Sa Majesté Britannique, remirent les Anglais aux fers.

Après Tunis et Tripoli, Louis XIV pensa à Alger, mais, très occupé en France, il ne voulut pas envoyer d'expédition pour conquérir la ville ; il se borna à envoyer une flotte avec mission de lui infliger un châtiment mémorable. Un pauvre gentilhomme de Gascogne, Renaud d'Eliça-Garray, venait d'inventer les galiotes à bombes. Avec cinq de ces galiotes et onze vaisseaux de ligne, l'audacieux Duquesne alla, en 1682, détruire la moitié d'Alger. L'année suivante, il revint, cette fois-ci avec sept galiotes et seize vaisseaux de haut bord. Il bombarda Alger avec une telle violence que plusieurs milliers d'habitants périrent, et que le palais du dey sauta. Le peuple, furieux et désespéré, envoya à l'amiral français le Père Levacher, vicaire apostolique, pour négocier. Avant d'entrer en négociations, Duquesne exigea qu'on lui remît tous les esclaves chrétiens, quinze cent mille piastres d'indemnité de guerre, et quelques otages, entre autres un renégat italien nommé Mezzomorte, amiral de la flotte algérienne. Quelques centaines d'esclaves arrivèrent bien avec l'amiral, mais sans l'indemnité de guerre. Ici se place un incident bizarre qui peint bien les mœurs turques. Mezzomorte affirma à Duquesne que s'il l'autorisait à aller à terre, il obtiendrait plus en une heure que le dey Hassan en quinze jours. Le renégat retourna à Alger ; son premier soin fut de faire poignarder le dey et de se faire proclamer à sa place.

Après cet exploit, Mezzomorte, qui voulait se rendre populaire dès le premier jour de son règne, prévint Duquesne que s'il bombardait encore la ville, les chrétiens seraient mis à la bouche des canons. Duquesne ne tint pas compte de la menace et lança dans le port des brûlots qui coulèrent tous les bâtiments corsaires algériens ; puis il reprit méthodiquement le bombardement. Mezzomorte, exaspéré, fit appeler le Père Levacher et lui ordonna de choisir immédiatement entre le turban et la mort. Le vénérable prêtre ne daigna pas répondre. L'année précédente, en allant racheter quelques esclaves napolitains à Tunis, il avait été attaqué de la peste et était demeuré paralysé de tous ses membres. Les janissaires turcs le traînèrent sur le môle, et l'attachèrent sur une chaise provenant du pillage du consulat français. Puis ils approchèrent la chaise de la bouche d'un canon qui envoya aux Français un boulet chargé de sanglants débris.

Un officier de marine, M. de Choiseul, capturé en faisant dans un canot une ronde de nuit, dut la vie à un capitaine corsaire qui avait été peu auparavant son prisonnier et qui était plein de gratitude pour la bienveillance avec laquelle il avait été traité. M. de Choiseul était déjà attaché à la bouche d'un canon, quand le corsaire le prit à bras-le-corps, jurant de périr avec lui si le canonnier turc ne retirait pas sa mèche. La foule se prit à gronder, et Mezzomorte dut céder. Mais il fit périr de la même façon quantité d'autres prisonniers.

L'humanité, plus que cette sauvage résistance, détermina Duquesne à se retirer ; du reste, il commençait à manquer de munitions. En 1688, l'amiral d'Estrées, bien approvisionné de bombes cette fois, vint en jeter dix mille à Alger. La leçon fut profitable, et l'orgueil des Algériens dut céder. Le dey ordonna de hisser le drapeau parlementaire, mais la populace se donna la cruelle satisfaction de prendre dans les batteries du môle la place des artilleurs turcs, et d'envoyer aux Français quelques derniers coups de canon, après avoir attaché à la bouche des pièces le consul français Piolle, le père Francillon, successeur du père Levacher, et quarante autres prisonniers.

Deux fois les Hollandais, au temps de leur puissance maritime, envoyèrent leur flotte devant Alger pour bombarder l'indomptable ville ; deux autres fois les Espagnols, en 1783 et en 1784, désireux de venger l'échec d'O'Reilly, la bombardèrent avec violence. Français, Espagnols, Hollandais finirent par être respectés. Mais il n'en fut pas de même des Anglais ; déjà ce peuple, au moment du bombardement de Duquesne, avait souffert que son consul, enfermé dans le bagne d'Alger, labourât la terre. En 1683, l'Angleterre conclut avec le dey d'Alger un de ces traités honteux dont fourmillent ses annales ; elle s'engageait par ce traité à livrer un fort matériel de guerre, se désistait de toute réclamation relativement à près de quatre cents de ses bâtiments de commerce capturés par les barbaresques, rendait sans rançon tous les Turcs prisonniers, et renonçait à réclamer les esclaves anglais, y compris son consul.

Les Etats-Unis n'ont jamais été endurants comme l'Angleterre. En 1815, le dey d'Alger voulut augmenter le tribut que lui payait la République américaine ; le Congrès s'y refusa et une escadre fut immédiatement envoyée dans la Méditerranée. Cette escadre en peu de temps captura tant de corsaires algériens, que le dey déconcerté se hâta de conclure la paix.

Pourtant, en 1816, l'Angleterre, qui avait offert au congrès de Vienne d'être le mandataire de l'Europe, envoya devant Alger une flotte appuyée par une escadre hollandaise et commandée par lord Exmouth. Elle demandait, au nom des puissances continentales, l'abolition de l'esclavage des Européens; c'était le motif avoué. Mais nous serons dans le vrai en ne prenant pas trop au sérieux la philanthropie anglaise ; rappelons qu'en 1816 l'Angleterre était en possession de Gibraltar, de Malte et de Corfou, points qu'elle avait le plus grand intérêt à protéger contre les pirates algériens à cause du développement que leur possession devait donner à son commerce. Lord Exmouth envoya un ultimatum au dey d'Alger qui proposa de négocier; l'amiral anglais consentit à descendre à terre. Mal lui en prit, car il faillit être massacré par les janissaires turcs et eut la plus grande peine à s'échapper. Pendant les pourparlers, plusieurs milliers d'Algériens, hommes, femmes et enfants, vinrent sur le môle ; sans aucun avertissement, lord Exmouth, remonté à son bord, fit ouvrir le feu, et les bordées des navires anglais causèrent dans cette foule inoffensive d'affreux ravages.

Alger fut détruite en 1816 ; mais la flotte anglaise paya chèrement son succès. Elle eut 883 morts et 1538 blessés. Le vaisseau-amiral, la *Reine-Charlotte*, perdit à lui seul 88 morts et 129 blessés.

En 1824, une nouvelle flotte anglaise commandée par l'amiral Harry Neal fut complètement repoussée devant Alger, et l'Angleterre, sans songer à venger l'échec fait à son honneur, dut subir la loi imposée par le dey.

IV

La flotte réunie à Toulon en 1830 avait pour mission, non de bombarder Alger, mais de transporter en Afrique l'armée du général de Bourmont. Elle fut placée sous les ordres du vice-amiral Duperré, auquel furent adjoints comme second le contre-amiral de Rosamel et pour major général le contre-amiral Mallet. La flottille et le convoi, chargés de troupes et de matériel, furent placés sous les ordres du capitaine de vaisseau baron Hugon.

Les bâtiments de la marine de guerre s'élevèrent au nombre de 103, dont 51 venus des ports de l'Océan et 52 des ports de la Méditerranée. Parmi eux, on comptait 3 vaisseaux de ligne de 74 armés en guerre et 8 armés en flûte ou transformés en transports, 17 frégates armées en guerre et 7 en flûte, 7 corvettes de guerre et 7 corvettes de charge, 26 bricks, 8 bombardes, 7 bateaux à vapeur et quantité de gabares, goëlettes, canonnières-bricks.

Aux 103 bâtiments de guerre il faut ajouter 572 bâtiments de commerce, dont 357 transports, 104 bateaux catalans ou génois formant la flottille destinée au débarquement des troupes, 55 chalands spécialement affectés au débarquement de l'artillerie, et 50 bateaux plats ou radeaux spécialement affectés au débarquement du matériel.

Cette flotte immense était disposée en trois escadres :
1° L'escadre de bataille ;
2° L'escadre de débarquement ;
3° L'escadre de réserve.

L'amiral Duperré avait ainsi sous ses ordres une flotte de 675 bâtiments de guerre et de commerce.

Tous ces détails montrent de quels efforts est capable la marine française.

« En annonçant au roi, écrivit plus tard le baron d'Haussez, que l'immense armement que j'avais préparé était aux postes qui lui avaient été assignés, j'ai pu lui dire que j'avais rempli mes engagements en devançant même de quinze jours l'époque fixée. Ce fut ma seule réponse aux doutes qui s'étaient élevés, ma seule vengeance des contrariétés que j'avais éprouvées. »

L'éminent ministre avait été admirablement secondé par l'amiral Duperré (1).

Nous savons avec quelle merveilleuse rapidité fut opéré le débarquement des troupes et du matériel à Sidi-Ferruch. Il

---

(1) Duperré (Guy-Victor) était né à la Rochelle en 1775 ; il était le vingt-deuxième et dernier enfant de Jean-Augustin Duperré, trésorier principal de la généralité de la Rochelle et receveur des tailles.

s'agissait maintenant pour la flotte de coopérer à l'attaque d'Alger. Quand l'amiral Duperré vit l'armée en position devant le fort l'Empereur, il se prépara à faire non pas l'attaque sérieuse d'Alger, mais une fausse attaque, une vigoureuse démonstration. « La marine, écrivit-il au général de Bourmont, fera ce qu'elle pourra ; je ne puis faire agir que les bombardes, car il ne faut pas penser à faire exécuter une fausse attaque par des vaisseaux et frégates qui, presque tous armés sur le pied de paix, sont aujourd'hui désarmés par suite des sacrifices faits en hommes et en embarcations. Mais, pour ne pas exposer les bombardes à une destruction inutile, il faudrait que vous fassiez éteindre les feux ou que vous obteniez la reddition du fort Babazoun. »

Les sacrifices en hommes auxquels faisait allusion l'amiral Duperré étaient assez considérables ; trois mille marins avaient été débarqués dans la presqu'île de Sidi-Ferruch pour garder le camp retranché qu'à toute éventualité avait fait établir le général de Bourmont.

Le 1er juillet, le fort Babazoun n'était pas rendu, le général en chef ayant voulu concentrer tous ses moyens d'action sur le fort l'Empereur. Mais l'ardent amiral ne voulut pas attendre pour faire la démonstration que l'on attendait de lui. Le contre-amiral de Rosamel défila le premier avec sa division devant les batteries d'Alger, depuis la pointe Pescade jusqu'au môle, ripostant avec violence à leur feu. La canonnade du 1er juillet se renouvela deux jours après, mais ne produisit pas un grand effet matériel. Les officiers du génie qui accompagnèrent le général Valazé après la chute de la ville prétendirent n'avoir pas compté dans les batteries algériennes la trace de plus de quinze boulets ; on raconte même qu'avec sa brusquerie militaire le général Valazé s'écria : « Je me charge de faire réparer pour sept francs cinquante toutes les avaries causées par la marine aux fortifications d'Alger. » Il y a là des exagérations manifestes. Le vice-amiral Duperré a rempli son devoir en n'exposant pas inutilement à un désastre la flotte qui lui avait été confiée.

D'ailleurs le vaillant homme de mer qui avait dans sa vie plus d'une page glorieuse, était au-dessus du soupçon de pusillanimité, et n'avait pas besoin d'une gloire d'emprunt pour illustrer sa carrière.

A l'âge de douze ans, le jeune Victor Duperré faisait un voyage à Saint-Domingue et aux Antilles ; à seize ans, il s'embarqua comme pilotin sur le *Henri IV*, gros bâtiment de commerce allant aux Indes.

A son retour, le jeune Duperré était déjà un vigoureux marin de dix-huit ans, dont l'instruction première s'était développée par une application soutenue et par la pratique de la mer. Il rentrait en France au moment où l'émigration laissait nos vaisseaux sans états-majors, où l'on improvisait un cadre d'officiers de marine de guerre avec des maîtres d'équipage et des officiers de marine marchande, et où la conscription était tenue de compléter les équipages de la flotte.

Cette situation eut pour conséquences naturelles de grands et déplorables échecs, mais ces échecs furent illustrés par des actes de véritable héroïsme. Qui pourrait ignorer l'histoire du *Vengeur* sombrant sous le feu de trois vaisseaux anglais, du *Tonnant* à Aboukir, du *Redoutable* à Trafalgar ? Qui pourrait ignorer les noms des Villaret-Joyeuse, des Dupetit-Thouars, des Infernet, des Lucas, des Linois, des Baudin, et aussi de ces fameux corsaires les Surcouf, les Niquet et tant d'autres ?

Parmi ces illustres marins, il en est un dont la carrière fut presque toujours heureuse et qui ne vit jamais un vaisseau sous son commandement coulé ou pris par l'ennemi ; ce fut l'amiral Duperré, qui eut le bonheur de clore sa longue et glorieuse carrière maritime en attachant son nom à la conquête d'Alger.

En 1793, quand le pilotin Duperré revint des Indes, la République venait de déclarer la guerre simultanément à l'Angleterre et à la Hollande. Quittant aussitôt la marine de commerce pour se consacrer à celle de l'Etat, il s'embarqua comme sous-chef de timonerie sur la corvette le *Maire-Guiton* et passa en la même qualité sur la frégate le *Tartu*. Après deux ans de croisières fatigantes, il fut embarqué comme enseigne de vaisseau non entretenu sur la frégate la *Virginie*, capitaine Bergeret.

Le 12 avril 1796, la *Virginie*, sortie de Brest, fut rencontrée dans la Manche par une division de six bâtiments de guerre anglais ; cette division, composée de deux vaisseaux et de quatre frégates, était commandée par sir Edward Pellew, que nous avons déjà présenté à nos lecteurs sous le nom de lord Exmouth, nom dont il hérita plus tard et qu'il n'illustra guère devant Alger en 1816. La *Virginie* prit chasse, mais le capitaine Bergeret, voyant que cette chasse compromettait son gréement, laissa approcher les Anglais, et engagea avec l'*Indefatigable*, vaisseau qui portait le guidon du commodore anglais et qui tenait la tête, un combat d'autant plus terrible qu'il était absolument inégal. Quoique la vaillante frégate française n'eût à opposer que des boulets de 8 et de 12 à des boulets de 42, elle manœuvra si bien qu'elle parvint à se faire abandonner de son formidable antagoniste. Le capitaine Bergeret avait à peine fait boucher les trous qui crevassaient la ceinture de sa frégate, et réparer les avaries principales de son gréement, lorsqu'il fut assailli par les cinq autres bâtiments de la division anglaise. Un combat acharné se prolongea toute la nuit. Vers trois heures du matin, alors que les deux tiers de l'équipage gisaient sur les cadres morts ou blessés, un vaisseau anglais héla à la frégate française d'amener son pavillon. — Combien êtes-vous ? demanda le capitaine Bergeret. — Cinq, répondit une voix partie du vaisseau anglais. Après avoir renouvelé par trois fois la même question et reçu la même réponse : — Vous êtes cinq contre un, j'amène, s'écria enfin le valeureux **commandant de la** *Virginie*.

L'enseigne Duperré avait pris part au combat comme officier de manœuvre du capitaine Bergeret. En récompense de sa brillante conduite, il fut nommé enseigne de vaisseau titulaire. Il n'avait pas vingt et un ans! Il reçut sa nomination dans les prisons de l'Angleterre ; mais en 1797 il en sortit en vertu d'un cartel d'échange. Il servit pendant quelque temps à bord du vaisseau le *Wattignies*, et prit en 1800 le commandement de la corvette la *Pélagie* avec laquelle il fit l'expédition de Saint-Domingue.

Attaché en 1803 à l'état-major de la flottille de Boulogne, il servit à terre pendant près de deux ans ; mais il demanda à reprendre la mer et obtint d'être embarqué sur le vaisseau le *Vétéran*, commandé par le prince Jérôme, frère de l'empereur. Le *Vétéran* faisait partie d'une de ces escadres que Napoléon Ier, après le désastre de Trafalgar, envoyait au loin, non pour disputer aux Anglais l'empire des mers, mais pour leur faire le plus de mal possible en s'attaquant à leur commerce et à leurs établissements coloniaux. Cette escadre était aux ordres du contre-amiral Wuillaumez ; elle alla jusqu'au cap de Bonne-Espérance, au Brésil et aux Antilles, et là, elle fut dispersée par un violent coup de mer. Le *Vétéran*, isolé, rentra en France, et, poursuivi par une division anglaise, s'échoua dans la baie de Concarneau. Pendant une pénible croisière d'un an, le lieutenant de vaisseau Duperré sut se faire remarquer même au milieu de l'état-major d'élite dont s'était entouré le frère de l'empereur ; ses connaissances nautiques et militaires arrivèrent à ce degré de maturité qui rend l'homme de guerre sûr de lui-même.

En 1806, il fut nommé capitaine de frégate avec invitation de prendre aussitôt le commandement de la *Sirène*, frégate de 34 canons avec 296 hommes d'équipage, qui chargeait des troupes à destination de la Martinique. Au retour des Antilles, la *Sirène* fut attaquée dans les parages de l'île de Groix par un vaisseau de ligne et une frégate.
— Amène ou je te coule, héla le commandant anglais. —

Coule, mais je n'amène pas, répondit le capitaine Duperré. Feu partout! — Un furieux combat commença ; la frégate française était engagée à bâbord et à tribord. Plutôt que de se rendre, le capitaine Duperré jeta sa frégate à la côte ; il accomplit cet échouage avec tant d'habileté et de bonheur, que trois jours après, il renflouait son bâtiment allégé de son artillerie, traversait audacieusement l'escadre anglaise qui bloquait Lorient et rentrait triomphalement dans le port.

Napoléon récompensa Duperré en le nommant capitaine de vaisseau; cet audacieux aimait les audacieux. Le capitaine de vaisseau Duperré reçut le commandement de la *Bellone*, avec laquelle il alla de suite renforcer la station navale de l'île de France, alors sous les ordres du général Decaen.

La *Bellone* n'arriva pas à l'île de France sans coup férir ; elle fut obligée de percer une croisière anglaise. L'intrépide Duperré se hâta de débarquer les munitions dont il était porteur pour la colonie et reprit la mer en vue de trois bâtiments anglais qui le poursuivirent inutilement pendant plusieurs jours. Il eut l'audace d'établir sa croisière à l'embouchure du Gange et s'empara successivement de la corvette anglaise le *Victor* et d'une grande frégate portugaise. la *Minerve*, armée de 48 canons. Ce dernier succès ne fut obtenu qu'après un combat qui dura deux heures, à portée de pistolet; la frégate portugaise n'amena son pavillon qu'en voyant la frégate française s'accrocher à elle avec des grappins d'abordage. Le capitaine Duperré voulut constituer une petite division navale; avec 131 *lascars* qu'il mêla à ses matelots, il forma aussi bien que possible les équipages de ses deux prises.

Duperré rentra à l'île de France pour réparer les avaries de ses trois bâtiments, et, dans une nouvelle croisière, fit un heureux coup de main ; il s'empara de trois bâtiments de la Compagnie des Indes qui transportaient 800 hommes de troupes anglaises à Calcutta. Il retournait à l'île de

France avec ses prises, quand, arrivé en face du port impérial, il aperçut un grand trois-mâts mouillé sous le fort de l'île de la Passe, poste avancé qui défendait l'entrée du port; ce trois-mâts et le fort portaient le pavillon français. Le capitaine Duperré avançait donc sans crainte, quand tout à coup le fort et le navire arborèrent le pavillon anglais et accueillirent par une vive canonnade la corvette le *Victor* qui tenait la tête de la petite division française. Reculer, c'est-à-dire virer de bord, n'était guère dans le tempérament de Duperré qui se mit hardiment en mesure de forcer le passage. Il attaqua de sa personne avec la *Bellone* la frégate anglaise qui avait cru attirer la division française dans un guet-apens, se mit bord à bord avec elle, la maltraita horriblement, et ne la quitta qu'au moment où il vit toute sa division, avec ses trois prises, en sûreté au fond de la baie. Là il apprit que l'île et le fort de la Passe étaient seuls au pouvoir des Anglais.

Tout faisait prévoir une nouvelle attaque. En effet, le surlendemain, la frégate anglaise la *Néréide,* que Duperré avait si fort maltraitée devant l'île de la Passe, fut renforcée par trois autres frégates, le *Syrius,* la *Magicienne* et l'*Iphigénie*. Le commandant français se hâta d'embosser sa division, de manière qu'elle ne pût pas être tournée par la tête ou par la queue, et se prépara à soutenir l'attaque avec deux frégates contre quatre, car il ne fallait guère compter sur la corvette le *Victor,* d'un armement trop faible, ni sur les prises garnies à peine de quelques matelots français. Les premières volées des frégates anglaises coupèrent les embossures de la *Minerve*, et la *Bellone* se trouva seule exposée au feu des quatre bâtiments ennemis. Elle répondit avec une telle vigueur, qu'après un échange de boulets qui dura toute la nuit, la *Néréide,* déjà maltraitée l'avant-veille, amena son pavillon, et que la *Magicienne* criblée prit feu et fut abandonnée par son équipage.

Dans la journée qui suivit, le *Syrius* eut le sort

de la *Magicienne* ; il sauta et son équipage se réfugia à bord de l'*Iphigénie* ; cette dernière frégate cherchait à s'échapper quand elle fut capturée par la petite division navale du capitaine Hamelin qui accourait au secours de Duperré.

Parmi les armes dont la remise fut faite par les Anglais, se trouvait un sabre magnifique donné par la Compagnie des Indes au commodore Pym, en mémoire, disait la légende, de sa victoire sur l'amiral Linois.

Le neveu du commodore ayant réclamé cette arme, le capitaine Duperré refusa de la rendre, alléguant que Linois n'ayant pas été vaincu, l'inscription était fausse et outrageante pour un amiral français. « La poignée est trop riche », se permit de dire le jeune Anglais. Posant alors la lame sur le pont, Duperré mit le pied dessus, la cassa et la jeta à la mer. Remettant ensuite à son interlocuteur stupéfait la poignée et le fourreau, il lui dit : « Je vous rends, monsieur, ce que vous trouvez de plus précieux. »

Dans le brillant combat que nous venons de raconter, le capitaine Duperré fut atteint à la joue droite d'un coup de mitraille. Il resta balafré, et plus tard, quand il devint ministre de la marine, sous le roi Louis-Philippe, il ne prenait jamais la parole à la Chambre des députés ou à la Chambre des pairs sans que sa glorieuse cicatrice ne fît sensation.

A peine guéri de sa blessure, Duperré reprit le commandement de ses trois bâtiments. Leurs réparations achevées, il se disposait à reprendre la mer, quand parut devant l'île de France une expédition anglaise de 74 voiles, portant 15,000 hommes de débarquement. Le capitaine Hamelin, qui lui aussi devint un illustre amiral, vint embosser ses frégates à côté de celles du capitaine Duperré ; mais les deux jeunes commandants furent prévenus que le général Decaen, jugeant toute résistance inutile à cause de l'état d'abandon où se trouvait la colonie, venait d'entrer en pourparlers avec le chef de l'expédition anglaise. La capitulation fut des plus honorables ; le 4 décembre 1810, soldats et marins français s'embarquèrent pour leur patrie sur des vaisseaux anglais.

Le bruit des exploits du capitaine Duperré l'avait précédé en France, et le récit du combat de l'île de la Passe avait soulevé dans les ports le plus grand enthousiasme. Napoléon avait successivement nommé ce capitaine de vaisseau de trente-cinq ans, chevalier et officier de la Légion d'honneur, puis baron de l'Empire. A sa rentrée en France, il le nomma contre-amiral et le chargea de commander les forces navales françaises et italiennes réunies dans l'Adriatique. Le contre-amiral Duperré se fit remarquer par sa prodigieuse habileté à se créer des ressources là où elles manquaient absolument, et bientôt il se vit à la tête d'une belle escadre dans les lagunes de Venise. Après l'abdication de l'empereur à Fontainebleau, l'amiral forma ses officiers et matelots en colonne de marche, traversa en bon ordre toute l'Italie, et rentra en France.

Le roi Louis XVIII nomma le contre-amiral Duperré chevalier de Saint-Louis et lui confia en 1818 le commandement de la station navale des Antilles. Le 22 avril 1819 il arrivait avec la *Gloire* en rade de l'île danoise de Saint-Thomas, lorsque parut la frégate anglaise l'*Euryalus,* capitaine Huskisson ; le lendemain cette frégate pavoisa en l'honneur de la fête du roi d'Angleterre et un pavillon tricolore fut arboré à la poulaine. Le drapeau français était alors le drapeau blanc, et le drapeau tricolore, qu'insultait la frégate anglaise, était le drapeau sous lequel l'amiral Duperré avait combattu pendant les guerres de la Révolution et de l'Empire. Ajoutons un détail : dans les usages maritimes, c'est une marque de souverain mépris pour un pavillon que de le placer à la poulaine, l'endroit du bâtiment considéré comme le moins honorable, sinon le le plus vil. L'amiral Duperré ne put supporter de voir insulter les anciennes couleurs françaises, et écrivit au capitaine anglais que s'il ne lui faisait pas des excuses, lui,

AMIRAL DUPERRÉ

et, avec sa carrure massive et sa balafre, il ne faisait pas grande figure à la tribune. Toutefois on l'écoutait avec respect.

Un jour il laissa parler à tort et à travers plusieurs députés sur le budget de la marine, et vint ensuite, non sans ironie, s'excuser de prendre part à la discussion. « Puisque tant d'orateurs, dit-il, ont parlé de la flotte, qu'il soit permis à un marin de parler à son tour. »

Le parlementarisme mérite parfois quelques-unes de ces leçons.

L'amiral Duperré quitta le ministère de la marine en 1843. Le 2 novembre 1846, il rendit à Dieu l'âme héroïque qu'il en avait reçue pour la gloire de son pays.

La noble vie de ce grand amiral est restée un modèle dans notre marine si jalouse de ses gloires. Comme homme de guerre, Duperré fut parfait; pendant sa longue carrière, il ne perdit jamais un bâtiment, car il était la vigilance, le courage même. Comme ministre, il prouva qu'il savait organiser et administrer.

V

Le lecteur nous permettra, pour l'intelligence de ce livre, une brève description du pays où la flotte de l'amiral Duperré venait de débarquer une armée française.

Les anciens appelaient région atlantique le territoire montagneux qui s'allonge sur une étendue de cinq à six cents lieues de l'Egypte aux colonnes d'Hercule, aujourd'hui détroit de Gibraltar. L'Atlas, vaste chaîne de montagnes, donnait son nom à cette partie de l'Afrique, et la fable représentait l'Atlas comme un géant portant le ciel, les épaules couvertes de neige et la tête ceinte de nuages furieusement agités par les tempêtes. Les membres du géant s'étendaient en chaînes de montagnes ; de sa barbe s'échappaient des torrents et ses flancs étaient un sanctuaire impénétrable et mystérieux.

Quand la science géographique des anciens cessa de se nourrir de contes fabuleux, elle n'en fut pas beaucoup plus avancée. Les géographes firent assaut d'extravagances. Pline affirmait gravement, d'après des renseignements contemporains, que le Nil prenait ses sources dans les montagnes de la Mauritanie, aujourd'hui le Maroc ; il en était de même, disait-il, pour le Niger. Pomponius Méla, précédant un de nos poètes du dix-huitième siècle, Lefranc de Pompignan, représentait les riverains du Nil et du Niger comme passant leurs journées à insulter le soleil, lequel, bien entendu, ne se lassait jamais de verser « des torrents de lumière sur ses obscurs blasphémateurs ».

En 1830, on était fort en retard sur la géographie de l'Afrique ; les récits des voyageurs ne nous avaient rien appris, non plus que les récits des captifs qui ne quittaient guère Alger ou sa banlieue. M. de Lesseps, consul à Tunis, avait donné beaucoup de renseignements, mais comme ces renseignements étaient tous basés sur des racontars arabes plus ridicules les uns que les autres, ils ne nous apprenaient rien. Le général de Bourmont, alors ministre, les prenant toutefois au sérieux, fit rédiger et imprimer par le dépôt de la guerre une notice des plus curieuses qui fut distribuée aux troupes. Nous avons déjà raconté que l'intendance fit embarquer des appareils perforatoires, ainsi que des milliers de quintaux de bois et de charbon, dans l'idée que l'eau et le bois manquaient partout aux environs d'Alger.

Persuadés que les tigres et les lions étaient aussi communs en Algérie que les alouettes dans les prairies du Nivernais, les officiers français, après le débarquement, invitèrent leurs hommes à ne pas s'éloigner du camp, même quand il n'y avait rien à craindre des Arabes. La première nuit, les glapissements des chacals firent tressaillir tout le monde ; les touristes saisirent nerveusement leurs fusils de chasse, car, il n'y avait pas à en douter, on entendait les rugissements des lions. Et les reptiles !... A côté des pistolets de rigueur, chacun plaçait à son chevet l'inévitable flacon d'alcali.

Le mythologique Atlas, situé au Maroc, envoie en Algérie deux grandes ramifications que l'on a baptisées de la façon la plus défectueuse ; celle du Nord est appelée petit Atlas, celle du Sud grand Atlas, et c'est précisément le petit Atlas qui a le plus d'altitude et qui présente les pentes les plus raides. Le petit Atlas s'éloigne assez peu de la côte ; cette disposition géographique explique pourquoi, dans les premières années de l'occupation, l'armée eut tant de peine à déboucher dans l'intérieur ; une muraille se dressait devant elle. Au pied de cette chaîne septentrionale du petit Atlas, se déroulent des plaines généralement très peu larges, fort riches et peu ondulées ; cette partie de la région est appelée par les Arabes Sahel (rivage). Au-dessus du Sahel se présentent çà et là quelques chaînes de montagne entre lesquelles se trouvent de riches et magnifiques vallées ; cette portion du sol est appelée par les Arabes, surtout à l'ouest de la province d'Alger et dans la province d'Oran, Dahra (dos). Sahel et Dahra forment le Tell, le *Tellus* des Romains ; le Tell, succession de terrains accidentés, forme la zone cultivable, zone de la plus grande richesse, qui était l'ancien grenier de Rome.

La largeur du Tell est variable d'une province de l'Algérie à l'autre. Dans la province d'Oran, elle n'a guère qu'une trentaine de lieues ; dans celle de Constantine, elle en a au moins le double. De ce côté, on passe presque sans transition du pays des céréales ou Tell dans le pays des dattes ou Sah'ra.

Dans les provinces d'Alger et d'Oran, cette transition se présente sous la forme de hauts-plateaux, appelés par les arabes Sersouss (sommets). Nous donnons la traduction la plus répandue ; les Arabes ne sont pas bien fixés eux-mêmes sur l'étymologie du mot Sersouss, et ceux de la province d'Oran prétendent que ce mot signifie *le père des eaux,* chose qui paraîtrait assez logique, puisque dans cette province tous les cours d'eau allant vers la mer descendent des Hauts-Plateaux. Les Sersouss sont de vastes espaces où les Arabes cultivent très rarement les céréales, couverts de pâturages arrosés de sources abondantes près desquelles les Romains, nos maîtres en colonisation, n'avaient pas négligé d'établir des colonies militaires.

Les chott (le pluriel du mot arabe *chott* est *chtout*) sont des lacs salés sans profondeur, à fond de sable généralement, où viennent se perdre les eaux du versant méridional des Hauts-Plateaux. C'est surtout dans le voisinage des chott que le mirage (en arabe *sirab*) illusionne le voyageur étranger, et plus particulièrement dans la matinée. Les eaux paraissent se précipiter dans le chott, un âne qui passe se change en maison à quatre étages, un chameau se change en montagne, une touffe d'alfa en forêt, et un caillou devient rocher. On approche, tout disparaît, et la désolante réalité ne fait voir qu'une immense plaine grise, sans eau et sans végétation.

La région des chott précède immédiatement la région saharienne. Parfois dans la première, et surtout dans la province d'Oran, l'œil s'arrête sur des bas-fonds où les eaux pluviales ont amené des alluvions fertiles, et où l'on trouve une luxuriante végétation. Ce sont des dayets (au singulier *daya*). Une petite ville de la province d'Oran, bâtie dans un de ces enfoncements, porte le nom de Daya.

Les récits les plus fantastiques ont été faits sur le Sahara ou Sah'ra, pour donner exactement la prononciation arabe. C'est la dernière des trois régions qui divisent l'Algérie. Comme nous l'avons dit, la première est le Tell, ou pays cultivable, formée du Sahel et du Dahra ; la seconde est celle des Hauts-Plateaux avec les chott, et la troisième celle des dayets, à peine marquée dans la province de Constantine.

Le Sah'ra, *campus in quo non sunt plantæ*, n'est à proprement parler que l'antichambre du désert; c'est un pays plat et sans arbres, où l'on voit des sources et des cours d'eau presque toujours à sec pendant l'été et où une végétation particulière fournit une excellente nourriture aux immenses troupeaux de moutons et de chameaux des Arabes nomades. Sans doute, on y rencontre des sables que les tempêtes balayent devant elles; mais au milieu d'immenses espaces d'une aridité désolante, on rencontre des oasis, îles de végétation formées dans tous les thalwegs et dans toutes les dépressions de terrain où sourdent des sources et où la pluie vient accumuler des alluvions. Dans les oasis, on trouve non seulement des palmiers, mais encore quantité d'arbres fruitiers; on y récolte aussi d'excellents légumes, un peu d'orge et de la luzerne. Les villes bâties au milieu ou à côté des oasis portent le nom de ksours (pluriel de *ksar*, lieu fortifié).

Pour les noms arabes, nous donnons l'orthographe la plus usitée, confessant fort humblement que nos connaissances de la langue arabe ne sont pas assez étendues pour que nous puissions les orthographier académiquement.

C'est au-delà du Sah'ra algérien, au sud d'Ouargla, que s'étend le désert proprement dit, où la terre ne produit rien et où les sources et les cours d'eau font absolument défaut; c'est là qu'est allée se perdre la mission Flatters. Dire que les rêveurs qui prétendent que rien n'est impossible de notre temps, ont parlé d'y établir un chemin de fer transsaharien! Une seule colonne française a été à vingt jours de marche au sud d'Ouargla; c'est la colonne du général de Gallifet, qui fit, en janvier 1873, une pointe jusqu'à la petite oasis d'El Goléah.

Le grand désert, sur lequel le général Daumas a fait un de ses plus charmants livres, est le pays des Touaregs, ces flibustiers du désert que les Arabes nomment les voilés, et qui parcourent d'immenses espaces sur leurs meharis, chameaux coureurs qui sont au chameau vulgaire ce qu'est un pur-sang à un cheval de fiacre. C'est du grand désert seulement que l'on peut dire: Du sable! puis du sable! en murmurant les vers du poète:

> Ces monts à jaune crête
> Quand souffle la tempête
> Roulent comme des flots.

Une poésie pénétrante envahit le cerveau du voyageur qui s'aventure dans la région des dunes, autrement région des *eurgs* ; mais disons-le, il faut être doué d'un parti pris violent pour s'éprendre du Sah'ra algérien. C'est le pays du vide, un désert dont les solitudes sont sans grandeur. Le touriste qui les parcourt, même commodément et à cheval, sent son cœur se serrer dans une inexprimable angoisse. Il lui semble que sur ces mornes solitudes ait soufflé le vent de la malédiction, et les montagnes arides, pelées, disgracieuses, qui se profilent à l'horizon, ne reposent pas le regard. Ces solitudes désolées ne sont pas le vrai désert, elles n'en sont qu'un mauvais pastiche. Généralement saturée de sels de magnésie, l'eau, même dans les oasis, est saumâtre ; quant à celle que l'on trouve en dehors des oasis, il faut un vrai courage pour la boire, car la plupart du temps elle a un fumet qui soulève le cœur, et la viande que l'on y fait bouillir acquiert une odeur prononcée de putréfaction.

C'est de loin en loin, et bien rarement, que l'on rencontre dans le Sah'ra un puits d'eau fraîche et limpide ; les Arabes, qui considèrent un puits comme un lieu sacré, le couvrent soigneusement de branchages et d'herbes pour empêcher les sables chassés par le vent de le combler. Le plus souvent, nos colonnes expéditionnaires n'ont pour soulager leur soif que des r'dirs (au pluriel *r'daïrs*), sortes de bassins naturels dans le lit des rivières ou dans les bas-fonds, où les eaux pluviales séjournent plus ou moins longtemps. Les r'dirs sont d'affreuses mares dans lesquelles grouillent confusément les reptiles et les insectes ; les chameaux, les bêtes de somme, les chiens viennent s'y abreuver en pataugeant à qui mieux mieux, et en les remplissant de leurs déjections.

Ces récits ne visent pas à la poésie ; nous présentons les choses telles qu'elles sont, en soldat qui a vu. Si des touristes veulent voir le Sah'ra, de loin bien entendu, qu'ils fassent le voyage de Biskra dans la province de Constantine et qu'ils demandent la permission de monter sur la terrasse de la caserne. Là, surtout au lever du soleil, ils auront l'illusion du désert ; mais qu'ils n'aillent pas plus loin, et qu'ils se contentent du Tell, où l'on trouve à chaque pas des sites merveilleux.

Il ne faudrait pas croire que toutes les oasis ressemblent à celle de Biskra, où une municipalité européenne veille avec soin à la propreté des rues et à l'entretien des chemins. Pour les militaires qui ont voyagé dans le Sah'ra, Biskra n'est qu'un joli décor d'opéra, bien lavé et bien brossé.

Ces oasis, où les Européens ne pénètrent qu'en passant, sont des séjours qui n'ont rien d'enchanteur. Le voyageur n'a pas même la consolation d'être à l'ombre, le palmier ayant un feuillage grêle qui laisse passer les rayons les plus ardents du soleil ; il ne peut même s'y désaltérer, l'eau qu'on y boit étant tiède, purgative, et très peu limpide. On voit distinctement la vermine mêlée à la poussière, car l'Arabe, presque toujours couvert de poux, quand il saisit un de ces insectes vagabonds, le pose sur la terre avec autant de délicatesse et de ménagements qu'un fakir hindou pour qui la métempsycose est un dogme sacré.

Et pour le reste, que l'on n'entre pas dans le ksar. Là grouillent des populations hideusement malpropres, se vautrant dans des bouges infects ou dans des rues remplies de détritus innommés, et passant leur vie dans un abrutissement complet, une paresse avilissante. Si par hasard quelqu'un veut y pénétrer, qu'il se bouche le nez; une indéfinissable odeur de moisi, de burnous sale et de beurre rance, lui saute à la gorge et le poursuit jusque sous sa tente, bien en dehors de l'oasis.

VI

Nous avons déjà dit que les mœurs arabes ne changeaient guère; si l'on en veut une preuve, nous allons citer Joinville qui les combattit il y a un peu plus de six cents ans. Abstraction faite de la naïveté du style, on croit lire une relation faite de nos jours.

« Les Béduyns, dit le compagnon de Saint-Louis, les Béduyns doncques sont gens qui vivent et habitent avec les Sarrazins ; mais ils tiennent une autre manière et façon de vivre; car les Béduyns ne croient pas en Mahomet comme font les Sarrazins ; mais ils tiennent et gardent la loi Hély (la loi d'Ali), qu'ils disent être oncle de Mahomet. Ils se tiennent aucunes fois dans les montagnes et déserts, et croyent fermement entre eux, que si l'un d'eux endure la mort pour son Seigneur ou pour quelque autre bonne intention, son âme va en un meilleur corps et plus parfait, et est plus à son aise qu'elle n'estoit auparavant. Au moyen de quoi ils ne font faute de s'offrir à la mort, par le commandement de leurs anciens et supérieurs. Ils n'ont ni ville ni cité où ils se puissent retirer, mais demeurent toujours au champ ou dans les déserts; et, quand il fait mauvais temps, ils fichent par terre une façon d'habitacle qui est faite de tonnes et de cercles liés à des perches, ainsi que font les femmes quand elles font sécher leur lessive, et par dessus ces cercles et perches, ils jettent des peaux de grands moutons. Ceux qui suivent les guerres sont communément à cheval, et le soir, ils tiennent leurs chevaux près d'eux, et ne font que leur ôter les brides, et les laissent paître sur l'herbe, sans leur donner autre chose ; ils ne sont jamais armés quand ils vont combattre (1) (ils ne portent pas d'armes défensives), pour ce qu'ils disent, que nul ne peut mourir qu'un certain jour qui lui est ordonné ; et, à cette cause, ils ont une façon entre eux, que quand ils veulent maudire leurs enfants, ils leur disent en cette manière : « Tu sois maudit, comme celui qui s'arme de peur de la mort. » En bataille, ils ne portent qu'un glaive, fait à la mode de Turquie, et sont tous revêtus de linge blanc comme si c'estoient surplis (le burnous); ils sont laides gens et hideux à regarder, car ils ont les cheveux longs et la barbe, et noirs outre mesure. Ils vivent du laict de leurs bestes, de quoi ils ont grande abondance; ils sont en si grand nombre, que nul ne sçauroit estimer ; car il y en a au royaume d'Égypte, de Jérusalem, et par toutes les autres seigneuries que les Sarrazins tiennent, auxquels ils paient de grands tributs par chacun an. »

Ce qui devait préoccuper le général de Bourmont, ce n'étaient pas les mœurs des Arabes, mais leur manière de combattre. Or, dès les premiers jours il put juger que les procédés de guerre des Arabes étaient invariables ; les bataillons de la Restauration allaient avoir à lutter contre les mêmes adversaires qui s'étaient offerts aux coups des chevaliers de Saint-Louis, et à ceux des légions de Bélisaire ou de Métellus. Vraiment Salluste avait rédigé à l'avance les bulletins du général français. Les Arabes n'étaient-ils pas les successeurs, les continuateurs des Numides ? Écoutons plutôt Salluste :

« C'est une race dure et exercée aux fatigues ; ils couchent sur la terre et s'entassent dans des *mapolia*, espèces de tentes allongées faites d'un tissu grossier, et dont le

(1) Joinville ignorait sans doute que l'Arabe va au devant des blessures. Le Coran dit que les blessures reçues par les guerriers à la guerre sainte se rouvriront sans douleur dans le paradis, et exhaleront l'odeur du musc.

toit cintré ressemble à la carène renversée d'un vaisseau. Leur manière de combattre confondait la tactique romaine : ils se précipitaient sur l'ennemi d'une manière tumultueuse ; c'était une attaque de brigands, plutôt qu'un combat régulier. Dès qu'ils apprenaient que les Romains devaient se porter sur un point, ils détruisaient les fourrages, empoisonnaient les vivres et emmenaient au loin les bestiaux, les femmes, les enfants, les vieillards ; puis, les hommes valides se portant sur le gros de l'armée, la harcelaient sans cesse, tantôt en attaquant l'avant-garde, tantôt en se précipitant sur les derniers rangs. Ils ne livraient jamais de bataille rangée, mais ne laissaient jamais non plus de repos à l'ennemi : la nuit, dérobant leur marche, ils fondaient à l'improviste sur les détachements isolés, les dépouillaient de leurs armes, les massacraient, ou les faisaient prisonniers, et avant qu'aucun secours arrivât du camp romain ils se retiraient sur les hauteurs voisines. En cas de défaite, personne chez les Numides, personne excepté les cavaliers de la garde, ne suit le roi ; chacun se retire où il le juge à propos, et cette désertion n'est point regardée comme un délit militaire. »

Et, plus loin, Salluste dit encore :

« Du haut des collines Jugurtha suit les généraux romains, cherche le temps et le lieu propres au combat, infecte sur leur route le peu de pâturages et de sources qu'offre le pays, se montre tantôt à Marius, tantôt à Métellus, harcelle l'arrière-garde, et sur-le-champ regagne les collines, menace les uns et les autres, ne leur livre pas bataille, ne les laisse pas en repos, seulement arrête leurs entreprises. »

Nous avons donc eu raison de dire que les Arabes d'aujourd'hui sont les Numides d'autrefois ; rien n'est changé que le nom.

Mais en plus que les Numides, les Arabes étaient animés par la fureur des passions religieuses. Lorsque Abd-el-Kader leur eut plus tard imposé un semblant d'autorité, ils reçurent de lui l'ordre de faire *quelques* prisonniers ; mais, en 1830, ils ne faisaient aucun quartier. Le dey avait promis cinq piastres par tête de chrétien, et, sur présentation, ces sanglants trophées étaient payés comptant dans un bureau ouvert rue Bab-el-Oued, à Alger. La première victime de cette guerre d'extermination fut le lieutenant Astruc, du 4ᵉ léger ; quelques cavaliers arabes harcelaient les tirailleurs commandés par cet officier ; ils réussirent à se faire poursuivre, firent tout à coup volte-face, entourèrent le malheureux lieutenant ainsi que quelques hommes qui l'avaient suivi, coupèrent toutes les têtes et pratiquèrent sur les cadavres d'indignes mutilations. Le bataillon du 4ᵉ léger s'élança au cri de : « Vengeons nos frères », mais les Arabes étaient déjà loin.

Le soldat joue volontiers sa vie ; il porte une livrée de mort et ne se fait pas d'illusions à ce sujet. Mais la rage lui vient à la pensée de la mutilation. Les philanthropes, qui font au coin de leur feu de belles phrases sur l'humanité, gémissent quand ils apprennent que dans un combat nos soldats ont obéi à la loi de Lynch et n'ont pas fait quartier ; mais il est à croire qu'ils n'ont jamais été acteurs dans les terribles drames de la guerre. Dans tous les cas, en 1830, les officiers étrangers, les savants, les peintres, les touristes, ne se scandalisèrent pas quand ils virent nos soldats prendre l'habitude de ne jamais faire grâce. C'est qu'ils se rendaient compte d'une situation implacable.

Après l'affaire du lieutenant Astruc et quantité d'autres qui présentèrent le même caractère de férocité, les soldats français jurèrent de ne plus faire de prisonniers ; leurs chefs commençaient à se dire ce qui depuis a été répété tant de fois, c'est qu'à de rares occasions près, clémence pour les Arabes n'a pas d'autre sens que duperie.

Nous ferions un volume en racontant les actes de cruauté bestiale que commirent les Arabes dans cette longue guerre qui a commencé en 1830 et qui est à peine terminée aujourd'hui. En 1836, les chasseurs d'Afrique en garnison à Douéra étaient obligés d'aller faire boire leurs chevaux à 3 kilomètres du village ; on se rendait militairement à l'abreuvoir, et, pendant que la moitié des chevaux buvait, l'autre moitié faisait faction et couronnait les crêtes voisines. Pendant plusieurs mois on n'aperçut aucun ennemi ; confiants comme toujours, les Français se relâchèrent de leurs précautions. Mais, avec la patience des fauves, les Arabes veillaient. Un jour, les chasseurs d'Afrique firent boire tous leurs chevaux à la fois ; ils avaient fini par ne plus même emporter leurs sabres, et c'est à peine si, ce jour-là, un petit piquet en armes veillait à distance. La tribu arabe la plus voisine de Douéra était celle des Hadjoutes, ancienne tribu maghzen qui donnait asile à tous les aventuriers et à tous les malandrins arabes en quête d'aventures, de pillage et de têtes à couper ; nous aurons occasion d'en parler trop souvent. Les Hadjoutes tombèrent sur les chasseurs d'Afrique désarmés et en firent un affreux massacre. Quelques cavaliers parvinrent à s'échapper et vinrent donner l'alarme à Douéra ; l'infanterie partit au pas de course, mais n'arriva que pour voir les Arabes se retirant avec nos chevaux, portant quantité de têtes coupées. On releva les morts, tous décapités et odieusement mutilés. Il ne restait qu'un seul blessé : le maréchal des logis Précieux, dont la tête, hachée à coups de couteau, était si hideuse que les Arabes n'en avaient pas voulu. Ce sous-officier survécut à ses horribles blessures, et, avec un visage affreusement balafré, devint un vrai épouvantail.

En 1838, les Arabes eurent à lutter, près de l'Harrach, contre un petit détachement qui eut la plus grande peine à se faire jour jusqu'à Alger, mais dut abandonner un sergent blessé. Les Arabes brûlèrent vif ce malheureux à la vue du camp ; ils avaient eu soin de se mettre à l'abri derrière un ravin infranchissable. L'indignation remplit tous les cœurs. Le colonel Changarnier, qui commandait le 2ᵉ léger à Blidah, passant la revue de son régiment, s'écria : « Je jure sur l'honneur que le 2° léger, tant qu'il sera commandé par moi, se fera hacher plutôt que de laisser, non pas un soldat blessé, mais une simple courroie de sac au pouvoir des Arabes. »

L'armée prit peu à peu l'habitude de ne jamais laisser un blessé entre les mains de l'ennemi ; c'était, c'est encore une question d'honneur. Les Arabes déterraient jusqu'aux cadavres pour les mutiler et les brûler ! En 1840, au retour du déblocus de Médéa, le 2° léger retrouva les ossements calcinés de MM. Guyon et de Goyon, tués quelques jours auparavant à l'attaque du col de Mouzaïa et enterrés sur place dans la même fosse. On reconnut les restes de ces pauvres officiers au pied de M. Goyon, pied d'une petitesse remarquable. Encore aujourd'hui on doit prendre des précautions pour l'enterrement des cadavres pendant les expéditions, afin d'éviter les profanations ; et pourtant les insurrections n'ont plus le caractère de celles d'autrefois.

Les mœurs se sont singulièrement adoucies de part et d'autre et les représailles ne sont plus à l'ordre du jour. Rappelons seulement qu'il est de dures nécessités ; après le massacre de l'Oued-Zergua en 1882, pendant la campagne de Tunisie, le général d'Aubigny fit fusiller quatre-vingts insurgés tunisiens ; mais les autres coupables au nombre de plus de cent, livrés au conseil de guerre qui les condamna à mort, *furent tous remis ensuite en liberté!* M. le président Grévy manifestait ainsi ses regrets contre les exécutions sommaires que son humanité incorrigible reprochait au général d'Aubigny. Le père Gracias (ainsi l'appellent les condamnés de la Nouvelle-Calédonie) fût mort de chagrin dans les premières années de la conquête algérienne, où l'on rendait œil pour œil et dent pour dent. Exaspérés plus peut-être que leurs soldats, les officiers laissaient faire. En 1845, lors des événements du Dahra et de la prise d'armes du célèbre Bou-Maza, les Kabyles firent prisonniers deux soldats de la colonne du général Bourjolly, les conduisirent sur un rocher à la vue du camp, attendirent la nuit et les brûlèrent vifs. Au milieu des hurlements, ces deux malheureux avaient d'abord été piétinés, mutilés, puis odieusement souillés. Rien ne peut rendre l'horreur du spectacle d'un corps humain pantelant jeté au milieu d'un brasier ; la chair humaine est lente à brûler, elle roussit d'abord, la tête prend feu la première, et les orbites des yeux, vides dès les premiers moments, lancent des jets de gaz enflammés.

Mais ne faisons pas de l'horrible à plaisir. Quelques jours après ce hideux auto-da-fé, nos soldats firent prisonniers quinze Arabes et les fusillèrent impitoyablement. Et ils les avaient pris froidement après s'être donné le mot, car d'habitude ils ne faisaient pas de quartier

Toujours à la même époque, un petit camp, celui des Gorges, où le commandant Canrobert n'avait laissé que quelques hommes pour garder un peu de matériel, fut attaqué par les Arabes de Bou-Maza. Les soldats eurent le temps de se réfugier dans un blockhauss, mais au milieu du désordre une petite fille de six ou sept ans, la fille d'une cantinière, fut oubliée et les Arabes la prirent. On pourrait croire que ces monstres épargnèrent cette innocente enfant ; on pourrait croire encore qu'ils se contentèrent de la tuer. Point. Ils la coupèrent en morceaux sous les yeux de sa mère, et quand la nuit fut venue, ils se rapprochèrent, et vinrent jeter des débris sanglants sur la plate-forme du blockhauss.

Retournons à l'armée du général de Bourmont.

Le débarquement du matériel était à peine terminé que l'armée s'ébranla dans la direction d'Alger, dont elle était éloignée de seize kilomètres à peine. Les contingents arabes étaient arrivés le 18 juin sous le commandement des beys de Constantine et de Titteri ; le 19 juin, ils se mirent en position sur le plateau de Staouëli, à côté des milices turques, après avoir tenté une attaque de nuit contre le camp français. Nous étions prévenus, car l'Arabe n'attache au mot traître aucune espèce de signification déshonorante ; les espions qui nous prévinrent reçurent leur gratification, se coulèrent ensuite dans la broussaille pendant la nuit, et firent consciencieusement, dans la journée suivante, le coup de feu contre nous.

Un des régiments qui souffrirent le plus au combat de Staouëli, fut le 28ᵉ de ligne. Le 19 au matin, dès les premiers coups de fusil, ce régiment se laissa emporter par son ardeur et fut bientôt entouré par les Turcs, conduits par Ibrahim-Agha en personne. Les Turcs se battaient comme M. Thiers raconte qu'ils se battaient à Aboukir ; ils déchargeaient leurs fusils de loin, les jetaient en bandoulière, continuaient à s'avancer bravement, faisaient feu de leurs pistolets à bout portant, et mettaient ensuite le sabre à la main. En Egypte, ils avaient un moment ébranlé les fameuses demi-brigades de l'armée d'Italie ; à Staouëli, ils faillirent enlever tout le 28ᵉ de ligne. En un clin d'œil ce régiment perdit le quart de son effectif ; les hommes se pelotonnaient déjà et le mot « Plus de cartouches » courait dans les rangs et ébranlait les plus intrépides. Incapables de pousser par eux-mêmes une charge à fond, les Arabes étaient arrivés à la suite des Turcs et poussaient d'horribles clameurs. Turcs et Arabes, voyant le 28ᵉ dessiner un mouvement de retraite, redoublent d'audace ; on se bat corps à corps au milieu d'une inexprimable confusion. Mais une voix vibrante s'élève au-dessus du tumulte ; c'est celle du colonel Monnier. « Au drapeau, mes enfants, au drapeau. » En un clin d'œil le 28ᵉ se redresse et forme le carré autour du drapeau. Le 29ᵉ, amené par le général Colomb d'Arcine, accourt à perte d'haleine, et tous ensemble refoulent l'ennemi à la baïonnette.

On cite au combat de Staouëli un sergent-major du 14ᵉ de ligne dont nous regrettons de n'avoir pu retrouver le nom. Atteint d'un coup de feu, il tomba, se releva au cri de :

Vive le roi, et continua de combattre. Atteint une deuxième fois, il consentit à se laisser panser, mais refusa de quitter sa compagnie. Ce ne fut qu'après une troisième blessure qu'il se laissa emmener ; mais cette fois il était atteint mortellement.

A Staouëli, les Français perdirent 500 hommes ; l'ennemi perdit son camp, ses drapeaux, son artillerie, et 5,000 hommes.

On se ferait difficilement une idée de la fureur des Algériens quand ils apprirent la défaite de leur armée ; les quelques têtes payées argent comptant au bureau de la rue Bab-el-Oued leur avaient créé des illusions. La faute d'Ibrahim-Agha, qui avait sottement laissé débarquer les Français pour mieux les écraser, apparut à tous les yeux. Quand Ibrahim parut devant le dey, celui-ci furieux l'accabla des plus sanglants reproches, ne lui dissimulant pas que s'il n'était son gendre, il lui ferait trancher la tête. « Que voulais-tu que je fisse? répondit Ibrahim. Par Allah ! Je me suis rué sur ces infidèles, et ils n'ont pas bougé ! Il faut qu'un puissant génie les protège, ou qu'on les ait ferrés les uns aux autres. »

Le général de Bourmont avait à traîner devant Alger un énorme matériel de siège et d'immenses approvisionnements. Il fit sagement fortifier la presqu'île de Sidi-Ferruch dont il confia la garde à 3,000 marins et à quelques isolés ; l'homme de guerre doit sagement tout prévoir, et se répéter à tout instant ces deux mots de M. de Talleyrand : Tout arrive.

Il ne faut pas s'étonner si l'armée mit dix jours à franchir seize kilomètres. Le génie, sous les ordres du général Valazé, avait à tracer au fur et à mesure une route de six mètres de large et forcément cette route était difficile à faire, car, construite trop légèrement, elle eût été défoncée par les premiers charrois de l'artillerie. Le génie avait aussi à établir d'espace en espace des redoutes et des blockhauss en nombre suffisant pour permettre aux convois de cheminer avec de faibles escortes.

Les Turcs, après le combat du 19 juin, ne parurent plus en rase campagne ; dans un dernier combat livré le 24, l'armée française n'eut affaire qu'aux indigènes. Après le combat, les beys de Constantine et de Titteri ne purent plus retenir leurs contingents. Outre que les Arabes n'étaient pas des serviteurs très enthousiastes des Turcs, ils voyaient clairement qu'il n'y avait pour eux que des coups à recevoir. Les seuls Arabes qui restèrent fidèles aux Turcs furent ceux dont le territoire était traversé par nos soldats.

Dans ce combat du 24 juin, qui porta l'armée aux environs d'Alger, fut blessé le jeune Amédée de Bourmont, un des quatre fils du général en chef, lieutenant au 49ᵉ de ligne. « Un seul officier, écrivit le général en chef au premier ministre, a été blessé, au combat du 24 juin, assez dangereusement ; c'est le second de mes quatre fils, qui tous m'ont suivi en Afrique. J'ai l'espoir qu'il vivra pour continuer à servir avec dévouement le roi et la patrie. »

L'espoir du général ne devait pas se réaliser ; le jeune Amédée mourut quelques jours après à l'ambulance de Sidi-Ferruch.

Nous avons pris plaisir à citer les paroles du général de Bourmont ; à coup sûr elles sont dignes d'être conservées par l'histoire, par cette histoire impartiale qui sait se mettre au-dessus des passions politiques de notre temps. Nous faisons de l'histoire anecdotique, et nous ne nous croyons pas dispensé d'obéir aux lois strictes de la justice. Nous ajouterons que comme ministre de la guerre le général de Bourmont n'a été accusé d'aucun acte de favoritisme. Ainsi le jeune Amédée de Bourmont, qui devait mourir glorieusement en faisant son service de lieutenant au 49ᵉ de ligne, avait quatre ans de grade. Des quatre frères de Bourmont, l'aîné seul était officier d'ordonnance de son père.

Dans l'armée on comptait, comme nous l'avons déjà dit, deux régiments de marche d'infanterie légère ; l'un d'eux, formé au moyen de deux bataillons empruntés au 2º et au 4º léger, était commandé par le colonel de Frescheville, qui, quelques jours après la prise d'Alger, fut assassiné avec son capitaine-trésorier dans une imprudente promenade aux environs. Pendant la lente marche en avant de la presqu'île de Sidi-Ferruch à Alger, le régiment Frescheville stationna quelque temps à Dély-Ibrahim pour protéger les travaux du génie. Embusqués dans les broussailles aux alentours du camp, les Arabes tiraient nuit et jour. Un matin, la fusillade était si peu vive, que l'on put croire les Arabes éloignés ; par une inconcevable imprudence, le chef du bataillon du 4º léger ordonna alors un nettoyage général d'armes. La prudence la plus élémentaire commandait de ne faire procéder à cette opération que par fractions, la moitié du bataillon veillant en armes pendant que l'autre travaillait. A Beaumont aussi, pendant la guerre de 1870, les régiments du corps du général de Failly nettoyaient leurs armes lorsqu'ils furent surpris. Les soldats du 4º léger fourbissaient avec ardeur canons et platines, quand tout à coup les Arabes bondirent au milieu d'eux, avec force cris et hurlements. Désarmés, à moitié habillés, les malheureux soldats du 4º léger tombaient sans résistance, et déjà l'on voyait sur le terrain de cette boucherie une foule de cadavres décapités. Le commandant d'Arbouville, du 2º léger, plus tard général, lança en toute hâte au secours du 4º léger sa compagnie de carabiniers qui, après un court mais violent combat, rejeta l'ennemi dans la broussaille.

Cette compagnie était commandée par le capitaine Changarnier.

Le nom de Chargarnier devait être célèbre dans les guerres algériennes. Bien des jeunes officiers, comme lui, se préparaient à tenir noblement leurs promesses. Parmi ceux qui se firent remarquer dès l'expédition de 1830, plusieurs, tels que Baraguay d'Hilliers, Vaillant, Pélissier, Magnan, de Mac-Mahon, devinrent maréchaux de France ; d'autres, tels que Changarnier, Duvivier, Lamoricière, de Beaufort, furent d'illustres généraux, de la gloire desquels bien des maréchaux eurent lieu d'être jaloux.

Le 28 juin au soir, l'armée s'empara de la dernière crête et découvrit le panorama d'Alger ; les Turcs avaient établi sur cette crête un petit camp retranché que les tirailleurs du 17ᵉ de ligne emportèrent avec un magnifique entrain. Le caporal Chaix, de ce régiment, enleva un drapeau turc.

La clef d'Alger était le fort l'Empereur, bâti à l'endroit même où Charles-Quint avait établi son quartier général en 1541. Le général Valazé ne perdit pas de temps pour choisir le terrain des attaques qu'il allait diriger contre ce fort. Dans la nuit du 29 au 30 juin, la tranchée fut ouverte ; comme les Turcs, dans leur imprévoyance proverbiale, n'avaient pas défendu les approches de l'ouvrage, la première parallèle fut établie à trois cents mètres à peine, et l'artillerie put commencer immédiatement la construction de batteries de brèche. Le 4 juillet, six batteries, comprenant quatre mortiers, six gros obusiers, et seize pièces de 24 et de 16, ouvrirent le feu ; au bout de quatre heures, le feu du fort l'Empereur était éteint. Les janissaires turcs se replièrent en désordre vers la ville ; on ne vit plus, au milieu des murs éboulés, des affûts brisés et des pièces démontées, que trois nègres ; avec un admirable courage, ils essayaient de remettre en batterie une pièce qui gisait à terre. L'un d'entre eux fut coupé en deux par un boulet, un autre eut les jambes emportées, le troisième alla prévenir les Turcs que quantité de blessés restaient abandonnés sur place. Une centaine de janissaires vinrent charger ceux-ci sur les épaules, et les Français eurent l'humanité de ne pas tirer pendant cette opération. Quant au nègre survivant, il fit tranquillement sa tournée, enleva tous les drapeaux turcs qui flottaient encore sur le fort, salua les assiégeants à la manière orientale en s'inclinant et en posant la main sur le cœur, et disparut.

Tout à coup une effroyable détonation retentit : c'est la grosse tour du fort qui vient de sauter. Une immense brèche se présente quand le nuage de poussière et de fumée qui l'enveloppe s'est dissipé. Sans perdre un moment le général Hurel, major de tranchée, lance sur les ruines encore fumantes un bataillon du 17º de ligne. Les soldats Lombard et Dumont arrivent les premiers sur la brèche ; le fort apparaît alors évacué complètement et le 17º de ligne s'installe au milieu des débris.

Les Arabes enfermés dans la ville, Arabes des environs ou aventuriers qui n'avaient pas suivi les beys de Constantine et de Titteri dans leur retraite, virent qu'Alger allait tomber en notre pouvoir. Avant de partir, ils voulurent faire une dernière tentative contre ces chrétiens maudits que la volonté de Dieu allait rendre triomphants. Au nombre de trois ou quatre mille, ils tombèrent sur nos postes extérieurs à la Bouzaréah, colline qui domine Alger. La Bouzaréah n'était gardée que par deux bataillons des 34º et 35º de ligne, qui n'attendirent pas l'attaque et chargèrent brusquement les Arabes à la baïonnette. Ceux-ci se retirèrent vers l'Atlas, abandonnant définitivement les Turcs à leur destinée.

Ce jour-là fut blessé le chef de bataillon du génie Vaillant, devenu plus tard maréchal de France.

Hussein-dey sentit que sa puissance s'écroulait, et un parlementaire fut envoyé au quartier général français. Cet envoyé le prit de très haut, et ses propositions de paix furent jugées inacceptables. Un autre parlementaire se présenta de la part des janissaires turcs ; ceux-ci offraient tout simplement, comme chose naturelle, d'apporter au général en chef la tête d'Hussein-dey. Cette offre étrange fut repoussée comme elle méritait de l'être, car les Français n'avaient que faire de la tête du pacha turc Le général en chef envoya alors à Alger M. Braskewicz, qui avait été autrefois interprète de l'armée d'Égypte et avait traité avec Mourad-bey au nom du général Desaix. M. Braskewicz était porteur d'un ultimatum par lequel les Turcs avaient jusqu'au lendemain matin pour se décider sur cette condition *sine quâ non* : se rendre à discrétion. Quand M. Braskewicz signifia cet ultimatum à Hussein-dey entouré de ses janissaires, ceux-ci, furieux et incapables de comprendre le caractère sacré attaché au drapeau parlementaire, prirent le pauvre interprète par le bras et se mirent en devoir de le conduire hors de la salle pour le décapiter. Hussein-dey eut toutes les peines du monde à les calmer et à leur prouver qu'une pareille exécution leur coûterait fort cher à tous. M. Braskewicz, qui n'était plus jeune et qui n'était pas forcé d'être brave, éprouva un tel saisissement qu'après avoir rendu compte de sa mission au général de Bourmont, il prit le lit pour ne plus se relever.

Dans la soirée, Hussein-dey prévint qu'il consentait à se rendre à discrétion et à remettre entre les mains des troupes françaises la Casbah et les autres forts d'Alger. Il demandait seulement, chose qui lui fut accordée, à garder ses richesses personnelles et à se retirer librement où il voudrait.

Le général en chef français promit de plus sa protection à tous les membres de sa famille ; il s'engagea à respecter la religion, les biens et le commerce des habitants.

L'armée fit son entrée à Alger le 5 juillet. Il en était temps, car elle était bien loin d'être outillée pour une campagne en Algérie et les maladies avaient, dès les premiers jours, sévi sur elle. L'ensemble était excellent comme nous l'avons déjà dit ; mais les détails de la vie pratique en campagne laissaient beaucoup à désirer. Certes, l'armée de 1830 était loin, comme équipement, de l'armée actuelle. Le soldat portait une énorme giberne soutenue par une buffleterie se croisant sur la poitrine avec le baudrier du sabre. La grande et grosse capote grise était hermétiquement boutonnée jusqu'au col ; le sac portait les effets réglementaires comme aujourd'hui, avec cette différence que la couverture était énorme, et de plus le sac était surchargé de cinq jours de vivres.

Plus tard on a été plus loin pour les vivres, la grosse couverture étant devenue la demi-couverture et le sac de campement étant devenu la tente-abri. On mit sur le sac du soldat jusqu'à treize jours de vivres ; c'était la seule manière de suppléer à l'insuffisance des transports.

Comment de malheureux hommes, à peine entraînés par les exercices des camps d'instruction, la poitrine comprimée par le double baudrier en croix, la tunique boutonnée hermétiquement, chargés comme des mulets, non acclimatés, tombés en pleine chaleur sur cette terre d'Afrique au climat débilitant, purent-ils résister en 1830 ? Il ne faut pas s'étonner si en quinze jours le général de Bourmont vit le quart de son effectif s'engouffrer dans les ambulances.

Il a fallu des années pour débarrasser le soldat français de son incommode accoutrement et pour le rendre plus alerte. L'histoire du sac de campement édifiera nos lecteurs sur la puissance de la routine dans l'administration militaire. Le lourd sac de campement distribué avant l'ouverture d'une campagne servait à mille usages. L'homme s'y glissait bien la nuit pour ne pas dormir tout à fait sur la terre nue, mais le sac servait surtout pour les distributions. Quand le sac de campement était mouillé par la pluie, il n'était bon à rien ; le soldat ne pouvait plus s'en servir la nuit, n'avait rien pour se couvrir, et, couché, n'était pas isolé de la terre humide. Le transport des grandes tentes était impraticable dans les opérations rapides ; somme toute, la vie de campagne était horriblement dure.

On voit que l'industrie du bivouac, dans les premières années de la conquête algérienne, était encore dans l'enfance. Vers 1840 quelques soldats, plus intelligents ou plus audacieux que leurs camarades, eurent l'idée de découdre les sacs de campement pour s'en faire des abris en les réunissant deux par deux à des ficelles attachées à des bâtons. La tente-abri était inventée.

On a attribué l'invention de la tente-abri aux zouaves ; c'est une erreur, la tente-abri fit son apparition au 17ᵉ léger. Les officiers laissèrent faire sur l'invitation de l'intelligent colonel Bedeau, et les braves soldats de ce régiment s'encouragèrent de ce silence. Plusieurs généraux un peu trop attachés à la lettre du règlement firent des observations au colonel, mais celui-ci réclama et fit du bruit. L'affaire arriva à la connaissance du duc d'Orléans pendant la campagne de 1840. Frappé du parti qu'on pouvait tirer du sac de campement, il ordonna que chaque corps lui présenterait un modèle de tente, car les autres corps avaient suivi l'exemple du 17ᵉ léger. Le jour même, quantité de tentes-abris furent dressées devant la tente du duc d'Orléans, qui se décida pour le modèle présenté par les chasseurs à pied, et qui usa de sa haute influence auprès du ministre de la guerre pour le rendre réglementaire.

La tente-abri n'a donc pu faire son entrée dans l'équipement de campagne de notre armée que grâce à un puissant et auguste patronage. Ce que cette innovation a sauvé d'existences en prévenant la maladie, Dieu seul le sait.

Aujourd'hui l'on a renoncé, à tort selon nous, à la tente-abri dans les guerres d'Europe, mais elle est indispensable en Afrique et aux colonies.

L'histoire de la demi-couverture est à peu près la même. Dans cette même campagne de 1840, le duc d'Orléans entendit lire au rapport du maréchal Valée une punition grave ; c'était celle d'un sergent du 17ᵉ léger auquel quinze jours de prison étaient infligés pour avoir coupé sa couverture en deux.

Le Prince s'intéressait à tout ; il eut la curiosité d'interroger le sous-officier ; la grosse couverture, lui répondit celui-ci, avait tous les inconvénients possibles de volume et de poids, et presque toujours on ordonnait à la troupe de n'emporter qu'une couverture pour deux hommes. Le sergent ajouta hardiment que nul n'était meilleur juge de la commodité d'un objet de campement que celui qui s'en servait, et que l'armée avait depuis longtemps reconnu qu'une grosse couverture avait moins d'avantages qu'une plus petite, en Afrique surtout.

Le duc d'Orléans fit immédiatement faire devant lui un paquetage avec la moitié d'une couverture et convainquit le maréchal Valée de ce que cette moitié seule avait d'avantageux pour le soldat. On prescrivit aussitôt aux corps de verser au campement la moitié des couvertures et de couper l'autre moitié en deux. L'intendance poussa les hauts cris et invoqua sa responsabilité. Le Prince la rassura, déclarant qu'au besoin il paierait de ses deniers les couvertures coupées. Le ministre de la guerre rendit plus tard la demi-couverture réglementaire.

Les améliorations qui se succèdent dans l'armée sont dues le plus souvent, comme on le voit, à l'initiative du simple soldat.

VII

Dès l'origine des temps, les régions de l'Atlas ont été habitées par deux races distinctes qui se sont coudoyées sans jamais se confondre. Au temps des Carthaginois, ces deux races étaient dénommées numide et berbère; de nos jours les Arabes ont remplacé les Numides avec lesquels ils ont fusionné après les avoir conquis, et les Berbères sont devenus les Kabyles (1).

L'empire carthaginois, fondé par les Phéniciens, fut un grand comptoir commercial. Les marchands de Carthage, ne demandant que des débouchés pour leur trafic, ne se

(1) L'historien Procope émet l'opinion hasardée que les Chananéens ont dû arriver

sont jamais aventurés bien loin des côtes. C'est à peine s'ils faisaient le nécessaire pour lutter contre l'esprit indépendant des populations et assurer par là la sécurité de leur commerce.

L'empire romain hérita des combats éternels des Carthaginois contre les tribus numides et berbères ; rien ne changea, pour ainsi dire, dans l'esprit des hommes et des choses en Afrique. Les Romains pénétrèrent plus loin que leurs devanciers ; ils établirent dans ce pays des colonies militaires, mais ils ne s'assimilèrent pas les races.

Sous le gouvernement de l'impératrice Placidie qui régnait à Rome sous le nom de son fils Valentinien III, le comte Boniface, gouverneur de l'Afrique, appela les Vandales, dont le chef Genséric, après avoir ravagé les Gaules et l'Espagne, était établi dans la partie méridionale de ce dernier pays, appelée encore aujourd'hui Andalousie, corruption du mot Vandalousie. Genséric croyait, comme Attila, avoir reçu de Dieu une mission d'extermination ; il accourut à l'appel de Boniface et conquit l'Afrique sans beaucoup de résistance. La ville qui résista le plus longtemps fut la ville d'Hippone dont saint Augustin était évêque, et dont on retrouve les ruines à côté de la ville de Bône, que les Arabes appellent *El Hannaba* (la ville aux jujubiers).

L'empire de Genséric, fondé sur le meurtre, le pillage et l'incendie, ne pouvait subsister longtemps ; les Vandales, très inférieurs aux Romains en civilisation, étaient de grossiers barbares ayant emprunté les vices de toutes les nations auxquelles ils s'étaient frottés depuis leur sortie des forêts germaniques. Seuls les peuples de civilisation supérieure font des conquêtes durables. L'empire vandale fut détruit par Bélisaire, général de l'empereur d'Orient Justinien, dans plusieurs combats livrés en Bysacène, la Tunisie d'aujourd'hui. Mais les soldats de Genséric, par leur

---

les premiers dans la région atlantide. Ses contemporains colportaient toutes sortes de fables ridicules sur les Troglodytes, les Garamantes, les Lotophages, et des peuples qui se composaient d'hommes sans tête, portant le visage sur la poitrine.

cruauté, avaient pu, dans une certaine mesure, soumettre les Numides demi-barbares ; les Gréco-Byzantins purent à peine se défendre contre eux. Ils se maintenaient péniblement sur quelques points de la côte, quand parurent les Arabes, à la fois soldats et apôtres, le Coran d'une main et le glaive de l'autre, qui avaient entrepris de convertir le monde en le subjuguant. Les Numides et les Berbères cédèrent aisément, et ce fut dans les mosquées que se cimenta une nationalité nouvelle. Mais cette nationalité, fruit de la conquête violente, devait disparaître avec elle ; l'empire arabe devait tomber rapidement dans la décadence et s'écrouler sous son propre poids.

Un empire n'a de durée qu'à la condition d'obéir à la grande loi du progrès, fruit du travail persévérant des générations ; or, les doctrines fatalistes du Coran condamnent irrévocablement à l'immobilité toutes les sociétés musulmanes. Le Coran prêche la paresse ; les Arabes sont donc parfaitement dans l'esprit de leur religion en prétendant que le repos est la félicité suprême, le but de toutes choses, et que l'inaction est l'état parfait à atteindre par l'homme craignant Dieu. La fainéantise, disent-ils, est douce comme le miel.

Une autre raison devait amener à brève échéance l'écroulement de l'empire arabe. Les tribus ont bien pu se rallier à un symbole commun ; une même loi religieuse a bien pu les souder momentanément entre elles ; mais l'union, née de la loi religieuse et politique imposée par Mahomet à des populations nomades divisées entre elles, ne pouvait subsister. Ecoutons Bou-Féda, qui écrivait peu après Mahomet :

« L'Arabe est guerrier, sobre, robuste, ne craignant ni les fatigues, ni les privations..... Son occupation est la guerre ou la garde des troupeaux..... Monté sur son coursier rapide ou sur son chameau, si agile que les voyageurs qui se rencontrent n'ont pas le temps de se saluer, il erre çà et là à la recherche des pâturages ou des expéditions aventureuses. Les Arabes sont divisés en tribus. Le plus ancien de certaines familles de la tribu en est le cheikh (ancien). C'est lui qui dirige les travaux de défense, le choix des pâturages, tout ce qui se rapporte aux intérêts communs, excepté la guerre qui se décide à la majorité des voix des chefs de famille. Le conseil des cheikhs prononce souverainement sur les griefs entre les tribus. Ces griefs sont nombreux et fréquents. La possession des sources et des pâturages et surtout les divers genres des opinions religieuses leur mettent en tout temps les armes à la main. Chaque chef de famille s'arroge le droit de modifier à son gré le culte ; de là une confusion inextricable dans la foi et d'incessantes querelles intestines. Avant Mahomet, l'Arabe manquait de symbole et n'avait de commun que l'origine et la manière de vivre. Il n'existait en lui ni nationalité, ni foi commune, ni direction militaire. »

Comme on le voit, Bou-Féda ne parle guère que des querelles intestines et sans fin des tribus. En se lançant à la conquête, les Arabes purs étaient divisés entre eux ; la réconciliation, facile sur le champ de bataille, devait disparaître une fois la conquête achevée et les haines reparaître fatalement. Ces divisions devaient s'accentuer encore, par le contact en Afrique des Arabes purs et des Arabes nationalisés, Numides et Berbères, déjà habitués à lutter entre eux.

En 1830, l'Arabe était ce qu'il était au temps de Bou-Féda ; comme individu il n'avait pas varié. On a grandement tort de représenter cet être querelleur et paresseux comme un être intelligent ; la prévoyance est un des caractères distinctifs de l'intelligence, et la prévoyance n'a jamais pénétré dans un cerveau arabe. Ce manque de prévoyance, cette paresse que nous venons de dépeindre et qui est réellement poussée aux derniers degrés de l'avilissement, donneront l'explication du triste état dans lequel les Français trouvèrent l'Algérie. Quand les Turcs vinrent s'y établir, et virent les Arabes accroupis dans l'abrutissement, ils prouvèrent bien qu'ils étaient musulmans comme eux, et ne tentèrent aucun effort pour les relever.

Que l'on observe l'Arabe encore aujourd'hui. A de rares exceptions près, dans le voisinage des centres de colonisation, il sème un peu à l'entrée de l'hiver pour récolter à l'entrée de l'été suivant. Nulle prévision de ses besoins, et lorsque la récolte a manqué, le voilà exposé aux famines les plus épouvantables. En 1867, année où le choléra s'est joint à la famine, la colonisation européenne a sauvé les Arabes de la mort. Peuple essentiellement nomade et pasteur, ne voyant que l'intérêt immédiat de leurs troupeaux. ils jettent ceux-ci à travers les broussailles et les forêts qu'ils incendient afin d'augmenter la zone des pâturages, ne se doutant en aucune façon que les végétations arborescentes ont pour fonctions d'emmagasiner les eaux pluviales. Si les Français n'occupaient pas l'Algérie depuis un demi-siècle, il est à croire que toutes les sources seraient taries ou à peu près, comme à l'est de la Tripolitaine ou dans l'Arabie prétendue heureuse. Le Sah'ra était autrefois couvert de forêts ; les Arabes sont arrivés et ont tout détruit, car ils sèment partout la désolation.

Le sol étant presque toujours dévasté, et l'Arabe de la plaine ayant besoin pour faire vivre ses troupeaux d'immenses espaces, les tribus vivent loin les unes des autres. L'Arabe ne saurait donc se départir de cette sauvagerie de mœurs qui est l'apanage des peuples pasteurs vivant en petites agglomérations isolées.

On peut dire qu'aujourd'hui, pas plus qu'en 1830, la société arabe n'existe ; car toute société consacre au moins deux grands intérêts, la propriété et la famille. Si nous parlons de la propriété en ce pays, nous observerons que la conception de l'Arabe ne s'étend guère au-delà de la tribu qui est la famille agrandie ; c'est à peu près tout ce qu'il peut se figurer en tant que groupement d'hommes.

La tribu, pour lui, c'est la collectivité ; pour lui la propriété ne peut donc être que collective et aujourd'hui nous avons toutes les peines du monde à constituer la propriété individuelle. Le Coran a façonné de telle sorte les cerveaux des Arabes, flattant tous les vices y compris celui de la rapine, ne s'opposant pas à l'enlèvement du bien d'autrui, exaltant en quelque sorte le voleur, que l'idée de propriété ne saurait s'introduire dans les tribus que lentement, avec des tempéraments infinis. Le voleur n'est pas méprisé chez les Arabes ; il passe pour un homme de résolution et d'énergie, et quand, après un stage de quelques années dans une maison centrale, il reparaît au milieu des siens, tout père est très honoré de lui donner sa fille.

Pas plus que pour la propriété, le tableau que nous allons tracer de la famille arabe n'est flatteur. Afin que dans une société la famille soit constituée, il faut que la femme soit respectée et ait sa place marquée au foyer domestique. Or, quelle place peut avoir au foyer, dans la famille arabe, un pauvre être qui n'est considéré que comme un instrument de plaisir par le Coran et par la religion musulmane ?

Mahomet n'avait aucun sentiment de la dignité de la mère de famille, telle que nos chrétiens la comprennent.

Tout est contradiction et incohérence sous ce rapport dans le Coran. Ordinairement le Prophète traite la femme comme un être absolument inférieur. Quelque part, il dit :

« — Les fidèles *des deux sexes* qui font l'aumône reçoivent le prix de la vertu. »

On tourne la page, et on lit que « les femmes formeront en enfer la majorité des damnés ».

On a beaucoup parlé du paradis de Mahomet. Écoutons ses promesses.

« — Dans le paradis, *Djehenna* (littéralement jardin), les fidèles trouveront des ruisseaux dont l'eau ne se gâte jamais ; des fleuves de lait qui ne devient jamais aigre ; des ruisseaux de vin exquis ; des ruisseaux de miel pur. »

Ces choses ont bien leur prix dans le désert, où, comme nous l'avons dit à propos des sources dans le Sah'ra, l'eau est presque toujours de qualité médiocre quand elle est buvable.

Neuf Arabes sur dix sont parfaitement déguenillés ; Mahomet leur dit donc :

« — Les fidèles seront revêtus d'habits de satin vert et parés de bracelets d'or, d'argent et de perles ; on fera courir à la ronde des vases d'argent. »

Inutile d'ajouter que pour le Prophète le bonheur souverain ne sera autre chose qu'une suite ininterrompue de plaisirs grossiers où l'esprit n'a point de part, où les sens seuls sont satisfaits ; c'est en plein la théorie de l'assouvissement des passions brutales de l'espèce humaine.

Dans ce singulier paradis, pas de place pour l'épouse, pour la mère. Les femmes n'y peuvent entrer qu'accompagnées de leurs époux.

Mahomet ne se soucie point des prières des femmes, et il leur insinue que Dieu, qui l'a pris pour confident, ne s'en soucie pas davantage. Ainsi il leur enjoint, quand elles veulent se rendre à la mosquée où pourtant un grillage épais les soustrait aux regards, d'en demander la permission à leurs maris ; il leur reproche de donner des distractions aux hommes, et finit par leur dire qu'elles feront mieux de rester chez elles.

L'Arabe n'apprécie en tout que le côté purement physique ; de sentiment plus ou moins élevé, pas l'ombre ; de délicatesse, moins encore. Quand on est nouvellement débarqué en Algérie, et qu'on avise une famille arabe voyageant, on s'indigne de voir le mari perché commodément sur l'âne ou le mulet, et la femme ou les femmes courant derrière, suant, geignant, soufflant, portant tout l'attirail du pauvre ménage, souvent ayant des enfants cramponnés aux hanches. On finit par prendre l'habitude de ces sortes de spectacles et l'on cesse de s'indigner. Des prévenances pour une femme qu'il a achetée !

Ne demandez pas cela à l'Arabe. Les qualités du cœur et de l'esprit qu'il pourrait rencontrer en elle lui sont absolument indifférentes.

La vie sous la tente, négation complète du *home*, amène forcément un grand laisser-aller dans les habitudes et une promiscuité regrettable. La tente forme une pièce unique séparée par de légers rideaux, et la famille est loin de vivre dans une atmosphère de chasteté, partant de respect et de considération. La mère est peu respectée de ses enfants, et il ne saurait en être autrement, ravalée qu'elle est à l'état de bête de somme, tous les travaux pénibles et malpropres lui étant imposés.

Le climat d'Afrique est débilitant et use vite les habitants; la femme arabe, n'est plus, à trente ans, qu'une chose sans nom, à chairs tombantes et flétries. Au climat, il faut ajouter d'autres causes d'usure, telles qu'une dépravation précoce, le manque absolu des soins de propreté, l'ignorance de toute règle d'hygiène, même la plus élémentaire. Dans nos civilisations perfectionnées, la vieillesse a toujours des allures respectables, aimables même; rien de pareil chez la femme arabe qui n'inspire plus, vers trente-cinq ans, que de la répulsion. Jeune, elle est dépravée; vieille, elle accomplit n'importe quel office, même déshonorant.

Mahomet lui-même a porté sur la race arabe un jugement implacable. Le prophète, dit la tradition, avait confié un drapeau aux Arabes, un autre aux musulmans *âadjem* (qui ne parlent pas arabe). Ceux-ci renfermèrent le précieux dépôt dans un coffre qui se fermait avec quarante serrures, et en confièrent les clefs aux quarante personnages reconnus les plus respectables parmi eux. Les Arabes, eux, ne purent s'entendre, en vinrent aux mains et finirent par couper le drapeau en autant de morceaux qu'il y avait de tribus.

Quand le Prophète demanda leur bannière aux âadjem,

ceux-ci firent apporter le coffre et appelèrent les quarante détenteurs de clefs. La bannière sortit intacte et resplendissante. Mahomet demanda ensuite leur bannière aux Arabes, qui durent confesser le partage qu'ils en avaient fait entre les tribus.

Le prophète prononça ensuite l'arrêt suivant.
Ce qui devient arabe, devient ruine.

VIII

La piraterie barbaresque naquit de la victoire des Espagnols à Grenade ; chassés d'Espagne et réfugiés en Afrique où les populations ne les avaient pas reçus avec une cordialité bien grande, les Maures, devenus les implacables ennemis de leur ancienne patrie, se mirent à écumer les mers. Ils s'acharnèrent à l'attaque des côtes espagnoles ; mais ces vains efforts attirèrent en Afrique de dangereux auxiliaires, les Turcs.

Nous avons raconté en détail les expéditions espagnoles importantes ; pour expliquer l'arrivée des Turcs en Algérie, il nous suffira de dire que les Espagnols s'étaient à la longue établis à Melilla au Maroc, à Mers-el-Kebir, à Oran, à Bougie, et sur le rocher d'El-Djezaïr qui devait donner son nom à la ville située en face, habitée par les Beni-Mezagrenna, la future Alger. Ils y édifièrent un fort ou Penon. Effrayés, les Arabes appelèrent à leur aide deux célèbres corsaires turcs, Baba Aroudj et Khaïr-ed-Din (1). De Baba-Aroudj, nous avons fait le mot Barberousse, nom qui a été donné indifféremment aux deux frères. L'aîné des Barberousse, en arrivant à Alger, s'empressa de faire étrangler Selim, le sultan arabe, et mit des Turcs dans

---

(1) Khaïr-ed-Din, le défenseur de la religion. De ce nom nous avons fait Conradin.

tous les emplois. Les Arabes laissèrent agir ces étranges auxiliaires et s'accommodèrent du joug turc après la victoire de Barberousse sur Francisco de Vero, grand-maître de l'artillerie en Espagne.

Khaïr-ed-Din, le second des Barberousse, emporta, comme nous l'avons déjà raconté, le Pénon d'Alger, défendu avec tant d'héroïsme par Martin de Vargas ; mais, grisé par son succès, il voulut chasser tout à fait les Espagnols de l'Algérie. Il s'attaqua à Oran ; mal lui en prit, car la garnison espagnole, très nombreuse, se déploya dans la plaine, et livra une bataille rangée à l'armée turque. Un jeune lieutenant de l'armée espagnole, Garcia de Tineo, réussit à joindre Khaïr-ed-Din pendant le combat, le prit à bras-le-corps et le tua d'un coup de poignard. Les Turcs furent complètement mis en déroute après la mort de leur chef.

Le magnifique caftan de Khaïr-ed-Din servit à faire une chape d'église à la cathédrale de Cordoue.

Nous avons vu quelle fut l'issue des expéditions du marquis de Moncade et de Charles-Quint. Ce fut seulement après leur victoire sur le grand empereur que les Turcs organisèrent sérieusement la piraterie. Auparavant, la course était faite sur des chebecks ; eux l'organisèrent avec des bâtiments de fort tonnage, pourvus d'une artillerie sérieuse et montée par des équipages bariolés où les Turcs coudoyaient les Maures, et les Arabes les renégats de tous pays. Une fois la piraterie organisée, ils la réglementèrent ; quatorze pour cent des prises étaient pour le pacha, un pour cent pour les marabouts, et un pour cent pour l'entretien du môle d'Alger. Le capitaine ou raïs prenait la moitié du reste pour lui et ses armateurs, et l'équipage se partageait le surplus.

La marine algérienne se distingua au siège de Malte en 1562. A la grande bataille de Lépante en 1571, elle formait, sous les ordres du dey d'Alger, Ali Kilidj, l'aile gauche de la flotte ottomane, et disputa longtemps la victoire à l'aile droite chrétienne, commandée par le célèbre André Doria.

Nous ne ferons pas l'histoire de l'odjack d'Alger ; il faudrait pour cela écrire avec du sang. Disons seulement que l'odjack, ou régence d'Alger, relevait nominalement de Constantinople, mais les janissaires n'avaient guère l'habitude d'attendre l'agrément du Grand-Seigneur pour nommer un dey ; quand ils ne le poignardaient pas, ils le renvoyaient sans façon à Constantinople, chargé de fers le plus souvent. Le gouvernement d'Alger était essentiellement militaire. Un pacha militaire turc résidait donc à Alger ; mais son autorité n'était que nominale, et la Porte finit par cesser d'y envoyer des représentants qui ne devaient remplir qu'une sinécure. Le vrai chef était l'agha des janissaires, autrement dit le dey.

La déposition d'un dey était presque toujours sanglante. Le père Gomelin, de l'ordre de la Sainte-Trinité, à la suite d'un voyage qu'il entreprit à Alger pour racheter des captifs, écrivait en 1720 : « Sur six deys qui ont régné à Alger depuis 1700, il y en a eu quatre de tués, et un qui, menacé du même sort, se démit du gouvernement ; un seul est mort dans sa dignité. »

Quand un dey mourait dans l'exercice de ses fonctions, on l'honorait comme un saint.

Les janissaires d'Alger se recrutaient sur les côtes de la Turquie, du consentement du Sultan ; les renégats y étaient admis en grand nombre. Mais on les surveillait, et ils devaient avoir donné des gages pour arriver aux dignités, comme cet apostat piémontais, Hassan, qui défendit Alger contre Charles-Quint. Les Maures furent un moment admis parmi les janissaires ; une politique ombrageuse les exclut. Les Turcs crurent devoir étendre cette exclusion aux Coulougis, fils de janissaires et de femmes arabes ou maures, et ces métis ayant cru devoir se regimber, leurs pères mirent la main sur la plupart d'entre eux, les lièrent dans des sacs, et les jetèrent à la mer. Les Coulouglis n'insistèrent pas ; ils se contentèrent de l'autorisation de faire partie des équipages de la flotte, où ils ne pouvaient dépasser le grade de raïs ou capitaine.

Les janissaires logeaient dans les casernes d'Alger au nombre de sept, lesquelles étaient autrement confortables, grâce au travail des esclaves qui suppléait à l'incurie turque, que nos casernes européennes où les soldats sont trop souvent entassés. Les janissaires étaient par chambrées de trois. Ils ne s'occupaient même pas de fourbir leurs armes ; ce soin, ainsi que tous les autres travaux des casernes, était dévolu aux esclaves payés par le trésor public.

Les Turcs établirent trois beylicks, celui d'Oran ou du couchant, celui de Titteri ou du midi, et celui de Constantine ou du levant. Ils dominèrent durement le peuple arabe. Despotes redoutés sur terre, au point qu'un de leurs cavaliers rencontrant un Maure ou un Arabe mieux monté que lui lui ordonnait de mettre pied à terre et s'emparait sans façon de son cheval, brigands redoutés sur mer, engraissés par les fruits d'un double pillage, ils menaient une existence d'un certain éclat.

Ils pratiquaient avec un grand succès la politique de bascule, et dominaient surtout les Arabes en favorisant leurs instincts querelleurs, en attisant les luttes intestines entre les tribus, et en maintenant avec soin la division entre les chefs. Ils les dominaient aussi par la terreur ; leur justice était inflexible et ressemblait bien souvent à l'assassinat ; la cruauté de leurs procédés de répression était inconcevable. En 1752, quelques tribus arabes se révoltèrent dans le beylick d'Oran ; elles obtinrent d'abord quelques faibles succès et finirent par mettre le siège devant Oran. Le bey Mohamed el M'kellech reçut quelques renforts d'Alger, fit une sortie, battit les assiégeants et leur tua un millier d'hommes. Il fit aussitôt couper trois cents têtes qu'il fit saler et exposer sur les murs de la ville. L'insurrection s'éteignit du coup ; mais l'année suivante, les mêmes tribus ayant repris les armes, Mohamed M'kellech voulut apprendre aux Arabes qu'il y avait danger sérieux à méconnaître l'autorité des Turcs ; il battit encore les insurgés et fit cette fois trancher mille têtes qui allèrent sur les murs d'Oran remplacer les trois cents premières.

En 1831, peu après notre arrivée à Alger, le bey de Constantine, Ahmed, eut la mortification de se voir refuser l'impôt par les Ouled Abd-el-Nour, puissante tribu qui tenait presque tout le territoire entre Constantine et Sétif. La présence des Français à Alger causait à Ahmed quelques soucis ; arriva le débarquement de la brigade Damrémont à Bône, il résolut donc de temporiser. Comme il patienta pendant près de deux ans, les Ouled Abd-el-Nour se flattèrent d'en avoir imposé aux Turcs et de n'avoir plus jamais à payer les impôts. Un beau jour, le bey invita toutes les tribus des environs de Constantine à une fête qui devait se terminer par une fantasia. Très gracieusement invités, les Ouled Abd-el-Nour se dirent qu'Ahmed n'avait pas de rancune, et envoyèrent à la fête la fleur de leur jeunesse, un peu plus de deux cents cavaliers. La fête dura trois jours, et le bey était on ne peut plus affable. Les jeunes Abd-el-Nour étaient dans le ravissement, très fiers des applaudissements qui avaient accueilli leurs prouesses équestres. Ils se mirent en route pour rentrer chez eux, mais au gué du Rhummel, près de Constantine, cernés par les janissaires turcs appuyés par le maghzen, milice irrégulière, ils durent mettre pied à terre et furent conduits devant le bey ; celui-ci ne s'attarda pas à leur donner des explications, il fit signe à son chaouch, qui se mit en devoir de trancher la tête aux jeunes Arabes capturés ; dans la même soirée il remplit deux cent huit fois son terrible office.

Ce chaouch resta à Constantine après la conquête de la ville en 1837 ; c'était un Coulougli, beau vieillard à barbe blanche devant lequel on se fût découvert volontiers. Vers

1860, on se le montrait dans les rues de Constantine, ou bien on allait le voir dans un café maure de la rue Perregaux, où les Arabes l'entouraient de respects et d'attentions. Il faut dire qu'en Orient les fonctions de bourreau sont très recherchées ; les bourreaux sont les plus honorables de tous les fonctionnaires.

Pas plus que les Turcs, les Arabes ne comprennent les solennelles lenteurs de la justice européenne ; pour eux, la justice est expéditive ou elle n'est pas. La Thémis arabe ne chevauche qu'aux grandes allures.

Quand quelques tribus arabes, dans les premières années de la conquête, devinrent nos alliées, l'autorité française s'imposa la règle de ne jamais intervenir dans leur police intérieure.

Un jour, le fameux Mustapha ben Ismaïl, chef des Douars de la province d'Oran, qui, à l'âge de quatre-vingts ans, conduisait encore sa tribu au feu avec une fougue toute juvénile, venait de s'arrêter après une longue journée de combat. Il éclairait avec ses contingents la colonne du général de Lamoricière. On s'occupait de tracer le camp et les cavaliers n'avaient pas encore mis pied à terre, quand tout à coup le neveu de Mustapha, le jeune Ismaïl, sans prévenir personne, partit ventre à terre dans la direction d'un groupe de cavaliers ennemis, qui de loin observaient nos mouvements. Les Arabes ont une vue prodigieuse ; le jeune chef venait de reconnaître dans ce groupe trois déserteurs du goum de son oncle, qui pendant tout le jour avaient fait le coup de feu contre les Douars.

Les cavaliers douars ayant battu l'estrade pendant de longues heures n'avaient plus que des chevaux épuisés ; nul d'entre eux ne put donc suivre le jeune Ismaïl pour lui prêter assistance. Impassible, le vieux Mustapha regardait son neveu disparaître à l'horizon.

On vit le groupe ennemi se disperser et les trois déserteurs aller de leur côté. Eux aussi avaient des chevaux épuisés ; Ismaïl était supérieurement monté. c'est à la poursuite de ces trois hommes qu'ils s'acharna. Quelques douars passablement montés étaient partis pour lui prêter main-forte, mais ils étaient encore loin ; aussi l'anxiété fut-elle grande dans la colonne arabe quand on vit Ismaïl rejoindre les déserteurs. Deux coups de feu partirent et un cavalier tomba. Qui était-ce? On était trop loin pour rien distinguer.

Un moment après, les Douars virent avec étonnement trois cavaliers revenir lentement, se mêler aux hommes partis au secours d'Ismaïl et tout le monde s'acheminer tranquillement vers le camp.

Tout à coup la colonne arabe battit des mains ; elle venait de reconnaître Ismaïl dans le groupe. Voici ce qui s'était passé :

Quand le jeune homme était arrivé sur les trois déserteurs, l'un d'eux, se retournant, lui avait envoyé un coup de fusil. Ismaïl avait riposté par un coup de pistolet et avait tué raide le maladroit. Les deux autres, avec des chevaux épuisés, n'avaient osé engager un combat contre le neveu de Mustapha, et s'étaient rendus.

Le groupe arriva près du vieux Mustapha ; celui-ci prit silencieusement le fusil d'un de ses cavaliers et tua l'un des deux déserteurs qu'on ramenait. On lui passait déjà un autre fusil lorsqu'un jeune officier français chargé de suivre le goum de Mustapha, un *roumi*, c'est-à-dire un officier nouvellement débarqué et ignorant des usages arabes, prit le déserteur dans ses bras, le mit sur son cheval, s'enfuit jusqu'à la colonne française et jeta le pauvre diable aux pieds de Lamoricière.

L'humanité commandait de ne pas livrer le prisonnier à Mustapha. « Vous me mettez sur les bras une mauvaise affaire, dit le général à l'officier. Comment aurions-nous des auxiliaires arabes, si nous voulions regarder de trop près à leurs querelles ? » Un cavalier, parent de Mustapha, arriva, racontant que le vieux chef s'était répandu en imprécations. Il réclamait son prisonnier, et regardait comme une offense personnelle l'enlèvement qui s'était opéré sous ses yeux.

Un deuxième cavalier, officieux cette fois, vint exposer qu'il avait laissé Mustapha dans un état de fureur impossible à décrire. Enfin un troisième vint encore affirmer de sa part que nul n'avait le droit de soustraire un homme à la justice du chef des Douars, qui depuis tant d'années combattait pour la France.

Lamoricière fit répondre à Mustapha de se calmer, lui promettant de faire juger et punir le déserteur.

« — Je connais la justice française, répondit le vieux chef quand on lui transmit la réponse du général ; c'est la justice des tortues. Si l'on veut m'offenser, je jure de passer à l'ennemi.

» — Il le ferait, s'écria le général de Lamoricière. Nos affaires ne nous permettent pas de nous priver de pareils auxiliaires. »

Et il se décida à renvoyer le déserteur, en le recommandant à la clémence de Mustapha.

Comme le pauvre diable approchait, Mustapha ben Ismaïl arma son fusil et s'apprêta à faire feu. Tout à coup son neveu, le jeune Ismaïl, se plaça devant lui et se prit à flatter son cheval.

« — Tu es un noble animal, dit-il, tu aimes l'odeur de la poudre, tu portes un maître vaillant entre tous.

» — Range-toi, dit Mustapha au jeune homme. »

Ismaïl ne parut pas entendre. Par dessus sa tête, Mustapha cria au déserteur :

» — Chien, fils de chien, combien t'a donné le fils de Zohra (1) la danseuse pour me trahir ? »

Il voulait faire feu, mais Ismaïl se trouvait toujours au devant du fusil.

« — Noble cheval, dit-il, sans paraître voir Mustapha qui jetait sur lui des regards furieux, la justice de ton

---

(1) Zohra, la brillante. C'était le nom de la mère d'Abd-el-Kader.

maître est respectée, et chacun sait qu'il n'a pas besoin du sang des misérables.

» — Tais-toi, dit Mustapha furieux, et il épaula de nouveau son fusil. »

Tranquillement Ismaïl se plaça encore au devant du coup. Mustapha finit par céder. « Chien, dit-il au déserteur, tu devrais mourir. Cours, sauve-toi, disparais ; va dire au général que je t'ai fait grâce parce que tu as eu le bonheur de toucher son cheval. »

Les Arabes étaient traités par les Turcs avec une cruauté excessive ; jamais il n'y eut entre eux et leurs maîtres l'ombre d'une fusion. La politique consacra cette division, la haine l'accentua, et dans cette haine la religion entra pour une bonne part. Les Turcs sont hanéfites, les Arabes malékites ; entre ces deux sectes musulmanes il y a antipathie, quoique les commentateurs du Coran affirment que les deux rites ont un mérite égal aux yeux de Dieu, et qu'ils ouvrent deux routes menant également au paradis.

Un exemple tout récent montre à quel point les Arabes ont la haine des Turcs. On se rappelle la proclamation du Mahdi du Soudan après la prise de Khartoum. Cette proclamation disait en substance : Après avoir chassé de l'Egypte les Anglais infidèles, j'en chasserai les Turcs qui ne valent pas mieux qu'eux.

C'est au plus si les Turcs ont été plus de vingt mille en Algérie. Matériellement, ils dominaient le pays au moyen de colonies militaires composées de Coulouglis et d'une milice auxiliaire appelée maghzen.

Nous avons fait le mot coulougli de deux mots turcs *Coul our'li* qui signifient *fils du bras*. Enfants de pères turcs et de mères arabes ou maures, les Coulouglis ne jouissaient pas des mêmes privilèges que leurs pères, qui les considéraient comme des êtres dégénérés parce que le sang d'Osman ne coulait pas pur dans leurs veines. Pour se débarrasser de leurs fils, qui auraient pu faire cause commune avec les familles de leurs mères, les Turcs imaginèrent de fonder sur divers points du territoire, judicieusement choisis au point de vue stratégique, des colonies militaires formées de Coulouglis. Braves, intelligents, fiers de leur origine, jouissant auprès des Arabes de tout le prestige attaché au nom turc, ceux-ci étaient redoutables à leurs voisins. Nous verrons les Français, non seulement faire fi de ces braves gens, mais encore les livrer à leurs ennemis acharnés, les Arabes ; les Coulouglis ne demandaient qu'à nous servir et nous eussent été certainement fidèles.

Les Turcs s'attachèrent également, par la concession de certains privilèges, les plus belliqueuses des tribus arabes ; ces tribus privilégiées formèrent une milice auxiliaire, le maghzen, qui devint un redoutable réseau enserrant dans ses mailles le restant de la population arabe. Généralement campées dans des pays riches, topographiquement et stratégiquement bien choisis, les tribus maghzen formaient des douars et des smalas (réunions de tentes) qui fournissaient aux Turcs des corps considérables de cavalerie prêts à monter à cheval au premier signal.

L'organisation turque appartient à Hassan-Pacha et date de 1563. Hassan venait de perdre ses meilleures troupes au siège du fort de Mers-el-Kébir défendu par les Espagnols. Il fut effrayé de voir ses effectifs réduits à un chiffre insignifiant ; force lui fut d'avoir recours aux Arabes et de partager avec une partie d'entre eux les fruits de la conquête. Certaines tribus, choisies comme nous l'avons dit, composèrent donc avec les janissaires les forces militaires du gouvernement des deys.

Les tribus maghzen s'employaient surtout à faire rentrer les impôts. Elles ne payaient au gouvernement ou beylick qu'un droit fort léger, appelé *hak el chabir*, droit de l'éperon.

Les Turcs eurent le bon sens et l'habileté de ne pas s'entêter à vouloir imposer leur domination aux Kabyles qui les avaient fort mal reçus quand ils s'étaient présentés dans les hautes vallées conduisant à leurs montagnes. « Revenez en nombre, avaient dit les Kabyles ; la poudre parlera. » Les Turcs se contentèrent d'établir en principe leur droit de souveraineté sur les pays kabyles, et les faibles tributs qu'ils en tirèrent furent très habilement consacrés par eux à payer des marabouts ou des chefs influents.

Les Kabyles fournissaient aux Turcs, mais de leur plein gré, quelques petits corps d'infanterie. La tribu qui en fournissait le plus était celle des Zouaoua; de là le nom donné à tous les corps d'infanterie kabyles. Ce mot devait former plus tard le nom de zouave.

Il est évident que si la France avait été bien renseignée sur l'état de la régence d'Alger et sur le caractère de la domination turque, elle aurait tout simplement substitué sa domination à celle des successeurs de Barberousse. Les Arabes sont venus en 1830 au secours des Turcs un peu parce que la religion musulmane commande à tous les croyants de prendre part à la guerre sainte, le *djahad* ou *djehed*, contre les infidèles, beaucoup par l'appât du pillage. Les expéditions espagnoles n'ayant jamais réussi, les Arabes croyaient naïvement qu'il en serait toujours ainsi, et que l'expédition française allait leur laisser un riche butin.

Après la victoire de Staouëli, nous vîmes, comme nous l'avons déjà raconté, disparaître les Arabes ; ceux-ci rentrèrent chez eux, se disant philosophiquement qu'ils avaient de nouveaux maîtres et que les Français allaient simplement remplacer les Turcs et gouverner le pays de la même façon. Les janissaires, après la prise d'Alger, crurent eux-mêmes que la France, prenant la place de l'empire turc, allait les prendre à sa solde. Quand on les invita à quitter Alger et à s'embarquer pour Smyrne, ils s'étonnèrent, et dirent bien haut que l'argent du roi de France valait bien celui du sultan.

Si la France, en 1830, avait bien su où elle allait et ce qu'elle voulait, elle eût gardé les Turcs et par conséquent les Coulouglis, et fût devenue maîtresse de toutes les villes. Il n'y avait aucun risque à voir les Turcs s'allier aux Arabes de la plaine.

Nos affirmations sont corroborées par les faits. La prise d'Alger est du 5 juillet 1830 ; le 8, trois jours après, le bey de Titteri arrivait avec une escorte de cinquante hommes faire sa soumission, au nom des Turcs et des Coulouglis de Médéa. Les beys d'Oran et de Constantine firent des ouvertures, ainsi que les tribus maghzen.

On ne comprit pas ; d'ailleurs le général de Bourmont n'avait pas reçu d'ordres et c'est au plus si on lui avait dit en thèse générale que les Français devaient se poser en protecteurs du peuple arabe contre les Turcs. Une philanthropie sotte, pompeuse, ne raisonnant jamais, a été trop souvent le mobile de nos actions. L'essentiel était d'assurer notre domination et pour cela les Turcs, qui prenaient très franchement leur parti de leur défaite, nous offraient leur concours ; nous avons commis une grande faute en ne l'acceptant pas.

En chassant les Turcs de l'Algérie en 1830, nous avons introduit l'anarchie dans le pays ; les Arabes, ne sentant plus la force, commencèrent par massacrer les quelques Coulouglis restés au milieu d'eux, puis entreprirent la guerre sainte contre nous. Nous avons fait en sorte de n'avoir pas d'amis dans le pays ; nous avons chassé les Turcs, nous avons livré les Coulouglis aux vengeances arabes, nous avons été maladroits et imprévoyants.

Pour réparer cette faute des premiers jours, nous avons dû conquérir pied à pied le pays ; nous avons dû batailler pendant trente ans, et encore, après avoir fait la grande guerre pendant ce long laps de temps, avons-nous dû réprimer à tout instant des insurrections locales. La dernière de celles-ci date de 1881 ; mais qui oserait dire qu'elle ne sera pas suivie de plusieurs autres ?

Matériellement nous avons conquis les Arabes ; moralement non. Disons-le bien haut.

Mais les Turcs, a-t-on dit souvent, sont des musulmans, haïssant les chrétiens avec autant d'ardeur que les Arabes.

Cette haine est-elle réellement aussi forte qu'on a bien voulu le dire ? En comparaison des Arabes, les Turcs sont des musulmans bien tièdes. En 1830, Turcs et Coulouglis voulaient rester en Algérie où ils avaient de grands intérêts, et ces intérêts eussent servi de garantie à leur fidélité. Ajoutons qu'à l'encontre des autres peuples musulmans, ils sont très accessibles à ce point d'honneur dont les races européennes, la race française surtout, subissent la noble influence.

Mais ce n'est pas seulement au point de vue militaire que nous envisageons les conséquences de l'incroyable aveuglement qui nous a fait rejeter les offres des Turcs ; c'est au point de vue administratif. La France coupa brusquement, en 1830, le fil de toutes les traditions administratives, les Turcs occupant tous les emplois. Il fallut tout créer, on tomba en plein gâchis ; ce fut l'anarchie, et les Arabes, livrés à eux-mêmes, se vautrèrent dans le sang.

Décidément, la France n'a pas toujours l'intelligence des transitions.

IX

Le drapeau de Henri IV et de Louis XIV, au moment où il allait cesser d'être le drapeau national, venait d'acquérir une dernière gloire qui ne le cédait en rien aux gloires d'Ivry ou de Rocroy. En vingt jours, Alger la bien gardée était tombée entre ses mains ; les prisonniers chrétiens étaient délivrés et la piraterie barbaresque avait disparu de la Méditerranée.

Les canons pris à Alger furent inventoriés par le général la Hitte ; dans la place, dans les forts, dans les batteries de côte, on trouva près de dix-huit cents canons dont la moitié en bronze. Une de ces bouches à feu avait été fondue en France sous Louis XII, sept l'avaient été sous François Iᵉʳ, une sous Henri II, et une sous Louis XIII. Il faut croire que ces pièces avaient été prises sur les Français par les Espagnols, et abandonnées par ceux-ci dans leurs malheureuses expéditions sur les côtes d'Afrique.

Le trésor des deys tomba également en notre pouvoir. Le général de Bourmont se hâta de constituer une commission dite des finances, chargée de l'inventorier ainsi que les autres richesses publiques. Cette commission fut composée de l'intendant général, M. Denniée, du commandant de la place d'Alger, général baron de Tholozé, et du payeur général de l'armée, M. Firino. Le khasnadgi ou trésorier général turc remit à ce dernier les clefs du trésor ; elles ne pouvaient être confiées à des mains plus pures. Le payeur général l'ouvrit en présence de ses collègues ; tous trois, après avoir jeté un coup d'œil sur ces épargnes de plusieurs règnes, firent apposer les scellés et chargèrent de leur garde un poste de douze gendarmes, relevé deux fois par jour.

L'intendant général, M. Denniée, fut vivement frappé de la quantité d'or et d'argent qui s'offrit à sa vue, et évalua le trésor à environ quatre-vingts millions. Plus habitué que les intendants au maniement des espèces, M. Firino l'évalua à cinquante millions au plus, et fit part immédiatement de son évaluation au ministre des finances. Mais celle de l'intendant général, quoique basée sur un simple coup d'œil, courut dans l'armée et fut estimée exacte ; les journaux s'en emparèrent, et comme, par la suite, on arriva à peine au chiffre fixé par M. Denniée, on se hâta de calomnier l'armée. Trente et quelques mille braves gens furent mis en suspicion, à commencer par les membres de la commission des finances ; personne ne songeait que ces trois hommes honorables auraient dû se faire complices des gendarmes et de toute l'armée française, puisque les pièces contenant le trésor donnaient sur une cour remplie constamment d'officiers et de soldats. Il est vraiment trop commode d'accuser !

Les sommes, réellement inventoriées, s'élevèrent à 48 millions 683,000 francs ; il convient d'ajouter la valeur des pièces de canon conquises, et sept millions environ de laines et marchandises diverses trouvées dans les magasins de la régence.

Ceux qui défendirent l'armée et qui ne voulurent pas qu'elle fût salie, trouvèrent très ingénieux de se rabattre sur la royauté ; l'armée était déclarée innocente, mais Charles X calomnié. Il y a eu, affirma-t-on avec audace, des détournements commis, mais au profit seulement du roi de France.

Triste chose que les haines aveugles suscitées par les révolutions ! Ce n'était pas assez d'avoir chassé le roi Charles X ; sur ce roi malheureux on ne craignait pas de déverser la calomnie. Dans son honnêteté, le gouvernement de Juillet crut de son devoir d'intervenir, pour démontrer l'ineptie et le peu de fondement de toutes ces accusations. Il se fit honneur de défendre le roi déchu, qui, parce qu'il était un ennemi politique, n'était pas nécessairement malhonnête.

Le général de Bourmont demanda au roi d'accorder une gratification de trois millions à l'armée, et de payer l'arriéré des traitements de la Légion d'honneur, estimant qu'il est beau et généreux de faire acquitter par les jeunes soldats les créances de leurs devanciers.

Voici de quelle façon le général de Bourmont proposait de répartir la gratification de trois millions :

24,000 francs aux lieutenants généraux,
16,000 » aux maréchaux de camp,
8,000 » aux colonels,
6,000 » aux lieutenants-colonels,
4,000 » aux chefs de bataillon,

DUC D'ORLÉANS

Trois mois de solde au reste des troupes.

Par une étrange fatalité, ce fut la scrupuleuse réserve du général, qui ne voulut toucher à rien sans en avoir reçu l'autorisation, qui devint la cause principale des bruits injurieux dont l'armée eut à souffrir. Aucune réponse à la requête du général en chef n'arrivait et ne devait arriver, puisque Paris était en révolution et qu'un gouvernement nouveau succédait à l'ancien. Pendant qu'on inventoriait le trésor en présence des officiers d'état-major, des gendarmes, de tous ceux en un mot qui avaient leurs entrées à la Casbah, le bruit se répandit parmi nos soldats qu'une pluie d'or tombait sur les habitants de la vieille forteresse turque. Des lettres inconsidérées furent écrites en France, et arrivèrent dans les premiers jours qui suivirent les événements de juillet. Les journaux s'emparèrent de ces correspondances et en firent autant de chefs d'accusation ; tant il est vrai que le désintéressement est de toutes les vertus celle dont les hommes sont le plus disposés à douter.

Le général Clauzel, successeur du général de Bourmont, lança, le lendemain de son débarquement à Alger, une proclamation où il annonçait qu'une commission allait être chargée de faire une enquête sur les détournements que l'opinion publique reprochait à l'armée d'Afrique. Cette proclamation était on ne peut plus regrettable. Aussi produisit-elle une impression douloureuse sur trente mille braves soldats qui, en récompense d'une victoire, se voyaient accusés de vol.

Après avoir longtemps cherché, la commission d'enquête ne trouva rien. En conséquence, elle fit savoir à l'armée que celle-ci conservait son estime. Les enquêteurs ajoutaient cependant que quelques désordres avaient eu lieu, mais que les coupables seraient suffisamment punis par les remords de leur conscience !

Hussein-Dey eut l'autorisation de quitter Alger; il s'embarqua pour Livourne sur la frégate la *Jeanne-d'Arc*, que l'on mit à sa disposition. Avant de partir, il fit une visite au général de Bourmont, et montra une grande dignité. « Ton roi, dit-il au général, doit être un grand prince ; tu as exécuté, mais il a commandé. »

Entrant ensuite dans quelques détails sur le gouvernement de la régence : « Ahmed, le bey de Constantine, dit-il, mérite votre confiance ; il vous fera sans doute des ouvertures, acceptez-les, il vous sera fidèle. Quant à Mustapha, bey de Titteri, n'ayez aucune confiance en lui, c'est un homme turbulent et peu sûr. J'allais, si vous n'étiez pas arrivés, lui faire trancher la tête. »

Il est fâcheux pour l'Algérie que le général de Bourmont ait été relevé de son commandement, sans même que le gouvernement nouveau daignât le consulter. Nul doute que le général n'eût, sur les avis d'Hussein, indiqué la voie à suivre. Son successeur fit le contraire de ce qu'avait conseillé le dey déchu ; il n'entra pas en relation avec Ahmed, pensant qu'il valait mieux investir un prince tunisien du beylick de Constantine. Il tenta enfin d'attacher à la France le bey de Titteri, qui nous trahit et se déclara contre nous.

Vers la fin de juillet, M. de Bourmont, qu'un décret daté du 15 avait nommé maréchal de France, jugea nécessaire de parcourir la Mitidja ; il voulut pousser jusqu'à Blidah, ville que le bey de Titteri avait essayé de ranger sous son commandement, mais qui avait réclamé près du général. Celui-ci ne devait pas tarder à s'apercevoir du danger qu'il y a à pénétrer dans un pays dont les habitants ignorent les intentions du conquérant. Il jugea que deux bataillons, comptant ensemble un millier de baïonnettes, suffiraient pour une promenade militaire, en leur adjoignant deux escadrons et quatre pièces d'artillerie. Tout le monde considéra cette marche sur Blidah comme une partie de plaisir. Blidah, la ville aux orangers, était, au dire des savants, le jardin des Hespérides de la fable antique, et tous les officiers étrangers, les volontaires, les savants voulurent faire partie de l'expédition.

Le 23, la petite colonne était campée sous Blidah, et les habitants vinrent aussitôt faire leur soumission. Ils amenèrent des bœufs, dont ils demandèrent vingt-cinq francs. La ration du soldat se trouva coûter un peu moins de cinq centimes.

Le lendemain, au moment où les troupes se mettaient en route pour rentrer à Alger, elles furent subitement entourées d'une nuée d'Arabes. Les assaillants appartenaient surtout à la tribu des Hadjoutes, ancienne tribu maghzen, qui n'eût pas mieux demandé que de nous servir, et qui, délaissée, se déclarait contre les chrétiens envahisseurs du sol de l'islam. Aux premiers coups de fusil, M. de Trélan, aide de camp du maréchal de Bourmont, fut tué raide ; le maréchal et sa suite, attardés dans un jardin d'orangers, durent se faire jour l'épée à la main. La cavalerie chargea à plusieurs reprises ; mais montée en chevaux français et armée de lances, elle ne fit pas beaucoup de mal aux cavaliers arabes. On revint péniblement à Alger.

Le maréchal dut être édifié ; les Arabes marchaient contre nous, loin de nous savoir gré d'avoir chassé leurs oppresseurs.

Le général de Damrémont, envoyé à Bône avec sa brigade, occupa la ville sans résistance. Le bey de Constantine, voyant que nous ne songions pas à lui faire des ouvertures, attaqua à plusieurs reprises la brigade française. Bône, comme nous le raconterons dans le chapitre suivant, fut évacuée, et les Arabes, profondément surpris, durent se demander si nous étions un peuple sérieux.

Le fort de Mers-el-Kébir, près d'Oran, fut également occupé en 1830, puis évacué. Le bey d'Oran, vieux et fatigué, voulait se retirer et nous proposait de remettre le pouvoir entre nos mains, garantissant la fidélité des Turcs et des Coulouglis de la province, et répondant pour eux de la tranquillité.

Ce fut le 11 août qu'un bâtiment de commerce apporta

à Alger la nouvelle de la chute de Charles X. Un bâtiment de guerre vint ensuite officiellement communiquer avec l'amiral Duperré au nom du roi Louis-Philippe. Le maréchal de Bourmont ne fut avisé de rien ; on craignait qu'il ne s'embarquât pour Marseille avec l'armée d'Afrique et ne marchât sur Paris. Cette crainte était puérile, car il eût fallu que la flotte consentît à faire cause commune avec le maréchal et à transporter l'armée sur les côtes de la Provence. Un peu plus tard, Bourmont reçut un pli du maréchal Gérard, ministre de la guerre, qui le priait de rester provisoirement à Alger et de faire évacuer Bône et Oran.

Ce dernier ordre était motivé par la crainte d'une rupture avec l'Angleterre, qui avait pris une attitude menaçante à la suite de notre nouvelle révolution.

Le 2 septembre, arriva à Alger le général Clauzel. Le maréchal de Bourmont lui remit aussitôt le commandement, et demanda à l'amiral Duperré un bâtiment de guerre pour le conduire à Gibraltar ou à Cadix avec sa famille. Duperré, qui venait de mettre à la disposition d'Hussein-Dey, un chef de forbans, une frégate de l'État, eut le triste courage de refuser la même faveur à un maréchal de France victorieux, mais appartenant au parti politique qui venait de succomber. Bourmont dut noliser à ses frais un brick autrichien, l'*Amatissimo,* capitaine Gagrizza.

Quelques mois plus tard, le capitaine Gagrizza écrivit :

« J'étais à terre, présent à l'embarquement du maréchal de Bourmont ; il était accompagné de deux de ses fils et de deux domestiques. Leur bagage était si peu de chose, que deux de mes marins suffirent à les porter. Un de ses fils avait sous son bras un petit coffret ; je lui offris de m'en charger, il refusa mon offre, ce qui me fit soupçonner qu'il contenait quelque objet de grand prix. Voyant cependant que quelques jours après, ce coffret n'était pas renfermé, j'en fis l'observation au maréchal qui me répondit en me montrant le contenu :

« — Ce que renferme ce coffret, quoique bien précieux pour moi, ne tentera la cupidité de personne. Voilà le seul trésor que j'emporte d'Alger ; c'est le cœur du fils que j'ai perdu. »

Le malheureux maréchal ne prévoyait pas l'outrage que l'on réservait, à Marseille, au cercueil d'Amédée de Bourmont, envoyé en France pour être déposé dans un caveau de famille. Les douaniers eurent l'infamie de l'ouvrir, *afin de voir s'il ne contenait pas de l'or ou des objets précieux !*

La municipalité de Toulon avait mis un hôtel à la disposition du maréchal et de sa suite, pendant les jours qui précédèrent le départ de l'expédition. Le vainqueur d'Alger était encore en Espagne, quand on lui présenta une note de 1,500 francs pour « location » de l'immeuble qu'il avait occupé !

CHAPITRE II

SOMMAIRE :

Les premiers corps indigènes. Zouaves. Lamoricière. Portrait des zouaves, par L. Veuillot. Les zouaves au blocus de Médéa. Le lieutenant-colonel Graudchamp, les capitaines Gardarens et Safrané. Chapardages. — Causes qui ont amené la puissance d'Abd-el-Kader. Légende arabe sur lui. Le traité Desmichels. La Macta. Le maréchal Clauzel. L'expédition de Mascara. Le duc d'Orléans. Abd-el-Kader et le commandant Yusuf. — Le sort de l'Algérie dépendant d'un cheval. Le cheval arabe. Mahomet en fait un animal sacré. Le Coran et le cheval. — Le commandant Yusuf à la Casbah de Bône. Yusuf, chef des premiers escadrons de spahis. Les spahis. Types de spahis. Le caïd Osman et le brigadier Moncel. Yusuf bey de Constantine. — Première expédition de Constantine. Illusions. Lamentable état de la colonne expéditionnaire. Arrivée devant Constantine. Désastres. Le carabinier Mourambe. Double assaut désespéré. Retraite. Le bataillon Changarnier. Le général de Rigny. Le duc de Caraman. Le député Baude. Le duc de Nemours. — Changarnier. Les colonels Changarnier et Bourjolly. L'affaire de l'Oued-el-Alleugh. Chaugarlô. Admirable combat de l'Oued-Foddah. Ténacité et bravoure de Changarnier. La révolution de 1848. Changarnier à la Chambre. Le vieux héros à Metz. Sa mort.

I

Quelle est la famille, dit le duc d'Aumale dans la préface de son livre *Zouaves et chasseurs à pied*, qui n'ait compté un frère, un parent, un ami parmi nos soldats d'Afrique ? Quel est le foyer où l'on n'ait écouté avec émotion quelque récit animé, quelque souvenir de bivac ?

Et l'éminent écrivain prie le lecteur de lui permettre de le ramener vers cette seconde France, l'Algérie, patrie militaire des zouaves.

Dès son arrivée, le général Clauzel sentit combien il était difficile d'agir sans intermédiaire sur des populations mal connues et quelle faute avait été commise en expulsant les Turcs au début de la conquête; aussi, pour former un lien entre l'armée et les indigènes, voulut-il créer un corps de troupes qui ressemblât aux zouaves Kabyles.

Le 21 mars 1831, une ordonnance royale approuva la formation des deux premiers bataillons de zouaves français, dont le commandement fut confié à deux capitaines du génie, MM. Maumet et Duvivier.

Cette création était d'autant plus urgente qu'il fallait combler les vides laissés dans l'armée par les régiments rappelés en France. A un moment donné, on ne comptait guère à Alger que quatre régiments d'infanterie (1).

De ce que les zouaves portaient le nom d'un ancien corps kabyle, il ne faudrait pas conclure que l'effectif en était composé de Kabyles; ceux-ci, au contraire, y étaient en petit nombre. Les indigènes de la plaine, les Maures, les Coulouglis, etc., participèrent à la nouvelle formation. A ces indigènes vinrent se mêler un grand nombre de Français. Le gouvernement de juillet venait d'envoyer à Alger les volontaires parisiens et les bataillons de la charte. Les uns entrèrent aux zouaves, et les autres formèrent le 67ᵉ de ligne.

Au début, ainsi qu'il arrive toujours, on fit aux zouaves indigènes quantité de promesses. Ces promesses ne furent pas tenues et beaucoup désertèrent dès les premiers jours. On eut alors deux bataillons réduits à l'état de squelettes. Il fallut licencier le 2ᵉ pour compléter le 1ᵉʳ. Il est bon d'ajouter que ce bataillon unique ne dut sa conservation qu'à la prodigieuse activité des officiers qui eurent à lutter contre des difficultés de toute nature, et qui, jeunes et énergiques, affrontaient gaiement une vie toute

(1) On créa d'abord les zouaves. Vinrent ensuite la légion étrangère et le 1ᵉʳ régiment de chasseurs d'Afrique.

de périls, de privations et de travaux. Mais ces officiers s'appelaient Duvivier, Lamoricière, Vergé.

Le nouveau corps était à peine formé, qu'il concourait à la première expédition de Médéa avec le général Clauzel. C'est au col de Mouzaïa qu'il reçut le baptême du feu. Le bataillon du commandant Duvivier passa tout l'hiver à Médéa, s'y maintint dans des circonstances fort difficiles, et se couvrit de gloire à la retraite, quand on crut devoir ordonner l'évacuation de la ville. Cette retraite donna aux zouaves droit de cité dans l'armée française.

Il y avait de graves inconvénients à mêler les indigènes et les Français dans les mêmes compagnies ; le genre de vie, les mœurs, les habitudes ne se ressemblaient pas. Le bataillon Duvivier fut donc organisé en huit compagnies absolument françaises et deux compagnies indigènes comprenant seulement douze Français ; elles avaient besoin de cadres fournis par nous. Le bataillon ayant perdu son commandant, qui fut envoyé à Bougie, passa entre les mains du commandant de Lamoricière ; cet intelligent officier venait de se signaler par la création du bureau arabe, parlait la langue du pays et était très estimé pour sa bravoure hors ligne, son audace et sa prudence ; de plus, il avait une grande influence sur les indigènes.

Le commandant Lamoricière ne tarda pas à devenir un des chefs les plus populaires de l'armée d'Afrique. Il fit les zouaves à son image et sut trouver le tempérament qu'il faut garder avec des hommes ayant le goût d'une vie aventureuse. C'est que les zouaves ne ressemblaient en rien aux soldats qui arrivaient de France. Ils étaient tous volontaires, et la moitié d'entre eux, pour servir dans un corps exceptionnel, avaient rendu dans les régiments les galons de caporal ou de sous-officier. Nous y avons vu, à une époque plus récente, d'anciens sergents-majors, d'anciens adjudants, qui attendaient le moment de regagner le premier grade de la hiérarchie.

Les zouaves émerveillèrent le duc d'Orléans à la première expédition de Mascara, en 1835. A son retour en France, le prince provoqua la reconstitution du 2° bataillon. Ils formèrent alors deux bataillons à six compagnies, et l'intrépide Lamoricière devint le lieutenant-colonel commandant le nouveau régiment. Les débris du bataillon du Méchouar (citadelle de Tlemcen), composé de volontaires que le maréchal Clauzel avait placés sous les ordres du capitaine du génie Cavaignac, vinrent plus tard les renforcer.

A cette époque les zouaves comptaient encore de nombreux indigènes ; mais, en 1839, quand Abd-el-Kader proclama la guerre sainte, beaucoup de ces derniers désertèrent et allèrent grossir les rangs des bataillons réguliers que l'émir tenta d'organiser. Les volontaires venus de France affluèrent pour combler les vides, et en septembre 1845 ils étaient tellement nombreux que l'on dut alors former le régiment à trois bataillons de huit compagnies, les huitièmes compagnies seules comprenaient quelques indigènes. Les zouaves commençaient à devenir tout à fait français.

Le magnifique régiment ainsi constitué passa sous les ordres du colonel Cavaignac, le brillant colonel Lamoricière venant d'être promu officier général, au grand scandale des bureaucrates du ministère de la guerre, qui ne voulaient que des généraux à cheveux blancs.

Les trois provinces d'Algérie reçurent chacune un bataillon de zouaves.

Le 13 février 1852, chaque bataillon devint le noyau d'un régiment (1). A peine formés, les trois régiments de zouaves furent envoyés en Orient, et l'on n'a point oublié le cri d'admiration qu'ils arrachèrent, après la bataille de l'Alma, au maréchal de Saint-Arnaud : « Les zouaves sont les premiers soldats du monde ! »

(1) En 1855, on forma le régiment des zouaves de la garde, dont le dépôt, pendant le siège de Paris en 1870, fut fondu avec quelques détachements des trois régiments, détachements échappés du gouffre de Sedan. Le tout forma le régiment des zouaves de Paris, qui devint le 4° zouaves actuel.

Louis Veuillot (1) a écrit en parlant des zouaves :

« Il n'y a point de meilleure troupe ; terrible au feu, patiente dans les garnisons, bonne à tout, et, à ce que me disait un des officiers, douce comme une brebis. Ayant toujours été employés aux choses les plus difficiles, les zouaves sont presque aussi admirables par leur industrie que par leur courage. Il faut voir, par exemple, à combien d'usages ils savent employer la légère pièce d'étoffe verte qui, roulée autour d'une calotte rouge, leur forme un turban : premièrement, dans les haltes au soleil, étendue sur quelques baïonnettes habilement disposées, ou accrochées par un bout aux épines d'un buisson, et fixée, de l'autre, à terre par une pierre ou par la crosse d'un fusil, elle sert d'ombrage : c'est l'affaire d'un clin d'œil. A peine la halte est sonnée : vous regardez où sont les zouaves ; mais, suivant l'expression d'un tambour de zéphyrs : *éclipse de ces messieurs ! ils sont sous leur verdure* ; vous n'en voyez plus que les extrémités. Cependant le zouave se livre aux douceurs de la sieste, et, grâce à l'abri qui le préserve de l'accablement, suite ordinaire d'un somme fait au soleil, il est toujours alerte et dispos. Au milieu de la marche on rencontre une citerne : un peu d'eau fraîche y brille, éclat plus séduisant que celui de l'or ! il ne s'agit que d'atteindre à cette onde de délices. Mais, hélas ! la saison est brûlante, l'eau a baissé dans cette citerne profonde. Le pauvre fantassin regarde, et passe en soupirant. Arrive le zouave, et l'utile turban devient corde à puits ! Le soir, campe-t-on près d'une rivière, on voit (merveille de l'industrie et de la nécessité !) des soldats pêcher à la ligne avec leurs fusils : des crins dérobés à l'ondoyante queue d'un cheval arabe sont attachés à la baïonnette ; une épingle, précieusement conservée, forme l'hameçon ; on appâte par quelque procédé inventé sur l'heure, et le poisson est si ingénu qu'il se laisse prendre. Le zouave, lui, pêche en grand :

---

(1) Pendant un séjour en Afrique, il les avait suivis dans une expédition à Médéa.

de son turban, il fait un filet, et sa marmite est encore la mieux garnie. Dans une razzia, le turban devient licol pour mener le petit bétail : vous voyez chaque zouave tenir en laisse, comme un berger de Gessner, ou sa chèvre ou son mouton ; après le combat, c'est encore une chose très parfaite pour lier les prisonniers. Lorsqu'on prévoit un bivouac sans bois, rien n'est meilleur pour emporter de petits fagots d'épine, destinés à faire bouillir le pot. Un pauvre petit enfant malade et nu fut trouvé sur la paille d'un gourbi abandonné de la veille : un zouave le roula dans son turban comme une momie, et le porta ainsi au quartier du général Mustapha. On est très convaincu que si un zouave pouvait se pendre, il se pendrait avec son turban. Enfin, ce turban, qui sert à tant d'usages et à mille autres, sert aussi de turban : coquettement disposé autour de la calotte rouge, il sied à la physionomie du soldat, il peut préserver le visage d'un coup de soleil, et la tête d'un coup de yatagan.

» Ce serait une longue besogne à quoi je renonce, de décrire la cuisine du zouave. il mange et boit de tout. Nul n'assaisonne mieux l'artichaut sauvage ; il fait un plat agréable d'un peu de blé vert ; il se régale de tortues et de limaçons..... »

A part quelques détails un peu fantaisistes, tels que la pêche à la ligne avec le fusil, et les plats de limaçons, le portrait que trace Louis Veuillot du genre de vie des zouaves est assez exact ; mais il est incomplet, car il ne les montre qu'au bivouac. Quels rudes soldats à la guerre ! Pendant les six mois d'hiver qu'ils passèrent à Médéa sous le commandement du colonel Cavaignac, leur constance et leur énergie furent admirables.

Médéa était abandonnée et en ruines. Les zouaves se firent maçons, terrassiers, forgerons, se créèrent des abris, se fortifièrent. Dès les premiers jours du siège, le jeune d'Harcourt, engagé comme simple soldat et qui venait d'être nommé sous-lieutenant, fut tué bravement à la tête de sa compagnie, en montant à l'assaut d'une position qui dominait la ville. Un vieux sergent décoré, nommé Razin, emporte le corps du jeune sous-lieutenant. Comme il était devancé, pour rejoindre sa compagnie, par un jeune fourrier, plus alerte et plus ingambe :

« — Ah çà, conscrit, lui crie-t-il, est-ce que tu as la prétention de passer avant moi?

» — C'est juste, répond le fourrier, qui veut se placer aussitôt en arrière. »

Il n'avait pas fait trois pas, que le sergent Razin tombe mort. Le fourrier s'élance pour relever le vieux brave, quand une balle le couche par terre. Un caporal indigène accourt.

« — Enlève Razin, lui crie le blessé, je saurai bien me sauver tout seul. »

Comme le caporal chargeait Razin sur ses épaules, une balle le tue raide. Le fourrier se précipite alors sur le vieux sergent, lui enlève sa croix, se jette dans la broussaille, et parvient, quoique grièvement blessé, à rejoindre son bataillon.

« — Vous le voyez, dit-il à son commandant, si je n'ai pas rapporté le sergent Razin, c'est que je suis moi-même blessé ; mais du moins j'ai rapporté sa croix. »

Le laconique ordre du jour suivant fut consacré à la mémoire du sous-lieutenant d'Harcourt et du sergent Razin :

« Dans la journée du 10 novembre, le jeune d'Harcourt, sous-lieutenant au corps, et le vieux sergent Razin, de la 4ᵉ compagnie du 1ᵉʳ bataillon, sont morts en abordant l'ennemi et en devançant les plus braves.

» Le lieutenant-colonel recommande leurs noms à la mémoire des officiers, sous-officiers et soldats du corps. Il les donne aux jeunes gens pour exemple et pour glorieux modèles.

» *Le lieutenant-colonel commandant des zouaves,*
» CAVAIGNAC.

» Médéa, le 2 novembre 1840. »

Nos plus illustres généraux ont servi aux zouaves comme officiers ou sous-officiers. Nous avons déjà nommé, outre Lamoricière et Cavaignac, le général Vergé ; citons encore les généraux Levaillant, Renault, Leflô, Chasseloup-Laubat, Bisson, Espinasse, Corréard, d'Aurelles de Paladines, de Grandchamp, de Lorencez, Bourbaki, Canrobert, Ladmirault, d'Autemarre, Saint-Arnaud. Nul d'entre ces illustres soldats ne fut plus populaire que Lamoricière, que l'on doit considérer comme le vrai créateur des zouaves, et auquel les Arabes de la province d'Alger avaient donné le surnom de Bou-Chechia (le père de la calotte, l'homme à la calotte). Plus tard, les Arabes de la province d'Oran surnommèrent le général, Bou-Aroua (l'homme au bâton). Lamoricière est resté le type légendaire de l'officier de zouaves, se multipliant, se prodiguant sur tous les points où l'on respirait l'odeur de la poudre.

Nous avons nommé le général de Grandchamp, lieutenant-colonel des zouaves, alors que le colonel du régiment s'appelait Canrobert. Le lieutenant-colonel de Grandchamp n'avait pas besoin d'états de services ; il les portait sur son visage noblement balafré. Etant capitaine au 24° de ligne, M. de Grandchamp fut laissé pour mort dans un combat où son bataillon faillit être anéanti. Comme le sous-officier de chasseurs d'Afrique dont nous avons raconté l'histoire à la surprise de Douéra, le capitaine de Grandchamp était tellement défiguré par ses blessures, que les Arabes négligèrent de lui couper la tête ; ayant encore toute sa connaissance, il subit l'épouvantable supplice de servir de billot à plus de quarante soldats du 24°, décapités sur son corps. Sauvé par une charge de cavalerie, il guérit de ses blessures et continua la série de ses glorieux services. C'est lui qui, en 1870, commanda la division d'observation réunie à Toulouse, division qui s'immortalisa à Sedan à côté de l'infanterie de marine.

L'héroïsme des officiers de zouaves de cette époque était parfois inconscient. Au deuxième siège de Constantine, une bombe tomba entre un bataillon de zouaves massé derrière la batterie de brèche et un groupe d'officiers dont faisait partie le duc de Nemours. Le cheval du prince se cabra violemment, et, suivant la consigne générale, chacun se coucha pour laisser passer l'explosion. Seul, le capitaine de zouaves de Gardarens, mort depuis général de brigade, resta debout, regardant d'un air distrait fumer la mèche qu'il pouvait toucher du pied. La bombe éclata et pas un éclat ne l'atteignit. Le duc de Nemours et le colonel de Lamoricière réprimandèrent vertement M. de Garderens ; le colonel prononça même le mot de forfanterie déplacée. Mais ce ne fut pas tout. Les capitaines de zouaves détachèrent auprès de cet officier un des leurs, M. Leflô, avec mission de lui demander s'il avait voulu leur donner une leçon de courage. Il eut beau se défendre de toute prétention de cette nature et alléguer son état habituel de distraction, il fut longtemps laissé à l'écart : « Vous savez, lui dit durement le capitaine Leflô, camarade tant que vous voudrez, supérieur non. »

Nous n'en finirions pas, si nous voulions raconter tous les traits de bravoure avec lesquels les officiers de zouaves savaient électriser leurs soldats. Beaucoup d'entre eux, outre leur bravoure, avaient un cachet d'originalité, se montraient ingénieux et fins. Après le désastre de Sidi-Brahim en 1845, Abd-el-Kader, mis en appétit, voulut enlever la redoute d'Aïn-Témouchent qu'il savait mal fortifiée, mal approvisionnée en vivres et en munitions, encombrée par les familles des colons du village qui s'y étaient réfugiées, et gardée par une cinquantaine de zouaves, débris d'une compagnie décimée par la fièvre. Cette compagnie était commandée par un vieux soldat, le capitaine Safrané, un Gascon, aussi rusé et aussi brave que le Béarnais. Arrivé à quelques centaines de mètres de la redoute, Abd-el-Kader vit les parapets garnis de nombreux défenseurs et armés d'une dizaine de pièces de canon. Il n'insista pas et se retira complètement trompé. Le rusé capitaine avait demandé aux colons qui étaient venus se réfugier dans la redoute toutes leurs charrues, qu'il mit en batterie, en y ajoutant un morceau de bois noirci pour simuler la pièce de canon. Il leur avait aussi réclamé tous leurs chapeaux, avait joint à cette collection de coiffures civiles toutes les calottes sans emploi de ses zouaves, puis ayant placé le tout sur des bâtons plantés le long du parapet, il faisait circuler ses hommes au milieu. De loin, les Arabes se firent illusion, et crurent la redoute bondée de défenseurs et hérissée d'artillerie.

De pareils officiers devaient inspirer tous les dévouements, et les dévouements s'étendirent à tous, officiers, sous-officiers, soldats. Les zouaves avaient vraiment le fanatisme de l'uniforme. Nous pourrions raconter des centaines d'épisodes, où ces soldats d'élite se sont fait hacher plutôt que d'abandonner un des leurs aux mains de l'ennemi. Pendant l'expédition que fit en Kabylie le général Bugeaud, en 1844, le capitaine Corréard, blessé de trois coups de feu, refusa de quitter le commandement de sa compagnie. Un zouave nommé Guichard, voyant faiblir son capitaine, l'enleva malgré lui et essaya de le porter en arrière de la ligne de combat. Deux Kabyles s'élancent ; Guichard dépose le blessé à terre, tue un Kabyle d'un coup de feu et frappe l'autre d'un coup de baïonnette. Il recharge ensuite son capitaine sur ses épaules et réussit à le porter à l'ambulance.

Les officiers qui ont eu l'honneur de servir aux zouaves avant la loi de recrutement de 1872, loi qui, en supprimant les rengagements, a fait disparaître les vieux soldats, avaient une confiance absolue dans ceux qu'ils commandaient. Dévoués à leurs hommes, ils sentaient qu'ils étaient réellement l'objet d'une respectueuse affection. Au bivouac, c'était à qui, d'entre eux, s'ingénierait à améliorer l'installation des officiers. Nous avons passé dans un de ces régiments les plus belles années de notre vie. Aussi n'est-ce pas sans émotion que nous rappelons ces souvenirs, et quand nous jetons vers le passé un mélancolique regard, nous nous prenons à regretter l'ancienne armée, celle qui a pris Sébastopol, après s'être couronnée de gloire à Zaatcha, à Inkermann, à Palestro.

Les zouaves étaient véritablement bons. Dans tout cœur de lion, a dit un grand poète, il y a un cœur de père. Dans l'extrait que nous avons donné de l'ouvrage de Louis Veuillot, l'auteur cite l'acte de charité d'un zouave. Ecoutons maintenant le duc d'Aumale :

« Un autre jour, les zouaves étaient d'arrière-garde ; la colonne dont ils faisaient partie ramenait dans le Tell une population immense qui venait d'être atteinte après avoir longtemps suivi la fortune d'Abd-el-Kader (1). L'avant-garde était partie à quatre heures du matin, et, bien qu'on fût en plaine, à sept heures, les dernières familles n'avaient pas encore quitté le bivac. Il fallait faire onze lieues pour trouver de l'eau. Ce jour-là, les zouaves furent comme des sœurs de charité, partageant leur biscuit avec les malheureux que la fatigue ou la chaleur accablait, et, quand leur peau de bouc était vide, renversant une brebis ou une chèvre pour approcher de ses mamelles les lèvres desséchées d'un pauvre enfant abandonné par sa mère. Quand ils campèrent à la nuit close, on ne voyait sur leur sac ni poule, ni tortue ; mais ils ramenaient des femmes, des enfants, des vieillards, dont ils avaient sauvé la vie. Ah ! de pareils hommes sont bons autant qu'ils sont braves ! »

Ajoutons ce souvenir personnel.

En 1872, la compagnie que nous avions l'honneur de commander était campée près d'un village que l'on venait de créer dans la province de Constantine, lorsque arrivèrent les nouveaux colons, presque tous Alsaciens, pauvres exilés fuyant les Allemands maîtres de leur pays.

(1) L'illustre auteur, dans sa modestie, ne raconte pas que cette « population immense » constituait la smala d'Abd-el-Kader, smala qu'il venait d'enlever par un magnifique coup de main.

Ces expatriés paraissaient bien malheureux. Les enfants inspirèrent de la pitié aux zouaves, qui nous demandèrent la permission de les nourrir pendant les quelques jours nécessaires aux parents pour s'installer. Sur leur maigre ration, ils prirent soin de ces enfants pendant deux semaines ; bien mieux, ils leur faisaient porter du bouillon à ceux des colons qui étaient trop épuisés pour se mettre de suite au travail.

A des hommes pareils, les officiers pardonnaient beaucoup ; la discipline était sévère, mais en campagne on fermait les yeux sur certaines peccadilles qu'on ne laisse pas impunies dans les garnisons. On a accusé les officiers de zouaves de ne pas réprimer certains méfaits que l'on a baptisés du nom de *chapardages* ; c'est une erreur. On avait coutume d'attribuer aux zouaves la plupart des mauvaises actions dont les autres corps se rendaient coupables. En 1857, la colonne du général Maissiat, qui venait de participer à la conquête de la Grande-Kabylie, campait sous Bougie, quand on s'aperçut un matin que les portes de l'église avaient été forcées pendant la nuit, que l'on avait fracturé le tabernacle et volé les vases sacrés. Encore les zouaves, dit le général Maissiat! Encore les zouaves, dirent les officiers des autres régiments ! Les zouaves protestèrent avec énergie ; ils étaient incapables de prendre autre chose que des poules ou des chats, et parmi eux, disaient-ils, il n'y avait pas de voleurs. Le général commandant la colonne leur imposa l'humiliation d'une perquisition minutieuse. On ne songea pas à en user de même à l'égard d'un petit bataillon du 58ᵉ de ligne qui faisait partie du corps expéditionnaire. Quelques jours après, le voleur fut signalé par un juif auquel il avait essayé de vendre les objets dérobés. C'était un tout jeune soldat du 58ᵉ.

Les zouaves avaient l'habitude de donner des sobriquets aux régiments de ligne nouvellement débarqués en Afrique. C'est ainsi qu'ils appelaient le 24ᵉ de ligne *24ᵉ asperge*, parce que d'innocents conscrits avaient pris, dans les premiers jours de leur arrivée en Afrique, les aloës pour de gigantesques asperges. Le 58° fut désormais connu sous le nom peu honorable de : *voleur de bon Dieu*.

Il y avait de ces *chapardages* qui prêtaient à rire. Un jour, à la suite d'une razzia, le maréchal Bugeaud, un peu agronome et éleveur, comme on sait, fit mettre de côté les plus beaux moutons pour les envoyer en France. Après avoir jeté un coup d'œil sur le troupeau, il alla reposer sous sa tente. Il fut réveillé tout à coup par certains bêlements significatifs, et, s'étant levé, il vit les zouaves répandus au milieu du troupeau, faisant, eux aussi, leur choix. Le maréchal furieux se jeta dans la mêlée, en chemise et la tête couverte de la légendaire *casquette*, autrement dit un bonnet de coton. Les zouaves s'éclipsent, sans oublier les moutons ; le maréchal rentre sous sa tente, fait appeler le colonel des zouaves, et lui demande une perquisition sous les tentes de ses soldats. Le colonel exécute cette perquisition, qui ne révèle absolument rien. « Faites donc faire l'appel, crie le maréchal exaspéré. » On fait l'appel ; il ne manque personne.

« — Pour le coup, c'est trop fort, dit le héros de l'Isly. » Et sa fureur tombe d'un coup ; il éclate de rire.

« — Ils ne me joueront pas de tour, vos zouaves, nous disait pendant l'expédition de 1864 un colonel d'un régiment de ligne ; moi aussi j'ai servi aux zouaves, je les connais et, du reste, mes lignards sont prévenus. »

Ce colonel, au bout de deux ou trois mois de campagne, répétait souvent :

« — Ce qui est par trop monotone dans ces maudites colonnes, c'est la nourriture. Toujours du bœuf et du mouton. Bœuf et mouton, mouton et bœuf. »

Près de Sétif, un jeune capitaine adjudant-major réussit à se procurer deux canards. « Enfin ! dit le colonel, ce soir nous serons délivrés du bœuf. »

Quelques heures après, le cuisinier contemplait amoureusement le volatile mis à la broche, bien doré, bien cuit à point, et songeait déjà à le retirer, quand un zouave vient lui frapper sur l'épaule.

« — Tu ne me reconnais pas, Michaud?
» — Pas du tout, dit Michaud étonné.
» — Nous sommes pourtant *pays*. »

Et au bout de deux minutes, le zouave a persuadé au cuisinier qu'ils sont tous deux *nés natifs* de Carcassonne.

Le zouave prend des airs ravis et invite naturellement le *pays* à prendre un verre.

On va chez la cantinière; on trouve des amis. Le cuisinier, dans les premiers moments, jette bien un coup d'œil du côté de son rôti; mais les buveurs causent et petit à petit la surveillance se relâche.

Le cuisinier, après une bonne station chez la cantinière, revient à son rôti. Tout a disparu, non seulement le canard à la broche, mais encore le canard tout plumé que celle-ci attendait pour le lendemain.

Que de tours plaisants les zouaves n'ont-ils pas joués aux *mercantis,* marchands suivant les colonnes? Comme ils avaient un grand fonds d'honnêteté, il faut dire que le préjudice, quand préjudice il y avait, était généralement réparé le jour du prêt.

Un jour une balancelle espagnole amène au camp de Nemours (le Djemma-Ghazaouat des Arabes), pour le compte d'un marchand civil, un chargement de vins. Très obligeants, des zouaves se présentent comme hommes de corvée pour aider au déchargement. Besogne faite, on compte les fûts de vin alignés sur la plage et chacun rentre chez soi.

Horreur! le lendemain, deux énormes fûts sont en moins.

On cherche, on perquisitionne inutilement.

On observa que chaque jour un groupe de zouaves se détachait du camp dans l'après-midi, et revenait en chantant et en titubant.

Un sous-officier finit par découvrir dans une broussaille

escarpée les deux tonneaux, autour desquels venaient, à tour de rôle, festoyer une vingtaine de zouaves.

Mais revenons aux récits de guerre.

En 1840, pendant le blocus de Médéa, les zouaves faisaient journellement le coup de feu avec les Arabes (1).

Un jour un groupe de ces derniers s'avance nonchalamment ; personne ne paraît disposé à se battre. L'un d'eux poursuit sa marche en avant, faisant tournoyer son fusil autour de sa tête, en homme qui a pris son parti. Un zouave en faction le laisse approcher à cinquante pas et tire sur lui.

« — Ah ! s'écrie l'Arabe en gémissant et en se laissant tomber, je suis mort.

» — Cours dessus, disent les camarades au factionnaire, va lui prendre son fusil.

» — Pas de danger, répond le zouave, cet animal me tire une couleur. Je suis sûr de ne pas l'avoir attrapé. Ah ! malin, connu. »

Et il recharge son fusil sans faire un pas. Le rusé Arabe finit par perdre patience, se relève, fait feu à son tour, et se sauve en éclatant de rire.

Pendant ce même blocus de Médéa, le lieutenant-colonel Cavaignac fit paraître un ordre du jour annonçant qu'un drapeau était confié au régiment de zouaves. « Les uns, disait le colonel, y verront la récompense de glorieux services ; les autres se feront dire ce qu'il en a coûté pour le conquérir. »

Cavaignac reçut le drapeau quelque temps après ; mais il ne voulut le présenter à son régiment qu'un jour de bataille. Le 3 mai 1841, les zouaves faisant partie de la colonne du général Changarnier, étaient engagés devant Miliana avec les réguliers d'Abd-el-Kader. Le combat était violent, et la fusillade faisait rage depuis le matin. Tout à coup le colonel Cavaignac fait cesser le feu, et ordonne aux

(1) Entre Arabes et zouaves indigènes, les injures s'échangeaient, comme au siège de Troie.

tambours et clairons de sonner au drapeau. Le porte-drapeau, M. Rozier de Linage, parait alors avec le glorieux symbole de la patrie française. Des hourras frénétiques et prolongés se font entendre. M. Rozier de Linage avance de vingt pas dans la direction des Arabes et attend. Une grêle de balles vient le saluer, trouant le drapeau sans toucher à l'officier. Celui-ci revient lentement : le drapeau des zouaves était imprégné de l'odeur de la poudre, il avait reçu le baptême du feu!

C'est surtout en marche qu'il fallait voir autrefois le zouave. Les forts venaient en aide aux faibles. Quand un zouave était malade, l'escouade se chargeait de tout son *bibelot* ; l'un prenait le fusil, un autre les cartouches, d'autres se partageaient les effets et le malade marchait ainsi sans sac, grâce aux camarades.

Quand on jugea à propos d'éliminer tous les indigènes des régiments de zouaves, on en forma, sous le titre de régiments de tirailleurs algériens, plus communément appelés régiments de turcos, des corps spéciaux d'infanterie. Aujourd'hui les Français ne sont qu'en petit nombre dans ces régiments et forment la moitié du cadre, plus le capitaine qui est toujours français. Les turcos ont hérité des fortes vertus militaires de leurs anciens régiments ; comme chez les zouaves, on remarque en eux cet esprit de solidarité militaire qui n'existe pas toujours dans les rangs de la jeune armée. Le turco est le digne frère cadet du zouave.

Le duc d'Aumale écrivait en 1854 :

« Ceux qui ont eu le bonheur de voir les zouaves à l'œuvre, toujours braves, toujours prêts, toujours soumis, ceux-là se disent tout bas, avec une conviction profonde, ces paroles que toute l'Europe répète aujourd'hui : Ce sont les premiers soldats du monde. »

Les zouaves ont personnifié la tradition de l'armée d'Afrique. Sans doute, les autres corps de l'armée française n'ont pas à recevoir des leçons de courage ; mais quand un régiment citait dix affaires brillantes, les zouaves en citaient vingt.

Ils étaient toujours sur la brèche.

II

La monarchie de juillet fut embarrassée d'abord du legs que lui avait fait la Restauration. Le ministère Polignac avait promis à l'Angleterre d'abandonner Alger, et l'Angleterre réclamait impérieusement l'exécution de la parole donnée. Mais l'opinion publique en France protesta avec indignation contre l'abandon (sur une quasi-sommation d'une puissance étrangère) d'une conquête si glorieuse pour nos armes.

Le gouvernement de Louis-Philippe résolut de prendre un biais entre les exigences d'un pays dont il recherchait l'alliance et celles de l'opinion publique qu'il redoutait et dont il avait naturellement à tenir compte. Il résista mollement aux prétentions de l'Angleterre, fit évacuer Oran et Bône, puis laissa le général Clauzel réoccuper ces deux villes, louvoya tant qu'il put. Le général, en présence de tant d'hésitations, crut devoir accorder l'investiture des beylicks de Constantine et de Tunis à un prince tunisien; il fut désavoué et rappelé en France (1), plus heureux que Sidi-Chakhir, ministre du bey de Tunis, qui eut tout simplement la tête tranchée, parce que la négociation ouverte avec le général français n'avait pas abouti.

Nous ne faisons que côtoyer dans ces récits l'histoire proprement dite. Aussi ne nous étendrons-nous pas sur l'administration des généraux Berthezène, Savary de Rovigo, Avizard, Voirol, Drouet d'Erlon. Quand ce dernier revint en France en 1835, l'œuvre de la conquête, après

(1) Ceci se passait en 1831.

cinq ans d'efforts, semblait moins avancée qu'aux premiers jours. Somme toute, nous n'occupions que quelques points sur la côte, Alger, Oran, Arzew, Bougie, Bône. L'idée de notre impuissance s'accrédita tellement chez les Arabes, que quelques années plus tard, quand il fallut nous avancer dans l'intérieur du pays, ils crurent que nos expéditions ne se renouvelleraient pas. Leurs chefs recevaient d'Abd-el-Kader des traductions de journaux français, rendant compte des débats de la Chambre où l'adandon de l'Algérie était chaque jour réclamé. Rien d'étonnant si les résistances se prolongeaient outre mesure. C'est le cas ici de répéter le fameux « *Plus ça change, plus c'est la même chose.* » N'avons-nous pas vu dans ces derniers temps la Chine encouragée, dans ses résistances à propos du Tonkin, par les comptes-rendus de nos assemblées parlementaires ?

Quand le général Bugeaud pénétra en 1842 dans le pays des Flittas, et voulut exiger leur soumission, il en reçut une réponse dédaigneuse avec cette suscription : « Au général français, caïd du port d'Alger. » Les Flittas avaient la conviction que l'opposition, à la Chambre des députés, réussirait à faire ordonner l'évacuation de l'Afrique, sauf la ville d'Alger.

Drouet d'Erlon, beaucoup trop âgé et infirme, fut rappelé en France après l'échec de la Macta, infligé par Abd-el-Kader au général Trézel, commandant à Oran. L'opinion publique s'émut et réclama prompte satisfaction. Clauzel, avec de sérieux renforts, fut renvoyé en Algérie, et reçut l'ordre d'aller à Mascara briser la puissance naissante d'Abd-el-Kader.

Abd-el-Kader, qui a joui d'une célébrité extraordinaire et sur le compte duquel on est un peu revenu, était né en 1808 à la zaouïa (école religieuse) de Mahi-Eddin, marabout de la tribu des Hachems, aux environs de Mascara, dans la province d'Oran ; les persécutions des Turcs et deux pèlerinages à la Mecque avaient donné à son père une grande influence.

D'après la légende arabe, lorsque Mahi-Eddin, en 1828, fit son deuxième pèlerinage, il emmena avec lui son fils Abd-el-Kader. De la Mecque les pèlerins se rendirent à Bagdad, où l'on voit le tombeau de Sidi-Abd-el-Kader el Djélalli (1), le grand saint du Moghreb ou contrée de l'ouest de l'Afrique. Ils priaient, dit toujours la légende, dans une des chapelles qui entourent le tombeau (kouba) du saint, quand celui-ci les aborda sous la forme d'un nègre.

« Où est le sultan de l'ouest ? dit celui-ci à Mahi-Eddin.

» — Il n'y a pas de sultan parmi nous, répondit le marabout des Hachems ; nous sommes de pauvres gens craignant Dieu, et venant du beylick d'Oran pour prier à la Mecque et à Bagdad. »

Le nègre avait à la main un panier de dattes ; il en offrit aux pèlerins, qui se trouvèrent rassasiés après en avoir mangé une seule. Alors l'homme noir, se retirant, ajouta : « Le sultan est parmi vous ; gardez le souvenir de ma parole, le règne des Turcs dans le Moghreb va finir. »

Si la légende pouvait aussi facilement, dès le début, s'emparer de la personne du jeune Abd-el-Kader, c'est que Mahi-Eddin montrait à tout venant un arbre généalogique établissant sa filiation avec Fatma, la fille de Mahomet mariée à Ali. Abd-el-Kader était par conséquent chérif ou descendant du prophète. Les chérif, ou plutôt les cheurfa, pour nous servir correctement du pluriel arabe, ont été, sont, et seront innombrables comme les étoiles du ciel, car rien n'est plus facile que d'établir un arbre généalogique en pays arabe, ou les faussaires de profession sont des personnages considérés. Il ne faudrait donc pas jurer de l'authenticité de la généalogie de la famille Mahi-Eddin.

Abd-el-Kader était doué d'une rare bravoure personnelle, et les Arabes le virent avec admiration, quand il conduisit les Hachems à l'attaque d'Oran, s'exposer au feu le plus violent. L'attaque ayant été repoussée, il alla

(1) Abd-el-Kader, le serviteur du Tout-Puissant. Sidi-el-Djélalli, le sultan des hommes parfaits.

plusieurs fois, sous le feu des Français, chercher des blessés tombés dans les fossés de la place. Il fut dès lors établi pour les Arabes qu'Abd-el-Kader, descendant du prophète, était invulnérable et avait reçu de Dieu la mission de conduire les croyants au *Djahad* ou *Djehed* (la guerre sainte), pour chasser les infidèles de la terre de l'Islam. Mahi-Eddin n'eut donc pas beaucoup de peine à persuader aux indigènes que le doigt de Dieu désignait son fils pour les commander à l'avenir ; le rusé vieillard eut soin, au surplus, d'organiser une mise en scène assez savante, et de faire intervenir un de ses compères, le vieux El-Arrach, qui vint raconter un jour que le grand saint Sidi-Abd-el-Kader-el-Djélalli lui était apparu en songe, lui montrant un trône, et lui ordonnant d'y faire monter Abd-el-Kader, fils de Mahi-Eddin.

Abd-el-Kader fut proclamé sultan ou chef, titre que les Arabes donnent libéralement à tous ceux qui représentent l'autorité, à un général ou à un sous-lieutenant détaché aux affaires arabes.

Le nouveau sultan prit son rôle tout à fait au sérieux. Il n'était reconnu que par quelques tribus de la province d'Oran ; il voulut l'être par toutes. Les Douars et les Smalas, puissantes tribus (1), ayant jadis fidèlement servi les Turcs, indécises comme toutes les tribus auxiliaires qui s'étaient offertes à nous et que nous avions dédaignées, furent sommées par Abd-el-Kader de le reconnaître ; elles refusèrent avec mépris. De là une animosité dont nous profitâmes plus tard. Les Français eurent des auxiliaires malgré eux.

La première partie du programme d'Abd-el-Kader, qui consistait à enrégimenter les tribus arabes sous le même drapeau, fut donc manquée. Alors le fils de Mahi-Eddin eut une pensée profonde ; il résolut de traiter avec les Français, dans le double but de s'assurer de leur neutralité et

---

(1) Anciens Maghzen.

d'obtenir la liberté du commerce des munitions et armes de guerre. Il réussit à séduire le général Desmichels, commandant la province d'Oran en 1833 et en 1834. Ce dernier conclut avec lui un traité qui a conservé son nom et qui est un chef-d'œuvre d'imprévoyance et d'ineptie. En voici le texte :

TRAITÉ DE PAIX

Le général commandant les troupes françaises dans la province d'Oran, et l'émir Abd-el-Kader, ont arrêté les conditions suivantes :

Art. 1er.

A dater de ce jour, les hostilités entre les Français et les Arabes cesseront.

Le général commandant les troupes françaises, et l'émir, ne négligeront rien pour faire régner l'union et l'amitié qui doivent exister entre deux peuples que Dieu a destinés à vivre sous la même domination. A cet effet, des représentants de l'émir résideront à Oran, Mostaganem et Arzew ; de même que pour prévenir toute collision entre les Français et les Arabes, des officiers français résideront à Mascara.

Art. 2.

La religion et les usages musulmans seront respectés et protégés.

Art. 3.

Les prisonniers seront rendus immédiatement de part et d'autre.

Art. 4.

La liberté du commerce sera pleine et entière.

Art. 5.

Les militaires de l'armée française qui abandonneraient leurs drapeaux seront ramenés par les Arabes. De même les malfaiteurs arabes qui, pour se soustraire à un châtiment mérité, fuiraient de leurs tribus et viendraient chercher un refuge auprès des Français, seront immédiatement remis aux représentants de l'émir, résidant dans les trois villes maritimes occupées par les Français.

Art. 6.

Tout Européen qui serait dans le cas de voyager dans l'intérieur, sera muni d'un passeport visé par le représentant de l'émir à Oran, et approuvé par le général commandant.

26 février 1834.

Le général Desmichels dit plus tard qu'il n'avait pas osé faire intervenir le nom du roi dans un traité avec un chef arabe « qui devenait un vassal ». Plaisant vassal ! Dans une brochure justificative qu'il publia en 1835, il donne de pitoyables raisons pour expliquer une politique enfantine qui avait pour résultat de permettre à Abd-el-Kader de devenir une puissance et de réunir en faisceau les forces irrégulières des tribus arabes. Nous y relevons des appréciations vraiment étonnantes. Abd-el-Kader ayant toujours eu des déboires avec les tribus arabes, le général Desmichels écrit gravement : « Abd-el-Kader malheureux doit compter sur notre appui. » Et encore : « Je lui fis délivrer quatre cents fusils et quelques quintaux de poudre. »

Mais celle-ci vaut son pesant d'or : « Je ne laissai pas ignorer à Abd-el-Kader que j'avais fait sentir aux *rebelles* l'étendue de la faute qu'ils avaient commise en se révoltant contre leur prince. »

Ces rebelles étaient les Douars et les Smalas qui, ne voulant pas d'Abd-el-Kader, se cramponnaient désespérément à nous !

L'émir était arrivé à ses fins ; il put organiser un noyau d'armée permanente et régulière qui lui permit d'abord de prendre l'offensive contre des tribus récalcitrantes que, par un aveuglement insensé, nous repoussions, et ensuite de lutter contre nous avec avantage. Dès qu'il fut armé, il se hâta d'écraser les Douars et les Smalas qui se soumirent en partie. Les fractions qui ne voulurent pas accepter son autorité se réfugièrent dans le méchouar ou citadelle de Tlemcen avec le vieux Mustapha-ben-Ismaïl, qui se demandait si les Français n'étaient pas un peuple de fous.

Mis en appétit, Abd-el-Kader voulut établir son influence sur les provinces d'Alger et de Constantine. Dans la province d'Alger, un marabout nommé Moussa (Moïse) prêchait la guerre sainte contre les Français; Abd-el-Kader marcha contre lui, le battit sur les bords du Cheliff, et le naïf général Desmichels de s'extasier! Il ne voyait pas que l'émir travaillait non pour nous, mais pour lui-même, par la raison bien simple qu'il ne pouvait pas tolérer en Algérie une influence rivale de la sienne.

Nous résumerons en un mot l'arrêt que prononça en 1835 le public éclairé : Il s'est formé une nation arabe et un peuple nouveau se groupe autour du chef habile et entreprenant qui a réuni les tronçons épars de la race indigène. Préparons-nous à la lutte.

L'opinion publique exigea avant tout le rappel du malencontreux négociateur qui avait si mal compris l'honneur et les intérêts de la France. Le général Trézel vint remplacer le général Desmichels à Oran et se hâta de rompre le traité du 26 février en protégeant ouvertement les Douars et les Smalas. Mais il fut battu au combat de la Macta, le 28 juin 1835, et laissa 800 hommes sur le terrain. Les tribus arabes, ivres de joie, se partagèrent 800 têtes. Le duc d'Orléans, dans son beau livre : *Les Campagnes de l'armée d'Afrique*, raconte en détail cette désastreuse affaire, « où, dit-il, l'étoile d'Abd-el-Kader fit pâlir celle de la France, et où le sang français scellait l'alliance de ce chef avec le peuple arabe ».

Le maréchal Clauzel fut envoyé en Algérie avec mission de détruire Mascara, dont Abd-el-Kader avait fait sa capitale et sa place d'armes. C'était l'atteindre au cœur. Le maréchal emmenait d'importants renforts, comprenant surtout trois régiments tirés de la division des Pyrénées-Orientales, et qui devaient s'illustrer en Afrique. C'étaient le 2⁰ léger, régiment où Changarnier servait comme capitaine commandant par intérim et dont il devait devenir le colonel ; le 17ᵃ léger, le futur régiment du colonel Bedeau ; et le 47ᵉ de ligne, rentrant d'Ancône et commandé par le colonel Combes.

Le duc d'Orléans avait obtenu la faveur de commander une division sous les ordres du maréchal Clauzel. Le roi Louis-Philippe envoyait donc à l'armée d'Afrique un maréchal qui apportait avec lui le glorieux souvenir des guerres du premier Empire et qui personnifiait le passé : il lui envoyait également le prince royal qui représentait l'avenir. Ce prince, qui avait le feu sacré, qui était brave de sa personne, et qui se distinguait par sa haute intelligence, sa sollicitude de tous les instants pour le soldat, sa franche gaîté, son entrain, sa bienveillance, ne tarda pas à devenir l'idole de l'armée.

Le maréchal Clauzel commença les opérations à la mauvaise saison ; il s'achemina vers Mascara avec un corps d'armée fort d'environ 10,000 hommes, soit onze bataillons d'infanterie, 380 cavaliers français, six canons, douze obusiers et trois compagnies du génie. Les Douars, les Smalas, et un corps d'environ 300 Turcs à pied commandé par Ibrahim-Bey, ancien gendarme bosniaque, marchaient avec nous.

Des récits de bataille n'entreraient pas dans le cadre de ce livre ; nous nous bornerons à dire que la *furia francese* eut raison au Fig et à l'Habra des contingents réguliers et irréguliers ; la Macta fut vengée. Mascara, que les Arabes appellent Mâskeur (la ville aux soldats), fut occupée. L'émir ne voulut rien laisser aux Français qui trouvèrent la ville hideusement saccagée et eurent de la peine à s'établir dans les ruines.

Mais Abd-el-Kader n'avait pu emmener vingt-deux grosses pièces de canon, quatre cents milliers de soufre, et quantité d'autres munitions de guerre renfermées dans son nouvel arsenal dont il était si fier. Le maréchal Clauzel se hâta de lui infliger un dommage irréparable et de le priver de toutes ces ressources. Les destructions ordonnées par le maréchal furent faites avec un grand soin, car l'art de détruire, et de bien détruire, est une science souvent aussi difficile et aussi importante à la guerre que l'art de créer. Les poudres furent donc noyées, les murs de la Casbah, puis l'arsenal et la fabrique d'armes de Mascara sautèrent.

Les plus grosses conséquences du traité Desmichels étaient réparées, Abd-el-Kader n'ayant plus ni place forte armée, ni centre de résistance, et ne pouvant plus se procurer des armes et des munitions que par le Maroc. L'émir cessait d'être le chef d'un peuple régulièrement organisé ; il passait à l'état de chef de bandes.

En Algérie, l'ennemi ce n'est pas toujours l'Arabe, c'est le convoi qui alourdit la marche des colonnes et qui rend parfois les retraites si pénibles. Le maréchal Clauzel devait en faire la cruelle expérience. La saison était fort avancée et l'on avait encore la funeste habitude, contre laquelle réagit plus tard le général Bugeaud, de se servir de voitures dans un pays où les routes faisaient défaut. On était au mois de décembre. Au froid, à une pluie continuelle, vint se joindre la mauvaise nourriture. On avait eu la singulière idée de réunir un convoi de chameaux et de lui confier exclusivement les vivres de la colonne ; or, le chameau ne résiste pas aux grands froids. Le convoi se débanda en emportant les vivres. Les soldats transis et affamés n'eurent pour se nourrir pendant leur séjour à Mascara que des pigeons et des chiens faméliques rôdant par milliers autour des ruines de la ville.

Nos braves soldats ne se découragèrent pas. Ils quittèrent Mascara au milieu d'une épouvantable tempête de neige et de grêle, suivis par deux ou trois cents cavaliers arabes qui n'attaquaient jamais, mais qui égorgeaient tous les traînards. L'arrière-garde avait bien l'ordre de ne laisser personne en arrière, mais quantité d'hommes, épuisés par la misère, se cachaient dans les broussailles où les Arabes savaient les retrouver ; ils aimaient mieux se laisser couper la tête que continuer à lutter contre des souffrances sans nom. On dut abandonner le convoi, et quand on défonça les tonneaux d'eau-de-vie, ce qui était une malencontreuse idée, car les Arabes n'en boivent pas et se fussent peu souciés de ce genre de prises, on vit une foule de malheureux se précipiter sur les ruisseaux que formait la funeste liqueur en se répandant. Quand ils se relevaient, ils étaient condamnés à mort, car l'ivresse arrive vite dans les corps débilités, et avec l'ivresse l'impossibilité de marcher. Les cacolets, encombrés de malades, ne purent emporter les hommes ivres ; il fallut les abandonner à la sauvagerie des Arabes.

Chaque soldat français a l'étoffe d'une sœur de charité, et il ne faut pas s'étonner si parfois il oublie ses propres souffrances pour en soulager de plus grandes. La colonne ramenait de Mascara quelques centaines de juifs qui avaient refusé de suivre Abd-el-Kader quand il avait ordonné d'évacuer la ville à notre approche, et qui, par cela même, étaient voués au massacre. Ils formaient une lamentable caravane : les vieillards, quelques femmes, les enfants montés sur des mulets ou des ânes, les autres à pied ; on les entendait, cheminant péniblement, chanter avec des voix épuisées, le psaume du retour de la captivité d'Israël. Ces malheureux furent presque tous sauvés par nos soldats ; on vit des fantassins lourdement chargés jucher des enfants sur leurs sacs, des cavaliers mettre pied à terre et céder leurs chevaux à des vieillards ou des malades, des blessés descendre de cacolet pour y faire monter des femmes. Pourtant un groupe formant la gauche de la caravane, perdit peu à peu sa distance et l'arrière-garde dut le dépasser. Les deux ou trois cents Arabes qui suivaient la colonne à la piste comme une bande de chacals, l'entourèrent subitement à la vue même du bataillon. Le commandant avait l'ordre formel de ne pas s'engager, pour ne pas arrêter toute la colonne. L'arrière-garde put donc voir de loin les infortunés fils d'Israël massacrés. Quelques femmes, dépouillées de leurs vêtements, furent chassées jusques vers Mascara.

Le bataillon d'arrière-garde était le bataillon Changarnier ; il arriva à la nuit close au campement. Les hommes ne pouvant pas dans la nuit se perdre dans les broussailles pour y chercher du bois s'avisèrent de faire du feu avec leurs coffrets de giberne. Trois personnages enveloppés dans des manteaux s'approchèrent du brasier organisé par une des compagnies du 2º léger, et comme un sergent, les prenant pour des artilleurs, leur demandait s'ils avaient apporté leur bûche pour prendre part au feu, l'un deux lui répondit: « Ma foi, sergent, je n'ai pu me procurer du bois. » Et il écarta son manteau. Les soldats du 2º léger reconnurent le duc d'Orléans et s'empressèrent d'élargir le cercle. Le prince rassura ces braves gens, leur parla familièrement et essaya de raviver leur courage. Pendant toute la retraite, il ne se coucha pas avant une heure du matin; sans cesse il parcourait les bivouacs pour y porter le stimulant de ses bonnes paroles.

Abd-el-Kader fut mis, par cette expédition de Mascara, à deux doigts de sa perte. Tous les siens l'abandonnèrent et lui donnèrent cruellement la preuve que les Arabes, bien plus que les autres peuples, n'ont que du mépris pour ceux à qui la fortune ne sourit pas. La populace de Mascara arracha en présence de l'émir les fusils des mains des réguliers, dépouilla de leurs bijoux sa mère et sa femme, et mit en pièces le parasol doré, emblème de la souveraineté dont on l'avait revêtu. Il voulut s'indigner ; les Arabes l'appelèrent *Sultan de la broussaille*, et lui dirent :

« Nous te rendrons le parasol quand tu seras redevenu sultan. »

C'est ici qu'il faut admirer la singulière ténacité d'Abd-el-Kader. Il fut ébranlé, mais nullement abattu. Le maréchal Clauzel, avec une remarquable activité, ayant, quinze jours après son retour de l'expédition de Mascara, organisé une colonne pour marcher au secours des Coulouglis enfermés à Tlemcen, le trouva devant lui. Cette fois-ci, l'émir fut encore malheureux. Attaqué par les Coulouglis qui avaient de cruelles injures à venger et qui se sentaient soutenus par les spahis du commandant Yusuf, il les repoussait déjà victorieusement, quand les spahis vinrent prendre part au combat. Il ne dut son salut qu'à la vitesse de son cheval ; le commandant Yusuf, presque seul, faillit le prendre plusieurs fois en le poursuivant pendant quatre heures.

III

Le destin de l'Algérie a donc dépendu pendant un moment de la vitesse d'un cheval. Il est incontestable que si le commandant Yusuf eût pu atteindre et tuer Abd-el-Kader, la conquête absolue aurait été faite dix ans, vingt ans plus tôt. A ceux qui s'étonneraient de l'insuccès du chef de spahis, nous dirons que pendant de longues années les Arabes ont eu grand soin de garder leurs meilleurs chevaux et de ne vendre que ceux de qualité inférieure. Il y eut même un instant où ils voulurent nous empêcher de remonter nos régiments de cavalerie ; le 2° chasseurs d'Afrique à Oran, au plus fort de la guerre contre Abd-el-Kader, vers 1841, dut être monté en chevaux tunisiens qui sont loin de valoir ceux de l'ouest.

Dans les combats en Algérie, nos colonnes furent sans cesse harcelées par des milliers de cavaliers. C'est que pour les Arabes le cheval est l'instrument de guerre par excellence. Mahomet, qui ne voyait rien au delà, fit tout ce qu'il put pour inspirer à l'Arabe la passion du cheval.

On pourrait dire que le Coran est tout à la fois un code religieux et un traité d'hippologie.

Même avant Mahomet la légende s'était emparée du cheval.

Lorsque Dieu, racontent les ulémas, eut créé Adam, il lui dit :

« Choisis entre le cheval et le mulet. »

Adam choisit le cheval, et Dieu lui dit :

« Tu as choisi ta gloire, et la gloire de ta race ; ma bénédiction sera sur toi et tes descendants, car je n'ai rien créé qui soit plus beau et qui me soit plus cher que l'homme et le cheval. »

« Avec le secours du cheval, écrivait l'émir au général Daumas, qui avait été consul français (1) à Mascara, l'Arabe peut sauver ce qu'il possède, s'élancer sur l'ennemi, suivre ses traces, le fuir, défendre sa famille ou sa liberté. Supposez-le riche de tous les biens qui font le bonheur de la vie, rien ne pourra le protéger que son cheval. »

Et plus loin il rappelle au général Daumas ce mot du prophète :

« Celui qui entretient et dresse un cheval pour la cause de Dieu est compté au nombre de ceux qui font l'aumône le jour et la nuit, en secret ou en public. Il en sera récompensé : tous ses péchés lui seront remis et jamais la crainte ne viendra déshonorer son cœur. »

Mahomet, avant de lancer les peuples de l'Hedjâz dans une guerre de propagande religieuse, se plaisait à représenter le cheval comme un animal sacré, créé tout exprès par Dieu pour le triomphe de l'Islam. Il le plaçait ainsi sous la sauvegarde de la religion nouvelle. Jamais, dans le Coran, il ne parle de lui qu'avec un profond respect ; il l'appelle « le bien de Dieu par excellence » et va jusqu'à dire :

« Celui qui entretient un cheval pour la guerre sainte

---

(1) Etant capitaine aux affaires arabes en 1834.

augmente le nombre de ses bonnes œuvres. La faim et la soif de ce cheval, l'eau qu'il boit, la nourriture qu'il mange, tout pèsera dans la balance au jour du jugement dernier. »

Il imposa donc aux fils de l'Islam, comme un devoir religieux, l'amour du cheval et fit intervenir la religion dans l'art de l'élever et de le soigner. Introduire l'hippiatrique dans le Livre des livres, dans le livre saint, promettre les joies du paradis musulman à ceux qui soignent bien leurs chevaux, était de sa part une suprême habileté. Il fit mieux encore, car nous lisons dans le Coran :

« Les croyants, après leur mort, auront un cheval de rubis, muni de deux ailes garnies d'émeraudes, sur lequel ils voleront à leur gré. »

« Le bonheur dans ce monde, un riche butin et les récompenses éternelles, sont attachés à la crinière du cheval. »

Comme cet homme connaissait bien le peuple de pillards auquel il s'adressait !

Avec Mahomet les éleveurs seront tous sauvés.

« Quand quelqu'un, leur dit-il, ne peut pas remplir tous ses devoirs religieux, qu'il entretienne un cheval pour la cause de Dieu, et tous ses péchés lui seront pardonnés. »

Inutile dès lors pour les musulmans de construire des mosquées, puisque les écuries en tiennent lieu.

Un jour, dit la légende, comme il essuyait la tête de son cheval, un de ses compagnons lui offrit de l'aider.

« Tu voudrais donc, lui répondit le prophète, prendre pour toi toutes les récompenses ? L'ange Gabriel m'a assuré que chaque grain d'orge que mange mon cheval m'est compté pour une bonne œuvre, et que le cheval élevé dans la voie de Dieu préservera son maître du feu au jour de la résurrection. »

Impossible de réussir plus complètement à identifier l'homme avec le cheval. Chez nous, il est ou un instrument de travail ou un meuble de luxe ; chez l'Arabe, il fait partie de la famille. Le luxe est interdit aux musulmans pour leurs habits ; il est autorisé, prescrit même, dans le harnachement des chevaux.

Dès que le poulain a un an et demi, les Arabes le font monter par des enfants. Ils veulent que le cheval soit dressé tout jeune et que l'enfant devienne habile cavalier de très bonne heure.

IV

Nous avons laissé le commandant Yusuf aux prises avec Abd-el-Kader; il est temps que nous consacrions quelques lignes à ce brave officier, mêlé à tout ce qui s'est fait de grand en Algérie de 1830 à 1864. Dans ses *Souvenirs d'un vieux zouave*, le capitaine Blanc trace de Yusuf un portrait plein de vérité :

« Dans cette foule d'habits brodés, d'épaulettes et de décorations, dit-il, un homme se faisait remarquer. Il portait le costume turc ; un cachemire couvrait sa tête expressive ; et sous les plis élégants de cette coiffure, brillait un regard plein de feu. Une barbe noire et soyeuse encadrait le bas de son visage fin et énergique ; il montait des chevaux admirables dont il faisait ressortir la vigueur et l'élégance par la grâce qu'il mettait à les manier. Il ne quittait jamais le maréchal, avec lequel on le voyait très souvent causer.

» Cette richesse de costume, cette noblesse de maintien, cette familiarité avec le chef de l'armée nous intriguaient au dernier point. Nous demandions à nos camarades le nom de ce cavalier, personne ne pouvait nous l'apprendre. Enfin quelqu'un nous dit : Il s'appelle Yusuf. »

Dans les rangs de l'armée d'Afrique, nombre d'histoires merveilleuses couraient sur le compte de Yusuf, et parmi elles celle de la prise de la Casbah à Bône. Le duc de Rovigo avait fait occuper cette ville en 1832 par une compagnie de zouaves. Les habitants avaient accepté de bonne grâce cette occupation, au point que les officiers, tranquilles, descendaient de la Casbah pour prendre leurs repas quotidiens. Un ancien bey de Constantine, nommé Ibrahim, gagna quelques zouaves indigènes, et profitant du moment où les officiers français étaient absents, s'empara de la Casbah et en expulsa la garnison. Puis un lieutenant d'Ahmed (1) s'empara de la ville, de sorte que les habitants de Bône étaient pressurés par Ibrahim, maître de la Casbah, et par le lieutenant du bey, maître de la cité. Les malheureux Bônois implorèrent du secours à Alger, et le gouverneur leur envoya quelques troupes commandées par le capitaine du génie d'Armandy et le capitaine de chasseurs algériens Yusuf. Ces deux officiers, ayant appris qu'Ibrahim avait furtivement évacué la Casbah, débarquèrent audacieusement et allèrent y arborer le pavillon français. Le lieutenant du bey, le fameux Ben-Aïssa que nous retrouverons aux assauts de Constantine, les attaqua vainement, et fut repoussé. Il s'entendit alors avec quelques soldats indigènes, qui formèrent le complot de tuer leurs officiers. D'Armandy et Yusuf furent prévenus ; le premier, se voyant seul Français à la merci d'une centaine d'Arabes, se crut perdu ; mais Yusuf le pria de le laisser faire. Il annonça une sortie contre les troupes de Ben-Aïssa, et quand les hommes furent sous les armes, il fit sortir les meneurs du rang :

« Vous avez résolu de tuer vos officiers et de livrer la Casbah à l'ennemi ! vous êtes des traîtres et des lâches. »

Et sans plus de cérémonie, de deux coups de pistolet il cassa la tête aux deux principaux conjurés et s'adressant aux autres :

« Et vous, rentrez dans le rang. »

Tranquillement, il fit ensuite marcher par le flanc droit, contre Ben-Aïssa auquel il fit subir des pertes cruelles.

On n'a jamais connu bien exactement les antécédents de

(1) Bey de Constantine.

Yusuf. Renégat italien, il était, avant 1830, mameluck au service du bey de Tunis. A la suite d'une intrigue quelque peu romanesque, il fut arrêté, s'échappa et vint offrir ses services au général de Bourmont au moment du débarquement à Sidi-Ferruch. En 1831, le général Clauzel voulut former un corps indigène à cheval ou spahis dont le commandement fut donné à M. Marey-Monge, capitaine d'artillerie, depuis général de division; mais cette troupe n'eut jamais qu'une existence purement nominale. En même temps l'on chargeait le jeune Yusuf de la création d'un autre corps indigène ou mamelucks, qui n'eut pas plus de consistance que le premier. On prit alors le parti de fondre les deux escadrons sous le nom d'escadron de spahis; cette fois la formation fut durable.

Nous avons vu, pour l'infanterie, l'élément français se séparer peu à peu de l'élément arabe; les indigènes disparurent des bataillons de zouaves et finirent par former des régiments de tirailleurs algériens. Dans la cavalerie de l'armée d'Afrique, les deux éléments furent toujours distincts; jamais les chasseurs ne reçurent aucun indigène, et les spahis ne comptèrent que quelques Français, officiers, sous-officiers, ordonnances, trompettes ou maréchaux-ferrants.

Dans ses *Souvenirs de la vie militaire en Afrique*, le comte de Castellane parle d'un officier indigène de l'escadron de spahis détaché à Milianah, dont le nom arabe, Mohamed-ould-Caïd-Osman, cachait un grand nom prussien, et une vie agitée, pleine de duels, de condamnations à mort et de pendaisons en effigie; c'était le type accompli de l'officier de fortune, du lansquenet du temps passé. Ce personnage, arrivé en Afrique avec le prince de Puckler-Muskau, avait porté le sac dans la légion étrangère; puis il s'était engagé sous un nom arabe dans les spahis, où il devint sous-officier.

Un duel atroce avait fait un renom singulier à Caïd-Osman. Un vieux maréchal des logis nommé Froidefond lui ayant dit, avec vivacité, qu'il n'était bon qu'à se nettoyer les ongles, ils se battirent au pistolet, à dix pas. Froidefond tire le premier, Osman tombe sanglant, blessé à la hanche ; on s'élance pour le secourir, mais il se relève sur son coude, s'écriant que c'est son droit de tirer. Il tire et étend son adversaire raide mort.

Les états de services de Caïd-Osman ne vont que de 1841 à 1845 ; nous y avons relevé six citations à l'ordre du jour.

A côté de ces types exotiques, on rencontrait dans le cadre français des sous-officiers ou des brigadiers qui étaient venus en Afrique afin de satisfaire leur goût pour les aventures, ou pour arriver plus rapidement à se créer une position dans l'armée. D'autres étaient attirés par l'attrait du costume ou avaient besoin de se faire oublier.

Yusuf était là à sa place. Connaissant à merveille le caractère arabe, amoureux de l'éclat, il ne paraissait jamais qu'avec une selle couverte de velours rehaussé de broderies d'or, un turban de cachemire, une veste magnifiquement soutachée, une ceinture des plus riches. Jamais les spahis ne virent à leur tête un plus brillant entraîneur. Avec les quatre escadrons du 2° spahis qu'il commandait comme lieutenant-colonel, il fit des prodiges dans le combat du 25 octobre 1841 contre les Hachems, la tribu d'Abd-el-Kader. Le général Bugeaud, qui traquait l'émir dans la province d'Oran et qui venait de détruire Tegdempt, Boghar et Thaza, les trois forts au moyen desquels Abd-el-Kader avait espéré suppléer à Mascara, avait ce jour-là ordonné un grand fourrage. Deux pelotons de spahis qui s'étaient déployés pour protéger les fourrageurs furent vivement attaqués par les Hachems, auxquels s'étaient mêlés les réguliers d'Abd-el-Kader, plus connus sous le nom de cavaliers rouges. Sur l'ordre de Yusuf, les escadrons restés au camp sautèrent en selle pour voler au secours de leurs camarades. Ils abordèrent l'ennemi, et la mêlée devint tellement furieuse que les vêtements des morts et des blessés prirent feu par suite des coups de pistolet que les combattants se tiraient à bout portant. Les cavaliers rouges et les Hachems furent culbutés après une heure de combat, où la bravoure des spahis, excités par Yusuf et le cadre français, provoqua l'envie de leurs camarades les chasseurs d'Afrique.

Pendant l'action, un lieutenant-colonel d'état-major, para un coup de sabre destiné à son collègue Yusuf. Le colonel Pélissier était alors attaché à l'état-major du général Bugeaud, auquel il avait demandé l'autorisation de pousser la charge avec les spahis.

Disons en passant que les officiers d'état-major, à cette époque, ne croyaient pas être dispensés de sabrer à l'occasion. Au combat du 3 mai 1841, près de Milianah, tout l'état-major du général Bugeaud chargea, le sabre à la main, le lieutenant-colonel Pélissier en tête. Le capitaine de Cissey et le lieutenant Raoult tuèrent plusieurs Arabes de leurs mains. Dans ses *Récits militaires*, le général Ambert consacre plusieurs pages émues à la mémoire du général Raoult, mort glorieusement à Reichshoffen.

Nous ne quitterons pas les spahis sans parler d'un personnage qui y passa quelques années. Cet homme, du nom de Moncel, arriva au régiment précédé d'une réputation de viveur et de duelliste. Dès les premiers combats auxquels il prit part, il se distingua par une bravoure sauvage qui étonna d'abord et finit par inspirer le dégoût, parce qu'il y entrait de la férocité. D'une stature gigantesque, il fut vite connu des Arabes. Jamais il ne faisait grâce.

Moncel ne parlait à personne, et n'avait pas d'amis. Il était brigadier, lorsqu'un adjudant, Goër du Hervé, très dur dans le service, devint pour lui un objet de haine. Subitement Moncel déserta et passa aux Hadjoutes. Suspecté d'abord comme tous les déserteurs, il se montra tellement hostile aux Français, fit preuve d'une telle audace dans les coups de main qu'il exécuta, qu'ils le choisirent pour chef. Il songea dès lors à se venger de

Goër du Hervé. Comme il excellait dans les embuscades, le 2 novembre 1837, il réussit à faire sortir de Bou-Farik l'escadron de spahis du capitaine Lamorose, dont faisait partie son ennemi personnel. Les Français furent attirés près de Beni-Méred, à quatre kilomètres de Blidah, et se laissèrent entraîner par des fuites et des résistances habilement calculées. Tout à coup l'escadron se vit entouré par deux mille cavaliers arabes embusqués dans un ravin sous les ordres du traître. Après un terrible combat corps à corps, nos hommes furent ramenés, laissant quatre-vingts spahis sur le terrain. Parmi les corps atrocement mutilés et décapités, on trouva celui de l'adjudant Goër du Hervé sur la poitrine duquel on lisait ces mots écrits avec la pointe d'un poignard :

« Moncel, 2 novembre 1837. »

Le misérable avait satisfait sa haine. Les Arabes le jugèrent dès lors tout à fait digne de leur confiance : un caïd lui donna sa fille en mariage.

Mais il ne tarda pas à quitter les Hadjoutes, qui peu à peu se soumettaient à notre autorité, pour entrer au service d'Abd-el-Kader, auquel il déplut par ses habitudes invétérées d'ivrognerie. On ne sait trop de quelle façon Moncel tomba entre les mains des Français ; les uns prétendent que l'émir le fit simplement remettre à nos avant-postes, les autres qu'il fut livré par sa propre femme, au moment où il passait dans la province de Constantine, afin d'offrir ses services à Ahmed-Bey alors fugitif.

Toujours est-il que, le 2 novembre 1838, juste un an après l'odieux guet-apens de Beni-Méred, il fut traduit devant un conseil de guerre, condamné à mort et exécuté. Il mourut l'insulte et le blasphème à la bouche.

L'expédition de Constantine de 1836 devait être le complément des opérations offensives que le maréchal Clauzel avait inaugurées en allant à Mascara pour tenter de briser la puissance d'Abd-el-Kader.

Dès qu'il apprit le projet de l'expédition, Yusuf offrit ses services. Le brillant officier proposa de préparer la conquête de Constantine, et, pendant le temps qui lui serait nécessaire à cette fin, de remplir les fonctions de bey pour le compte de la France. Le maréchal Clauzel accepta ce moyen, quoiqu'il fût bien précaire. Il avait le tort immense d'être l'un des chefs de la fraction la plus avancée de l'opposition, à la Chambre des députés. Or, les membres du cabinet du 6 novembre 1836 venaient d'être choisis dans la nuance politique où l'administration de l'Algérie avait le plus de censeurs. Le maréchal se rendit à Paris et demanda un renfort d'une dizaine de mille hommes, mais il accompagna sa demande d'une sorte d'*ultimatum*, déclarant qu'il se retirerait en cas de refus. On le prit au mot. Alors il se ravisa, car il tenait beaucoup à ce que la prise de Constantine fût le couronnement de sa longue et glorieuse carrière, et il dut se résoudre à risquer l'entreprise avec ses propres ressources, sans autre renfort que les troisièmes bataillons des régiments de ligne appartenant à l'armée d'Afrique.

« Je ferai, dit-il, comme je pourrai; je compte sur ma bonne étoile. »

C'était malheureusement la seule garantie de succès qu'il pût offrir.

V

Le maréchal Clauzel fit flèche de tout bois ; à la province d'Alger il prit de l'artillerie, du génie, le 63e de ligne et le 3e bataillon du 2e léger, commandant Changarnier ; à la province d'Oran, le 1er bataillon d'Afrique et le 62e de ligne. Il fit venir de Bougie la compagnie des tirailleurs d'Afrique du capitaine Blangini, depuis général ; c'était une compagnie franche, formée des hommes les plus déterminés des bataillons disciplinaires d'Afrique. Leurs longues barbes, leurs habits déchirés, leurs cheveux incultes, leur avaient fait donner par l'armée le nom de *tirailleurs à poil*.

Tous ces renforts furent envoyés à Bône, où l'on retint le 59ᵉ de ligne, qui avait l'ordre de rentrer en France.

A cette époque, l'armée était encore assez honorée pour qu'un de ses chefs, après insuccès ou défaite, fût mis en demeure de donner des preuves nouvelles de sa valeur. On ne le mettait pas en disgrâce, et des politiciens ombrageux, ne connaissant rien aux choses militaires, ne se permettaient pas comme aujourd'hui de formuler des jugements sans appel sur les hommes de guerre. On ne prononçait pas, au moindre revers, le mot de trahison. C'est ainsi que le général Trézel, dont nous avons raconté l'insuccès à la Macta, vint prendre à Bône le commandement d'une des divisions du corps expéditionnaire.

Le maréchal Clauzel trouva le commandant Yusuf, le pseudo-bey de Constantine, installé à Bône. Musulman de langage et d'habitudes, brave, adroit, connaissant admirablement le caractère arabe qui ne conçoit le commandement qu'entouré de faste et de somptuosité, Yusuf avait réussi tout d'abord à se faire accepter en jouant au pacha et en rappelant à tout moment aux Arabes les exactions et les terribles cruautés qu'ils reprochaient au bey Ahmed. Il se hasarda à faire des promesses qui mirent un peu de baume dans le cœur ulcéré du vieux maréchal, qui se croyait victime d'un complot ourdi pour le perdre. Pourquoi les hommes de guerre entrent-ils parfois dans les cavernes de la politique? Ils devraient savoir qu'un parlementarisme à outrance n'hésite pas à compromettre la gloire du soldat devenu adversaire politique, au risque de compromettre par la même occasion l'honneur du drapeau.

Yusuf voyait tout en beau. Avec une entière bonne foi, il n'est pas permis d'en douter, il s'appliqua à embellir la vérité et à déguiser les mauvaises chances, au point qu'il représentait l'expédition de Constantine comme une chose parfaitement aisée, une simple promenade militaire. Il se faisait des illusions tellement étranges sur son influence auprès des tribus, qu'il s'engagea à fournir quinze cents mulets de réquisition, deux mille s'il le fallait. Le maréchal le crut ; on verra que ce fut là son premier mécompte. Il prenait absolument au sérieux les vanteries de Yusuf, qui, ne doutant de rien comme tous les hommes braves et audacieux, promettait même de déterminer les tribus à adjoindre à la colonne française des milliers de cavaliers irréguliers.

Tout ce que put faire le commandant Yusuf, au point de vue militaire, ce fut d'organiser assez convenablement deux escadrons de spahis réguliers et deux escadrons, de moindre force, de spahis irréguliers, cinq cents chevaux en tout. Il forma, en outre, un petit bataillon de trois cents Turcs à pied qui rendit peu de services.

Le colonel Duverger, de l'état-major du maréchal Clauzel, se rendit à Bône, avant l'arrivée des troupes, pour préparer leur installation. Lui aussi fut ébloui par Yusuf, au point qu'il écrivit au maréchal que tout était prêt dans l'intérieur du pays où les indigènes nous tendaient les bras. L'expédition, dit-il, me paraît si facile, que je vous demande l'autorisation de la faire avec les Turcs du commandant Yusuf et les deux bataillons du 59ᵉ en garnison à Bône.

Le maréchal fit sagement de ne pas accéder au désir de Duverger.

Cependant le bey Ahmed, vieillard sanguinaire et débauché, venait d'être arraché de son apathie par l'énergique Ben-Aïssa (1), forgeron kabyle auquel il avait donné le commandement de ses troupes ; Ben-Aïssa n'eut pas de peine à lui démontrer que l'installation d'un camp retranché à Dréan, à cinq lieues de Bône sur la route de Constantine, et l'occupation de la Calle révélaient clairement le projet de la France d'occuper la province de Constantine tout entière. Entraîné par Aïssa devant le camp de Dréan, Ahmed escarmoucha avec les Turcs de Yusuf, pendant que

(1) Aïssa, Jésus. Sidna Aïssa, Notre-Seigneur Jésus-Christ.

ses lieutenants soulevaient les tribus déjà lasses de leur nouveau bey. Ainsi les populations dont Yusuf avait promis le concours, qui devaient fournir des auxiliaires, des vivres, des transports surtout, nous devenaient subitement hostiles. La petite armée réunie à grand'peine par le maréchal n'avait plus à compter que sur elle-même pour conquérir Constantine.

Cependant la belle saison s'écoulait. L'automne s'annonçait mal, et ce ne fut qu'après de longues et orageuses traversées que les troupes prises à Oran et à Alger débarquèrent à Bône. Malgré le dévouement de la marine qui fit remorquer tous les transports par les rares bateaux à vapeur dont elle disposait à cette époque, certains corps restèrent jusqu'à quarante jours sur le pont des vaisseaux, exposés à la pluie et aux vagues, sans pouvoir se sécher, ni se chauffer, ni marcher. Un bateau chargé de chevaux du train alla à la côte; un autre dut se réfugier à Toulon.

Bône n'était pas encore, comme aujourd'hui, une des plus ravissantes villes d'Algérie. C'était, en 1836, un affreux cloaque encombré de ruines et d'ordures, où l'on amoncela les troupes venues de l'ouest, déjà épuisées par les souffrances de la traversée. Les pluies persistèrent jusqu'au 10 octobre; elles étaient glaciales et une humidité malsaine, pénétrante, qui pourrissait les munitions d'artillerie, leur succéda. Un froid brouillard glaçait nos malheureux soldats qui ne connaissaient pas encore la petite tente. Comble de malheur, des neiges précoces firent leur apparition dès le 1er novembre.

Les troupes entassées à Bône atteignaient le chiffre de 8,000 hommes; au bout de trois semaines, elles comptaient 2,000 fiévreux. Et pas d'hôpital! Il y avait bien une sorte d'établissement hospitalier pouvant contenir trois cents lits; mais les soldats devaient attendre leur tour pour y être admis, et l'on comprend que pour beaucoup de malades le seul tour qui arrivât jamais était le tour du cimetière. Trois fois de suite, la Chambre avait refusé les fonds demandés pour l'assainissement et la reconstruction de Bône. Il est de criminelles économies, et nous ne saurions flétrir en termes trop indignés la fastueuse et hypocrite philanthropie qui détermine nos assemblées parlementaires à élever des palais aux *dilettanti* de l'assassinat et du vol, quitte à envoyer de braves soldats peupler les cimetières de nos colonies.

Bône, qui a englouti tant de victimes, qui, comme Bou-Farik, a moissonné trois générations de colons et n'a été assainie qu'après trente ans d'occupation, devint un véritable charnier. Les régiments se transformèrent en infirmeries, et l'on arriva à faire des distributions régulières de sulfate de quinine.

L'armée française réunie à Bône fut agréablement surprise par l'arrivée du duc de Nemours. Le soldat aime à voir les grands de la terre partager ses souffrances. Les princes d'Orléans étaient populaires dans l'armée d'Afrique, et chacun se souvenait de la conduite du duc d'Orléans à Mascara, où il avait montré le plus grand courage et bravé des souffrances horribles. On savait que le prince n'était rentré en France que parce qu'il avait été atteint de fièvres et de dyssenterie, et l'on admirait sans réserve le roi Louis-Philippe qui envoyait un autre de ses fils prendre part à une entreprise que tous jugeaient en France devoir être autrement périlleuse que celle de Mascara.

C'est que tout le monde ne partageait pas les illusions du maréchal Clauzel. Le vieux soldat voyait bien que toutes les bases de l'organisation de l'armée expéditionnaire croulaient à la fois et que tous les moyens, à commencer par les moyens de transport, manquaient ; mais il se raidissait, comptant sur un caprice de la fortune, se complaisant, non dans les calculs de la froide raison, mais dans ceux qui appartiennent aux combinaisons du hasard. Il n'écouta pas les sages observations des colonels Tournemine et Lemercier, chefs de l'artillerie et du génie, et mit en route sa petite armée de fiévreux en assignant à chacun un rendez-vous général à Guelma.

Il ne lui restait plus que 7,270 hommes valides, dont 5,400 d'infanterie, 520 de cavalerie, 550 d'artillerie, 500 du génie et 300 d'administration. C'est avec cette faible troupe, à laquelle il faut ajouter quelques centaines de Turcs, que sans avoir fait reconnaître la route de Constantine, presque sans vivres, avec une artillerie insuffisante, ayant contre lui, outre les Arabes, la distance, la saison et la maladie, il allait se ruer contre un nouveau Gibraltar.

Voici de quelle façon le maréchal organisa son armée :

1° L'avant-garde, commandée par le général de brigade de Rigny, se composait des Turcs traînant six petits obusiers, du 3° régiment de chasseurs d'Afrique, du 1ᵉʳ bataillon d'Afrique et de la compagnie franche du capitaine Blangini (1);

2° Le corps de bataille, aux ordres du général de division Trézel, comprenait un bataillon du 2° léger, le 17° léger, et les 62° et 63° de ligne ;

3° Enfin la réserve, colonel Petit d'Hauterive, se composait du 59° de ligne, avec un peu d'artillerie et de génie.

Ce corps expéditionnaire, qui marchait au sacrifice, n'avait qu'une batterie de six pièces de 8, avec dix obusiers de montagne. La batterie de 8, gênante dans la marche, était incapable de faire brèche ; elle était donc inutile. On n'avait pas d'attelages, et l'on dut laisser à Bône, outre un équipage de ponts bien nécessaire pour franchir les rivières débordées, et accélérer conséquemment la marche, une batterie de 12 qui eût peut-être eu quelque action sur les murs de Constantine. En fait d'attelages, l'artillerie ne disposait que de 328 animaux décrépits ; elle ne put emmener que 716 coups pour la batterie de 8, soit 119 coups par pièce, et 662 coups pour les obusiers de montagne, soit 66 coups par pièce, plus 36 fusils de rempart ayant

---

(1) Ces deux derniers petits corps étaient commandés par le lieutenant-colonel Duvivier.

GÉNÉRAL CHANGARNIER

chacun six coups à tirer, et 200 vieilles fusées, hors de service par suite de la routine bureaucratique, toute-puissante alors comme aujourd'hui.

L'artillerie, pour le transport des cartouches de réserve, fut obligée de prendre quatre-vingts mulets sur les quatre cents fournis par la réquisition. On était loin du nombre promis par Yusuf. L'administration prit le surplus des mulets et quarante chevaux éreintés lui servirent à atteler dix voitures ; elle organisa ainsi un informe convoi sur lequel elle entassa :

Cinq jours de riz, cinq jours de biscuit, un jour de vin, trois jours de sel, un jour d'orge, et cent vingt-huit mille rations d'eau-de-vie. Nous écrivons les chiffres en toutes lettres, pour que le lecteur ne croie pas à une erreur typographique. Il comparera le chiffre des rations d'eau-de-vie, avec celui des rations d'orge, réservées à des chevaux auxquels on demandait un effort considérable.

Il fallut mettre sept jours de vivres sur le sac des hommes, et leur distribuer soixante cartouches par tête. On ne leur donna qu'une couverture pour deux, tant on se rendait compte qu'il ne fallait pas trop exiger d'hommes accablés par la maladie. Au bout de deux jours de marche, les soldats, par insouciance et pour s'alléger, n'avaient plus un seul jour de vivres de réserve. Le seul bataillon du 2e léger aux ordres du commandant Changarnier les avait conservés.

Quelques curieux, volontaires inutiles et encombrants, s'étaient joints à l'armée. On remarquait entre autres les ducs de Mortemart et de Caraman, MM. de Chasseloup-Laubat et Baude, députés, et deux dessinateurs.

Le mouvement commença le 9 novembre, et le 13, le maréchal Clauzel réussit enfin à pousser hors de Bône les derniers débris que lui disputait la fièvre et qui se relevaient de leur grabat pour courir au devoir. Plein d'angoisses, le maréchal voulait se soustraire à l'affreuse réalité, et s'abandonnait aux séductions de l'inconnu.

On se concentra à Guelma, l'antique Calama des Romains, qui n'était plus qu'un chaos. Les troupes s'établirent comme elles purent au milieu des ruines. Un orage éclata dans la nuit, et le troupeau, qui aurait pu fournir quinze jours de viande fraîche, se débanda dans l'obscurité ; on ne réussit à atteindre que quelques animaux qui n'étaient certes pas les meilleurs, car ils n'avaient pas eu la force de s'enfuir. Les collines argileuses, profondément détrempées par la pluie, qui s'étendent de Bône à Guelma, présentèrent tant de difficultés au convoi, qu'on dut laisser sur place presque tout le matériel du génie, entre autres les échelles d'assaut. Chose extraordinaire ! l'intendance préféra abandonner l'orge des chevaux, qui en avaient un pressant besoin, plutôt que les tonneaux d'eau-de-vie. Les chevaux et mulets arrivèrent à Guelma exténués par les fatigues et les privations. Presque tous les convoyeurs arabes s'échappèrent. Des quatre-vingts mulets portant la réserve de cartouches d'infanterie, il n'en resta pas un seul, et l'artillerie dut abandonner 200,000 cartouches.

Il eût été facile de s'établir à Guelma, excellente base d'opérations pour l'année suivante, dès le retour de la bonne saison ; mais la fatalité poussait le maréchal en avant. Il résolut de pointer sur Constantine le plus tôt et le plus rapidement possible, comptant y trouver des vivres. On quitta Guelma le 14 novembre, et le 18 seulement on arrivait à Raz-el-Akba, après avoir fait douze lieues. Toute végétation disparaît quand on arrive sur le plateau de Raz-el-Akba ; les hommes se couchèrent donc sans feu et mangèrent crues les maigres rations qu'on leur distribua. Le 19 l'armée aperçut dans le lointain la cavalerie d'Ahmed-Bey avec laquelle elle échangea quelques coups de fusil ; le lendemain, après une nuit horrible pendant laquelle dix-sept factionnaires furent gelés, on aperçut Constantine.

Ce jour-là, un ordre général fut lu à l'armée, pour défendre les désordres lors de l'entrée à Constantine, assurer le respect des hommes et des choses, la conservation des magasins et établissements publics, et diviser la ville en quartiers assignés aux différents corps. Un lieutenant-colonel d'état-major prit si bien au sérieux cette lamentable gasconnade, qu'ayant lu dans l'ordre qu'il était chargé d'assurer le logement du duc de Nemours, du maréchal et de l'état-major, il voulut partir le jour même pour remplir sa mission. Il demanda quelques cavaliers d'escorte pour se rendre à Constantine et fut fort étonné quand on le pria d'attendre encore.

Enfin, après des souffrances sans nom, lugubre préface d'une terrible épopée, l'armée débouche sur le plateau du Mansourah, qui domine Constantine à l'est. L'ennemi est invisible. Impatient, le maréchal Clauzel veut voir la ville et s'avance jusqu'au rebord du plateau. Un coup de canon retentit, et un boulet vient ricocher entre les jambes de son cheval. Le drapeau rouge est arboré sur tous les minarets de la cité, qui se remplit de rumeurs confuses ; la garnison accourt sur les remparts et aux batteries, hurlant et vociférant. Le malheureux maréchal perd ses dernières illusions. Plus d'entrée triomphale ; il faut lutter, et lutter sans espoir de succès.

Par sa position, Constantine est une ville unique au monde. La nature a chassé hors des profondeurs du sol un énorme bloc de roches d'une bizarrerie audacieuse, ne tenant aux montagnes voisines que par un isthme étroit que domine le Condiat-Aty ; ce bloc est devenu une redoutable forteresse.

Malheureusement, le maréchal Clauzel débouchait non par le Condiat-Aty mais par le Mansourah, et de ce côté la ville est couverte par un précipice profond d'une centaine de mètres où la rivière du Rummel s'est ouvert un chemin, et sur lequel les Romains avaient jeté un pont, ouvrage grandiose, d'une hardiesse étonnante (1).

(1) Ce pont a duré jusqu'en 1856 ; il tombait en ruines et a été démoli à coups de canon.

L'intrépide Ben-Aïssa s'était enfermé dans Constantine, laissant le lâche Ahmed courir la campagne avec quelques milliers de cavaliers. Ben-Aïssa disposait de 3,000 hommes environ, dont 500 Kabyles, le reste canonniers turcs ou miliciens. Le maréchal Clauzel ne disposait guère de plus de combattants que Ben-Aïssa ; dans la petite colonne française, 3,000 affamés gardaient 4,000 malades. Sans vivres, sans grosse artillerie, sans munitions, il y avait impossibilité de faire un siège. Il fallait de toute nécessité, si l'on voulait entrer à Constantine, tenter un coup de force. « Il faut recourir à la force, dit avec amertume le maréchal, et la force me manque déjà. »

Une double attaque fut décidée par le Condiat-Aty et par le pont romain jeté sur l'abîme. La brigade de Rigny, renforcée par deux bataillons, 2ᵉ et 17ᵉ léger, avait été dirigée sur le Condiat-Aty, enlevé par un audacieux coup de main des tirailleurs à poil du capitaine Blangini ; mais quand on voulut communiquer avec le général de Rigny, on s'aperçut que le Rummel, démesurément enflé par les pluies, ne permettait le passage à aucun messager. Quelques cavaliers se dévouent, mais ils sont entraînés eux et leurs chevaux. Alors un brave homme se présente pour tenter l'épreuve ; il s'appelle Mouramble, carabinier au 2ᵉ léger. Il se déshabille complètement, suspend à son cou une bouteille contenant la dépêche et se précipite dans le Rummel. Deux fois il disparaît sous l'eau, deux fois il reparaît à la surface ; enfin, tout sanglant, tout meurtri par les pierres que le torrent roule à sa suite, il reparaît sur la rive opposée, mais tout près du Bardo, où sont les écuries du bey remplies de Turcs. Il reçoit une grêle de balles dont aucune, heureusement, ne l'atteint, prend sa course et rejoint le général de Rigny qui lui jette son manteau sur les épaules.

Mouramble était de la classe libérable ; il emporta dans ses foyers la croix de la Légion d'honneur.

Du côté du pont romain, où il s'agit de préparer l'attaque, le colonel de Tournemine et le capitaine Munster, admirables de dévouement, s'attellent avec leurs canonniers à leurs pièces de 8 qu'ils réussissent à arracher de la boue et à descendre à pic au pied du Mansourah pour les mettre en batterie contre la porte d'El-Kantara. Les pièces tirent à 900 mètres. Coûte que coûte, il faut donner l'assaut après une préparation insuffisante ; quatre pouces de neige couvrent le sol le 22 novembre au matin, les chevaux ont presque tous succombé, 127 soldats, pendant la nuit, ont péri de froid et de misère dans un lac de boue. Le génie est magnifique ; il fabrique des échelles d'assaut avec des débris de voitures, et les capitaines Hackett et Ruy vont reconnaître la porte d'El-Kantara sous une grêle de balles. Le colonel du génie Lemercier est exténué ; ses sapeurs lui improvisent un abri sous lequel il entre en agonie.

Le double assaut doit se donner à minuit. Du côté du Condiat-Aty, le général de Rigny charge le lieutenant-colonel Duvivier de l'attaque contre la porte Bab-el-Djibia. Duvivier n'a ni échelles ni cordes et ne dispose que de deux petits obusiers approvisionnés *à quatre coups chacun!* Il se propose avec ces huit obus tirés à bout portant d'ébranler la porte, sur laquelle il se ruera avec ses tirailleurs à poil et son bataillon d'Afrique. A minuit, il lance la compagnie de tirailleurs précédée d'une vingtaine de sapeurs du génie conduits par le capitaine Grand. Au moment où elle se découvre, elle est accueillie par une fusillade d'une intensité telle, qu'elle perd ses trois officiers et 32 hommes, plus de la moitié de son effectif. Le capitaine du génie Grand reste debout avec cinq sapeurs. Sur ces entrefaites arrivent les deux petits obusiers qui tirent leurs huit coups. Aussitôt le bataillon d'Afrique s'élance, précédé du lieutenant-colonel Duvivier et du commandant Richepanse. Sapeurs, tirailleurs, bataillon d'Afrique, tous se ruent sur la porte Djibia ; impossible de l'escalader. Le capitaine Grand, une hache à la main, est tué ; le commandant

Richepanse, digne fils du célèbre général qui fut le héros de la bataille de Hohenlinden, se cramponne à la porte atteint de quatre blessures, et tombe à la cinquième ; le colonel Duvivier frappe à cette porte avec le pommeau de son épée. Nos hommes reculent, emportant leurs morts et leurs blessés.

Du côté d'El-Kantara, la colonne d'assaut, précédée par le général Trézel l'épée haute, marche au pas de course sur le pont romain. Arrivé devant la porte, le général fait appliquer les deux seules échelles qu'il possède, mais les hommes qui les tiennent sont tués, lui-même a le cou traversé par une balle. La colonne tourbillonne un moment, puis recule en laissant le pont jonché de morts.

C'en est fait ; il ne reste à l'artillerie que quinze kilogrammes de poudre ; l'infanterie n'a presque plus de cartouches. Plus de vivres, le convoi est perdu ; le 62° de ligne, réduit à 270 hommes, au point que les officiers ont dû s'armer des fusils de leurs soldats, a dû l'abandonner dans la boue. La solennelle horreur de la position trouble les âmes les plus fortes ; seul Clauzel reste ferme ; se tournant vers le duc de Nemours, il lui dit avec un calme sourire :

« Monseigneur, nous voici arrivés à ce que la guerre présente de plus difficile. »

La brigade de Rigny a quitté le Condiat-Aty, et s'efforce de rejoindre le maréchal sur le plateau de Mansourah. Les hommes emportent leurs camarades blessés ou malades, et les déposent à tout moment pour faire face aux Kabyles enhardis de Ben-Aïssa. Un poste de quinze hommes est oublié ; ces malheureux essaient de se faire jour, mais six seulement parviennent à rejoindre.

Le corps expéditionnaire formant un immense carré s'ébranle enfin. Les portes de la ville vomissent les habitants altérés de massacre ; plus de dix mille bêtes fauves s'abattent sur les troupes françaises engourdies et démoralisées. On a chargé les quelques voitures attelées de blesses et de malades ; mais la tête de colonne marche bon train, le carré se disloque peu à peu, et les prolonges d'ambulance ne peuvent suivre. A l'Oued-Bratz, auquel les Arabes ont donné depuis le surnom de rivière des chiens, on est obligé de laisser en arrière quelques-unes de ces prolonges. Les Arabes bondissent et égorgent quantité de malheureux. Les plus grièvement atteints avaient été abandonnés dans les grottes du Mansourah, où les femmes de Constantine, furies hideuses, étaient venues les égorger un à un.

Mais quittons ces scènes d'horreur pour raconter un magnifique exploit, entré dans le domaine de la légende héroïque. D'après l'ordre de marche, le 63° de ligne doit former l'extrême arrière-garde ; mais il file si bon train vers la tête de colonne, qu'il découvre les prolonges de blessés. On commençait à les égorger quand paraît le bataillon du 2° léger, réduit à 250 hommes. « A nous, le 2° léger, » crient les malheureux blessés. Calme, le commandant Changarnier entend les cris de détresse qui partent de l'ambulance ; il lance sa compagnie de voltigeurs, mais la rappelle aussitôt en voyant accourir l'escadron de chasseurs d'Afrique du capitaine Morris qui sabre les égorgeurs et dégage le convoi.

Le valeureux Changarnier venait d'apercevoir cinq ou six mille cavaliers arabes qui approchaient. En un clin d'œil ils ont entouré le bataillon du 2° léger, qui se trouve séparé de la colonne.

Alors se passe une scène admirable. Le commandant Changarnier est au milieu du carré ; fièrement il se redresse sur sa selle :

« Allons, mes enfants, s'écrie-t-il, voyons ces gens-là en face, ils ne sont que six mille, et vous êtes deux cent cinquante : vous voyez bien que la partie est égale. Vive le roi ! Attention à mon commandement ! »

A ce moment les Arabes sont à portée de pistolet. « Feu de deux rangs ! » dit alors l'intrépide commandant. Et un feu bien nourri jonche de cadavres d'hommes et de chevaux trois faces du carré.

Les Arabes comprirent l'avertissement, et laissèrent le 2ᵉ léger rejoindre la colonne qu'il venait de sauver du massacre.

La retraite de la brigade de Rigny se fit dans un tel désordre, qu'elle put être qualifiée de débandade. Le général eut de plus le tort grave de tenir des propos coupables contre le maréchal. Celui-ci se contenta de le flétrir dans l'ordre du jour suivant :

« Au bivouac de Sidi-Tamtam.

» Honneur soit rendu à votre courage, soldats ! Vous avez supporté avec une admirable constance les souffrances les plus cruelles de la guerre. Un seul a montré de la faiblesse ; mais on a eu le bon esprit de faire justice des propos imprudents ou coupables qui n'auraient dû jamais sortir de sa bouche.

» Soldats, dans quelque situation que nous nous trouvions ensemble, je vous en tirerai toujours avec honneur, recevez-en l'assurance de votre général en chef.

» Souvenez-vous que vous avez la gloire de votre pays, votre belle réputation, et un fils de France à défendre. »

Le général de Rigny, traduit plus tard devant un conseil de guerre, fut acquitté, grâce à la déposition toute bienveillante du commandant Changarnier. Il était frère du ministre de la marine, l'amiral de Rigny, le vainqueur de Navarin.

Nous avons vu que des touristes s'étaient joints à la colonne. Deux d'entre eux, le duc de Caraman et M. Baude, députés, eurent une conduite bien différente. Le vénérable duc de Caraman, âgé de soixante-quinze ans, se montra admirable ; il ne quitta pas l'arrière-garde, relevant les traînards, les chargeant lui-même sur son cheval, encourageant et soutenant ceux qu'il ne pouvait soulager.

Au contraire, Baude eut une attitude lamentable ; il osa conseiller au maréchal de s'échapper pendant la nuit, d'abandonner tout le matériel pour alléger l'armée et de partir en avant avec la cavalerie en laissant l'infanterie se débrouiller comme elle pourrait. Le maréchal ayant répondu par un geste de mépris écrasant, le tribun se mit à courir de groupe en groupe ; il alla d'abord aux artilleurs qui, avec un remarquable dévouement, s'étaient attelés à leurs pièces, se jugeant déshonorés s'ils les laissaient entre les mains de l'ennemi, et les exhorta à jeter ces pièces dans les ravins ; le colonel de Tournemine menaça de le cravacher. L'infortuné député, s'approchant de l'infanterie, criait aux soldats d'une voix larmoyante :

« Dieu est miséricordieux, il nous sauvera. »

Il passa en gémissant ainsi à côté du duc de Nemours, qui le traita de lâche.

Le duc de Nemours rivalisait de bravoure et de calme avec le maréchal Clauzel. Celui-ci avait réussi à sauver sa calèche, dans laquelle prirent place le général Trézel blessé grièvement et le colonel Lemercier mourant. Le prince, très souffrant depuis Bône, refusa obstinément d'y monter. Il n'avait plus de bagages, souffrait du froid, et ne cessait d'aller d'un groupe à l'autre de soldats, pour les encourager. Devant toute la troupe, il embrassa deux officiers supérieurs du 62° qui conduisaient par la bride leurs chevaux abandonnés à des blessés.

Que dire encore ? La retraite de Constantine coûta à l'armée, outre les hommes tués en combattant, sept cents hommes morts de misère. Mais la détente qui suit toujours des émotions terribles coûta la vie à bien d'autres. Trois mille hommes sur six mille entrèrent à l'hôpital de Bône, et sur ces trois mille hommes, quinze cents moururent.

Le malheur de l'armée n'était pas encore assez complet : le magasin à poudre de la Casbah de Bône sauta, et l'explosion fit périr cent huit hommes du 17° léger et du 1er bataillon d'Afrique ; deux cents autres furent mutilés.

Un mot pour terminer. Le jour où l'armée rentra à Bône, les Turcs de Yusuf eurent un petit engagement dans lequel on fit plusieurs Arabes prisonniers. On pansa ceux d'entre eux qui étaient blessés, et on les renvoya tous.

C'était notre réponse à Ahmed-Bey qui avait envoyé à Constantine trois cents têtes coupées et deux cents paires d'oreilles.

VI

Voici déjà plusieurs fois que le nom de Changarnier revient sous notre plume. Il est temps de nous occuper de cet illustre homme de guerre, un des héros de la conquête algérienne. L'outrage n'a pas même respecté le cercueil du noble soldat dont la vie entière a été un perpétuel sacrifice au pays, tant sont tristes nos mœurs politiques. Dévouement, patriotisme, vertus civiques ou militaires, ne pèsent d'aucun poids dans la balance, si l'homme qui en fait preuve est d'une autre opinion que l'opinion dominante.

Changarnier (Nicolas-Aimé-Théodule) naquit à Autun, le 26 avril 1793. Voici ses glorieux états de services :

Sorti de Saint-Cyr comme sous-lieutenant en 1815. — Lieutenant en 1815 au 60ᵉ de ligne. — Campagne d'Espagne de 1823 et capitaine le 9 octobre 1825. — Expédition de Mascara ; chef de bataillon en 1835. — Se distingue dans la retraite de la première expédition de Constantine. — Lieutenant-colonel en 1836. — Colonel en 1839. — Expédition des Portes-de-Fer comme colonel du 2ᵉ léger. — Maréchal de camp en 1840. — Lieutenant général en 1843. — Commandant la division d'Alger en 1848. — Commandant supérieur de la garde nationale et des troupes de Paris de 1848 à 1851. — Retraité en 1852.

Jusqu'en 1823, Changarnier servit dans les gardes du corps qu'il quitta pour faire la campagne d'Espagne. Il commença dès lors à se distinguer. Homme de devoir, connaissant admirablement son métier, l'aimant, il professait cette opinion que l'officier ne doit jamais dédaigner les menus détails de son emploi et qu'à la guerre les grandes choses ne sont que la résultante d'une infinité de petites.

En 1830, étant au 1ᵉʳ régiment de la garde royale, il demanda à passer au 2ᵉ léger qui envoyait un bataillon au corps expéditionnaire d'Alger. Dans ce corps, il fut presque aussitôt désigné pour la compagnie d'élite ou compagnie de carabiniers. Les compagnies d'élite étaient fort ambitionnées à ce moment, tant par les officiers qui, ayant à commander à des hommes choisis, y trouvaient une sorte de sinécure, que par les sous-officiers et soldats qui y rencontraient beaucoup d'adoucissements dans le service, et y touchaient une haute paie.

Nous avons vu ailleurs le rôle brillant que remplit la compagnie de carabiniers du 2ᵉ léger en sauvant le bataillon du 4ᵉ léger au camp de Dely-Ibrahim, surpris alors que son commandant avait ordonné un nettoyage d'armes en présence de l'ennemi.

Le 2ᵉ léger, rentré en France (1), voyagea de garnison en garnison jusqu'en 1835, comme nos régiments voyageaient jadis. A cette époque, nous retrouvons ce régiment à la division des Pyrénées-Orientales constituée sous les ordres du général de Castellane. Quand le maréchal Clauzel reçut l'ordre (2) d'aller à Mascara détruire la puissance naissante d'Abd-el-Kader, il emmena, ainsi que nous l'avons déjà raconté, cette division entière, composée des 2ᵉ et 17ᵉ léger, 11ᵉ et 47ᵉ de ligne. La carrière militaire du capitaine Changarnier se dessine glorieusement.

Vers la fin de 1830 le corps d'officiers de l'armée française se composait de plusieurs éléments fort différents. On y voyait les officiers sortis des écoles militaires, ceux

---

(1) En 1830.
(2) En 1835.

venus de la garde royale, les héros de juillet ou officiers nommés par récompense nationale, et les réformés de l'empire, appelés communément *les rentrants à la bouillotte*.

Les officiers des deux dernières catégories étaient plus braves qu'instruits, et ceux des deux premières avaient le tort de le leur faire sentir. De là des duels fréquents, auxquels prenait part trop souvent le capitaine Changarnier, chef du groupe des officiers sortant de l'école. Les mœurs militaires se sont singulièrement adoucies et la folie du duel a presque disparu de l'armée ; mais à ce moment, elle possédait des duellistes et des raffinés d'honneur comme sous le premier empire. On vit Changarnier se battre un jour au pistolet avec un de ses collègues, et le lendemain à l'épée avec un second ; il blessa ses deux adversaires.

Ses idées sur le point d'honneur étaient d'ailleurs originales. En 1834, commandant un détachement de deux compagnies sur les frontières d'Espagne, il punit, pour quelques détails de service, son collègue le capitaine Treille. En lui notifiant les arrêts, il le prévint que, conformément au règlement, il le recevrait chez lui, dans la tenue du jour, à l'expiration de sa punition. Treille obéit et se présenta à son chef de détachement au jour et à l'heure fixés. Changarnier le reçut avec beaucoup de courtoisie, parla de choses indifférentes, et congédia son visiteur forcé en lui disant :

« Comme commandant de détachement, comme votre supérieur conséquemment, j'ai cru devoir vous mettre aux arrêts. Votre punition expirée, je redeviens votre collègue; si vous croyez avoir à vous plaindre de moi, je me mets entièrement à votre disposition, et je vous offre toutes les réparations par les armes qu'il vous plaira de me demander. »

Très surpris, le capitaine Treille répondit qu'il ne comprenait guère les inimitiés à propos du service, et se retira.

Son duel avorté avec le colonel de Bourjolly eut un retentissement considérable en Algérie.

Changarnier venait d'être nommé colonel du 2ᵉ léger ; ce régiment, dans lequel il avait obtenu tous ses grades depuis celui de capitaine, s'était acquis en Afrique une réputation telle, que le duc d'Orléans, qui lui avait rapporté de Paris le brevet de colonel, tint à connaître lui-même le nouveau promu, et lui dit, après lui avoir donné l'accolade :

« Je vous confère deux titres à la fois, celui de colonel, et celui de colonel du 2ᵉ léger. »

M. de Bourjolly, homme de guerre des plus remarquables, était colonel du 1ᵉʳ régiment de chasseurs d'Afrique, un des plus beaux de l'armée française, et dont les exploits ne se comptaient plus.

Entre les troupes des deux colonels existait cette rivalité généreuse qui enfante des prodiges.

Après l'expédition des Portes-de-Fer (1) les hordes d'Abd-el-Kader vinrent bloquer Blidah. Le général Duvivier, qui commandait la place, demanda aide au maréchal Valée qui courut au secours de son lieutenant avec une colonne dont faisaient partie le 2ᵉ léger et le 1ᵉʳ chasseurs d'Afrique. Près de l'Oued-el-Alleugh, la troupe française se trouva en présence de deux bataillons de réguliers qui, nouvellement formés et pleins de confiance en eux-mêmes, avaient enfreint la défense formelle de l'émir en s'aventurant dans la plaine.

Le 2ᵉ léger tenait la tête, et ses tirailleurs d'extrême avant-garde, commandés par le capitaine Leflô, depuis général et ministre de la guerre, se heurtèrent contre les Arabes formant deux carrés, avec de mauvais canons dans les angles. Leflô fait ralentir le feu de nos soldats pour inspirer encore plus de confiance à l'ennemi, et vient avertir le colonel Changarnier. Ivre de joie, celui-ci court au maréchal Valée, lui demandant avec instance la liberté d'agir. Le maréchal croit devoir laisser faire le 2ᵉ léger,

(1) En 1839.

Changarnier dissimule habilement son régiment derrière un rideau de tirailleurs tirant mollement, arrive à cinquante mètres des réguliers et les aborde brusquement à la baïonnette. Le maréchal Valée et son chef d'état-major, le général Rostolan, accourent aussitôt l'épée haute au milieu du 2° léger en criant : « De l'ordre, mes amis, de l'ordre ! L'ennemi va vous charger. » Le 2° léger n'écoutait rien et taillait en pièces cette infanterie régulière qu'elle voyait pour la première fois. La cavalerie arabe allait tomber sur lui, quand elle vit arriver le 1er chasseurs d'Afrique qui lui fit tourner bride. Le colonel de Bourjolly ne s'attarda pas à la poursuivre ; faisant un à-gauche, il prit à revers les carrés d'infanterie attaqués de face par le 2° léger. En un clin d'œil, ils furent dispersés, jetant armes, équipements, souliers, pour fuir plus vite.

Dans son rapport officiel, le maréchal Valée donna l'honneur de la journée au 2° léger, tout en relatant la part brillante prise au combat par le 1er chasseurs d'Afrique. Ce rapport éveilla la susceptibilité de M. de Bourjolly qui eut le tort d'adresser à un journal militaire une lettre revendiquant pour les chasseurs d'Afrique l'honneur du combat de l'Oued-el-Alleugh. Changarnier réclama, en démentant ses assertions, dans des termes tels qu'une rencontre devint inévitable. Rendez-vous fut pris ; mais le duc d'Orléans intima aux deux colonels l'ordre de se rendre auprès de lui. Il leur reprocha leur conduite peu convenable, et leur fit sentir que ces officiers supérieurs qui devaient servir d'exemple, n'avaient pas à exposer une vie qui appartenait à la France.

Bref, le prince les réconcilia, en apparence du moins. Plus tard, ils furent nommés généraux de brigade le même jour. Quand Changarnier fut promu général de division, il était enfermé dans Milianah ; la dépêche annonçant la bonne nouvelle fut adressée au général de Bourjolly qui opérait dans le voisinage, et celui-ci, montant aussitôt à cheval, se fit un honneur d'aller prévenir l'heureux promu. Cette prévenance mit fin à cette rivalité de deux vaillants hommes de guerre si bien faits pour s'entendre.

Pour donner une idée du rôle que joua le général Changarnier dans la conquête algérienne, il nous suffira de dire que son nom seul inspirait la terreur aux Arabes. Ils l'appelaient, en estropiant son nom, Changarlo ou bien encore Changarli, que nous pouvons traduire par le mot dompteur, car le verbe arabe *changar* veut dire dompter. « Son nom, disait au comte de Castellane un caïd des Hadjoutes, veut dire le dompteur d'ennemis, l'abatteur d'orgueil, et il a justifié son nom. »

Montrant ensuite la longue chaîne de montagnes qui borde la Mitidja, du Chenouan à la mer, le chef arabe ajouta :

« Quand vient l'orage, l'éclair court en une seconde sur toutes ces montagnes, en sonde les replis. C'était ainsi de son regard pour nous trouver. Quand il nous avait vus, la balle n'atteint pas plus vite son but. »

Le caïd hadjoute n'exagérait pas. Le général Changarnier avait toutes les qualités du commandement ; surtout le coup d'œil et un jugement rapide. A cela il joignait une énergie, une ténacité singulière. Nous n'en donnerons qu'une preuve, en montrant son admirable conduite à l'Oued-Foddah.

En 1842, après avoir guerroyé pendant trois mois dans la vallée du haut Chélif, la colonne Changarnier venait de clore ses opérations par la prise de la smala de Ben-Allal, le premier khalifa ou lieutenant d'Abd-el-Kader, et ramenait trois mille prisonniers et trente mille têtes de bétail. Sur la foi de quelques renseignements erronés fournis par des chefs arabes, la colonne, forte seulement d'un bataillon de zouaves, du 3ᵉ bataillon de chasseurs à pied et d'un escadron de chasseurs d'Afrique, venait de s'engager dans la vallée de l'Oued-Foddah, lorsqu'elle fut brusquement assaillie dans un terrain des plus difficiles par plusieurs milliers de Kabyles. Pendant deux jours elle se battit héroïquement, la plupart du temps à l'arme blanche. et parvint, en sauvant ses prises, à sortir du redoutable défilé dans lequel la trahison l'avait attirée Épuisés, les Kabyles n'osèrent pas poursuivre.

Ils se croyaient délivrés du terrible Changarlo et fêtaient la nuit suivante l'expulsion de la colonne française de leurs montagnes, quand tout à coup ils entendirent sonner la charge. Les Français tombèrent sur eux comme un ouragan, leur tuèrent une centaine d'hommes, saccagèrent leurs villages, et firent une razzia complète. Le général Changarnier n'avait pu prendre son parti du guet-apens dans lequel il était tombé. Tout autre que lui se fût estimé heureux d'être sorti d'un guêpier sans laisser entre les mains de l'ennemi un seul mort ou un seul blessé ; lui, avait fait faire halte à la sortie du défilé, ordonnant une distribution de cartouches, puis, après la nuit close, avait fait prendre silencieusement les armes à son infanterie, en laissant son escadron à la garde du camp, et était revenu sur ses pas.

La bravoure du général était à la hauteur de son incroyable ténacité. En 1840, sa vaillante brigade eut à soutenir pendant une journée tout l'effort des Kabyles (1); après avoir engagé toutes ses réserves, le général se mit à la tête du dernier bataillon qui lui restait et monta avec un si magnifique entrain à l'assaut des positions d'où les Kabyles foudroyaient nos troupes, que toute la colonne, saisie d'admiration, s'arrêta. A chaque instant le duc d'Orléans et le duc d'Aumale qui étaient présents s'écriaient : « C'est superbe ! superbe ! »

Mais rien n'approche de l'héroïque énergie qu'il montra au combat de Mouzaïa, dans la même année. Il était à expliquer un mouvement à un de ses aides de camp, quand il fut atteint d'un coup de feu au-dessous de l'omoplate gauche. Le docteur Ceccaldi, médecin en chef de la division d'Alger, accourut aussitôt et se hâta de panser

---

(1 Los Kabyles voulaient empêcher la marche du maréchal Valée vers Cherchell.

le général que l'on venait de placer sous un gros olivier.

« Voyons, docteur, dit celui-ci, dites-moi vite votre opinion et posez-moi un appareil ; je suis pressé, j'ai des ordres à donner.

» — Ce n'est rien, mon général, répondit Ceccaldi qui venait de sonder et de laver la blessure. Dans deux mois vous pourrez remonter à cheval.

» — J'y serai plus tôt, cher docteur, croyez-moi. »

Et aussitôt le pansement terminé, il remonta à cheval en se faisant aider par un cavalier d'escorte.

« — Merci mille fois, cher docteur, dit-il au médecin stupéfait. » Et il recommença à donner ses ordres comme si rien ne lui était arrivé.

Rien d'étonnant si l'intrépide **général** était l'objet de la confiance illimitée de ses soldats ; avec eux il osait tout. Un jour le maréchal Valée, après plusieurs heures de combat, réunit ses chefs de corps, dont faisait partie Changarnier, encore colonel du 2ᵉ léger, et leur demanda quel était le régiment le moins fatigué pour l'envoyer occuper une position difficile qui commandait le camp. Tous se turent.

« — Voyons, dit le maréchal au colonel du 48ᵉ, votre régiment est celui qui a le moins marché.

» — Monsieur le Maréchal, mon régiment est exténué, car il arrive à peine de France ; mais il se trouvera toujours un colonel pour vous dire que son régiment est tout frais.

» — Non, monsieur le Maréchal, répondit Changarnier qui sentit que la malice était à son adresse ; mon régiment est plus que harassé. Mais je ferai marcher mon 2ᵉ léger ; quand faut-il partir ? »

Combien l'armée devait admirer ce chef qui passait ses nuits au travail, après avoir pris sa dose journalière de quinine, et qui, le matin, était le premier à cheval ! On voyait que la santé du général était plus que frêle, et l'on était plein d'admiration pour cet homme, au moral **de fer**, qui savait commander à la souffrance et sur le visage duquel on apercevait à peine de temps à autre une fugitive crispation que lui arrachait la douleur. Aussi, comme il était populaire ! A la suite des razzias où il excellait, sa première pensée était de faire faire bombance à ses soldats. Avec Changarnier, disaient les soldats, on sent toujours le mouton. Cela sent le mouton, répétaient en riant les chasseurs à pied du 6ᵉ bataillon en chargeant l'émeute parisienne au 13 juin 1849.

Le général aimait à rédiger ses ordres lui-même ; aussi se contentait-il d'un seul aide de camp. Pendant plusieurs années, ce fut le capitaine Pourcet (1). M. de Carayon-Latour, charmant jeune homme, chevaleresque et brave, dont tous les militaires de la vieille armée d'Afrique ont gardé un excellent souvenir, devint aussi quelque temps son officier d'ordonnance.

Les chevaux du général étaient célèbres. *Cousscouss* était un petit cheval kabyle, trapu, râblé, redressant la tête au sifflement des balles. Son insouciance du danger, sa docilité pour porter son maître aux endroits les plus dangereux, avaient fait dire aux soldats : « C'est diable sur diable. » Cousscouss ne fut jamais blessé.

Un autre de ses chevaux, Max, grand cheval allemand, fut moins heureux que Cousscouss ; il fut blessé plusieurs fois sous le général, et finit par être tué. Les soldats improvisèrent sur Max une complainte burlesque dont nous détachons quelques couplets :

> Le pauvre Max est mort,
> Mironton, ton ton, mirontaine,
> Le pauvre Max est mort,
> Mort et pas enterré ! (*bis.*)
>
> Il était v'nu d'Allemagne,
> Mironton, ton ton, mirontaine ;
> Il était v'nu d'Allemagne
> Pour aller en Alger. (*bis.*)
> . . . .

(1) Celui qui, général de division, fut rapporteur dans le procès du maréchal Bazaine.

> Max reçut maintes balles,
> Mironton, ton ton, mirontaine ;
> Max reçut maintes balles
> Et l'général aussi.   (*bis.*)
>
> A la fin, c'te pauv' bête,
> Mironton, ton ton, mirontaine ;
> A la fin, c'te pauv' bête
> A trépassé sous lui.   (*bis.*)

Arrêtons-nous sur cet échantillon de poésie militaire.

L'outrage, disions-nous plus haut, n'a pas respecté le nom du général Changarnier ; ses ennemis, ajouterons-nous, ont essayé de le tourner en ridicule. En 1848, des petits journaux, menu fretin des publications périodiques, s'en prenant à l'excessive propreté et à l'élégance native du général, le surnommèrent le général Bergamotte. Il aurait pu, s'il n'avait souverainement dédaigné les plaisanteries des *condottieri* de la presse, répondre que les gants glacés dont il couvrait ses mains ne l'avaient point empêché de tenir vaillamment l'épée à Constantine, au col de Mouzaïa, à l'Oued-Foddah.

Non, les soldats ne riaient pas quand ils voyaient ce hardi général fièrement campé, sur Max ou sur Cousscouss, au milieu des balles, les mains gantées soigneusement, les pieds finement chaussés de bottes vernies. Les Russes riaient-ils quand ils voyaient Murat galopant en grande tenue en avant de ses escadrons, au grand jour de la bataille de la Moskowa ?

Mais en ce temps le rire n'épargne rien, surtout lorsqu'il s'agit de généraux pris dans l'engrenage fatal de la politique.

En 1847, un des premiers actes du duc d'Aumale, nommé gouverneur de la colonie en remplacement de l'illustre maréchal Bugeaud, fut de confier à Changarnier le commandement de la division d'Alger. C'est à lui aussi que partant pour l'exil en 1848 il céda le gouvernement par intérim de l'Algérie. Mais Changarnier n'inspirait aucune confiance aux républicains et était connu pour être profondément dévoué à la royauté. Devait-il être ingrat envers des princes, ses compagnons d'armes, qui avaient assuré sa carrière ? Fallait-il qu'il reniât ces braves soldats, jeunes, aimables, bienveillants, idoles des soldats d'Afrique, dont ils avaient partagé les dangers, les misères et les souffrances ?

La vie du glorieux général, après 1848, ne nous appartient plus. Nous nous ferions scrupule toutefois de nous arrêter court. Appelé au commandement de l'armée et de la garde nationale de Paris, il devint impopulaire, car les Parisiens n'aimaient pas cette main de fer ; Changarnier ne riait jamais des joyeusetés de la rue. L'histoire de son arrestation le 2 décembre 1851 est connue ; on ne pensa point que, pour l'arrêter, c'était trop d'un commissaire de police, d'un capitaine de la garde républicaine, de quinze agents de la sûreté, et de quarante gardes républicains, dont dix à cheval.

Louis Veuillot a tracé de main de maître un portrait du général comme orateur. « Dans son habit civil, il semble être en uniforme. Il promène sur l'assemblée ce regard froid et ferme qui cherche et qui voit ce qu'il faut faire. Il attend les bras croisés que le silence se fasse ; il n'attend pas longtemps, on est impatient de l'entendre. Suivant sa bonne coutume militaire, il ne dit que peu de mots, mais pleins de choses ; il les prononce d'une voix peu façonnée aux modulations oratoires, mais pleine d'énergie... Après avoir prononcé son discours, dont le vieux Corneille aurait pu s'inspirer, dans lequel même il aurait pu trouver quelques vers tout faits, le général Changarnier retourne à sa place sans que les applaudissements dont il est salué amènent le moindre changement sur son impassible visage. »

Après avoir refusé le serment au président de la République, le général Changarnier fut rayé des cadres de l'armée, et, exilé par mesure de sûreté générale, se réfugia à Malines. Il y resta jusqu'à l'amnistie de 1859, et vint ensuite se fixer à Autun, sa ville natale

Le vieux lion se réveilla en 1870. Un commandement lui fut refusé, mais l'empereur l'admit dans son état-major.

« — Vous vous ralliez à l'empire ? lui demanda-t-on.

» — Je me rallie, répondit le vieux brave, à la patrie en danger. »

Après le départ de l'empereur pour l'armée du camp de Châlons, le général Changarnier resta à Metz et fit partie du conseil de défense. Le soir du combat de Servigny, nos soldats virent arriver au milieu d'eux un vieillard à la moustache blanche.

« — Changarnier ! s'écria-t-on sur toute la ligne.

» — C'est moi, mes enfants, c'est moi, répondit le brave général qui avait emprunté un uniforme au maréchal Lebœuf.

» — La casquette ! cria-t-on.

» — Non, pas la casquette ! La charge ! c'est le moment ! »

Et la charge sonna, et tous, officiers et soldats, s'élancèrent en avant sans tirer un coup de fusil.

« Si vous aviez vu ça, dit plus tard un sergent chevronné, si vous aviez vu le vieux bédouin se tourner vers les tambours pour faire sonner la charge ! Cela m'a rappelé la Crimée, le Mamelon-Vert et l'assaut de Malakoff. »

Ce soldat patriote eut la douleur d'être envoyé par le maréchal Bazaine auprès de l'état-major allemand pour négocier la reddition de l'armée française. Ici, il faudrait écrire l'histoire du général avec un mélange de sang et de larmes ; nous préférons nous arrêter, renvoyant le lecteur aux admirables *Récits militaires* du général Ambert.

Le général Changarnier mourut le 14 février 1877. Monseigneur Perraud, évêque d'Autun, a fait de lui, dans la cathédrale de la vieille cité éduenne, un magnifique éloge funèbre. « Non seulement pour la France d'aujourd'hui, s'est écrié l'éminent prélat, mais pour celle de demain, il s'appellera, il s'appelle Changarnier ! »

Dans le *Journal des Débats*, Cuvillier-Fleury, le 6 mars 1877, a tiré de Salluste le portrait du général Changarnier :

« (Illi) præter vetustatem familiæ, alia omnia abunde erant; industria, probitas, militiæ magna scientia, animus belli ingens : domi modicus, lubidinis et divitiarum victor ; tantummodo gloriæ avidus. (Salluste, *Jugurtha*, LXIII.)

La devise que demanda le vieux héros pour sa tombe était :

BONHEUR PASSE, HONNEUR RESTE

CHAPITRE III

SOMMAIRE :

Effet produit par l'échec de Constantine. Ben-Aïssa. Le choléra à Bône. L'armée expéditionnaire devant Constantine. Mort du général Damrémont. Assaut. Les colonels Lamoricière et Combes. Les pertes. — La province d'Oran. La Sickah. Traité de la Tafna. Entrevue d'Abd-el-Kader et du général Bugeaud. Armée régulière d'Abd-el-Kader. Les déserteurs. Les renégats. Le bavarois Glockner. — Rupture imminente. La province de Constantine. Le passage des Portes-de-Fer. Le duc d'Orléans. — La guerre sainte. Les journaux. Effondrement des croyances musulmanes. La légende arabe sur le Christ. Les fettouas. — Les Hadjoutes. Les Arabes à la guerre. La vie de campagne. Misères et travaux. Les hôpitaux. — Médéa. Miliana. Le colonel d'Illens. Changarnier et le maréchal Valée. Le général Bugeaud. Mazagran. — Les Zéphyrs. Les disciplinaires dans l'armée. Les chamborans du père Marengo. Les zéphyrs à Rachgoun. Débraillé de leur tenue. Chapardages. La vente de la salle de police à Bougie. Les rats à trompe.

I

Le retentissement de l'échec éprouvé par le maréchal Clauzel fut immense. Toute la province de Constantine se resserra autour d'Ahmed-Bey, qui reconquit du coup, par le prestige attaché à sa victoire, la fidélité équivoque de ses sujets. Le sultan lui conféra la croix du Nicham Iftikhar et le titre de pacha ; en prévision d'un second choc à soutenir par le nouveau champion de l'Islam, il alla jusqu'à lui promettre des secours. En attendant il voulut envoyer une flotte à Tunis ; mais l'amiral Lalande barra la route à l'escadre turque et la somma de rebrousser chemin, ce qu'elle s'empressa de faire.

Mais celui que le désastre subi par les Français grandit le plus en Algérie, fut Abd-el-Kader. Cet homme n'était-il pas aux yeux de tous la résistance arabe incarnée, et la défense de Constantine n'était-elle pas une des formes de cette résistance ? Nous verrons plus loin à quels compromis l'on se crut obligé de descendre avec lui.

En France, il n'y eut qu'un cri d'indignation et de vengeance, tant il est vrai que dans notre pays les tristesses des mauvais jours constituent un excitant autrement puissant que l'exaltation produite par la victoire. Heureux les peuples qui grandissent dans les revers ! Les fluctuations politiques qui déplaçaient si souvent à Paris l'axe du pouvoir depuis l'avènement de la monarchie parlementaire de juillet, s'étaient trop souvent traduites en Afrique par des fautes dont les résultats, revenant en France démesurément grossis, étaient exploités par des ennemis de notre conquête méditerranéenne ; mais cette fois tout le monde fut d'accord pour donner au gouvernement les moyens de réparer l'échec subi par nos armes.

Le soin de la vengeance nationale fut confié, non pas au maréchal Clauzel qui avait pourtant la confiance du soldat, confiance accrue encore par des revers momentanés, mais au général Denys de Damrémont. Le comte de Damrémont avait fait les guerres de 1806 et de 1809 à la grande armée et en Dalmatie, celles de 1811 et de 1812 en Espagne et en Portugal, enfin les campagnes de 1813 et 1814 ; il avait commandé une brigade d'infanterie dans l'expédition d'Alger de 1830 et avait été nommé général de division la même année, puis pair de France. Ces services étaient beaux sans doute, mais ils n'avaient pas l'éclat de ceux du maréchal Clauzel, le héros de la bataille de Vittoria.

Le nouveau gouverneur de l'Algérie obtint ce que son prédécesseur, homme politique autant que militaire, n'avait pu obtenir. L'effectif de nos troupes, qui était de

31,000 hommes et de 4,000 chevaux, fut élevé à 43,000 hommes et 6,000 chevaux. L'Algérie ne fournissait plus rien à l'armée, sinon des ennemis de plus en plus nombreux, et, les Français ne pouvant se procurer des chevaux et des mulets dans un pays où ces animaux abondent, on fut obligé d'acheter six cents mulets en Poitou et en Languedoc ; la cavalerie se remonta en chevaux tunisiens que le bey de Tunis, jaloux de voir grandir Ahmed-Bey à côté de lui, laissa exporter.

On était tranquille pour le moment du côté d'Oran, grâce au traité de la Tafna, cette deuxième édition du funeste traité Desmichels ; le général de Damrémont, pour mieux assurer notre sécurité à Alger, conduisit en personne contre la Kabylie l'expédition dite du Boudouaou, qui se termina de la façon la plus heureuse. Puis il se mit en devoir d'aller arborer le drapeau français sur les murs de Constantine, *Ksentinet el Alouah* (Constantine l'aérienne), comme disent les Arabes.

Le général de Damrémont songea un moment à changer sa base d'opérations et à agir par Stora ; il y renonça pour diverses raisons, et se détermina à suivre le sillon tracé. D'abord le colonel Duvivier avait su donner à Guelma une importance politique considérable et avait soumis tout le pays jusqu'à Raz-el-Akba ; de plus des travaux très sérieux, que l'on n'osa pas laisser stériles, avaient été exécutés sur la ligne Bône-Guelma. Ainsi l'on avait établi une route carrossable jusqu'au gué de la Seybouse, et l'on avait créé les camps permanents de Dréan, Nechmeya et Hammam-Berda (l'eau froide). Ahmed-Bey avait si bien compris l'importance de Guelma, qu'il avait, le 16 juillet 1837, attaqué ce point défendu seulement par un petit bataillon du 11° de ligne, les tirailleurs d'Afrique du commandant Pâté, et cent chevaux ; mais le colonel Duvivier lui avait infligé un sanglant échec.

Cependant des indécisions fâcheuses avaient fait ralentir des préparatifs indispensables ; on voulut négocier avec le bey de Constantine, sans se rendre compte qu'avec les Orientaux il faut au moins être aussi fort pour négocier que pour combattre. Le mois de septembre, le dernier mois de beau temps, était déjà entamé, et Ahmed se mit à compter sur les pluies, grâce auxquelles il avait été victorieux l'année précédente.

Mais son énergique lieutenant, le Kabyle Ben-Aïssa, ne veut pas uniquement compter sur la mauvaise saison qui approche à grands pas ; il entend que Constantine devienne un centre terrible de résistance. L'attaque des Français en 1836 lui a indiqué les points les moins forts de la ville ; il ordonne donc de murer la porte d'El-Kantara donnant sur le vieux pont romain, et au-dessus de la nouvelle muraille, il fait construire une batterie casematée. En même temps il crénelle les maisons ayant vue sur le ravin, répare et arme la Casbah, située au point culminant de la ville. Il réunit soixante-trois bouches à feu qu'il place surtout vers la face regardant le Condiat-Aty ; de ce côté, une ligne de batteries casematées surmonte une haute muraille de granit dont le pied est soigneusement déblayé. Les parapets, les murs intérieurs, les maisons bâties en amphithéâtre sont crénelés de façon à permettre aux défenseurs de tirer à couvert par deux ou trois étages de feux. Le faubourg du Condiat-Aty est impitoyablement rasé, pour qu'aucun point ne soit dérobé à la vue des canons turcs.

Ben-Aïssa plus expérimenté aurait suivi les conseils des quelques aventuriers européens qui parvinrent jusqu'à Constantine : il eût fait élever un fort sur le Coudiat-Aty et couper par un fossé avec glacis l'isthme étroit qui va de cette montagne à la ville. De cette façon, il aurait été en mesure de disputer pied à pied les abords de la ville. Sans doute nous n'aurions pas été arrêtés indéfiniment, mais nous aurions perdu un temps long et précieux et consommé nos munitions, ce qui nous eût remis dans la position où se trouva le maréchal Clauzel au mois d'octobre 1836. L'ignorance d'Ahmed-Bey et de Ben-Aïssa était fortifiée par les prédictions des marabouts fanatiques, qui exaltèrent la confiance générale, au point de persuader à chacun qu'une deuxième victoire contre les Français était absolument assurée.

L'infanterie turque et kabyle fut portée de cinq cents hommes à quinze cents ; la milice urbaine, forte de deux mille hommes, formée par les corporations commandées par leurs *amins* (syndics), était sous les ordres de Bel-Bedjaoui, turc énergique et passionné. L'élite de la garnison se composait des cinq cents canonniers turcs ou topjis, auxquels leur commandant avait donné une instruction pratique excellente, en les exerçant à tirer sur tous les points où les Français s'étaient établis l'année précédente et où ils pouvaient construire des batteries.

Les armées oisives d'Europe envoyèrent des représentants. Le gouvernement anglais accrédita auprès de l'expédition le colonel Temple, et le gouvernement danois M. de Falbe, son consul à Athènes ; tous deux étaient des archéologues distingués. On remarqua aussi un lieutenant d'artillerie saxon qui à chaque engagement galopait avec ivresse dans les lignes de tirailleurs ; enfin, au dernier moment, arriva sir Russel, capitaine anglais au service de l'Autriche.

Le capitaine Russel fut, de tous les officiers étrangers qui avaient obtenu l'autorisation de faire la campagne avec l'armée française, le seul qui monta à l'assaut de Constantine. Il parvint sur la brèche avec le commandant Bedeau, de la légion étrangère, et toute l'armée remarqua au milieu du feu son uniforme blanc à collet vert. Le capitaine Ney de la Moskowa, officier d'ordonnance du duc de Nemours, lui serra chaleureusement la main au plus fort du combat.

Trois officiers prussiens arrivés trop tard pour se faire admettre, durent rester à Bône.

Le général de Damrémont demanda à être secondé par des généraux éminents dans l'accomplissement d'une tâche qui importait à l'honneur de la France et de l'armée. Le général de division comte Valée, depuis longtemps retraité, rentra au service pour prendre la laborieuse direction de l'artillerie avec le général marquis de Caraman pour second. Ce dernier était le fils de l'héroïque vieillard qui s'était signalé à la mémorable retraite de l'année précédente. Le général Valée, le bras droit du maréchal Suchet, le héros des sièges de Lérida, de Mequinenza, de Tarragone, de Tortose et de Valence, était divisionnaire depuis 1811 et passait à juste titre pour le premier artilleur de l'Europe. Le général Rohault de Fleury, ingénieur des plus remarquables, fut placé à la tête de l'arme du génie. Enfin le duc de Nemours, comprenant ce qu'il devait au sang des Bourbons qui coulait dans ses veines, voulut avoir sa part de la revanche de nos armes après avoir assisté à l'échec de 1836 et partagé les souffrances de l'armée ; il désira être à l'avant-garde et obtint le commandement de la première brigade du corps expéditionnaire. Une autre brigade fut donnée au général Trézel, qui, sa blessure guérie, prétendait aussi avoir des droits à une revanche.

Cependant le choléra débarque à Bône avec le 12° de ligne. Aussitôt les services sanitaires enferment ce régiment dans la ville ; bien plus, ils gardent les détachements d'artillerie et du génie qu'attend le général de Damrémont et qui ne sont nullement contaminés par le fléau. Les relations de Bône avec tout le littoral méditerranéen sont grevées de longues quarantaines ; mais le temps presse, il n'est plus possible d'attendre. Le général en chef se décide à marcher sur Constantine avec des moyens incomplets ; il bravera en homme de cœur des impossibilités de toute sorte.

Ahmed-Bey, enhardi par cette pensée que les troupes françaises, avec le choléra, ne pousseraient plus en avant, rassemble quelques milliers de cavaliers à Hammam-Eskoutine (les bains maudits, les bains enchantés) et vient attaquer le camp de Medjez-Amar (le gué de l'âne) défendu par le général Rulhières. Ses efforts se brisent devant une position défendue par les zouaves du lieutenant-colonel de Lamoricière secondés par les compagnies d'élite du 2ᵉ léger et du 47ᵉ de ligne. Ahmed-Bey se retire, donnant rendez-vous aux Français devant Constantine.

Le général de Damrémont accepte le défi, et ébranle sa colonne. L'armée est divisée en quatre brigades :

1° La brigade duc de Nemours, composée de deux bataillons du 17ᵉ léger, et du régiment de marche du lieutenant-colonel de Lamoricière (bataillon de zouaves et bataillon du 2ᵉ léger);

2° La brigade Trézel, qui comprend deux bataillons du 23ᵉ de ligne, deux bataillons du 11ᵉ de ligne, les tirailleurs d'Afrique et les Turcs irréguliers, ceux-ci confiés au colonel Duvivier;

3° La brigade Rulhières, composée de deux bataillons du 26ᵉ de ligne, du bataillon de la légion étrangère, et du 3ᵉ bataillon d'Afrique;

4° La brigade Combes; le colonel Combes commande son régiment, le 47ᵉ de ligne.

La cavalerie est répartie entre les 1ʳᵉ et 3ᵉ brigades. En tout l'armée compte quatorze bataillons donnant un peu plus de sept mille hommes, douze escadrons donnant à peine quinze cents sabres, douze cents artilleurs, un millier de sapeurs du génie, avec quelques centaines de soldats d'administration et du train. La colonne expéditionnaire comprend en tout treize mille hommes, avec dix obusiers de montagne et six pièces de campagne.

Le général Valée n'a pu réunir toutes les ressources qu'il réclamait. Mais il n'y a pas pénurie comme l'année précédente ; ainsi les canons de campagne sont approvisionnés à cent quarante coups chacun et ceux de siège à cent quatre-vingts. Malgré la résistance de ceux dont la dédaigneuse légèreté eût encore une fois fait échouer la campagne, il réussit à conduire dix-sept pièces de siège, soit trois mortiers, six gros obusiers, quatre pièces de 16 et quatre de 24 ; il emmène encore deux cents fusées, en bon état cette fois, et un demi-million de cartouches d'infanterie.

Sans l'obstination intelligente du général Valée, la campagne eût encore échoué.

L'infanterie quitte la couverture, la giberne, le sabre-poignard, vulgairement appelé coupe-choux, et les buffleteries ; on a voulu alléger le fardeau du fantassin, qui n'emporte qu'un sac de campement et une cartouchière. On se rappelle qu'au-delà de Raz-el-Akba, l'armée du général Clauzel n'a pas trouvé un brin de bois, et comme on veut que le soldat puisse faire cuire ses aliments, on prescrit à chacun de mettre sur son hâvre-sac un petit fagot serré soigneusement et de prendre à la main un bâton de moyenne longueur (1).

Le 6 octobre 1837, l'armée paraît devant Constantine ; la brigade du général Trézel est chargée de la défense du Mansourah, et les trois autres vont s'installer sur le Coudiat-Aty, après avoir péniblement franchi les gués du Bou-Merzoug et du Rummel près de leur confluent. Le duc de Nemours est nommé commandant du siège, avec le capitaine d'état-major de Salles (2) pour major de tranchée.

Dès le 9 octobre, l'artillerie est en mesure d'ouvrir le feu, et le surlendemain, à trois heures de l'après-midi, alors que déjà l'on désespère de faire brèche et qu'on se voit réduit à manquer de munitions, un coup d'obusier pointé par le général Valée lui-même détermine un éboulement dans la muraille de granit qui fait face aux assiégeants. Quelques coups de canon suffisent heureusement pour élargir la brèche.

---

(1) Les feux de bivouac dans un pays où le bois faisait absolument défaut parurent plus tard aux Arabes, incapables d'exécuter, de concevoir même un pareil effort, un prodige d'industrie.

(2) Le capitaine de Salles devint plus tard général de division et sénateur ; on connaît sa fin tragique, il fut assassiné en 1858 par un de ses domestiques

Mais le moral des assiégés n'est pas affaibli. Touché de la persévérance d'une défense si vivace, car les sorties succèdent aux sorties, le général de Damrémont propose une capitulation aux habitants de la ville pour leur éviter les extrémités d'une prise d'assaut. On demande des volontaires pour se rendre auprès de Bel-Bedjaoui ; il se présente un sergent de la légion étrangère et un jeune soldat du bataillon des irréguliers turcs. On préfère celui-ci, connaissant mieux la langue arabe. Le brave jeune homme, un drapeau blanc à la main, s'avance malgré les coups de fusil jusqu'au pied du rempart. Il parlemente ; enfin on lui lance un panier au bout d'une corde, on le hisse dans la ville, et on le conduit devant Bel-Bedjaoui, chef de la milice.

« Si les chrétiens manquent de poudre, répond fièrement cet énergique soldat, nous leur en enverrons ; s'ils n'ont plus de biscuit, nous partagerons le nôtre avec eux ; mais, tant qu'un de nous sera vivant, ils ne prendront pas Constantine. »

De la part d'un Turc mi-sauvage et illettré, la réponse n'a-t-elle pas un caractère antique ?

« Voilà de braves gens, s'écrie le général de Damrémont en la recevant ; eh bien ! l'affaire n'en sera que plus glorieuse pour nous. »

Puis il rédige ses derniers ordres, et monte à cheval pour aller jeter un coup d'œil sur la brèche. Il prend plaisir, en traversant le camp, à voir la joie qui anime tous les visages ; on sait que dans peu d'heures la brèche va être praticable, et l'on sent venir la victoire. Le général rejoint le duc de Nemours. Tous deux mettent pied à terre un peu en arrière des ouvrages et se dirigent vers la tranchée. Le général en chef, avec sa témérité habituelle, se place à un endroit très découvert, d'où il se met à examiner la brèche : il est huit heures du matin. Le général Rulhières, qui s'est porté au-devant de lui, lui signale le danger qu'il court. « C'est égal », répond-il avec son habituelle impassibilité ; à cet instant même un boulet parti de la place l'atteint au côté gauche de la poitrine et le traverse de part en part.

Damrémont meurt de la mort de Turenne.

Le général Perrégaux, son chef d'état-major, qui l'aime et qui est aimé de lui, se penche éploré sur son cadavre ; une balle l'atteint au front, mais il ne doit mourir qu'après quinze jours de souffrances douloureuses (1).

Un conseil réuni aussitôt après la mort du général en chef décide que le général comte Valée prendra le commandement supérieur de l'armée. Le général Trézel, auquel ce commandement revient de droit en raison de ce que le général Valée appartient à une arme spéciale, ne soulève aucune réclamation ; aussi modeste que brave, il s'incline devant l'âge et l'expérience du héros de Tarragone. La confiance universelle qu'inspire le vieux soldat prévient les conséquences ordinaires d'un changement d'autorité au milieu d'une action engagée.

Le général Valée laisse ses artilleurs brûler leurs dernières munitions et venger la mort de son héroïque prédécesseur.

La place a réparé une partie de ses défenses : un retranchement est construit au haut de la brèche avec une palissade, renforcée par des sacs à terre, des ballots de laine et même des bâts de mulets. Les habitants de Constantine font le coup de feu, les femmes les encouragent et vont au milieu des balles ramasser les blessés. L'énergique Ben-Aïssa, le sauvage Bel-Bedjaoui tirent les juifs de leurs maisons où ils se cachent peureusement, et les envoient aux batteries où les canonniers turcs les emploient au

---

(1) Un mois auparavant, le comte de Damrémont dînait au camp de Medjez-Amar, chez le duc de Nemours. Le repas avait lieu dans la cour d'une petite maison où s'était installé le général Trézel et qu'on avait recouverte d'une grande toile de navire. Le temps était mauvais ; il faisait du vent, et la bougie placée devant le général en chef, s'éteignit trois fois de suite.

« Rappelez-vous ce que je vous annonce, dit au capitaine Ney de la Moskowa un lieutenant-colonel d'état-major ; il lui arrivera malheur dans la campagne. »

transport des gargousses. Mais l'artillerie française tire à outrance, renverse la palissade et le retranchement élevé au sommet de la brèche, et deux heures après la mort du général de Damrémont les derniers feux des remparts s'éteignent pour ne plus se rallumer.

De loin, Ahmed-Bey aperçoit la brèche béante privée de canons ; il voit que le moment solennel approche, et expédie au général Valée un parlementaire pour négocier.

« Il est trop tard, répond le général ; nous ne traiterons que dans Constantine. »

Et il va donner ses derniers ordres pour l'assaut, qui doit avoir lieu le lendemain à la première heure.

Ce jour-là est un vendredi 13. Quelques sapeurs du génie, désignés pour tenir la tête des colonnes d'assaut, en font en riant l'observation au général Rohault de Fleury :

« Mauvais présage en effet, répond le général ; mais ce sera tant pis pour les musulmans. »

On ne peut songer ni à prolonger une lutte acharnée, car les munitions manquent, ni à opérer une retraite impossible, car les vivres sont épuisés. Les soldats n'ont pu reposer depuis six nuits, et les chevaux sont morts de misère après s'être mutuellement rongé la queue et s'être cassé les dents en mordant aux roues des voitures. Il n'y a pas de lendemain possible à un assaut manqué ; il faut vaincre ou perdre l'honneur de l'armée, l'empire de l'Afrique, le respect du monde.

La solennelle horreur de la position électrise les plus braves ; tous les corps de l'armée se disputent l'honneur de monter à l'assaut, après les zouaves toutefois, car nul ne songe à enlever la première place à ces incomparables soldats et à leur jeune et illustre colonel. Le général Valée voulant concilier les exigences de ces nobles rivalités, forme trois colonnes d'assaut où tous les corps sont représentés.

La première, sous les ordres du lieutenant-colonel

de Lamoricière, se compose de quatre-vingts sapeurs du génie conduits par le commandant Vieux, officier d'une force herculéenne, qui était célèbre dans l'armée pour avoir enfoncé à coups de hache les portes de la Haie-Sainte à la bataille de Waterloo ; immédiatement après les sapeurs, doivent marcher trois cents zouaves aux ordres du capitaine Sauzai, et deux compagnies d'élite du 2° léger commandées par le chef de bataillon de Sérigny.

La deuxième colonne, colonel Combes, doit être précédée de quarante sapeurs du génie commandés par les capitaines Potier et Leblanc, et se compose de la compagnie franche du capitaine Guignard, de trois cents hommes du 47° de ligne, de cent hommes du 3° bataillon d'Afrique, et de cent hommes de la légion étrangère, sous la direction du commandant Bedeau.

Enfin la troisième, aux ordres du colonel Corbin du 17° léger, comprend quatre détachements pris dans les tirailleurs d'Afrique, le 17° léger, les 23° et 26° de ligne.

En tout, les trois colonnes d'assaut comptent seize cents hommes.

« — Si la moitié de vos zouaves tombent sur la brèche, demande le général Valée au lieutenant-colonel de Lamoricière, les autres tiendront-ils ?

» — J'en réponds.

» — Alors j'ai bien fait de vous placer à la première colonne d'assaut. »

Dans la nuit du 12 au 13 octobre, on reste silencieux sous les armes dans le camp français. Le duc de Nemours passe la nuit à côté de la grosse pièce de 24 à la batterie de brèche. Silence de mort dans la ville.

Le jour se lève et les hommes qui vont verser leur sang pour la patrie peuvent mesurer de l'œil l'obstacle qui se dresse devant eux et la distance à franchir. Tous les créneaux, toutes les fenêtres donnant sur la brèche sont garnies de fusils. L'intrépide capitaine Leflô, commandant une compagnie de voltigeurs du 2° léger, montre en riant à ses compatriotes Lamoricière et Bedeau les Arabes immobiles et muets à leurs postes de combat :

« Cela va rudement chauffer, dit-il, et c'est bien de voir ainsi la Bretagne au premier rang.

» — Ma foi, dit Lamoricière, si l'on me prévenait que dans un quart d'heure j'aurai la tête cassée, je répondrais : Va pour la tête cassée, et si l'on me disait que je peux m'abstenir, j'irais tout de même. »

Le grave Bedeau resserre la boucle de son ceinturon :

« Je n'ai rien dans le ventre ; cela me fera mieux courir. »

On emploie quelques minutes à préparer un drapeau tricolore et quelques sacs à poudre pour les sapeurs du génie de la première colonne d'assaut. Cette colonne, zouaves en tête, se masse dans la place d'armes à gauche de la batterie de brèche ; ces intrépides soldats causent gaiement, plaisanteries et bons mots se succèdent. « Entoncé Mahomet, s'écrie l'un d'eux, les chrétiens prennent la semaine. »

Tout est prêt ; restent cinq boulets que le général Valée ordonne d'envoyer à l'ennemi dans une dernière salve. Epuisés, les canonniers tombent endormis sur leurs pièces, sans avoir la force de regarder donner l'assaut. Le duc de Nemours élève son mouchoir, et l'on entend une voix stridente et bien connue des zouaves jeter ces mots :

« Mes zouaves, à vous ! Debout ! Au trot, marche ! »

Et la première colonne s'élance, précédée par le lieutenant-colonel de Lamoricière l'épée haute, et le commandant du génie Vieux. Le bruit des tambours et des clairons sonnant la charge est accompagné par les hurlements des Arabes qui tapissent les montagnes environnantes.

Quel moment ! A travers les embrasures, l'armée regarde avec une anxiété indicible. La colonne Lamoricière a traversé rapidement l'espace qui la sépare de la brèche sans laisser en route plus de deux hommes blessés, et est arrivée au haut du talus en s'aidant des mains ; Lamoricière, sur le haut du rempart, agite le drapeau tricolore au milieu d'une effroyable fusillade.

Les soldats éprouvent un bonheur inexprimable, et le cri : Vive le roi ! sort de toutes les bouches. Le duc de Nemours se hâte de lancer la deuxième colonne d'assaut aux ordres du colonel Combes.

Mais la première colonne est tombée dans un chaos sans issue, où des décombres amoncelés, des enfoncements sans passage, forment un terrain défiguré et factice; elle reçoit à découvert le feu convergent d'un ennemi invisible, et ne peut déboucher. Avec son coup d'œil rapide, le colonel de Lamoricière fait démolir quelques pans de murs et déblayer quelques ruelles; plusieurs groupes de zouaves escaladent les maisons. C'est à ce moment qu'un pan de mur fouillé par les boulets s'écroule sur nos soldats heurtant partout pour trouver une issue, et couvre de débris la compagnie de voltigeurs du 2º léger. Le commandant de Sérigny est broyé sous les décombres et son dernier mot est encore : En avant !

La deuxième colonne arrive et vient ajouter à l'horrible confusion. Cependant elle essaie de tourner à gauche; les zouaves suivent en partie le mouvement et tombent dans une batterie casematée où s'engage une hideuse mêlée. Quatre-vingt-dix Turcs et quarante-cinq Français, zouaves, 47º de ligne, 2º léger, périssent poignardés dans un combat corps à corps. On réussit à gagner du terrain en emportant de vive force des barricades et en enfonçant les maisons les unes après les autres. Les soldats montent sur les toits pour répondre aux feux des minarets.

La compagnie franche du capitaine Guignard, sautant par dessus les morts et les mourants, est arrivée en face d'une arche romaine fermée par une porte en bois ferré. Cette porte cède sous les coups de hache, on va s'élancer, lorsqu'un magasin à poudre fait explosion, et la compagnie franche disparaît presque tout entière. Dans un vaste cercle, tout est renversé, les murs s'écroulent, la terre se soulève;

les assiégés reviennent à la charge, et de malheureux soldats, noirs comme des nègres, aveuglés par la poudre, se montrent les bras ouverts en poussant d'affreux hurlements. Le colonel de Lamoricière est aveuglé, presque tous les officiers sont hors de combat, les soldats, décimés et sans direction, n'avancent plus, l'assaut va manquer.

A cet instant, l'héroïque colonel Combes coupe court à toutes les hésitations, et lance les voltigeurs du 47ᵉ en avant, dans la direction de la maison de Ben-Aïssa; de petites colonnes arrivent combler les vides, et tout le monde se précipite en avant au cri de : A la baïonnette !

Les Arabes perdent du terrain ; on les suit en passant de masures en masures et on les extermine sans pitié.

Le colonel Combes est atteint de deux balles à la poitrine. Ce héros donne encore quelques ordres : soutenu par un de ses sapeurs, il a le courage de revenir jusqu'à la batterie de brèche où se trouvent le duc de Nemours et le général Valée, pour rendre compte de la situation. « Ceux qui ne sont pas blessés mortellement, ajoute-t-il ensuite, pourront se réjouir d'un aussi beau succès ; pour moi, je suis heureux d'avoir encore pu combattre pour le roi et pour la France. »

Alors seulement on s'aperçoit qu'il est blessé. Le prince et le général en chef se précipitent vers lui ; doucement il les écarte, puis, calme et impassible, regagne son bivouac, s'y couche et meurt une heure après.

Avec des hommes de cette trempe, que n'entreprendrions-nous pas ? Dans l'armée française, officiers et soldats savent mourir en braves. Le colonel Combes était un des dignes chefs de ces incomparables soldats qui renouvelèrent à Constantine les sanglants exploits de Saragosse. Non, la France ne dégénère pas, et le général Valée, le vieux guerrier des luttes du Premier Empire, avait plus tard raison de dire, en parlant de la journée du 13 octobre 1837 :

» C'est une des actions de guerre les plus remarquables dont j'aie été témoin dans ma longue carrière. »

Revenons à notre récit.

Le général Rulhières est venu relier le réseau des têtes de colonne isolées et imprimer une impulsion unique aux différentes attaques ; des hommes sans armes, avec un papier blanc au bout d'un bâton, se présentent à lui et demandent la paix. Le général monte aussitôt à la Casbah, et à la porte se heurte au cadavre de Bel-Bedjaoui qui s'est brûlé la cervelle, fidèle à son serment de ne pas assister vivant à la prise de la ville.

A la vue du général, les derniers défenseurs, ne comptant pas sur une générosité qu'ils sont incapables de comprendre, se précipitent vers les escarpements qui, du côté de la Casbah, surmontent de cent cinquante mètres les abîmes où coule le Rummel, et cherchent à les descendre avec des cordes ; des femmes, des enfants se joignent à eux. Mais les derniers poussent les premiers, les cordes se cassent, et le général Rulhières, qui se penche sur l'abîme après avoir essayé de rassurer ces malheureux, voit se former une horrible cascade humaine et plus de trois cents cadavres s'aplatir sur le rocher.

Profondément ému, il se retourne et voit derrière lui le commandant de la Casbah qui lui présente la crosse de son pistolet. Constantine est à nous.

Le quartier général s'établit au palais du bey. Ahmed en avait retiré son trésor, mais avait oublié son harem où se trouvaient une centaine de femmes avec une nuée d'enfants et d'esclaves (1).

La perte en officiers, cette glorieuse coutume qui se

---

(1) Leur voisinage finit par devenir insupportable ; la curiosité les portait à attirer au milieu d'elles les hommes de garde qu'elles comblaient de friandises ; les factionnaires n'étaient plus à leur poste. A la vue d'un képi galonné, elles poussaient des cris étourdissants. Un certain jour le général Valée donna la clef des champs à tout ce monde et les femmes du bey rentrèrent dans leurs familles. Deux jeunes filles implorèrent le duc de Nemours pour être envoyées en France ; le prince y consentit et par la suite veilla à leur établissement.

perpétue dans l'armée française et qui est un des secrets de sa force, fut considérable à l'assaut de Constantine ; vingt-trois officiers furent tués et cinquante-sept blessés. Tous les chefs de la première colonne étaient hors de combat. Le lieutenant-colonel de Lamoricière était aveuglé ; le commandant Vieux, son adjoint, le capitaine Hackett, le capitaine Sauzai, commandant les zouaves, et le chef de bataillon Sérigny du 2° léger étaient au nombre des morts. Parmi les hommes frappés mortellement à l'assaut, les officiers figurèrent pour un quart, les sous-officiers pour un autre quart ; les gradés n'avaient donc laissé aux soldats, dix fois plus nombreux, que la moitié des chances mortelles.

Quelle fière et patriotique satisfaction n'éprouvèrent pas les officiers survivants lorsqu'ils reçurent les félicitations du duc de Nemours et du général en chef ! Un des plus illustres de tous, le général de Damrémont, trop tôt enlevé à la France, dut tressaillir dans sa tombe. La sépulture splendide que sa dépouille mortelle, ramenée en France, trouva plus tard sous le dôme des Invalides, n'est pas plus noble que le catafalque en sacs à terre et en pierres de revêtement, que l'armée lui éleva devant le minaret (1) du Coudiat-Aty. Ce catafalque se dressa pendant quelques jours en face de la brèche, où était arboré le drapeau en deuil du 47° de ligne, le régiment de l'héroïque colonel Combes.

Le 17 octobre, trois jours après la prise de Constantine, arrivait le 61° de ligne, avec le prince de Joinville et un immense convoi. Le prince était lieutenant de vaisseau à bord de l'*Hercule*; il avait eu l'espoir de partager les dangers et la gloire de son frère. Plus tard à Saint-Jean-d'Ulloa, à Tanger et à Mogador, il devait montrer une égale vaillance.

Les princes passèrent le surlendemain une grande revue. Ils s'arrêtèrent longuement devant le bataillon de zouaves,

(1) Aujourd'hui disparu.

dont les six compagnies décimées avaient été réunies en une seule. Devant la compagnie de voltigeurs du 2° léger, le duc de Nemours s'arrêta en disant à son frère : « Tu vois, ils ne sont plus que vingt-cinq ; avant-hier ils étaient cent. »

Le général Valée cita entre autres dans son rapport :

Du génie, le capitaine Niel, maréchal et ministre de la guerre, sous Napoléon III ;

Le lieutenant Wolff, plus tard intendant général ;

De l'artillerie, le capitaine Lebœuf, plus tard maréchal et ministre ;

De l'état-major, le capitaine de Mac-Mahon, le lieutenant de Cissey, dont on connaît les glorieuses destinées ;

Et de l'infanterie, le commandant Bedeau, les capitaines Levaillant, Canrobert, Marulaz, etc., qui devaient tous atteindre les premiers échelons de la carrière des armes.

II

Rappelons qu'un premier traité, conclu en 1834 par le général Desmichels, avait pour ainsi dire créé la fortune militaire d'Abd-el-Kader ; un second, celui de la Tafna, signé en mai 1837 par le général Bugeaud, devait mettre le dernier couronnement à la grandeur de cet homme, et donner à sa souveraineté factice sur les Arabes le prestige moral attaché à la sanction de la France.

Au commencement de 1836, le général d'Arlanges venait d'éprouver à l'embouchure de la Tafna un échec déplorable égal à celui de la Macta. C'est alors que le général Bugeaud, avec trois régiments, fit sa première apparition sur la terre d'Afrique ; il dégagea le général d'Arlanges bloqué au bord de la mer, et courut ensuite ravitailler le bataillon du capitaine Cavaignac enfermé dans le Méchouar de Tlemcen.

Ce dernier pays a toujours été le théâtre de grandes luttes. Un écrivain arabe, Mohamed-el-Medjeboub (Mahomet bouche d'or), disait jadis : « Tlemcen est l'aire raboteuse dans laquelle se brise la fourche du moissonneur. » L'histoire de cette ville n'est qu'un long récit de guerre : fondée sur les ruines d'une grande cité romaine, elle fut la capitale d'un important royaume qui s'étendait de Fez à Constantine. Un poète arabe écrivait au siècle passé :

> Tlemcen, berceau des preux chevaliers,
> Quels ennemis ont pu se mettre à l'abri de tes atteintes ?

A l'époque dont nous parlons, elle n'était guère qu'un amas de ruines, au milieu desquelles se dressait ce fameux Méchouar abritant les Coulouglis et le bataillon franc du capitaine Cavaignac, qui vit tristement le général Bugeaud rentrer à Oran ; il eut la consolation toutefois d'entendre le canon de la colonne française, infligeant un sanglant échec à Abd-el-Kader sur les bords de la Sickah. L'émir perdit douze cents hommes, six drapeaux, cent vingt prisonniers, sept cents fusils ; ses bataillons réguliers furent dispersés. Le général Bugeaud retourna à Oran sans qu'il lui fût permis de poursuivre ses avantages ; inattentive et distraite, la France laissait une fois de plus s'échapper l'occasion de terrasser un pygmée dont elle se plaisait à faire un géant.

Le général Létang, successeur du général Bugeaud dans le commandement de la province d'Oran, ravitailla encore Tlemcen ; mais les besoins de la première expédition de Constantine ayant réduit à trois ou quatre mille hommes l'effectif des troupes de la province, il fallut renoncer à ce genre d'opération qui exigeait chaque fois la formation d'une colonne expéditionnaire de plusieurs milliers d'hommes. On dut demander à Abd-el-Kader lui-même de ravitailler nos soldats à Tlemcen. Des juifs, entre autres le fameux Ben-Dram, dont nous avons francisé le nom et fait

Ben-Durand, se chargèrent de la honteuse négociation ; le chef arabe consentit à donner deux mois de vivres à la garnison du Méchouar, comme à des tigres en cage, mais à la condition qu'on lui rendît les prisonniers arabes faits à la Sickah et qu'on le payât en fer et en soufre, c'est-à-dire en munitions de guerre. En d'autres termes, il nous demandait les moyens de continuer la lutte entreprise contre nous.

C'était trop. On renvoya le général Bugeaud à Oran, avec mission de combattre Abd-el-Kader à outrance ou de traiter avec lui. Mais combattre n'était guère facile, car la deuxième expédition de Constantine absorbait la plus grande partie de nos ressources militaires. Le général Bugeaud parvint toutefois à ravitailler Tlemcen, et, par sa fière contenance, intimida Abd-el-Kader au point que celui-ci fit des ouvertures de paix. C'était, il faut le dire, tout ce que l'on désirait. Le général français, qui avait reçu des instructions secrètes, signa un traité désastreux : l'émir devenait souverain de l'ancienne régence d'Alger, moins quelques villes et territoires de la province d'Oran, moins Alger et sa banlieue, moins aussi la province de Constantine que nous nous réservions de conquérir. Le texte par lequel Abd-el-Kader reconnaissait la souveraineté de la France, seul point sur lequel notre négociateur avait été invité à insister, était des plus équivoques ; en effet, le texte arabe voulait dire mot pour mot : « Abd-el-Kader reconnaît qu'il y a un sultan des Français. »

L'émir ne nous payait aucun tribut ; nous lui abandonnions Tlemcen et le Méchouar, et nous livrions les Turcs à sa vengeance. C'était plus qu'une faute, c'était un crime. Abd-el-Kader enrôla de force trois cents de ces pauvres gens, prétendant que la France les lui avait vendus. Par la suite il fit combattre le bataillon turc ainsi levé contre d'autres Turcs, et nos seuls alliés en Algérie finirent par s'exterminer ainsi les uns les autres.

Comme on le voit, le traité de la Tafna ne ressemblait

guère à ces traités que les flers Romains dictaient aux peuples barbares. « Nous voilà réduits, écrivit le colonel de Lamoricière à un de ses amis, à acheter la paix. » Le brave de Damrémont, auquel on avait eu soin de ne pas subordonner le général Bugeaud, caractérisa le fatal traité de la Tafna en trois mots : Il n'est pas avantageux, il n'est pas honorable, il n'est pas nécessaire.

Le général Bugeaud fit la paix en sacrifiant l'intérêt de sa gloire personnelle. Il ne fut pas désavoué comme le général Desmichels, quoique l'annonce du traité fût accueillie en France avec la même répulsion ; le gouvernement se consola en pensant qu'il était utile d'avoir la paix dans l'ouest de la colonie pendant qu'on frapperait un grand coup à Constantine et se contenta, pour calmer l'opinion publique, de faire déclarer par le comte Molé que le traité ne serait probablement jamais ratifié.

Le général Bugeaud eut avec Abd-el-Kader, à trois lieues des bords de la Tafna, une entrevue dans laquelle ce dernier eut une attitude qui scandalisa l'état-major français. A neuf heures du matin, il se trouvait à l'endroit indiqué, mais Abd-el-Kader ne s'y était pas rendu. Cinq heures s'écoulèrent sans que personne se présentât ; enfin, vers deux heures de l'après-midi, des cavaliers arabes vinrent annoncer que l'émir malade avait quitté son camp tardivement et que peut-être il serait convenable que le chef français s'avançât encore. Toutes ces excuses satisfaisaient peu le général Bugeaud, mais il était tard, et comme il ne voulait pas retourner dans son camp sans avoir vu Abd-el-Kader, il monta à cheval et poussa plus loin. Après avoir franchi des vallons et des collines sans rien rencontrer encore, on signala, au détour d'une gorge étroite, le chef de la tribu des Oulassahs ; il venait avertir le général français que l'émir se trouvait près de là, sur un mamelon, et offrit de l'y conduire. La condescendance du général Bugeaud était à bout; cependant il consentit à suivre le chef arabe.

Pendant ce temps, Abd-el-Kader, au repos, disait à son entourage : « J'attends l'hommage que le sultan de France vient me rendre. »

Pour qui connaît le caractère des Arabes, ces petites choses ont une importance incalculable. Le général Bugeaud aborda enfin l'émir entouré d'un groupe considérable de cavaliers ; les contingents arabes, au nombre d'environ dix mille hommes, couronnaient les hauteurs environnantes. Abd-el-Kader précédait de quelques pas son escorte, guidant avec une supérieure adresse un magnifique cheval noir : tantôt il enlevait sa monture des quatre pieds à la fois, tantôt il la faisait marcher sur les deux pieds de derrière, et tous ces mouvements, il les exécutait avec la plus grande aisance.

Dès qu'il fut à portée de la voix, le général Bugeaud, lançant son cheval au galop, arriva sur Abd-el-Kader en lui tendant cavalièrement la main ; l'émir la prit, la serra avec un air de condescendance affectueuse, et demanda au général des nouvelles de sa santé. « Fort bien, lui répondit celui-ci, et toi ? » puis, pour abréger les longs préambules du cérémonial arabe, il mit pied à terre et engagea Abd-el-Kader à en faire autant. L'émir saute à terre avec une prestesse sans égale, et s'assied immédiatement : il voulait ainsi établir sa supériorité aux yeux des siens. Devinant sa pensée, le général français se plaça aussitôt auprès de lui. Alors la *nouba* ou musique d'Abd-el-Kader, composée de tamtams et de haut-bois, criarde et assourdissante, commença à préluder ; comme elle eût rendu toute conversation impossible, le général Bugeaud la fit retirer et commença la conversation en ces termes :

« Sais-tu qu'il y a peu de généraux qui eussent osé signer le traité que j'ai conclu avec toi ? Je n'ai pas craint de t'agrandir et d'ajouter à ta puissance, parce que je suis assuré que tu ne feras usage de la grande existence que nous te donnons que pour améliorer le sort de la nation arabe et la maintenir en paix et en bonne intelligence avec la France.

— Je te remercie de tes bons sentiments pour moi, répondit Abd-el-Kader ; si Dieu le veut, je ferai le bonheur des Arabes, et si la paix est jamais rompue, ce ne sera pas par ma faute.

— Sur ce point, je me suis porté ta caution auprès du roi des Français.

— Tu ne risques rien à le faire ; nous avons une religion et des mœurs qui nous obligent à tenir notre parole ; je n'y ai jamais manqué.

— Je compte là-dessus, et c'est à ce titre que je t'offre mon amitié particulière.

— J'accepte ton amitié. Mais que les Français prennent garde à ne pas écouter les intrigants.

— Les Français ne se laissent conduire par personne, et ce ne sont pas quelques faits particuliers qui pourront rompre la paix ; ce serait l'inobservation du traité ou un grand acte d'hostilité. Quant aux actions coupables des particuliers, nous nous en préviendrons, et nous les punirons réciproquement.

— C'est très bien ; tu n'as qu'à me prévenir, et les coupables seront punis.

— Je te recommande les Coulouglis qui resteront a Tlemcen.

— Tu peux être tranquille, ils seront traités comme les Hadars (Maures). Mais tu m'as promis de mettre les Douars dans le pays de Hafra (entre la mer et le lac Sebkah ou lac salé).

— Le pays de Hafra ne serait peut-être pas suffisant ; mais les Douars seront placés de manière à ne pouvoir nuire au maintien de la paix.

— As-tu ordonné, reprit le général Bugeaud après un moment de silence, de rétablir les relations commerciales autour d'Alger et de toutes nos villes ?

— Non, je le ferai dès que tu m'auras rendu Tlemcen

— Tu sais bien que je ne puis rendre Tlemcen que lorsque le traité aura été approuvé par mon roi.

— Tu n'as donc pas le pouvoir de traiter ?

— Si, mais il faut que le traité soit approuvé : cela est nécessaire pour ta garantie, car s'il était fait par moi tout seul, un autre général qui me remplacerait pourrait le défaire. Au lieu qu'étant approuvé par le roi, mon successeur sera obligé de le maintenir.

— Si tu ne me rends pas Tlemcen comme tu le promets dans le traité, je ne vois pas la nécessité de faire la paix; ce ne sera qu'une trêve.

— Cela est vrai ; mais si nous n'avons qu'une trêve, c'est toi alors qui y gagneras, car pendant ce temps je ne détruirai pas les moissons.

— Tu peux les détruire, cela nous est indifférent, et à présent que nous avons fait la paix, je te donnerai par écrit l'autorisation de le faire : tu ne peux en détruire qu'une bien faible partie, et les Arabes ne manquent pas de grains.

— Je crois que les Arabes ne pensent pas tous comme toi ; quelques-uns m'ont remercié d'avoir ménagé les moissons depuis la Sickah jusqu'ici. »

Abd-el-Kader sourit d'un air dédaigneux, puis demanda combien de temps était nécessaire pour avoir la réponse du roi des Français.

« Trois semaines.

— C'est bien long.

— Tu ne risques rien ; moi seul pourrais y perdre. »

Un des khalifah d'Abd-el-Kader, Ben Allal ben Embarek, qui venait d'approcher, dit alors au général :

« C'est trop long trois semaines ; il ne faut pas attendre cela plus de huit à dix jours.

— Est-ce que tu commandes à la mer? répliqua le général.

— Eh bien, en ce cas, reprit Abd-el-Kader, nous ne rétablirons les relations commerciales qu'au moment où l'approbation du roi sera parvenue et quand la paix sera définitive.

— C'est aux Arabes que tu fais le plus de tort, car tu les prives du commerce dont ils ont besoin ; et nous, nous pouvons nous en passer, puisque nous recevons par la mer tout ce qui nous est nécessaire. »

Jugeant superflu de prolonger plus longtemps l'entretien, le général se leva brusquement : mais comme Abd-el-Kader continuait de rester assis, mettant une sorte d'affectation à échanger quelques paroles avec son khalifah, Bugeaud, pénétrant son intention, le saisit par la main, et l'enleva en lui disant d'un ton familier :

« Parbleu, lorsqu'un général français se lève, tu peux bien aussi te lever, toi. »

Ainsi se termina cette curieuse et inutile entrevue.

Inutile, car le général Bugeaud avait écrit : « L'exécution du traité ne repose que sur le caractère religieux et moral de l'émir. »

Que valait cette garantie ?

III

Nous venons de terminer l'historique de la première phase de notre domination en Afrique (1830 à 1837). C'est la période des aventures militaires, des expérimentations hasardées, des tâtonnements administratifs et politiques.

En 1837 s'ouvre une deuxième phase, celle-ci de paix relative ; elle finit en 1839. Abd-el-Kader essaie de jeter les fondements d'un gouvernement arabe dans les provinces d'Oran et d'Alger ; les progrès toujours croissants de sa domination obligeront la France à rompre le traité de la Tafna et à détruire par la force cet empire naissant, sous peine de nous voir expulsés de l'Algérie.

Le traité de la Tafna est rompu définitivement de part et

d'autre en 1839. Alors s'ouvre une troisième phase (1), qui est la grande lutte de la France contre Abd-el-Kader.

Il est temps de faire connaître au lecteur l'organisation des forces militaires de l'émir.

L'armée régulière d'Abd-el-Kader se recrutait par voie d'enrôlements volontaires et pour la durée de la vie de ceux qui le contractaient. Lorsqu'il n'y avait pas nécessité de retenir tous les soldats sous les drapeaux, ceux qui étaient autorisés momentanément à ne pas servir touchaient la solde, mais ne recevaient pas de vivres.

L'unité militaire était le bataillon, contenant un nombre de compagnies variable suivant les besoins ou plutôt les caprices des différents khalifas ou lieutenants de l'émir. La compagnie s'appelait *miah* (cent) ou centurie (2); cette compagnie se subdivisait elle-même en trois sections nommées *kheba* (tente), parce qu'il y avait ordinairement une tente pour les trente-trois hommes qui formaient chacune d'elles.

Le bataillon était commandé par un *agha* (prononcez ar'a), qui touchait trente boudjous (cinquante-quatre francs) de solde mensuelle. L'uniforme de l'agha se composait d'un pantalon, d'un gilet et d'une veste amarantes avec le chéchia (calotte rouge), entouré d'un turban sur la couleur duquel Abd-el-Kader ne se montrait pas bien difficile ; ce commandant de bataillon était armé d'un sabre à fourreau d'argent et d'une paire de pistolets. Ses insignes étaient les inscriptions suivantes :

1° Sur la manche droite, en lettres d'argent : *La patience est la clef de la victoire ;*

2° Sur la manche gauche, également en lettres d'argent : *Il n'y a de Dieu que Dieu et Mahomet est son prophète ;*

3° Sur le côté droit de la veste, à hauteur du sein, en lettres d'or : *Allah* (Dieu) ;

---

(1) Cette troisième phase prendra les trois derniers chapitres du présent volume.
(2) Ainsi dénommée parce qu'elle comprenait habituellement cent hommes.

GÉNÉRAL DE LAMORICIÈRE

4° Sur le côté gauche, au-dessus du cœur, également en lettres d'or : *Mohammed* (Mahomet).

L'agha était assisté, dans la partie administrative de ses fonctions, par un *khodja* (homme de plume) espèce d'intendant qui portait écrit sur la manche droite : *Nasser ed din* (celui qui fait triompher la religion), et dont la solde était de vingt boudjous (trente-six francs) par mois.

Enfin il avait encore à sa disposition un *chaouch el asker*, mot que l'on peut traduire par : *le donneur de coups de bâton aux soldats*.

Le capitaine de la compagnie était appelé le *cief* ou *siyef* (celui qui porte le sabre). Deux petits sabres brodés sur ses épaules faisaient l'office d'épaulettes ; sa solde montait à douze boudjous (vingt-un francs soixante centimes) par mois. Son uniforme, pantalon, gilet et veste, était écarlate ; c'est dire que cet officier servait avantageusement de cible à nos tirailleurs. Sur le petit sabre qu'il portait brodé à l'épaule droite, on lisait en découpure : *Il n'est rien de plus profitable que la piété et le courage ;* et sur celui brodé sur l'épaule gauche : *Il n'est rien de plus nuisible que la discussion et le manque d'obéissance.*

C'était un bien grand luxe de devises et d'inscriptions dans une armée où presque personne ne savait lire.

Le commandant du bataillon avait le droit de faire campagne à cheval. Au capitaine, on tolérait une monture pendant les marches, mais il devait mettre pied à terre au moment du combat.

Ce dernier avait sous ses ordres trois *khébir el khéba* (au pluriel *khoubar el khéba*) ou chefs de peloton ; c'étaient des sortes de lieutenants, ou chefs de tente, car la section, de trente-trois hommes, formait une tente, comme nous l'avons dit plus haut.

Le sous-officier, veste bleue, pantalon et gilet bleus, répondant à peu près à notre sergent, avait pour insigne l'inscription suivante sur la manche droite : *Celui qui obéit à son chef et craint Dieu obtiendra tout ce qu'il espère et tout ce qu'il désire*. Il est à croire qu'il prenait cette inscription pour une pure plaisanterie ; il eut désiré sans doute une solde plus forte, la sienne n'étant que de huit francs par mois.

Mais il était habillé. Le soldat l'*asker* ou fantassin, s'habillait à ses frais, mais il recevait neuf francs de solde par mois, un franc de plus que son sous-officier.

Un *sous-khodjah* remplissait les doubles fonctions d'aumônier et de sergent-major ; enfin un *tambourdji* ou tambour, et un *tebbakh* ou cuisinier complétaient le cadre de la compagnie.

L'*asker* ou fantassin régulier était tenu de se présenter avec une veste à capuchon de couleur brune en étoffe de laine faite au métier, une culotte bleu de ciel, un chéchia rouge, et des babouches jaunes.

Singulier assemblage de costumes dans les bataillons réguliers de l'émir. On y voyait le commandant en tenue amarante, les capitaines en tenue écarlate, les sous-officiers en tenue bleue, et les soldats en tenue brune. Nos tirailleurs prirent l'habitude à chaque combat de démolir les cadres, c'est-à-dire de tirer exclusivement sur ceux qui n'avaient pas le capuchon brun.

L'asker était armé autant que possible avec un fusil de fabrication française. Les traités Desmichels et de la Tafna avaient donné à cet égard toutes facilités à Abd-el-Kader auquel du reste, comme nous le verrons plus tard, le sultan du Maroc faisait parvenir des convois d'armes, de munitions et d'effets. Le fantassin avait en outre la permission de porter des pistolets et autant de yatagans ou couteaux que bon lui semblait ; mais alors il achetait lui-même ces armes.

La cavalerie d'Abd-el-Kader était organisée en escadrons de cinquante hommes. Les *khiélas* ou cavaliers rouges acquirent une certaine réputation d'audace et de bravoure. Chaque escadron comprenait deux *khebas*, ou tentes, ou pelotons. Le capitaine avait donc sous ses ordres deux lieutenants, avec l'inévitable *khodja*, le *sous-khodja* ou aumônier-sergent-major, et le *tebbakh* ou cuisinier.

Deux escadrons étaient commandés par un agha en uniforme amarante qui ne se distinguait du commandant d'un bataillon d'infanterie que par la devise portée en lettres d'argent sur la manche droite : *Allons, combattant, élance-toi si tu veux faire prise ; ne songe pas à ce qui peut t'arriver, car tu fuirais.*

Sur la manche gauche du capitaine et des lieutenants de cavalerie, on lisait : *Le bonheur est attaché aux crins des chevaux*, expression tirée du Coran.

L'émir fournissait aux khiélas ou simples cavaliers un uniforme écarlate, leur laissant le souci de se pourvoir à leurs frais d'un burnous blanc ou noir.

L'artillerie ne formant pas une arme spéciale, l'artilleur était au besoin sapeur du génie, fantassin, cavalier. Le chef des canonniers, le *bach-tobdji*, était assimilé à l'agha pour le rang et la solde. Les insignes de cet officier différaient de ceux des aghas d'infanterie et de cavalerie par l'inscription de sa manche droite : *Je ne lance rien par moi-même, et si je lance quelque chose, c'est Dieu qui l'a lancé.* Il n'avait qu'un lieutenant, plus le khodja de rigueur et autant de *kebir el medjad* ou chefs de pièce que de canons.

Abd-el-Kader se souciait fort peu de son artillerie, sachant bien qu'elle ne pouvait nous nuire ; il n'avait d'autre pensée que d'inspirer confiance à ses soldats. Ses mauvais canons ne tiraient le plus souvent qu'un ou deux coups au hasard, et au premier obus français qu'ils recevaient, on les chargeait prestement sur des chameaux, tant bien que mal, avec des bâts improvisés. Les Arabes n'avaient aucune idée de ce que pouvait être un caisson ; leurs munitions étaient dans de simples paniers en alfa ou en feuilles de palmier-nain.

Quand l'émir entreprit d'élever la forteresse de Tegdempt pour remplacer celle de Mascara, il l'arma de sept canons de six ou de huit. C'étaient de vieilles pièces espagnoles, montées sur des affûts de fabrication arabe, portés eux-mêmes sur des roues exclusivement en bois. Jadis enclouées, leurs lumières avaient en conséquence une circonférence trop grande et leur maniement présentait beaucoup de danger.

En 1842, la seule batterie qu'Abd-el-Kader avait pu conserver, se composait de trois canons de campagne avec un bach-tobdji et douze artilleurs. La manœuvre était devenue tellement périlleuse pour les canonniers, que ceux-ci préférèrent déserter. Officier et soldats amenèrent leurs pièces au général commandant à Médéa.

La nourriture du soldat arabe se composait réglementairement d'un demi-kilogramme de biscuit le matin, et le soir d'un kilogramme de *chichah* ou blé concassé. Chaque tente de trente-trois hommes faisait cuire sa *chichah* dans le même chaudron, et il lui était alloué trois quarts de kilogramme de beurre. Tous les jeudis, une compagnie recevait cinq moutons.

Quand Abd-el-Kader dut renoncer à la guerre régulière, la plupart du temps deux ou trois cuillerées de blé pilé, cuit avec un peu d'huile et de l'eau, furent la seule ration quotidienne de ses troupes ; il y avait distribution de viande, quand une razzia avait réussi.

Un cafetier, sorte de vivandier, fournissant toute espèce de marchandises et de comestibles, était attaché à chaque bataillon régulier. Il vendait un exécrable marc de café que les soldats arabes avaient peine à boire. Un jour, M. Léon Roches, lors de son séjour auprès de l'émir, entendit l'un d'eux s'écrier : « Je suis persuadé que l'eau de l'enfer n'est ni plus noire, ni plus brûlante, ni plus amère. »

Une garde particulière était attachée à la personne de l'émir ; elle comprenait trente esclaves nègres, excellents cavaliers, grands et forts, qui avaient dû faire, antérieurement, preuve de bravoure et de fidélité. Ils étaient vêtus d'une veste rouge et d'une culotte bleue, et portaient l'un sur l'autre deux burnous, l'un blanc et l'autre brun. Armés de sabres, de fusils et de pistolets, ils couchaient à la belle étoile, aux pieds de leurs chevaux sellés et bridés à toute heure et en tout temps, la moitié d'entre eux veillant à l'entour de la tente de leur maître, qu'ils avaient le privilège de monter et de démonter. Lorsque un chaouch ou bourreau avait trop de têtes à couper, ce qui arrivait souvent, ils l'aidaient dans sa sinistre besogne, très flattés et très empressés.

Des soldats prisonniers nous ont dépeint l'armée d'Abd-el-Kader se mettant en marche.

Dès trois heures du matin, l'émir se mettait à prier. Vers quatre heures, un premier roulement de tambours donnait le signal du réveil du camp. Une demi-heure après, un second roulement annonçait le départ de l'infanterie ; alors seulement l'on abattait les tentes, et Abd-el-Kader ne cessait ses prières qu'au moment où ses nègres lui annonçaient que la sienne allait tomber. On chargeait pêle-mêle les bagages et les objets de campement sur des chameaux, des mulets, des ânes, des chevaux de bât : le désordre était inimaginable. Enfin, un troisième roulement de tambours avertissait que le convoi était prêt à partir ; puis on amenait à l'émir son cheval sur lequel il se hissait à l'aide d'un tabouret de velours. Quelquefois un nègre lui offrait son dos. Cette prévenance s'explique parce que les étriers arabes sont peu longs. Ajoutons à cela qu'il avait lui-même les jambes fort courtes ; mais comme il était d'une force musculaire remarquable, on le voyait souvent s'élancer d'un bond sur la selle ; c'était un véritable tour de force, car la palette de la selle arabe s'élève à trente ou trente-cinq centimètres au-dessus du siège.

Une fois l'émir à cheval, les chefs donnaient le signal du départ. La musique (*nouba*), composée de huit à neuf musiciens, était en tête suivie par huit Arabes portant dans des fourreaux de cuir rouge autant de fusils appartenant à Abd-el-Kader. Puis venaient quatre porte-drapeaux portant le drapeau de la cavalerie, soie rouge, celui de l'infanterie, soie jaune avec deux bandes bleues horizontales, et deux drapeaux particuliers au chef suprême, l'un vert et bleu, l'autre jaune et rouge. Tous les vendredis (dimanche des musulmans) les drapeaux étaient exposés et déployés devant la tente de l'émir.

Après les porte-drapeaux venait Abd-el-Kader lui-même au milieu d'un groupe d'officiers. Suivaient immédiatement les trente nègres de la garde particulière et enfin la cavalerie pêle-mêle, les réguliers mêlés aux irréguliers, selon la convenance de chacun.

L'Arabe a la haine de la contrainte; de là une marche sans ordre. L'infanterie régulière se maintenait à peu près à son rang; mais à peine avait-on fait un kilomètre ou deux, que les auxiliaires prenaient un espace énorme. Ces soldats irréguliers avaient ordre de ne rien dérober, mais comme l'indigène est pillard de sa nature, il ne se passait pas de jour que les chaouchs n'arrêtassent quantité de délinquants. On les amenait à Abd-el-Kader, qui arrêtait son cheval un instant, et les faisait bâtonner sans pitié ; le même manège recommençait une ou deux heures après. Un lièvre était-il levé? Une centaine de cavaliers se lançaient à sa poursuite. Cette armée en marche n'était qu'une cohue désordonnée ; le bruit était indescriptible, chaque bataillon jouant du tambour pour son compte, et les musiciens débandés jouant chacun de son côté.

Après le traité de la Tafna, il y eut une recrudescence dans les désertions. La plupart de ceux qui allèrent rejoindre les Arabes étaient des Allemands de la légion étrangère ou des hommes appartenant à des corps disciplinaires. Ces misérables, gens sans aveu ni moralité, devaient tous en arrivant faire une abjuration solennelle ; mais les indigènes ne se faisaient aucune illusion sur les sentiments religieux de ces nouveaux convertis, et sachant parfaitement qu'ils ne changeaient aussi facilement de religion que parce qu'ils n'en avaient aucune, ils les méprisaient et même les maltraitaient. On était donc parfaitement édifié sur ces déserteurs, lie de notre armée, qui ne quittaient nos rangs que pour échapper aux conséquences judiciaires de quelque mauvaise action. Mais comme après tout Abd-el-Kader avait besoin de ces êtres méprisables pour instruire ses soldats et obtenir des renseignements, il cherchait à les attirer par de belles promesses. Ces promesses, il est bien entendu qu'il ne les tenait jamais. Pendant son séjour près de lui, M. Léon Roches rencontra un jeune Polonais, officier d'artillerie ; séduit par un de ses agents à Oran, celui-ci était venu avec la mission convenue d'organiser son artillerie. Mais les belles espérances qu'avait formées le Polonais furent bien vite déçues. Le bach-tobdji, ou commandant de l'artillerie, le desservit, craignant avec raison d'être convaincu d'ignorance et par suite supplanté par lui, et on l'enrôla comme simple canonnier. Quand le pauvre jeune homme, qui était frêle et délicat, se vit affublé d'un uniforme malpropre, dépouillé de tous les effets et instruments qu'il avait apportés, il n'eut plus qu'un désir, celui de revenir à Oran. Heureusement pour lui il fit la rencontre de deux déserteurs français ; ceux-ci n'ayant pas un passé trop chargé, étaient résolus à rentrer au bercail et à se remettre entre les mains de l'autorité militaire. Ils l'emmenèrent avec eux et tous trois arrivèrent sains et saufs à Mostaganem.

Les déserteurs avaient fabriqué à leur usage un verbe qui a disparu du vocabulaire de l'armée d'Afrique et qui n'a jamais figuré dans le dictionnaire de l'Académie. Abjurer, c'est-à-dire faire la profession de foi : *Il n'y a de Dieu que Dieu, et Mahomet est son prophète,* voulait dire *chêter*. L'abbé Suchet, en 1841 (1), rencontra un zéphyr que l'on venait d'incorporer dans une compagnie d'*eldj* ou renégats ; à certains bataillons réguliers était attachée

(1) Lorsque au nom de Mgr Dupuch, il traita avec Abd-el-Kader de l'échange des prisonniers français.

une de ces compagnies de coquins. Celle que vit le digne prêtre comprenait, sur une centaine d'individus, à peine une douzaine de Français.

Ces malheureux, dont Abd-el-Kader ne voulait pas parmi ses soldats réguliers, étaient naturellement fort à plaindre. Il fallait toute la sobriété arabe pour se contenter de la maigre solde et des prestations en nature encore plus maigres qui étaient allouées à ses troupes ; mais certains déserteurs étaient hommes de ressource. Le zéphyr dont parle l'abbé Suchet avait imaginé de se mettre médecin et de soigner les indigènes. Le voyant un soir occupé à enlever avec beaucoup de soin les bavures d'une bougie, il lui demanda ce qu'il prétendait faire de cet ingrédient : « C'est pour fabriquer un remède, répondit-il. J'étends cela sur le premier chiffon venu, et ça fait l'effet du diachylum. » Et il ajouta : « J'en emploie bien d'autres, ma foi : dernièrement il m'est venu un Arabe qui avait mal aux yeux. Je me suis mis à piler du charbon avec de la terre, et j'ai fait du tout un emplâtre que je lui ai appliqué sur les *quinquets*. Ce qu'il y a de plus drôle, c'est que le gaillard a été parfaitement guéri ! Vous sentez bien qu'il m'est égal de les guérir ou de les tuer ; l'essentiel, c'est qu'ils me donnent de l'argent. Lorsqu'ils viennent se faire traiter, je leur dis d'abord : *Donar boudjou*, donne-moi un boudjou. Ils se font un peu tirer l'oreille, mais ils finissent par payer. Après quoi, je leur montre mon remède, et avant de le livrer, je répète : *Donar encore boudjou.* Alors ils crient beaucoup ; mais comme je ne comprends pas leur jargon, ça m'est totalement indifférent. Quand ils sont las de se mettre en colère, ils me donnent un deuxième boudjou, et alors je leur applique la chose : car enfin il est bien juste, puisque je suis en même temps médecin et apothicaire, qu'ils paient la consultation et le remède. »

Un déserteur de la légion étrangère, nommé Mardulin, se fit à Mascara, au temps où cette ville était la capitale de l'émir, une grande réputation comme oculiste. On venait le consulter depuis le Maroc. Son remède était simplement une mixture d'huile et de brique pilée qu'il vendait cinq francs le flacon.

Il ne faut donc pas s'étonner si les déserteurs ne tenaient pas à rester avec Abd-el-Kader, et s'ils préféraient revenir à nous, quitte à passer devant les conseils de guerre ; mais s'échapper n'était pas chose facile. Quelques-uns réussirent pourtant à passer au Maroc.

Un jour le colonel Cavaignac, pendant le blocus de Médéa en 1840, vit arriver à lui un déserteur du nom de Glockner.

C'était un jeune Allemand d'excellente famille, neveu du ministre de la guerre de Bavière et déserteur de l'armée bavaroise ; il était venu s'enrôler dans la légion étrangère ; puis il était passé aux Arabes. L'odyssée de cet aventurier est bizarre. D'abord soldat, il voulut fuir, fut arrêté, et par punition vendu comme esclave. Dans cette situation pendant quelques mois, il apprit un peu l'arabe, puis s'échappa de la tente de son maître, et alla devant lui jusqu'au désert, s'arrêtant chaque soir auprès d'une tribu et s'y annonçant par le salut habituel du musulman : « Eh ! le maître du douar, un invité de Dieu ! » Il mangeait, se reposait et repartait le lendemain sans que jamais un indigène lui ait dit : « Où vas-tu ? »

Glockner parvint ainsi à Aïn-Mahdi, au sud-est de Laghouat. Le marabout Tedjini, chef de cette oasis, ennemi acharné d'Abd-el-Kader, recevait à bras ouverts les hommes échappés du camp de son rival ; voulant faire de l'oasis d'Aïn-Mahdi un centre de résistance, il avait réussi à débaucher à grands frais un ancien soldat du génie de l'armée autrichienne au service de l'émir. C'est ce personnage, déserteur également de la légion étrangère, que Glockner rencontra à Aïn-Mahdi ; mais le Bavarois et l'Autrichien ne purent s'entendre sur la question des fortifications de l'oasis, et le premier se remit à courir la campagne. Ayant été ramené à Abd-el-Kader, celui-ci lui pardonna à condition de se bien conduire, et l'incorpora dans les réguliers de son khalifa El Berkani. Glockner fit dans les rangs de l'armée arabe les campagnes de 1839 et de 1840. Il fut même décoré par l'émir (1) à la suite d'une blessure reçue, à ce qu'il raconta plus tard, d'un capitaine français adjudant-major du 2° léger.

Après d'autres aventures, l'incorrigible aventurier songea enfin à sa famille, et se constitua prisonnier à Médéa, demandant en grâce à être enrôlé parmi les zouaves au titre indigène. Cavaignac le fit inscrire sur les contrôles sous le nom de Ioussef (Joseph). Il n'avait que vingt et un ans, et, chose incroyable, était timide comme une jeune fille.

Il se conduisit d'abord admirablement et devint caporal, puis sergent; son père écrivit de Bavière qu'en considération de sa bonne conduite il pardonnait à son fils. Mais, étant en garnison à Tlemcen, il déserta de nouveau, gagna le Maroc en compagnie d'un prisonnier politique; de ville en ville il parvint à Tanger, où le consul français le fit arrêter. Renvoyé à Oran, il allait être traduit devant un conseil de guerre, quand le général Bedeau intervint, rappela ses anciens services et obtint de faire engager son protégé comme spahis au titre indigène. Quelque temps après, Glockner fut tué par un cavalier rouge d'Abd-el-Kader.

IV

Nous venons de voir Abd-el-Kader rompre avec les traditions du précédent régime algérien, et substituer au maghzen et aux divisions des tribus, par son organisation militaire, cette fraternelle égalité qui dans un autre temps fit

---

(1) Celui-ci, en effet, avait complété son imitation des usages militaires des nations européennes en créant une décoration. C'était une espèce de griffe en argent qui s'attachait au turban et dont les branches plus ou moins nombreuses indiquaient le degré de mérite.

la grandeur de l'Islam. Mais s'il créa, il ne corrigea rien. Logique dans ses convictions, implacable dans ses rancunes, il poursuivit avec une cruauté excessive les restes encore nombreux de la race turque à Tlemcen, à Médéa, à Miliana, voulant anéantir les auxiliaires des Français en Afrique. Il ne craignit pas d'être le bourreau de ces malheureux Coulouglis, qui mouraient fièrement comme le maître assassiné par son esclave révolté, crachant leur mépris au visage de ces Arabes qu'ils avaient si longtemps dominés par la terreur.

Personne en Algérie ne s'y trompait; la guerre sainte s'annonçait, non plus cette guerre sainte proclamée par l'émir en 1832, mais la guerre sainte avec une armée régulière servant de noyau à la levée en masse des tribus. Le maréchal Valée, nommé gouverneur général de l'Algérie (1), ne voulut pas être pris au dépourvu; il se hâta d'organiser la province de Constantine et entreprit d'en relier le chef-lieu à la mer par une route plus courte que celle de Bône. Dès le printemps de 1838, le général de Négrier, commandant la province, alla reconnaître Stora, et fonda à quelque distance la ville de Philippeville, sur les ruines de l'ancienne cité romaine de Russicada. Puis le maréchal relia Constantine à Alger par une ligne allant de Sétif aux Portes de fer. Au mois de décembre, le général Galbois, successeur du général de Négrier, entra à Sétif, l'ancienne Sitifis des Romains; au retour il laissa le 3ᵉ bataillon d'Afrique, moins de six cents hommes, sous les ordres du chef de bataillon de Chadeysson, à Djemilah, l'antique Cuiculum Colonia, réunion de grandes et belles ruines situées au fond d'un entonnoir (2); ce pays est hérissé de telles difficultés, que Bélisaire n'avait pu s'y frayer un chemin. A peine la colonne française était-elle rentrée à Constantine, que des nuées de Kabyles attaquèrent la brave garnison de Djemilah, qui fournit pendant

(1) Après la prise de Constantine.
(2) Entre Milah et Sétif.

six jours et six nuits une résistance trop peu connue, et qui mérite d'être citée parmi les plus beaux faits d'armes. Elle allait succomber, car l'eau manquait absolument et les soldats en étaient réduits à boire leur urine ; mais les tribus kabyles voulurent d'avance se partager les dépouilles des vaillants défenseurs de la place, et se prirent si violemment de querelle, qu'après en être venus aux coups de fusil, elles se dispersèrent, et le bataillon fut ainsi délivré.

Envoyé au secours de la garnison, le général d'Arbouville prit sur lui d'évacuer Djemilah. En compensation, le maréchal Valée établit un poste à Djigelly, le Gigel des Barberousse. Nous occupons donc dans la province de Constantine Bougie (Bou-Djaïa), Djigelly, Stora, Philippeville (Sguigda), Bône (el Hannaba) et la Calle (el Khal) sur la côte, et dans l'intérieur Constantine, Guelma et Milah.

En 1839, le général Galbois retourna à Sétif, cette fois-ci définitivement, et fonda un établissement sur les ruines de la citadelle de Sitifis relevée par Bélisaire. Cette ville, qui devint une des clefs de l'Algérie, était à cette époque la tête de la digue opposée à Abd-el-Kader dans la province de Constantine. Les plus importants des chefs arabes se groupèrent autour de nous : c'étaient entre autres Ben-Aïssa, ancien lieutenant d'Ahmed-Bey, qu'il avait abandonné, plein de mépris pour la lâcheté de son maître, Ben-Ganah, surnommé le serpent du désert, chef des oasis du Ziban ou pays de Biskra, Mokrani, chef des tribus de la Medjana, pays à l'ouest de Sétif. Les Mokrani prétendaient descendre d'un Montmorency venu en Algérie avec le duc de Beaufort sous Louis XIV ; ils nous furent fidèles jusqu'en 1870.

A côté d'eux, tous de familles illustres excepté l'ancien forgeron kabyle Ben-Aïssa, se montrait Caïd-Ali, soldat parvenu, ancien canonnier dans la milice turque. Il disait en montrant sa croix de la Légion d'honneur : « Elle est rouge du sang des ennemis de la France ; voilà ma généalogie. »

L'occupation de Sétif nous permettait de former une barrière compacte, opposée à l'empire d'Abd-el-Kader, car elle unissait la province d'Alger à celle de Constantine. Mais il fallait trouver une route pour relier ces deux provinces. C'est alors que fut décidée la fameuse expédition des Bibans ou Portes de fer.

A cette fin trois divisions furent organisées. La première, commandée par le duc d'Orléans et le maréchal Valée, devait aller de Sétif à Alger; la deuxième, formée des troupes de la province de Constantine, appuierait le mouvement; et enfin la troisième, composée des troupes de la division d'Alger, partirait de l'Oued-Kaddara quand la première approcherait d'Alger, pour la soutenir au besoin.

En passant à Djemilah, le prince visita les magnifiques ruines romaines au milieu desquelles était campée la division Galbois. L'arc de triomphe, encore debout aujourd'hui, excita surtout son admiration. On sait que le duc d'Orléans avait un goût exquis, une vive passion pour les arts; il désira faire transporter cet arc de triomphe en France. Par son ordre, toutes les pierres en furent numérotées, afin que le monument pût être élevé sur une des places publiques de Paris. Comme il aimait passionnément l'armée qui avait contribué à sa gloire et qui l'avait en adoration, cette inscription : *L'armée d'Afrique à la France*, devait être gravée sur l'arc de triomphe.

Il ne fut pas toutefois donné suite à la généreuse pensée du prince.

L'armée se mit en marche vers la fin du mois d'octobre 1839. Le but de l'expédition avait été soigneusement caché aux soldats qui pensaient aller à Bougie. Le convoi organisé uniquement avec des mulets, de façon à pouvoir passer partout, assurait dix jours de vivres à la colonne. Mais les obstacles naturels étaient immenses; tourner les Portes de fer par le sud, était se jeter dans les pays réservés à Abd-el-Kader; en les traversant directement on allait dans des montagnes inconnues, coupées par des rivières qu'une pluie pouvait grossir en une nuit, et habitées par des populations fières et indépendantes.

L'état-major n'était éclairé ni par des cartes ni par des reconnaissances ; il fallut se guider sur l'itinéraire d'Antonin ; un vieux Turc, doué d'une admirable mémoire locale, nous fut très utile ; on marchait le plus souvent à la boussole.

Le maréchal Valée avait senti que le succès de l'expédition ne pouvait être assuré que par la célérité de la marche, qui rendrait tardive l'action de l'ennemi. Mais il n'eut pas besoin de faire appel à la bonne volonté des soldats ; ceux-ci, dont l'imagination était vivement surexcitée par ce nom retentissant et mystérieux : *Portes de fer*, cheminaient à l'allure la plus vive.

Un lieutenant d'Abd-el-Kader, Omar, essaya bien de nous devancer. Mais le maréchal Valée se hâta d'envoyer contre lui toute sa cavalerie qui fit une marche forcée de vingt lieues en un jour. Omar n'osa point se mesurer avec nos braves cavaliers et abandonna son bivouac et ses vivres.

Mais donnons la parole au prince royal (1).

« Ce défilé célèbre, et plus difficile encore que la renommée ne l'avait dit, est la seule entrée donnant accès, vers l'est, dans l'agglomération confuse de montagnes sauvages et amorphes dont le Djurjura est le pic principal, et qui couvre près de douze cents lieues carrées de pays entre Bougie, Ouennougha, et l'Oued-Kaddara.

» Un phénomène géologique extraordinaire a relevé verticalement, sur une vaste surface, les couches horizontales des roches calcaires dont cette partie de l'Atlas est formée. L'action des siècles a détruit les couches plus friables qui remplissaient les intervalles de ces stratifications parallèles, en sorte qu'aujourd'hui ces murailles naturelles, distantes de quinze à trente mètres, se succèdent pendant près d'une lieue, s'élevant jusqu'à une hauteur de cent à deux cents mètres.

(1) Campagnes de l'armée d'Afrique de 1835 à 1839.

» La seule brèche pratiquée à travers ce feuilleté de montagnes grandioses a été frayée par l'Oued-Biban, ou Bou-K'ton, torrent salé dont le lit, encombré de cailloux roulés et de débris de toute espèce, n'a parfois qu'un mètre ou deux mètres de large. Il n'a point sillonné en ligne droite les faces verticales des rochers qui le surplombent, et il n'y a pas un recoin de ce sombre défilé où l'on ne soit à la fois vu de plusieurs de ces remparts, qui se donnent ainsi un flanquement mutuel, et dont le sommet, dentelé par une incroyable bizarrerie de la nature, est percé d'ouvertures ovales disposées comme des meurtrières. »

Les précautions militaires d'usage étaient absolument superflues. Le duc d'Orléans réunit les compagnies de voltigeurs de tous les corps, les confia au lieutenant-colonel Drolenvaux du 2ᵉ léger, et les lança à toute course dans le défilé ; nos braves soldats en occupèrent l'issue, et revinrent ensuite par les hauteurs le plus loin possible au devant de la colonne, qui dut cheminer plus de quatre heures dans un coupe-gorge effroyable, enfer respecté par les Romains eux-mêmes.

Entre la première et la deuxième porte, des sapeurs du génie, sur l'ordre du prince, gravèrent ces mots sur un rocher abrupt :

ARMÉE FRANÇAISE. — 1839

La pierre se chargeait de conserver à la postérité le souvenir et la date du premier passage des Portes de fer par les Européens.

Le maréchal Valée, jugeant que les Portes de fer ne pouvaient être une route militaire, déclara qu'on devait chercher ailleurs la communication régulière et habituelle d'Alger avec Constantine.

La première division franchit en neuf jours les soixante-huit lieues qui séparent Sétif d'Alger ; elle livra deux combats, et exécuta quinze passages de rivière à gué. Le con voi se composait de neuf cents animaux très chargés. Dans des montagnes affreuses, sans chemins, quoique nos fantassins eussent six jours de vivres et soixante cartouches, la colonne ne laissa en arrière ni un mulet, ni un homme.

A la Maison-Carrée, dernière étape avant d'arriver à Alger, le prince royal réunit les officiers, demandant que les sous-officiers et soldats pussent approcher; il leur adressa à tous les plus nobles paroles. Les régiments se formèrent ensuite en colonne, et le prince, mettant l'épée à la main, défila devant le maréchal Valée, lui témoignant par là sa déférence pour la haute dignité dont il était revêtu. La noblesse de race s'inclinait devant l'illustration militaire !

Les habitants d'Alger avaient ignoré cette expédition, en sorte qu'ils en apprirent à la fois et le projet et l'exécution. Aussitôt la population se mit en habits de fête, pavoisa les maisons, et accourut au devant de nos braves soldats qui venaient de déployer le drapeau français là où les Turcs n'avaient osé montrer le leur et où « les Romains n'avaient jamais porté leurs aigles ».

Deux jours après, le duc d'Orléans offrait un banquet aux troupes de sa division, sur l'esplanade Bab-el-Oued, où depuis a été bâti l'arsenal d'Alger. Au dessert, après une salve d'artillerie, le maréchal Valée, qui présidait cette fête de famille, porta la santé du roi; puis le prince, montant sur une table, fit entendre une de ces improvisations chaudes et émues pour lesquelles il avait un vrai talent.

Le côté romanesque de l'expédition des Portes de fer frappa le public, souvent injuste pour la prudence, toujours enthousiaste des témérités heureuses. Mais personne ne pressentit d'abord que si la France était grandie en Afrique, Abd-el-Kader était diminué. Il ne pouvait s'y résoudre. Ses bataillons réguliers étaient organisés, son matériel de guerre en état, ses approvisionnements au complet, ses projets arrêtés. Il ne lui restait rien à espérer de la paix.

Il se décida à la guerre, poussé par une nécessité implacable, car il n'y avait plus de place sur le sol algérien pour la France et pour lui. L'expédition des Portes de fer fut le prétexte qu'il invoqua pour rompre le traité de la Tafna, arguant que le fort de Hamza, que nous avions occupé, était compris dans les possessions que nous lui avions laissées. La prétention n'était point fondée, cependant la presse opposante essaya de la justifier, en accusant le gouvernement de mauvaise foi.

V

Ainsi que nous venons de l'exposer, la marche militaire des Portes de Fer, si souvent qualifiée de faute, fut en réalité une démonstration qui augmenta le prestige de la domination française; cette démonstration, Abd-el-Kader ne put la tolérer. L'émir avait attiré à lui presque toutes les tribus qui peuplaient le territoire que nous nous étions réservé entre la Chiffa et l'Oued-Kaddara; sans nous déclarer officiellement la guerre, il les lança en armes dans la plaine de la Mitidja. Tous nos établissements furent saccagés, nos postes isolés surpris et massacrés, et nos convois enlevés. La panique fut immense en Algérie et en France, et le maréchal Valée fut accusé d'imprévoyance, avec quelque fondement peut-être.

Abd-el-Kader écrivit, le 18 novembre 1839, au maréchal la lettre suivante :

« Le Seigneur El Hadj (1) Abd-el-Kader, prince des croyants, au maréchal Valée.

» Saluts à ceux qui suivent le chemin de la vérité.

» Votre première et votre dernière lettre nous sont par-

---

(1) Tout musulman qui a fait le pèlerinage de la Mecque fait précéder son nom du mot Hadj ou Hadji (pèlerin).

venues ; nous les avons lues et comprises. Je vous ai écrit que tous les Arabes, depuis Ouelassa jusqu'au Kef, sont décidés à faire la guerre sainte. J'ai fait ce que j'ai pu pour combattre leur dessein ; mais ils ont persisté. Personne ne veut plus la paix, chacun se dispose à la guerre. Il faut que je me range à l'opinion générale pour obéir à notre sainte loi. Je me conduis loyalement avec vous et je vous avertis de ce qui se passe. Renvoyez mon consul qui est à Oran, afin qu'il rentre dans sa famille. Tenez-vous prêt. Tous les musulmans déclarent la guerre sainte. Vous ne pourrez, quoi qu'il arrive, m'accuser de trahison. Mon cœur est pur, et je ne ferai jamais rien de contraire à la justice.

» Ecrit à Médéah, le 11 de Ramadan 1255 (18 novembre 1839). »

Cette lettre n'est elle pas un chef-d'œuvre de duplicité ? La guerre nous était déclarée officiellement, lorsque depuis huit jours elle était commencée.

Les hostilités devaient durer sept ans ; mais en réalité elles prirent fin en 1844 après la bataille de l'Isly, à la suite de laquelle Abd-el-Kader fut réduit à courir le pays comme un vulgaire chef de bandes, et finalement à se réfugier au Maroc.

Après le traité de la Tafna (1), l'émir disait à M. Léon Roches :

« Je redoute bien moins les Français depuis que je les connais. Je les croyais encore semblables à ceux qui allèrent combattre Souleyman (Soliman) pour reconquérir la ville où ils supposent qu'a été enseveli Sidna-Aïssa (Jésus-Christ).

» Malgré la haine que tout musulman doit nourrir contre les infidèles, j'ai souvent admiré leur courage, leur générosité, leur fidélité à tenir leur parole et leur observance des pratiques de leur religion ; mais ceux qui ont conquis

---

(1) En 1837.

Alger ne ressemblent en rien à leurs ancêtres. J'entends dire que quelques-uns ne reconnaissent pas de Dieu : en effet, ils n'ont construit aucune église, et les ministres de leur religion sont peu respectés par eux-mêmes.

» Ils ne prient jamais..... Dieu les abandonnera, puisqu'ils l'abandonnent ! »

Et il ajouta :

» En faisant la paix avec les chrétiens, je me suis inspiré de la parole de Dieu qui dit dans le Coran : *La paix avec les infidèles doit être considérée par les musulmans comme une trêve pendant laquelle ils doivent se préparer à la guerre.*

..... » Lorsque l'heure de Dieu aura sonné, les Français me fourniront eux-mêmes des causes plausibles de recommencer la guerre sainte. »

Abd-el-Kader tint parole. Mais il ne pouvait nous combattre sérieusement avec le semblant de forces régulières qu'il avait organisé si péniblement, et d'une façon tout-à-fait rudimentaire ; dans sa pensée elles ne devaient être que le noyau de la levée en masse des Arabes. Or, cette levée en masse, il ne pouvait l'obtenir que par la proclamation de la guerre sainte et l'exploitation du sentiment religieux chez les populations indigènes. L'enthousiasme guerrier se répandit donc dans les tribus, soufflant le feu à travers les montagnes, les sables et les forêts de l'Algérie.

Mahomet avait déclaré que la guerre sainte était la volonté même de Dieu, et qu'en conséquence elle devait être éternelle. Des trêves, jamais de paix. L'émir entendait bien se conformer sur ce point aux prescriptions du Coran. Il s'en autorisa pour commencer l'attaque sans déclaration de guerre ; le Coran sur ce point est formel et permet dans certains cas le mépris des serments et des traités, tout en spécifiant hypocritement que la foi donnée doit être observée.

Mahomet s'en était remis au sabre pour établir une religion que l'on a justement qualifiée de religion de rapine et de luxure. « Combattez, dit-il, contre les infidèles jusqu'à ce que toute fausse religion soit exterminée ; mettez-les à mort, ne les épargnez point ; lorsque vous les aurez affaiblis, réduisez-les en esclavage, et écrasez-les par des tributs. »

La guerre sainte ou *Djehed* (1) fut donc obligatoire dans le principe, chez les musulmans. Elle eut d'abord pour but la conversion des infidèles avec la perspective du pillage, lequel était autorisé après la victoire ; puis elle changea de forme, devint maritime au temps des corsaires barbaresques et disparut en se modifiant. Deux siècles après sa naissance, l'islamisme pactisait avec les infidèles. En Algérie le *Djehed* proclamé par Abd-el-Kader ne fut qu'une des formes de la résistance des indigènes contre la conquête ; il n'eut en aucune façon le caractère de la persévérance.

Chose singulière, c'est nous-mêmes qui avons, à l'époque d'Abd-el-Kader, ranimé la foi languissante des Arabes. Ceux-ci étaient encore religieux et affichaient un profond mépris pour notre scepticisme grossier ; l'on a vu plus haut, par la conversation d'Abd-el-Kader avec M. Léon Roches, quel dégoût nous lui inspirions sous ce rapport. Les Arabes ont le Christ en vénération et s'indignent de notre indifférence pour un prophète qu'ils mettent au-dessus de tous les autres. Sidna-Aïssa, disent-ils, a été conçu sans péché dans le sein immaculé de la vierge Meriem (Marie) et les Juifs ont crucifié un des leurs qui lui ressemblait ; Dieu avait pris soin de leur ravir leur sainte victime, en l'enlevant au ciel en corps et en âme. La légende musulmane ajoute que Jésus-Christ, précurseur de Mahomet, n'est pas fils de Dieu, mais a reçu en tant que prophète une mission divine qui est la confirmation du Pentateuque ; il doit revenir à la fin des temps convertir par le sabre

---

(1) La langue arabe écrite ne comporte pas de voyelles ; celles-ci sont marquées par des points. Selon les lieux, les Arabes prononcent donc indifféremment les voyelles des noms. Ainsi Djehed est écrit Djehad, ou Djihad, ou encore Djahad.

tous les peuples à la vraie religion, c'est-à-dire à l'islamisme, après quoi il sera enterré à Médine dans la même tombe que son continuateur Mahomet.

A ce moment les griefs religieux n'auraient pas suffi à soulever les Arabes contre nous, mais les débats de nos Chambres, les polémiques de la presse avaient accrédité parmi eux l'opinion que la France ne voulait pas conserver l'Algérie. Ils conçurent donc naturellement l'espérance de nous faire abandonner notre conquête en nous opposant une résistance armée, à jet continu.

L'émir profita de ces dispositions. Afin d'imprimer à la guerre sainte plus d'ensemble et d'énergie, il s'agissait pour lui d'être le premier parmi les siens. Il ne se contenta pas d'être le guerrier le plus habile, le meilleur cavalier, le plus savant docteur, le musulman le plus pieux, le prédicateur le plus éloquent ; il voulut être le mieux informé de ce qui se passait en France. Des agents secrets à Oran lui achetaient nombre de journaux français qu'il faisait traduire par ses déserteurs ou ses prisonniers. C'est ainsi que le résumé de nos discussions politiques, si pénibles souvent pour notre amour-propre national, si dangereuses quand nos ennemis s'en emparent, était répandu et discuté passionnément dans les tribus arabes.

Avec Abd-el-Kader la guerre sainte a jeté son dernier éclat; Turcs et Arabes font maintenant leur prière quelque peu pour le décorum ; beaucoup boivent du vin blanc, du champagne, de l'absinthe, toutes choses qui ne sont pas du vin, disent-ils hypocritement, car le vin est rouge. Le proverbe : *Le vin est le savon des soucis,* ne manque pas d'admirateurs.

Dans ces dernières années, le Mahdi (l'ange) du Soudan n'a pu réussir à organiser la guerre sainte et à provoquer un soulèvement parmi les tribus riveraines du Nil inférieur.

La houri est démodée, et il faut croire que la certitude de faire un jour la connaissance de ce fameux produit de l'imagination orientale n'est plus absolue. Au temps d'Abd-el-Kader, cette incrédulité se manifestait déjà. Peu d'Arabes, disait-il tristement à M. Léon Roches, sont disposés à mourir pour leur foi.

L'œuvre la plus méritoire, au dire de Mahomet, est le pèlerinage à la Mecque; une seule chose, ajoute-t-il, est encore plus méritoire : la mort dans la guerre sainte. Aujourd'hui, les Arabes préfèrent aller à la Mecque; c'est infiniment moins dangereux, et quelquefois lucratif, car presque tous les pèlerins sont des curieux, ou des individus cherchant à faire du négoce.

Ce qui contribua le plus à rendre impossible la prolongation de la lutte entreprise par l'émir fut la *fettoua* (consultation) que M. Léon Roches, interprète du général Bugeaud, obtint des ulémas de la zaouïa de Kaïrouan et de la mosquée d'El-Ashar au Caire. Déguisé en Arabe, se disant envoyé par les confréries religieuses, en particulier par celle du marabout Tedjini, rival d'Abd-el-Kader dans le sud algérien, il rapporta de Kairouan, du Caire, et de la Mecque jusqu'où il eut l'audace de se rendre, la *fettoua* dont il nous donne la conclusion dans son beau livre : *Trente-deux ans à travers l'Islam*, conclusion ainsi conçue :

« Quand un peuple mulsuman, dont le territoire a été envahi par les infidèles, les a combattus aussi longtemps qu'il a conservé l'espoir de les en chasser, et, quand il est certain que la continuation de la guerre ne peut amener que misère, ruine et mort pour les musulmans, sans aucune chance de vaincre les infidèles, ce peuple, tout en conservant l'espoir de secouer leur joug avec l'aide de Dieu, peut accepter de vivre sous leur domination à la condition expresse qu'ils conserveront le libre exercice de leur religion et que leurs femmes et leurs filles seront respectées. »

Cette *fettoua* fut répandue à des milliers d'exemplaires parmi les Arabes et contribua puissamment à diminuer l'influence religieuse de l'émir. Les marabouts, tels que Tedjini, jaloux de leur pouvoir, cherchaient par tous les moyens à le confiner dans le temporel, et prêchaient les doctrines suivantes :

« La révolte des musulmans n'est un devoir que si le peuple dominateur, chrétien ou idolâtre, voulait les forcer à renier leur religion ou à ne plus en observer les préceptes.

» Un peuple musulman doit résister autant que possible à la domination d'un peuple chrétien ; mais quand il est certain que la résistance ne peut plus amener que la ruine et une effusion de sang inutile, le peuple musulman doit se soumettre à la domination du peuple chrétien et le servir fidèlement.

» Les musulmans doivent exécuter scrupuleusement les conditions des traités conclus entre eux et les chrétiens. Toute trahison serait aussi condamnable qu'elle le serait envers un gouvernement musulman. »

C'était dire aux Arabes : Soumettez-vous. Après Isly, ils commencèrent à se résigner. L'empereur du Maroc était le premier à leur donner l'exemple ; il écrivait à son fils : « Puisque l'islamisme n'a ni les armées, ni les vaisseaux, ni les places fortes, ni surtout la foi qui enflammait nos ancêtres, que faire sinon mettre notre espoir en Dieu, et accepter les conditions de paix que le chrétien nous impose ? »

Le marabout Tedjini, en apprenant que l'émir avait été ejeté dans le Maroc, dit le dernier mot :

« Puisque les armes d'Abd-el-Kader n'ont pas été bénies du Très-Haut, les Arabes n'ont plus qu'à se soumettre. »

VI

Dans la province d'Alger, les hostilités avaient commencé par l'ancienne tribu maghzen des Hadjoutes, anéantie aujourd'hui ; sorte de colonie militaire, refuge des aventuriers de toutes les tribus, elle ne laissait aucun repos à nos avant-postes du Sahel ou campagne d'Alger. Les Hadjoutes, vrais flibustiers à cheval, tenaient du Cosaque par leur habileté à faire la guerre de partisans, et du Comanche par leur adresse à rapiner. Ces *guerilleros* faisaient quelquefois trente lieues dans une nuit et paraissaient toujours là où on les attendait le moins. Abd-el-Kader leur donna pour caïd un nommé El-Hadj-Ould-Baba, le plus effronté voleur du pays; mais ce voleur était aussi un hardi partisan que l'on voyait parfois suivi de plus de mille cavaliers.

L'armée française allait avoir à combattre des adversaires fanatiques. Les *moualin el kebda* (1), pullulaient depuis la proclamation de la guerre sainte. Les prédications des marabouts ennemis d'Abd-el-Kader ne les avaient pas encore calmés, et ils se laissaient aller à toute la fougue sauvage et à l'enivrement du premier moment.

La levée en masse des Arabes se composait de troupes qui se déplaçaient avec une incomparable et merveilleuse facilité. L'émir et ses lieutenants n'avaient point à traîner de lourds convois, non plus qu'à s'occuper de la nourriture et du campement des rassemblements armés qu'ils commandaient; ceux-ci mangeaient ce qu'ils trouvaient, et bivouaquaient à la belle étoile. C'est à peine si en campagne on distribuait quelques biscuits aux réguliers; quant aux auxiliaires fournis par les tribus, c'était à eux à emporter leur provision de *rouïna*. La rouïna est un mets des plus primitifs. On jette un peu de blé dans l'eau; ensuite, après l'avoir broyé, on le sèche, et on le fait griller sur une dalle brûlante, ou encore sur une pelle rougie au feu, à défaut de four. Les grains ainsi préparés sont moulus et la farine grossière et noirâtre que l'on obtient est assaisonnée avec quelques grains de sel.

(1) Littéralement *ceux qui possèdent du foie*. C'est dans le foie que les Arabes placent le siège du courage. *Moualin el Kebda* signifie donc hommes de courage ou hommes de cœur.

La provision de rouïna est mise dans un *m'zoued*, petit sac en peau de chèvre, et l'Arabe partant en guerre ou en voyage est ainsi approvisionné pour plusieurs jours. Souvent la farine d'orge remplace celle de blé.

Dans son charmant volume : *Zouaves et chasseurs à pied*, le duc d'Aumale a dépeint la vie de campagne.

« Voyez-les, dit-il en parlant des zouaves, voyez-les approcher du bivouac : quelques hommes sortent des rangs et courent à la source voisine pour remplir les bidons d'escouade avant que l'eau ait été troublée par le piétinement des chevaux et des mulets. Les fagots ont été faits d'avance et surmontent déjà les sacs. La halte sonne, le bataillon s'arrête et s'aligne sur la position qui lui est assignée ; la compagnie de grand'garde est seule en avant. Tandis que les officiers supérieurs vont placer les postes eux-mêmes, les faisceaux se forment sur le front de bandière, les petites tentes se dressent, les feux s'allument comme par enchantement. Les corvées vont à la distribution des vivres, des cartouches ; les hommes de cuisine sont à l'œuvre ; d'autres coupent du bois, car il en faut faire provision pour la nuit ; d'autres fourbissent leurs armes ; d'autres encore réparent leurs effets avec cette inévitable trousse du soldat français qui d'abord faisait sourire, dit-on, nos alliés de Crimée. Cependant la soupe a été vite faite ; on n'y a pas mis la viande de distribution, destinée à bouillir toute la nuit pour ne figurer qu'au repas de la diane. La soupe du soir se fait avec des oignons, du lard, un peu de pain blanc, s'il en reste, ou, si l'*ordinaire* est à sec, elle se fait au café, c'est-à-dire que le café liquide est rempli de poussière de biscuit et transformé en une sorte de pâte (1) qui ne serait peut-être pas du goût de tout le monde, mais qui est tonique et nourrissante ; ou bien encore le chasseur, le pêcheur de l'escouade, ont pourvu la gamelle qui d'un lièvre, qui d'une tortue, qui

---

(1) Les soldats l'appellent turlutine.

d'une brochette de poisson ; nous ne parlons pas de certains mets succulents savourés parfois en cachette, une poule, un chevreau, dont l'origine n'est pas toujours orthodoxe. La soupe est mangée, on a fumé la dernière pipe, chanté le joyeux refrain. Tandis que les camarades de tente s'endorment entre leurs deux couvertes, la grand'garde change de place en silence, car sa position aurait pu être reconnue. Le factionnaire qu'on voyait au haut de cette colline a disparu ; mais suivez l'officier de garde dans sa ronde, et, malgré l'obscurité, il vous fera distinguer, sur la pente même de cette colline, un zouave couché à plat ventre tout près du sommet qui le cache, l'œil au guet, le doigt sur la détente. Un feu est allumé au milieu de ce sentier qui traverse un bois, et qu'un petit poste occupait pendant le jour ; mais le poste n'est plus là. Cependant le maraudeur, l'ennemi qui s'approche du camp pour tenter un vol ou une surprise, s'éloigne avec précaution de cette flamme autour de laquelle il suppose les Français endormis ; il se jette dans le bois, et il y tombe sous les baïonnettes des zouaves embusqués, qui le frappent sans bruit, afin de ne pas fermer le piège et de ne pas signaler leur présence aux compagnons de leur victime. »

L'illustre auteur a présenté le beau côté du tableau ; c'est le côté pittoresque, mais hélas ! la guerre d'Afrique n'a pas eu toujours l'aspect facile du récit qui précède. Elle est loin de ressembler à la guerre d'Europe, guerre où l'on combat des nations qui se font une loi de l'humanité, où le blessé, toujours secouru, peut être laissé en arrière, où le prisonnier est bien traité. En Algérie, pendant la période des grandes guerres, la souffrance était de chaque heure, et nous éprouvons une sorte de respect attendri pour les vaillants soldats qui ont écrit avec leur sang des pages immortelles au livre de nos annales. Dans l'histoire de la conquête algérienne, tout fut grand, les calamités et les erreurs, les souffrances et les illusions. Là, les troupes du camp de la Taïna, immobilisées sur une plage stérile, se nourrissent de la chair des chevaux tués à l'ennemi ; là, les zéphyrs du 3ᵉ bataillon d'Afrique, enfermés à Djemilah, réduits à une poignée de riz par jour, boivent leur urine relevée avec un peu de poudre, livrent des combats furieux pour conquérir une mare d'eau bourbeuse, et, quand les cartouches manquent, leur commandant les voit tomber un à un. Là, les défenseurs de Médéa, rongés par la vermine, glacés par le froid, attendent en se battant tous les jours qu'une colonne expéditionnaire vienne leur apporter un peu de nourriture.

Attaquer, marcher en avant, qu'était-ce, qu'est-ce encore pour l'armée française ? Mais ceux qui n'accordent à nos soldats que l'impétueux et théâtral courage de l'attaque, ceux qui leur contestent la patience et la fermeté dans les privations et les revers, eussent changé d'avis s'ils les avaient vus à la première expédition de Constantine, conservant leur discipline, leur énergie, tout leur ressort, jusqu'au terme d'une lutte soutenue non seulement contre un ennemi implacable et acharné, mais encore contre la famine et la maladie.

Que de scènes de deuil ! Que d'épreuves subies avec une admirable constance par des hommes auxquels il ne restait d'entier que le cœur, et qui manquaient de tout, excepté du sentiment du devoir militaire ! Que d'effroyables fatigues supportées avec une nourriture insuffisante, et en ayant la perspective que le lendemain devait amener les mêmes labeurs et les mêmes souffrances !

Et nos braves officiers ! Comme ils payaient de leur personne et savaient donner l'exemple ! Quelle suprême injure que de paraître douter de leur courage ! Un lieutenant de zouaves, commandant une compagnie de flanqueurs, voit ses hommes plier sous le nombre ; il allait ordonner un mouvement offensif, quand arrive au galop le général Changarnier, monté sur son grand cheval allemand. Le général, qui ne se rendait pas compte très exactement de ce qui venait de se passer, apostrophe vivement les zouaves et leur commandant : « Qu'est-ce donc, Monsieur, lui crie-t-il ? Vous avez donc peur, que vous reculez ainsi ? » A ces mots, le brave officier, qui se nommait Beugnot, pâlit, jette, par un mouvement convulsif, son sabre au milieu des Arabes, se précipite au milieu d'eux, et tombe percé de coups.

Le général Bedeau était en expédition autour de Tlemcen. Son avant-garde composée d'une demi compagnie de chasseurs à pied commandée par le sous-lieutenant Collet se heurta à un assez grand marabout, que les Arabes avaient crénelé et d'où partaient des coups de fusil. Le sous-lieutenant déploya sa section, fit commencer le feu, et envoya un des siens prévenir le général : « Que signifie votre démarche ? dit Bedeau en accourant. C'est la peur qui vous empêche de marcher à l'ennemi ? » Collet, sans répondre un mot, s'élança en avant ; quelques-uns de ses hommes le suivirent par dévouement. Il n'avait pas fait dix pas qu'il était mortellement frappé. Les braves chasseurs qui l'avaient accompagné furent tous tués en essayant de ramener le corps de leur officier.

Le général Bedeau reconnut alors qu'une poignée de soldats n'était pas suffisante pour s'emparer du marabout. Il fut obligé d'employer le canon, et les Arabes n'évacuèrent la situation que lorsqu'ils virent la porte céder sous les obus.

Notre tableau ne serait pas complet si nous négligions d'ajouter que dans cette guerre où l'on brisait le corps du soldat, chacun savait que fait prisonnier et abandonné à la barbarie des Arabes rendus semblables aux bêtes fauves par l'ivresse du sang, c'était pour tous la mutilation, les tortures les plus épouvantables.

Certes, si le succès a couronné les efforts de l'ancienne et vaillante armée d'Afrique, cette armée l'a dû au caractère vigoureusement trempé de ses officiers et de ses soldats, à cette gaîté vraiment française mêlée d'énergie qui les portait à rire et à plaisanter au milieu des souffrances et des misères les plus écrasantes.

Mais se battre n'était pas assez pour le troupier. On l'employait à tout ; il faisait tous les métiers par tous les temps, par toutes les saisons, sans autre salaire qu'une légère augmentation de nourriture, aumône donnée à la faim. Le soldat français, seul des soldats des armées européennes, dépose ainsi son fusil pour prendre la truelle du maçon, la hache du bûcheron ou la pioche du terrassier. Notre armée d'Algérie a résolu le problème de l'application des troupes aux travaux publics. On vit jadis des régiments entiers, sous-officiers en tête, hisser au sommet des montagnes des blockhauss ou des maisons fortifiées servant de télégraphes aériens, des bataillons ouvrir des carrières et en extraire des matériaux servant à la construction de redoutes ou de casernes. Le travail en commun, fait observer le duc d'Orléans, est la pierre philosophale de la science économique. Pendant de longs mois, le soldat était abrité derrière des remparts qu'il avait contribué à élever ; le camp était pour lui une prison, un tombeau souvent, et il ne connaissait pas les plaisirs énervants de la cité.

Pendant les années 1838 et 1839, tant de coups de pioche furent donnés dans cette terre d'Afrique qui n'avait pas été remuée depuis des siècles et dont le sol dégageait des miasmes mortels, que sur un effectif d'un peu plus de quarante mille hommes, six mille moururent dans les hôpitaux. La paix était plus meurtrière que la guerre !

Et dans ce climat dévorant, où l'été et l'hiver sont excessifs, le soldat, pendant des mois et des années, ne couchait pas sur un matelas, ne se déshabillait jamais. Tant de fatigues, tant de misères, épuisaient à la longue les organisations les plus fortes, et quand il tombait malade, sa condition ne faisait qu'empirer. Les Chambres ne distribuaient les fonds qu'avec parcimonie, ne paraissant pas se douter qu'il est du devoir du législateur de ne jamais lésiner pour les établissements hospitaliers. Quand le duc d'Aumale commandait la division de Constantine, il eut toutes les peines du monde à faire bâtir un hôpital thermal aux bains d'Hammam-Eskoutine ; il dut y contribuer de ses deniers personnels, et y consacrer une partie des fonds secrets qui lui étaient alloués comme à tous les généraux commandant les provinces. L'Algérie n'était pas comme aujourd'hui dotée d'hospices où rien ne manque, et les malades ou les blessés n'entraient qu'avec terreur dans ces cages construites en planches de caisses à biscuit, où ils retrouvaient les colons que la fièvre dévorait. Quelquefois même les caisses à biscuit manquaient, et le service hospitalier se faisait sous la tente ; or, la tente est trop mince, conséquemment trop chaude ou trop froide. Alors la paille, sur la terre humide, était la seule ressource des mourants.

Les masses aveugles sont toujours disposées à rendre les chefs responsables des souffrances de leurs inférieurs. Les anciens soldats de la France, qui n'étaient pas, comme à l'heure actuelle, victimes de clabauderies intéressées et d'excitations coupables, n'attribuaient qu'aux implacables nécessités de la guerre leurs misères inexprimables.

« Que pouvez-vous donc faire ici ? disait un jour un général, pénétrant dans la baraque servant d'ambulance à sa brigade.

— Nous mourons, mon général, répondit un malade avec une calme simplicité. »

Le pauvre soldat était loin de penser que sa réponse était simplement héroïque !

VII

Si le maréchal Valée, en 1839, avait perçu clairement les difficultés de notre situation, il aurait constaté qu'il avait devant lui trois tâches si étroitement confondues, qu'elles ne pouvaient être successives : 1° ravitailler les villes et postes fortifiés, en trop petit nombre hélas ! où nous avions des garnisons, et qui étaient comme des îlots disséminés dans l'immensité du pays arabe ; 2° nous emparer des points où la puissance d'Abd-el-Kader était fixe et sédentaire ; 3° enfin s'accrocher à lui malgré l'extrême mobilité de ses troupes, détruire son prestige en lui infligeant défaite sur défaite, détacher par là les tribus de son influence et délier le redoutable faisceau qu'il avait noué autour de nous.

Le maréchal ne vit que la première tâche, sans bien se rendre compte que nous usions nos forces dans une défensive perpétuelle.

Le général Bugeaud, son successeur, devait accomplir les deux autres avec la merveilleuse ténacité qui formait le fond de son caractère.

Il serait trop long de faire ici l'historique scrupuleux des expéditions entreprises par le maréchal Valée en 1840, à Médéa et à Miliana. A la première annonce des hostilités, le duc d'Orléans était accouru avec d'importants renforts. La prise du col de Mouzaïa par sa division, appuyée par celle du général Rulhières, est un des plus beaux exploits de la carrière militaire du prince qui était, de l'aveu de tous, un homme de guerre remarquable. Abd-el-Kader avait fait élever sur le col de Mouzaïa des redoutes armées de batteries se flanquant mutuellement et dont l'emplacement avait été choisi avec ce coup d'œil qui manque si souvent aux Arabes. Le duc annonça le 11 mai 1840 que l'attaque du col aurait lieu le lendemain, et qu'il se trouverait avec le régiment formant tête de colonne. Tous les régiments de la division, zouaves, 2° léger, 23° et 24° de ligne, prétendirent à l'honneur de marcher les premiers. Pour les mettre d'accord, le prince dut faire tirer au sort le numéro du régiment.

« Vous me revaudrez cela », dit en riant le colonel de Lamoricière à son rival en gloire, Changarnier, colonel du 2° léger, favorisé par le sort.

Le 12 mai, à trois heures du matin, le prince donna le

signal de l'attaque : « Allons, mes enfants, dit-il en montrant la crête de Mouzaïa tapissée d'ennemis, les Arabes nous attendent et la France nous regarde. » Et le 2° léger prit le pas de course aux cris cent fois répétés de *Vive le roi ! Vive le prince royal !* A midi, le combat était acharné ; entouré pendant un instant, le 2° léger fut dégagé par les zouaves. « Je vous avais bien promis de me venger, dit le colonel de Lamoricière à son ami Changarnier. »

Le duc d'Orléans avait dû quitter le 2° léger pour se mettre à la tête de la deuxième colonne d'attaque, avec laquelle il se proposait de tourner les Arabes. Mais il fut accueilli par un feu d'une intensité extraordinaire ; à ses côtés, plusieurs officiers furent atteints et son chef d'état-major, le commandant Grosbois, eut son cheval tué. Le général Schramm, mort il y a quelques années presque centenaire, fut blessé en parlant au prince. Avec une remarquable promptitude d'esprit, ce dernier fit défendre de répondre au feu de l'ennemi, et ordonna une brusque attaque à la baïonnette. L'effet fut décisif ; du coup les Arabes furent abordés vigoureusement et la position enlevée.

Les troupes acclamèrent le duc d'Orléans et son frère le duc d'Aumale aux cris de : Vivent les princes ! Vive la France !

Comme la deuxième colonne, formée par le 23° de ligne, gravissait le mamelon le plus raide de ceux qui dominaient le col, le duc d'Aumale accourt auprès du colonel Gueswiller qui marchait péniblement appuyé sur un de ses sapeurs, et sautant à bas de son cheval, il l'offre au vieillard ; celui-ci refusant, le prince s'échappe, met la bride entre les mains du sapeur, court se mêler à une compagnie de grenadiers, et arrive un des premiers sur la position attaquée.

Cette marque de déférence du jeune duc pour un brave colonel respecté de tous toucha profondément nos officiers et nos soldats. C'est par des actes multipliés de délicatesse que les fils du roi Louis-Philippe devinrent populaires dans cette armée dont ils venaient courageusement partager les périls et les souffrances.

En revenant de cette expédition de Médéa, le maréchal Valée avait à se préoccuper de Miliana, où étaient enfermés douze cents hommes de la légion étrangère, avec le lieutenant-colonel d'Illens. Miliana, quand on l'enleva au fameux Ben-Allal-ben-Embark, khalifa d'Abd-el-Kader, n'était plus qu'un monceau de ruines dans lesquelles on découvrit trois jarres d'huile rance, que l'on partagea entre l'ambulance et les compagnies pour l'entretien des armes. Une odeur infecte y régnait, et nos troupes durent boucher à la hâte les brèches ouvertes dans l'enceinte. On reconnut après quelques jours que les vivres de l'armée étaient avariés, et si un de ces criminels fournisseurs, qui n'hésitent pas à frauder l'Etat au détriment de la vie de nos soldats, s'était trouvé dans la ville, nul doute que les légionnaires ne l'eussent impitoyablement fusillé. Bientôt, par suite d'une nourriture atrocement mauvaise, la masure servant d'hôpital fut remplie de malades, la plupart couchés sur la terre, les plus souffrants sur des matelas formés avec de la laine arrachée aux égouts où les Arabes l'avaient noyée avant l'évacuation, et qui avait été lavée avec plus ou moins de soin.

Grâce à un moral de fer, la garnison de Miliana se soutint jusqu'au mois de juillet; mais une chaleur accablante fit alors éclater les maladies avec une formidable violence.

Sur douze cents hommes, le lieutenant-colonel d'Illens n'en pouvait réunir cent cinquante capables de remplir un service actif. Il fallait donner le bras aux soldats que l'on conduisait en faction, et il leur était permis de s'asseoir. Le fusil entre les jambes, ils contemplaient l'espace avec ce morne regard qui déjà ne voit plus. Souvent le factionnaire mourait à son poste; le sergent de garde allait en rendre compte à son officier en disant d'une voix sombre :

« Mon lieutenant, un tel vient de monter sa dernière garde ; il faut un homme. »

La nostalgie d'abord fit les premières victimes, puis le colonel d'Illens perdit presque tous les fumeurs. Un Kabyle étant venu de temps à autre vendre quelques livres de tabac, fut aperçu entrant en ville par les Arabes qui la bloquaient étroitement ; il eut la tête tranchée en vue de nos postes.

On avait abandonné ces douze cents Français à Miliana avec une si cruelle imprévoyance, que dès les premiers jours les souliers manquèrent à la plupart des hommes. Il fallut distribuer des peaux fraîches de bœufs et de moutons aux compagnies qui en firent des espadrilles. La légion contenait heureusement beaucoup d'Espagnols.

Et tous les jours il fallait se battre ! Les balles venaient tuer ceux que la maladie n'avait pas entamés ; les fiévreux enviaient le sort de leurs camarades qui mouraient d'une blessure, et se faisaient raconter leurs exploits. Un carabinier nommé Georgi se précipita seul au milieu d'un groupe ennemi qui attaquait un petit poste de huit hommes dont cinq ne pouvaient se tenir sur leurs jambes et faisaient le coup de feu assis sur leurs sacs. Il tua sept Arabes à la baïonnette, mit les autres en fuite, et les obligea d'abandonner trois des leurs qui étaient blessés. Ce fut une fête dans la ville et à l'hôpital ; l'action d'éclat de Georgi fit plus que tous les médicaments.

Des exploits de ce genre étaient fréquents ; mais les forces manquaient à nos soldats pour poursuivre l'ennemi. Le ravitaillement des postes avancés devint de plus en plus difficile à mesure que le nombre des hommes valides diminuait. Il vint un moment où officiers, médecins, personnel des ambulances et de l'administration, durent s'armer et soutenir les petites colonnes sortant pour ravitailler les postes extérieurs. On vit le lieutenant-colonel d'Illens en personne conduire un de ces ravitaillements, un fusil à la main.

Quand la colonne Changarnier vint relever la garnison

de Miliana, celle-ci avait enterré huit cents et quelques hommes sur douze cents ; les survivants entrèrent presque tous aussitôt à l'hôpital de Blidah. Les journaux officiels et officieux de l'époque écrivirent alors cette phrase épique dont toute l'armée s'indigna : « La garnison de Miliana, éprouvée par le climat, a été relevée. »

Ce silence de commande empêcha qu'aucune récompense ne fût accordée à cette poignée de héros. Le lieutenant-colonel d'Illens seul reçut un témoignage d'estime, et ce témoignage consista dans le désir que lui fit exprimer le maréchal Valée de lui voir conserver le commandement supérieur de la nouvelle garnison. Ce désir était de ceux auxquels un militaire ne se soustrait jamais, et le lieutenant-colonel accepta, quoique brisé par la maladie. Cet officier supérieur se borna à dire tristement au colonel Changarnier qui l'appelait un héros : « Tout n'est pas roses et lauriers dans le métier de héros. »

Le brave d'Illens fut tué six mois après dans une rencontre de la colonne Changarnier avec les réguliers d'Abd-el-Kader. Il fallut l'enterrer de nuit dans le lit d'un torrent dont on détourna le cours pendant quelques instants ; les Arabes profanaient les tombes de nos morts.

On s'étonnera peut-être de voir le colonel Changarnier chargé du ravitaillement de Miliana, alors que pour celui de Médéa le maréchal Valée avait cru devoir employer deux divisions : il nous suffira de dire que, au retour de l'expédition de Médéa, ses troupes, exténuées, s'arrêtèrent à une journée de marche de Blidah : le maréchal reçut des chefs de corps et des généraux des rapports alarmants sur leur état d'épuisement. C'est alors qu'il appela près de lui le colonel Changarnier pour lequel il avait une estime toute particulière, et l'interrogea longuement sur le moral de son régiment, le 2° léger.

« J'en réponds, dit fièrement celui-ci. Donnez à mes hommes huit jours de repos pour leur détendre les nerfs, et vous les verrez marcher pour faire tout ce que vous leur commanderez.

— Réfléchissez bien, dit le maréchal, à ce que vous venez de me dire, et venez me voir demain. »

Changarnier se présente le lendemain dès la première heure et le vieux héros de Constantine lui demande brusquement :

« Persistez-vous dans ce que vous m'avez dit hier, et croyez-vous que vous entraînerez partout votre 2ᵉ léger ?

— Certainement.

— Partez alors pour Miliana. Vous laisserez ici tous vos hommes malades ou fatigués ; à votre régiment j'ajouterai deux bataillons de marche formés de tout ce qu'il y a de plus valide dans la colonne. Abd-el-Kader a reçu des renforts, mais j'organiserai votre troupe avec un effectif assez fort pour que vous puissiez passer partout. Je suis mal portant ; je vous donne toute ma confiance. »

Et comme le colonel surpris observait qu'il y avait des généraux dans l'armée expéditionnaire :

« Peu m'importe, dit brusquement le maréchal ; les généraux resteront ici avec moi pour vous attendre. »

Et Changarnier partit le lendemain. Il sut dérober deux marches à Abd-el-Kader en faisant simuler par son arrière-garde une marche dans la direction de Blidah ; l'émir tomba dans le piège, et dirigea de ce côté toute son infanterie. La colonne française atteignit Miliana sans avoir le moindre engagement et ne fut attaquée que faiblement à son retour. L'expédition avait duré cinq jours.

Abd-el-Kader était battu, mais il était loin d'être soumis. Il était vaincu sans qu'on eût encore trouvé le genre de guerre qui devait user sa puissance. Le maréchal Valée, malgré son incontestable mérite, n'était pas fait pour une guerre de surprises, pour un système de marches et de contre-marches dont l'exécution rapide fait tout le succès. Son âge avancé, le mauvais état de sa santé, les habitudes de toute sa glorieuse carrière, ne lui permettaient guère de commander une série de razzias et de coups de main où les Arabes le prévenaient presque toujours (1).

Pendant que le maréchal Valée guerroyait dans la province d'Alger, celle d'Oran (sauf quelques coups de main contre nos alliés les Douars et les Smalas), jouissait d'une tranquillité relative que vint brusquement troubler une tentative dirigée contre Mazagran.

Cette très petite ville est voisine de Mostaganem et peut en être considérée comme la citadelle. Les Français l'avaient fortifiée tant bien que mal ; elle était d'ordinaire défendue par une seule compagnie d'infanterie. Cette compagnie, quand Mazagran fut attaquée, était la 10e du 1er bataillon d'Afrique, forte de cent vingt-trois hommes, commandée par Lelièvre, vieil officier qui avait passé par tous les grades, et nommé capitaine depuis huit mois.

Le matériel de guerre attaché à la petite place se composait d'une pièce de 4 de montagne, approvisionnée à cent coups d'obus et vingt coups de mitraille, avec une réserve de quarante mille cartouches d'infanterie, et un petit baril de poudre.

Dans la matinée du 1er février (2), un petit poste avancé signala l'approche de l'ennemi, et tirailla avec lui toute la nuit. Le 2 au matin, le capitaine Lelièvre, constatant la présence de contingents arabes considérables, rappela son avant-poste et se prépara à la résistance.

Ces contingents avaient été fournis par quatre-vingt-deux tribus et formaient environ quinze mille hommes. A la suite de cette masse confuse et barbare, marchait un bataillon régulier avec deux pièces de canon ; le tout était commandé par le célèbre Mustapha-ben-Tahmi, khalifa de Mascara, le bras droit d'Abd-el-Kader, son cousin et beau-frère.

(1) Lui-même se rendait justice, et, sentant son inaptitude, avait plusieurs fois demandé à rentrer en France ; il finit par obtenir cette faveur ; son successeur fut nommé le 23 décembre 1840
(2) 1840.

Dès le 2 février au soir, les deux pièces de canon ennemies ouvrirent le feu à cinq cents mètres contre la chétive fortification. Le lendemain dans la matinée, les Arabes se lancèrent à l'assaut, et vinrent planter quatorze étendards au pied des murs en terre de Mazagran. Pendant quatre jours et quatre nuits, l'assaut fut continuel ; les masses succédant aux masses se ruaient sur la pauvre bicoque, avec cette sauvage fureur qu'excite chez les Arabes le fanatisme musulman.

Mais l'héroïsme de la défense fut égal à la fureur de l'attaque et le capitaine Lelièvre à la hauteur de sa noble tâche. Le soir du premier jour, la moitié des cartouches avaient été brûlées ; il ordonna en conséquence de ne plus faire feu qu'à bout portant et de résister ensuite à la baïonnette. Il fut religieusement obéi.

On lit dans le rapport officiel du capitaine Lelièvre :

« Le 3 février, un peu avant la pointe du jour, je fis placer quinze hommes, sous les ordres de M. le sous-lieutenant Durand, au-dessus de la porte pour la défendre. Avant de l'enfermer dans ce faible réduit, je serrai la main à cet officier en lui disant : Adieu, il est probable que nous ne nous reverrons plus, car vous et vos hommes devez mourir en défendant ce poste. — M. Durand et ses hommes s'écrièrent : Nous le jurons ! »

Nous venons de citer le nom du sous-lieutenant Durand ; nous n'aurons garde d'oublier celui du lieutenant Magnien, qui n'abandonnait la brèche que pour porter secours aux blessés ; ayant lui-même reçu jadis une blessure, il les soigna tous avec une certaine expérience.

Dans la soirée du 4 février, le capitaine Lelièvre réunit sa troupe, et lui adressa la courte et énergique allocution suivante :

« Nous avons encore un tonneau de poudre presque entier et douze mille cartouches ; nous nous défendrons jusqu'à ce qu'il ne nous en reste plus que douze ou quinze ; puis, nous entrerons dans la poudrière pour y mettre le feu, heureux de mourir pour notre pays. Vive la France ! Vive le Roi ! »

Et les zéphyrs jurèrent de se faire sauter dans la poudrière plutôt que de se rendre.

Le drapeau tricolore flottait au-dessus de Mazagran. Plusieurs fois, ce noble symbole de la patrie fut abattu et eut son support brisé ; chaque fois il fut relevé avec enthousiasme, sa flamme criblée de balles s'agitant dans l'air comme par un défi chevalesque.

Le chef de bataillon Dubarail, commandant à Mostaganem, ne disposait que d'une garnison extrêmement faible et ne pouvait songer à porter secours à l'héroïque petite troupe du capitaine Lelièvre. Dans la nuit du 6 au 7 février, celui-ci lança plusieurs fusées en disant gaiement : « Le commandant verra que petit bonhomme vit encore. »

Le 7 au matin, la plaine était déserte ; les Arabes, honteux, s'étaient retirés.

La garnison de Mazagran, composée entièrement de zéphyrs, sans même un artilleur pour servir la pièce de canon, eut trois hommes tués et seize blessés. L'auteur des *Annales algériennes,* un peu porté au dénigrement et auquel on reproche de mettre une certaine passion dans ses récits, essaie de démontrer qu'il y eut beaucoup d'exagération dans la manière dont fut présentée la défense du capitaine Lelièvre. « La vérité historique, dit-il, nous oblige de dire que le gouvernement et le public firent en plus pour les défenseurs de Mazagran ce qu'ils avaient fait en moins, en 1838, pour ceux de Djemilah, dont on s'occupa à peine. »

Nous avons glorifié le fait d'armes de Djemilah ; pour celui de Mazagran, nous dirons que ce n'est pas toujours à la quantité de sang répandu que se mesure l'honneur militaire. L'histoire de la défense de Mazagran est restée populaire et a toujours été considérée comme l'une des plus glorieuses pour nos armes.

VIII

Les soldats qui avaient à Mazagran accompli un magnifique exploit étaient des hommes atteints par la justice de leur pays.

Une ordonnance royale de 1832 avait prescrit la formation de deux bataillons d'infanterie légère d'Afrique, composés de tous les militaires qui, après avoir été condamnés à des peines non infamantes, rentraient dans les rangs de l'armée, par expiration ou remise de peine (1).

Aussitôt la formation achevée, le 1er bataillon prit le nom de Flore, le 2e celui de Zéphyr. Cette dernière désignation, qui seule est restée, s'applique d'ailleurs à tous ces bataillons indistinctement.

Il ne faut pas juger trop sévèrement les soldats appartenant aux corps disciplinaires de l'armée ; ces hommes, excessifs dans le bien comme dans le mal, s'améliorent par les preuves d'estime et de confiance, et ont soif de réhabilitation. Que l'on prenne l'un d'eux ayant subi une condamnation, qu'on l'enferme dans un établissement pénitenciaire, qu'on l'interne ou qu'on l'exile, on ne réussira qu'à procurer à l'armée du mal une recrue de plus ; qu'on lui mette un fusil à la main en lui disant que la réhabilitation se trouve sur les champs de bataille, il fera merveille comme à Djemilah ou à Mazagran. Ceux qui ont vu les zéphyrs à l'œuvre savent que leurs chefs en obtiennent des prodiges. C'est à peine si aujourd'hui la tradition commence à s'altérer, depuis qu'ils reçoivent directement les

(1) Le ministre de la guerre a le droit d'envoyer d'office dans les bataillons d'Afrique certains soldats ayant commis des délits non prévus par le Code de justice militaire, tels que cris séditieux, outrages aux mœurs et à la morale publique, etc. C'est pour ce dernier délit que l'on vit arriver au 3e bataillon d'Afrique, en 1868, la presque totalité de la musique du régiment des lanciers de la garde impériale.

jeunes gens du contingent ayant fait un stage dans les prisons.

Le maréchal Clauzel jugeait bien les condamnés militaires lorsqu'il remit à quatre cents d'entre eux le convoi et l'ambulance de l'armée avec laquelle il cherchait à gagner Médéah en 1836. Il fit plus ; dans un second voyage, il leur confia des fonds et une batterie d'artillerie. Ces quatre cents hommes, commandés par le vieux chef de bataillon Marengo, ancien soldat du premier Empire, brave, sévère, et en même temps humain et juste, se retranchèrent au bas du col de Mouzaïa dans un méchant poste entouré de murs en terre, dominé de près par un bois d'oliviers d'où l'ennemi faisait un feu incessant, et défendirent courageusement pendant plusieurs jours ce que l'armée avait de plus précieux, ses blessés, son artillerie, son trésor. Quand le maréchal Clauzel revint à Mouzaïa, il trouva la défense improvisée par les zéphyrs entourés de cadavres ennemis. On baptisa ces quatre cents braves, qui venaient de se réhabiliter de façon si éclatante, du nom de *chamborans* du père Marengo.

Les blessés et malades confiés aux chamborans furent évacués sur l'hôpital le plus proche ; avant de quitter la redoute de Mouzaïa, ils bénirent à la fois les condamnés qui les avaient soignés et défendus avec un admirable dévouement, et le vieux et digne chef qui avait su rendre au bien ces hommes flétris par la justice.

Le duc d'Orléans ne put faire gracier que la moitié des défenseurs de Mouzaïa ; l'un d'eux fut même décoré et versé aux zouaves où il devint un soldat modèle.

Les zéphyrs s'étaient signalés dès 1835. Le maréchal Clauzel, voulant alors en imposer au Maroc qui avait pris à notre égard une attitude hostile, envoya un de ses aides de camp, le chef d'escadron Sol, occuper avec cent cinquante hommes du 1ᵉʳ bataillon l'îlot de Rachgoun à l'embouchure de la Tafna. Sans autre abri que quelques mauvaises tentes qui avaient fait les campagnes de la République et du premier Empire, sans paille, sans bois, sans médicaments, privés de la distraction du combat, ayant juste assez de place pour faire quelques pas sur la crête rocheuse de l'îlot, réduits à un peu de biscuit, de viande salée et à un litre d'eau par jour, puisée à des tonneaux que venait remplir tous les quinze jours un bâtiment envoyé d'Oran, les soldats du commandant Sol ne se laissèrent pas abattre. Ils mangèrent les serpents, les crapauds et les lézards, seuls êtres vivants qu'on rencontrât sur ce rocher pelé de Rachgoun qui n'offrait pas trace de végétation. Pendant quatre mois ils ne perdirent jamais cette gaîté spirituelle qui est la compagne habituelle du troupier français dans ses misères.

Nous avons montré les zéphyrs à la première expédition de Constantine où ils formaient la compagnie franche du capitaine Blangini, surnommée la compagnie des tirailleurs à poil, à cause de leurs habits déchirés et du désordre de leur tenue ; toujours à l'extrême avant-garde, elle fit l'admiration de l'armée ; celle-ci battit des mains quand elle la vit se jeter dans le Rummel débordé au chant de la *Marseillaise* pour s'élancer ensuite à l'assaut du Coudiat-Aty.

Non seulement ils se battaient bien, mais ils étonnaient chacun par leur entrain et leur résistance à la fatigue. Pas de cris ; à peine quelques murmures sans fiel. « Plus de bonne volonté que de souliers, a dit d'eux le colonel Trumelet, plus d'insouciance que de chemises, plus de cartouches que de vivres. »

Et plus loin le colonel ajoute (1) :

« Ces pauvres déguenillés ont employé tous les artifices pour retenir à leurs flancs un pantalon délabré qui crache le linge par mille ouvertures ; quelques-uns en ont complètement perdu le fond : il a été ingénieusement remplacé par celui du caleçon, qu'ils ont enté sur les jambes

(1) Il parlait en 1854.

du pantalon au-dessus des genoux. Tant que la capote reste fermée, les infortunés sont en tenue ; mais qu'un coup de vent indiscret vienne en relever les pans, leurs *inexpressibles* mi-partie blancs, mi-partie rouges s'éloignent alors sérieusement des exigences de l'ordonnance. Les débris du vêtement inférieur ont été religieusement employés à cicatriser les blessures de la capote que, depuis plus de deux mois, les malheureux n'ont quittée ni jour ni nuit. Quant aux souliers, on comprend que, dans un pays où il faut ferrer les chevaux des quatre pieds, leur résistance n'a pas dû être longue ; aussi, plusieurs paires se rapprochent-elles sensiblement du cothurne antique par la combinaison des moyens d'attache. »

Ce débraillé par trop pittoresque a souvent été reproché aux *joyeux* parce qu'il n'était pas toujours le fait des événements de guerre ; mais ce qu'on pardonnait moins, c'était leurs habitudes invétérées de *chapardage* ou de rapine. Quelquefois leurs tours prêtaient à rire ; le plus souvent ils étaient loin d'être inoffensifs. Un Maltais arriva un jour à Milah avec deux mulets chargés de victuaille et de vin ; ils mirent tant d'obligeance à l'aider que le soir il lui manquait un tonnelet de vin. Le *mercanti* n'était pas au bout de ses peines ; quelques moments après, un de ses mulets disparaissait ; il promenait son désespoir par tout le camp, lorsqu'il fut abordé par deux hommes complètement ivres qui lui proposèrent de lui vendre à très bon compte un excellent mulet. C'était le sien !

Quand Bougie, après l'audacieuse reconnaissance du capitaine de Lamoricière (1), fut occupée par le commandant Duvivier, tous les habitants, sauf quelques juifs, abandonnèrent la ville. Les maisons vides étaient donc nombreuses et l'on prit une des plus convenables pour en faire la salle de police. Une corvée de zéphyrs vint balayer et nettoyer le local choisi. L'adjudant, une fois la besogne en train,

---

(1) En 1833.

se retira ; ses hommes avisèrent alors un Maltais arrivant avec un énorme ballot de marchandises. Ils l'abordèrent d'un air engageant, et apprirent de lui qu'il venait s'établir comme marchand à Bougie. « Seulement, dit le Maltais, je cherche une boutique.

» — Comme cela est heureux, voici juste une maison que nous venons de nettoyer et qui ne vous coûtera pas cher. On dirait que nous avons prévu votre arrivée. »

Le Maltais enchanté fit son prix ; les vendeurs discutèrent pour la forme, et la maison fut payée à beaux deniers comptants. Les zéphyrs disparurent ; et le négociant préparait l'installation de ses marchandises, lorsqu'il vit arriver le capitaine adjudant-major du bataillon d'Afrique conduit par l'adjudant. Ce dernier s'arrêta tout interloqué en voyant occupé le local qu'il avait fait approprier.

« Et cette salle de police, dit le capitaine, où est-elle donc ?

— Mon capitaine, je n'y comprends rien ; j'aurai fait nettoyer une habitation appartenant déjà à quelqu'un.

— Eh, mon ami, dit le capitaine au Maltais, n'as-tu pas vu des soldats nettoyer une maison dans cette rue ?

— C'est celle-ci, répondit le marchand étonné ; il y avait cinq soldats qui me l'ont vendue. Elle est à moi. »

On parla, on s'expliqua, et le capitaine lui fit comprendre qu'il avait été volé. Il protesta, mais dût déguerpir. Il avait à peine achevé son déménagement, qu'il aperçut ses vendeurs avec une escorte cette fois ; ils venaient étrenner la salle de police.

Si les zéphyrs avaient peu de soin de leurs vêtements et affectaient le débraillé, ils soignaient encore moins leurs autres fourniments. Un grand bidon, une marmite, sont choses lourdes ; aussi ne se gênaient-ils pas pour les jeter pendant les marches ; pour les remplacer ils allaient ensuite en dérober aux voisins. Aussi étaient-ils la terreur des régiments de ligne nouvellement débarqués. Comme les capitaines sont pécuniairement responsables des objets de campement délivrés aux compagnies sous leurs ordres, il ne faut pas s'étonner si un zéphyr trop aventureux recevait d'habitude une correction mémorable.

L'histoire du rat à trompe est devenue légendaire dans l'armée d'Afrique. En 1836, le gouvernement envoya en Algérie une commission scientifique composée de géologues, de botanistes, d'archéologues, etc. Un de ces savants avait lu dans Pline que dans la Mauritanie césaréenne (capitale Césaréa, aujourd'hui Cherchell, au sud-ouest d'Alger) existaient des rats ayant au bout du nez un appendice flexible, c'est-à-dire des rats à trompe. Les zéphyrs s'abattirent tous sur la commission et lui jouèrent quantité de tours pendables, lui fournissant des fers à cheval travaillés de façon à ressembler à des armes antiques, de vieilles pierres sur lesquelles ils avaient gravé des inscriptions indéchiffrables, de vieux sous transformés en médailles : ces soi-disant antiquités leur étaient payées fort cher. L'un d'eux qui avait su capter la confiance du savant amateur des rats à trompe, s'engagea à lui en procurer, affirmant qu'il en avait vu.

« J'ai trouvé votre affaire, vint-il lui dire deux ou trois jours après d'un air radieux ; mais il faudra aller loin, je risquerai de me faire couper le cou. »

Le savant, enchanté, promit d'être généreux et de ne pas marchander, chose qui lui était d'autant plus facile que le gouvernement seul payait.

Le zéphyr apporta d'abord un rat à trompe ; puis les jours suivants, il en augmenta le nombre sensiblement. L'acquéreur réunit ses collègues qui furent d'abord stupéfaits ; chaque rat, avec son appendice au bout du nez, ressemblait à un éléphant en miniature. Tout à coup, ô surprise, un rat perd sa trompe et redevient un vulgaire rat d'égout ; tous les autres, maniés d'un peu près, perdirent successivement leur appendice nasal.

Les *joyeux* avaient simplement coupé la queue d'un rat pour la coller sur le nez d'un autre, après une préalable et légère incision. Au bout d'un jour ou deux, colle et cicatrisation réunies faisaient adhérer la queue au nez, mais à condition de ne pas tirer trop fort.

Les membres archéologues de la commission scientifique, aussi mystifiés que leur collègue naturaliste, n'eurent pas le droit de rire des rats à trompe de la Mauritanie césaréenne. Ils venaient en effet de pâlir plusieurs jours sur une grosse pierre que leur avaient apportée les zéphyrs, et couverte d'une longue inscription commençant ainsi :

Z. LVD. FEC. OCT. D. S. POL.

Cette pierre avait été roulée dans la terre afin de lui donner une apparence d'antiquité ; les angles en avaient été cassés et on avait usé quelques lettres de l'inscription qu'un zéphyr bachelier traduisait ainsi :

Le zéphyr Louis a fait huit jours de salle de police.

CHAPITRE IV

SOMMAIRE :

Le général Bugeaud. Son passé militaire, sa mission à Blaye. Le général Bugeaud en Algérie. Son système de guerre, mulets, flanqueurs, embuscades. La casquette du père Bugeaud. Le maréchal Bugeaud. Sa mort. — Tolérance du maréchal Bugeaud. La messe au camp. L'abbé G'lalther. Monseigneur Dupuch. Les jésuites. L'administration et le clergé en Algérie. L'œuvre de l'évêque d'Alger. — Echange de prisonniers par l'intermédiaire de Mgr Dupuch. L'intendant Massot. Le capitaine Morizot. Le père Lanternier. Le lieutenant de Mirandol. Le jeune Beauprêtre. L'abbé Suchet. — Le sergent Blandan. Le monument de Beni-Mered.

I

Le successeur du maréchal Valée (1) dans le gouvernement de l'Algérie avait un glorieux passé militaire. Vélite en 1803, grenadier en 1804, Bugeaud déchirait bravement la cartouche à la bataille d'Austerlitz et gagnait ses galons de caporal. On eût peut-être bien étonné l'empereur Napoléon si on lui eut dit alors : « Ce caporal que vous apercevez dans le rang avec ses larges épaules, ses yeux ronds et ses cheveux roux, dormira un jour côte à côte près de vous sous le dôme des Invalides. »

Sous-lieutenant en 1805, Bugeaud fut grièvement blessé au combat de Pultusk ; il était nommé lieutenant adjudant-major en 1807. Passé en cette qualité à l'armée d'Espagne, il

(1) Le général Bugeaud fut nommé gouverneur de l'Algérie en 1841.

devint capitaine de grenadiers au 116ᵉ de ligne qui faisait partie de l'armée d'Aragon commandée par le maréchal Suchet.

Chef de bataillon après la prise de Tortose, il se distingua une première fois en dégageant avec huit cents hommes d'élite le fort d'Amposta, puis fut mis à la tête d'une colonne mobile avec laquelle il détruisit les bandes d'Aragon et exécuta de hardis coups de mains contre l'armée anglaise débarquée à Alicante. Au combat d'Ordal en 1813, il enleva un escadron entier de hussards noirs anglais. Cet exploit fut récompensé par le grade de lieutenant-colonel.

Nommé colonel du 14ᵉ de ligne en 1814, Bugeaud fut réclamé par le maréchal Suchet qui pendant les Cent jours était à la tête de l'armée des Alpes ; il le jugeait digne de commander son avant-garde dans la vallée de Tarentaise. Le colonel attaqua résolument l'armée austro-sarde et enleva, dans deux attaques de nuit, deux bataillons de chasseurs piémontais.

Le 28 juin 1815, le colonel Bugeaud, séparé du maréchal Suchet, apprend la nouvelle de la bataille de Waterloo. Mais il ne croit pas devoir suspendre les hostilités ; il rassemble ses soldats, leur fait jurer de mourir pour la défense du drapeau, et comme au moment même on lui signale l'approche des Autrichiens :

« Messieurs, dit-il à ses officiers, reprenez vos postes et rappelez-vous vos instructions : La France nous reste. »

Le fait d'armes qui suivit ces laconiques paroles est certainement l'un des plus beaux de notre histoire militaire. A la tête de dix-sept cents soldats, le colonel Bugeaud repoussa dix mille Autrichiens et dans un furieux combat de dix heures, leur tua ou blessa deux mille hommes, et leur fit un millier de prisonniers.

Compris dans la mesure du licenciement de l'armée, Bugeaud se retira à Excideuil en Périgord, pendit au clou son épée, s'habilla de la bure du paysan et entreprit de coloniser une des contrées alors les plus arriérées et les plus

ABD-EL-KADER

solitaires de la France. Après avoir été tueur d'hommes, il se faisait semeur de blé ; il n'avait que trente et un ans.

Le gouvernement de juillet, en avril 1831, replaça le colonel Bugeaud dans les rangs de l'armée et le nomma général de brigade. Les électeurs de la Dordogne, l'année suivante, l'envoyèrent à la Chambre des députés comme leur représentant.

Ici nous arrivons à une phase de la vie du général Bugeaud sur laquelle nous n'insisterons pas, et que les partis politiques n'ont pas manqué de critiquer avec une acrimonie plus ou moins sincère. La duchesse de Berry, après les évènements de la Vendée (1), ayant été arrêtée à Nantes, il fut chargé de la garder au château de Blaye.

Détail assez peu connu : son officier d'ordonnance était alors un jeune sous-lieutenant qui s'appelait Saint-Arnaud.

On a représenté le général Bugeaud comme un véritable geôlier ; la vérité est qu'il ne se départit pas d'un profond respect pour son illustre prisonnière ; celle-ci lui dit, le jour de la naissance de sa fille :

« Général, vous avez déjà deux filles ; celle-ci sera la troisième. »

Ce n'est pas ainsi que l'on parle à son geôlier. Plus tard, il accompagna la duchesse de Berry jusqu'à Palerme et la remit entre les mains de son mari, le marquis de Lucchesi-Palli.

M. Dulong, ayant eu l'imprudence de jeter à la tête du général, en pleine Chambre, le pénible souvenir de Blaye, un duel s'ensuivit et le député reçut une balle qui lui fracassa le crâne.

Devenu la bête noire des radicaux du temps, accusé du massacre de la rue Transnonain quoique pendant l'émeute du 13 avril 1834, lui et ses soldats n'eussent même point passé par cette voie, le général Bugeaud sollicita un com-

(1) 1832.

mandement actif. C'est alors qu'il vint dans la province d'Oran, où il débloqua le général d'Arlanges à l'embouchure de la Tafna, ravitailla Tlemcen à deux reprises en présence de toutes les forces d'Abd-el-Kader, et écrasa celles-ci au combat de la Sickah.

Lorsqu'il prit en 1841 le gouvernement de la colonie, le général, doué d'un très grand esprit d'observation, avait étudié déjà l'Algérie sous tous ses aspects.

Ense et aratro, telle fut l'admirable devise qu'il adopta, comprenant que s'il fallait frapper d'une main, on devait organiser, coloniser de l'autre.

Le vainqueur de la Sickah s'annonça à l'armée d'Afrique par la proclamation suivante :

« Soldats de l'armée d'Afrique,

» Le roi m'appelle à votre tête.

» Un pareil honneur ne se brigue pas, car on n'ose y prétendre ; mais si on l'accepte avec enthousiasme pour la gloire que promettent des hommes comme vous, la crainte de rester au-dessous de cette immense tâche modère l'orgueil de vous commander.

» Vous avez vaincu les Arabes, vous les vaincrez encore ; mais c'est peu de les faire fuir, il faut les soumettre. Pour la plupart, vous êtes accoutumés aux marches pénibles, aux privations inséparables de la guerre. Vous les avez supportées avec courage et persévérance, dans un pays de nomades qui en fuyant ne laissent rien au vainqueur. La campagne prochaine vous appelle de nouveau à montrer à la France les vertus guerrières dont elle s'enorgueillit.

» Je demanderai à votre ardeur, à votre dévouement au pays et au roi, tout ce qu'il faut pour atteindre le but ; rien au-delà.

» Soldats ! à d'autres époques, j'avais su conquérir la confiance de plusieurs corps de l'armée d'Afrique ; j'ai l'orgueil de croire que ce sentiment sera bientôt général, parce que je suis bien résolu à tout faire pour le mériter. Sans la confiance dans les chefs, la force morale, qui est le premier élément de succès, ne saurait exister; ayez donc confiance en moi, comme la France et votre général ont confiance en vous. »

Le programme du général Bugeaud était fort simple ; il se proposait de donner une plus grande impulsion à l'offensive, de frapper avec énergie les tribus arabes de la province d'Alger pour les soumettre une bonne fois, en détruisant les dépôts fortifiés de l'ennemi, Mascara, Tegdempt, Boghar et Thaza (1).

Le nouveau gouverneur comprenait enfin la vraie, la seule guerre alors possible en Afrique.

Après le double ravitaillement de Tlemcen Abd-el-Kader, qui supportait une défaite mieux qu'une mystification, avait dit : « Ce Français est un renard et son armée est un serpent ; mais sera-t-il un lion ? »

La réponse ne se fit pas attendre, et fut brutalement donnée à la Sickah.

Lorsque trois ans plus tard, l'émir apprit la nomination de Bugeaud au commandement supérieur de l'armée d'Algérie, sa confiance en fut ébranlée, et il eut le pressentiment que son redoutable adversaire mettrait toute son ardeur à réparer la faute politique commise à la Tafna.

Pour le général français l'offensive ne devait pas consister à sortir simplement des villes de la côte, dans lesquelles on se fortifiait depuis dix ans, afin d'entreprendre quelques courses ou opérer quelques ravitaillements ; l'offensive pour lui était la puissance de porter ses coups au loin, d'attaquer à fond au lieu de riposter toujours, et pour cela il entendait avoir la liberté absolue de ses mouvements. Il prétendait former des colonnes expéditionnaires aussi légères que les rassemblements armés

(1) **Tiaret** est construit près de l'ancienne fortification de Tegdempt et Teniet-el-Hâad, près de Thaza.

d'Abd-el-Kader ; en Algérie, disait-il, c'est le plus léger qui finit par être le plus fort. Les prédécesseurs du général se plaignaient constamment de leurs énormes convois sans avoir l'énergie de s'en débarrasser ; lui eut le courage de se heurter de front aux principes admis et à la routine, aux théories et aux sophismes qui avaient résisté à dix années d'expérience.

Il ne voulut plus une seule voiture dans ses expéditions et créa, au moyen de mulets, un système de transports mobiles qui dure encore de nos jours malgré les perfectionnements apportés à nos voies de communication.

Il ne voulut admettre aussi que peu d'artillerie, sans la supprimer complètement, car elle est utile pour soutenir le moral des troupes quelque excellentes qu'elles soient, mais il la réduisit au strict nécessaire. C'était une véritable révolution dans la guerre d'Afrique ; l'armée sentit que l'on sortait de la voie inconséquente des tâtonnements. Elle ne tarda pas à constater que les mulets les *ministres* (1), passaient partout, qu'ainsi les fatigues du soldat étaient considérablement diminuées parce qu'il n'était plus dans l'obligation de prendre la pioche pour tracer une route aux voitures, et que l'on pouvait enfin atteindre ces insaisissables ennemis qui nous échappaient toujours auparavant.

Dès les premières fois que les soldats de notre armée aperçurent au combat le vainqueur de la Sickah, ils admirèrent cette mâle figure à laquelle était attachée une supérieure expression d'énergie, de finesse et de calme, et au milieu de laquelle brillait un œil bleu qui avait des éclairs dans le danger, et tous furent animés de cette confiance qui rend les armées invincibles.

---

(1) Les soldats d'Afrique ont appelé ainsi les mulets parce qu'ils sont chargés des *affaires de l'Etat*. C'est l'explication qui fut donnée à un ministre de Louis-Philippe, chargé d'une mission à Constantine, et qui s'étonna, à un mauvais passage de la route, d'entendre les trainglots ou soldats du train, crier avec force jurons : Hue ! ministre ! Il est bien entendu que le vrai ministre rit beaucoup.

Le général Bugeaud ne se renfermait pas dans un orgueilleux mutisme ; sachant quelle était l'intelligence des troupes qu'il avait sous ses ordres, il entreprit de les initier par ses allocutions à la guerre qu'il rêvait. Aux officiers supérieurs et subalternes, aux soldats eux-mêmes, il aimait à communiquer ses plans. Son discours la veille de la bataille d'Isly, discours qui trouvera sa place au cours de ces récits, est demeuré célèbre. L'armée se familiarisa peu à peu avec les enseignements militaires de l'illustre guerrier qui les présentait dans des termes d'une admirable simplicité soit par la parole, soit par la voie des ordres du jour.

Lors de la première campagne de Médéa, il avait donné une humiliante leçon aux discoureurs de l'armée. Chacun pensait qu'il allait attaquer de front le col de Mouzaïa qui conduit à cette ville, quitte à subir de grandes pertes, pertes dont on se console trop aisément avec des bulletins pompeux. Mais le général Bugeaud ayant fait partir dans la nuit ses divers *impedimenta* ainsi que quatre ou cinq escadrons de spahis, lui-même, avec le gros de la colonne, dessina un grand mouvement tournant de façon à attirer l'ennemi à lui. Certains officiers supérieurs, trop disposés à la critique, se mirent à murmurer, arguant que le mouvement ordonné ne produirait sur les Arabes aucun effet moral. Le général ayant eu connaissance de ces propos, n'en continua pas moins son mouvement, et quand il aperçut les Arabes massés dans les ravins pour l'attaquer, ordonna un brusque retour offensif. Alors on vit apparaître les escadrons de spahis dont personne n'avait compris le départ au milieu de la nuit ; ces escadrons chargèrent à fond les rassemblements arabes pris à revers, et aidèrent ainsi l'armée à disperser les forces régulières et irrégulières d'Abd-el-Kader.

Bugeaud ayant réuni le soir autour du feu du bivouac les officiers de l'armée, leur expliqua avec bonhomie son plan de la journée. En terminant, il prit un air sévère pour dire à ceux qui s'étaient permis des critiques déplacées :

« Aussi bien que d'autres, messieurs, et en épargnant le sang du soldat, je sais produire un effet moral suffisant. »

Certain jour, après une marche de nuit faite pour surprendre des tribus révoltées, il donna l'ordre de camper, bien que les Arabes encore en vue eussent à peine commencé leur mouvement de retraite. Un bel esprit du 17ᵉ léger pérorait, s'étonnant qu'on eût laissé l'ennemi s'échapper. L'orateur en était au milieu de son discours lorsqu'il se sentit arrêté par une large main qui s'appuyait sur son épaule :

« Vous en parlez bien à votre aise, monsieur le discoureur, dit une grosse voix railleuse ; on voit bien que vous ne tenez pas la queue de la poële. »

Tout le monde reconnut le général, qui, sans mauvaise humeur, voulut bien expliquer les raisons de sa conduite. Deux ou trois jours après, l'événement vint lui donner raison et l'expédition eut le résultat désiré.

Ces enseignements, il les multipliait à propos des moindres opérations de la guerre savante et méthodique qu'il avait entreprise. Dans un ordre du jour, il donna les motifs pour lesquels on devait renoncer à l'emploi des tirailleurs à cheval dont on flanquait les colonnes : leur feu inefficace n'empêchait pas les balles d'atteindre les convois où elles semaient le désordre et la confusion ; il fit de même pour substituer au système académique des grand'gardes, fait pour les guerres d'Europe, un système d'embuscades qui formait un réseau infranchissable aux maraudeurs ennemis.

En dehors de ses nombreux ordres du jour, l'illustre général résuma son système de guerre dans des instructions écrites dont nous détachons les lignes suivantes :

« Quand j'ai en face de moi une force sans unité, sans science, sans volonté combinée, je ne compte pas le nombre de mes adversaires. Plus la masse est nombreuse, plus ma victoire est certaine..... Si c'est en plaine que j'aborde cette masse, mes obus et mes boulets y feront de larges trouées, dans lesquelles je plongerai mes escadrons comme un glaive qui creuse la mort dans les plaies de mon ennemi. Si la montagne prête à la masse un abri précaire, je dirai à mes fantassins : Enfants, voici ces fiers Arabes qui vous défient à la course; et, les sacs pesants laissés sous bonne garde, mes petits chasseurs, déchaînés comme une meute ardente, enlèveront à la baïonnette ces mamelons d'où pleuvent les balles.

» On perd peu de monde, et l'ennemi, étonné de se voir atteint corps à corps, malgré sa barrière de feu, tombera comme les fleurs sous la baguette de Tarquin. »

Nous avons parlé des leçons qu'il se plaisait à donner aux frondeurs ; rappelons-en une dernière. Une de ses colonnes longeant un jour le Chéliff, était harcelée par deux ou trois mille cavaliers. Un officier supérieur fit observer à haute voix qu'il ne comprenait pas l'inaction des magnifiques escadrons du général Bourjolly et pourquoi ils n'étaient pas appelés à charger. A ce moment Bugeaud prenait des renseignements sur les gués du Chéliff, et apprenait que ceux-ci n'existaient que près de passages étroits pratiqués dans les berges du fleuve, élevées en moyenne de huit ou dix mètres, par suite de la profondeur du lit qu'il s'était creusé depuis des siècles dans un sol argilo-calcaire. Quand la colonne fut arrivée à hauteur d'un de ces gués, il fit faire halte et envoya contre la cavalerie arabe deux bataillons sans sacs. Tout le monde se prit à rire, le frondeur ayant ajouté : « Voilà maintenant que le général en chef veut attraper des cavaliers avec des fantassins. »

Cependant l'ennemi reculait devant les deux bataillons français, et comme les cavaliers ne pouvaient passer qu'un à un sur les passages étroits pratiqués sur les berges à l'endroit précis du gué, une centaine d'entre eux étaient à peine sur l'autre bord lorsque la masse fut assaillie par notre infanterie. Au bout de quelques minutes. le Chéliff roulait une quantité de cadavres d'hommes et de chevaux. Le succès était complet. Ayant mandé l'imprudent, qui par ses discours avait porté une grave atteinte à la discipline, Bugeaud lui dit avec calme :

« Monsieur, je viens de vous montrer comment on attrape des cavaliers avec des fantassins. Le colonel X... prendra dès aujourd'hui le commandement de votre brigade en attendant votre successeur ; vous rentrez en France. »

On disait alors, et on a dit depuis que la guerre d'Algérie était une mauvaise école pour l'armée, les soldats s'habituant à combattre un adversaire qui n'oppose jamais une résistance sérieuse, et les généraux oubliant les règles de la grande tactique. Voici en quels termes le maréchal répondait à une critique que beaucoup de militaires sérieux trouvent exagérée :

« Ne croyez pas, généraux d'Afrique, que vous appreniez ici l'art de la grande guerre qu'on doit faire quand on a devant soi des armées solides et disciplinées. Certes, vous éprouveriez de terribles désillusions si vous vouliez employer vis-à-vis d'une de ces armées la tactique que nous avons adoptée vis-à-vis des Arabes. Mais quelle excellente école préparatoire pour nous tous, chefs et soldats, que ces campagnes d'Afrique ! Le général y étudie pratiquement toutes les importantes questions relatives au bien-être de ses soldats : approvisionnements, moyens de transport, etc., etc. ; il apprend à les conduire et à user d'eux sans excéder leurs forces, à poser son camp, à se garder, etc., etc. Les officiers et les soldats s'aguerrissent par des combats incessants, s'accoutument à la faim, à la soif, à la marche, sous toutes les températures, et aux privations de toute sorte sans se laisser démoraliser. Le difficile à la guerre n'est pas tant de savoir mourir que de savoir vivre. Les officiers, souvent engagés avec leurs bataillons et leurs compagnies dans des actions isolées, prennent l'habitude du commandement et de la responsabilité. Nous ne sommes ici qu'à l'école primaire, mais si nous savons profiter des leçons que nous y recevons, nous deviendrons certainement les meilleurs élèves des écoles secondaires. »

Sages et profondes paroles, qui ont reçu une éclatante confirmation dans les campagnes de Crimée, d'Italie, de Chine, du Mexique, où les troupes appartenant à l'armée permanente d'Afrique se sont couvertes d'une gloire immortelle ! Après la malheureuse guerre de 1870, on a méconnu cette armée et il a été convenu que ses habitudes de laisser aller avaient contribué à nos revers. Sans rappeler que les trois régiments de zouaves et les trois régiments de tirailleurs algériens se sont héroïquement fait écraser à la bataille de Frœschwiller du 6 août, perdant les trois quarts de leur effectif, nous dirons seulement que l'opinion publique, aigrie par des désastres sans précédents dans notre histoire et ordinairement inconsciente, pouvait bien accuser notre vaillante armée africaine lorsque tour à tour elle avait accusé et calomnié nos officiers et nos soldats.

Chacun a voulu oublier l'affaissement des caractères et l'affaiblissement sinon la perte de l'esprit militaire chez un peuple devenu sceptique et assoiffé de bien-être matériel !

Nous avons dit plus haut que le général Bugeaud dut substituer le système des embuscades au système classique des grand'gardes. En effet, lorsque ce dernier était suivi, les factionnaires placés devant les fronts de bandière de la compagnie des grand'gardes se croyaient généralement couverts par elle et se relâchaient de leur surveillance. Les maraudeurs n'avaient pas de peine à se glisser entre la grand' garde et le camp et venaient souvent exécuter au milieu des hommes endormis des coups de main de la plus invraisemblable audace. Comme tous les voleurs indigènes, ils se mettaient nus, sans autre arme qu'un poignard entre les dents. Chose difficile à croire, ils se déguisaient en buisson. Le factionnaire ne comptait pas toujours le nombre des buissons qu'il avait devant lui, et ne s'apercevait pas qu'un d'eux avançait toujours vers le camp quand la monotonie de la faction lui faisait tourner le dos pour se promener lentement sur l'emplacement qui lui était assigné ; à un moment donné, le buisson tombait, et il en sortait un Arabe qui se glissait dans le camp ou qui arrachait un faisceau d'armes avec lequel il bondissait dans la broussaille. Une nuit, ces maraudeurs enlevèrent le mulet à bagages du général en chef au milieu des tentes de l'état-major général. Une autre fois, deux d'entre eux avisèrent un grand ballot enveloppé dans une couverture blanche ; ils l'enlevèrent et se mirent à détaler. Mais quelque chose se démena vigoureusement ; ils le laissèrent tomber, et il en sortit un lieutenant de grenadiers qui s'était enveloppé dans cette couverture pour dormir.

Avec le nouveau système de grand'gardes, chaque capitaine disposait sa compagnie par groupes de deux, trois ou quatre hommes, qui, blottis dans des plis de terrain, derrière des broussailles, des amas de pierre, attendaient les Arabes le doigt sur la détente du fusil et ne tiraient qu'à bout portant. Encore les zouaves prirent-ils l'habitude de ne plus même faire feu ; ils tuaient l'ennemi à la baïonnette, silencieusement et sans bruit, tant pour ne pas donner l'éveil au camp et prévenir les paniques que pour ne pas avertir les autres maraudeurs (1).

Les scènes militaires au théâtre donnent les idées les plus fausses sur la guerre, et ceux qui n'ont jamais guerroyé se figurent volontiers qu'une grand'garde est représentée par des groupes d'hommes dormant à la belle étoile, enveloppés de manteaux, l'escopette au poing, gardés par un des leurs qui se promène de long en large en lançant dans les ténèbres un regard farouche, et en entretenant

(1) Les zouaves furent les premiers à adopter le système des embuscades que perfectionna par la suite le général Bugeaud.

de temps à autre le feu qui réchauffe ses camarades. Il peut en être ainsi pour les bandits de *Fra-Diavolo*, mais en Afrique, il en est tout autrement. Personne ne repose quelque temps qu'il fasse, qu'il pleuve, qu'il vente, ou qu'il neige. Les factionnaires des petits postes sont accroupis dans la broussaille comme des bêtes fauves, guettant du regard le moindre indice, prêtant l'oreille au moindre bruit; ceux des plus importants veillent aussi. Si quelques hommes sommeillent, c'est pendant que leurs voisins immédiats sont en éveil, et encore les dormeurs sont impitoyablement secoués si leur sommeil est bruyant.

Tant de vigilance n'empêchait pas à cette époque qu'il n'y eût parfois des surprises. Pendant une nuit, les réguliers d'Abd-el-Kader se glissèrent jusqu'au camp en passant à travers les grand'gardes des zouaves et vinrent en rampant tirer sur nos soldats endormis ; le feu fut un instant très vif et les officiers eurent quelque peine à rassembler les nôtres. Bugeaud, à peine vêtu, se jeta un des premiers dans la mêlée et tua de sa propre main deux réguliers. Le combat n'eut que peu de durée et l'ennemi fut repoussé.

Au moment où il rentrait dans sa tente, le général s'aperçoit que chacun souriait en le regardant ; il porte la main à sa tête, et constate qu'il était coiffé du vulgaire bonnet de coton. Il réclame alors cette casquette légendaire qui excita si souvent l'étonnement de nos soldats, parce qu'elle avait à leurs yeux une forme étrange, visière en avant et visière par derrière. Aussitôt mille voix demandent la casquette du général.

Dès le lendemain, quand les clairons sonnèrent la marche des troupes, les zouaves accompagnèrent la sonnerie en chantant à tue-tête :

As-tu vu
La casquette,
La casquette?
As-tu vu
La casquette
Du père, Bugeaud?

Ce refrain devait rester populaire dans l'armée. Aujourd'hui encore, la marche des troupes d'Algérie ne s'appelle plus que la *Casquette*.

Bugeaud fut le premier à rire des refrains des zouaves. Bien des fois, on l'entendit lui-même crier au clairon de piquet : « *Sonne la casquette.* »

La bravoure personnelle du **général** était légendaire et devenait de la témérité lorsqu'il s'agissait d'épargner la vie du soldat. Dans nos guerres d'Afrique, on voit toujours les Arabes fuir devant notre avant-garde et s'acharner contre notre arrière-garde. C'est là que se livre le vrai combat, et ce n'est pas un mince titre de gloire pour le général Renault, le héros de Champigny, d'avoir été surnommé jadis *Renault de l'arrière-garde*. Le Français est de tous les soldats du monde celui qui aime le moins à s'abriter ; mû par un sentiment de bravoure exagérée, il ne craint pas de servir de cible à l'ennemi. Dès son arrivée, le général Bugeaud en fit la remarque et donna les ordres les plus sévères pour qu'il n'en fût plus ainsi et prêcha d'exemple.

Irrité un jour d'entendre une violente fusillade à son arrière-garde, il s'y rendit seul et mit pied à terre au milieu du sifflement des balles. Courant au travers de la ligne des tirailleurs, il saisit les hommes trop téméraires et les força à chercher un abri derrière des rochers, des arbres ou les plis de terrain.

« Animal, cria-t-il, au milieu du feu, à un soldat qui se découvrait complètement, je me f….iche de ta peau, mais je veux la conserver ; car si tu meurs ici, je ne peux pas te remplacer. Crois ton vieux chef, qui n'a jamais eu peur, mon garçon : le plus malin à la guerre, c'est celui qui tue sans se faire tuer. »

La sollicitude du général en chef pour le bien-être du troupier était immense. Sur sa table était toujours servi un pain de munition, examiné avec soin ; il n'oubliait pas les années passées à cultiver son domaine d'Excideuil. C'est également en connaisseur qu'il vérifiait le troupeau de l'administration, et malheur à l'intendant qui aurait eu la faiblesse d'accepter de fournisseurs peu scrupuleux une de ces bêtes étiques qu'ils dépècent sous la dédaigneuse dénomination : *viande de soldat*. Quand il s'agissait d'améliorer la situation matérielle de ses troupes, Bugeaud non seulement faisait preuve de la sollicitude la plus constante, mais déployait toutes les ressources de l'esprit le plus ingénieux et le plus inventif. S'étant établi avec une grosse colonne sur les bords du Chéliff et à un point stratégique très important, mais tout à fait désolé, sans bois, presque sans eau (1), il apprend que ses soldats se plaignent amèrement d'être astreints à un pareil séjour, et se récrient particulièrement sur l'absence du bois. Aussitôt l'agronome reparaît, et il dicte un ordre du jour sur le jujubier dont les hommes, à grands renforts d'écorchures, avaient peine à arracher quelques branches. « Vous avez sous les pieds, leur dit-il, une véritable forêt souterraine. » Et entrant dans les détails, il révèle aux troupes que ces arbrisseaux avaient de profondes racines de dix ou quinze centimètres de diamètre, et qu'en laissant une petite branche centrale choisie dans la touffe et après avoir creusé tout autour, on pouvait en extraire la racine mère, qui serait un excellent combustible.

Cet ordre du jour, raconte le capitaine Blanc dans ses intéressants *Souvenirs d'un vieux zouave*, « était un modèle du genre et une preuve de ce dont était capable cet esprit éminemment pratique. »

Le lendemain, de nombreux feux de bivouac illuminaient le camp, alimentés par les racines de jujubier sauvage, et l'administration allumait ses fours de campagne.

Le général était grand chasseur. On le vit souvent à l'arrivée au bivouac s'interrompre brusquement lorsqu'il

---

(1) Le Chéliff, à certains moments de l'année, est presque à sec, et ne donne qu'un peu d'eau saumâtre.

venait d'apercevoir une compagnie de perdreaux. Il partait alors en courant, tirait ses deux coups de fusil, et venait reprendre la dictée de ses ordres à l'endroit précis où il s'était arrêté, « à la grande joie, dit M. Léon Roches, de ses soldats et de nous tous qui sommes habitués aux ravissantes excentricités de cette nature primesautière. »

M. Léon Roches, qui a vécu pendant plusieurs années dans son intimité, n'insiste peut-être point assez sur l'adoration dont ce grand homme de guerre était l'objet de la part de ses officiers et de ses soldats. C'est avec un sentiment d'affection respectueuse et profonde que tous l'appelaient le *père Bugeaud*. Lors d'une de ses nombreuses expéditions, l'avant-garde de la colonne, au milieu de laquelle il marchait, tomba dans une embuscade et fut criblée de balles; le maréchal eut son cheval tué et ne s'en tira que par miracle. Ce fut pour tous le sujet d'une pénible émotion; et le *père Bugeaud* dormait depuis longtemps, sans songer à l'échauffourée dans laquelle il avait failli perdre la vie, que des soldats rôdaient autour du quartier général pour bien s'assurer qu'il était sain et sauf.

Et cette vénération les Arabes eux-mêmes la partageaient. Ils l'appelaient Bou-Chiba, le *père la Blancheur*, à cause de sa belle chevelure d'argent. « Le *père la Blancheur* a le bras fort, le cœur miséricordieux, et le conseil sage », disaient-ils dans leur langage pittoresque.

Son humanité était grande et les indigènes lui rendaient justice. Il avait dû organiser le système des razzias, sortes de chasses à courre dont les troupeaux et les grains des tribus étaient le gibier; troupeaux et grains sont la seule fortune des Arabes, et ce n'est que par l'anéantissement de ces biens que l'on avait action sur eux. Certains ont appelé la razzia *un vol organisé*, comme si toute guerre n'avait pas pour premier objectif de ruiner l'ennemi afin de le mettre dans l'impossibilité de se battre. Quand le lamentable convoi d'une razzia arrivait à son camp, le général veillait lui-même à ce que les femmes et les enfants fussent commodément installés sous des tentes requises à l'administration. Il suivait parfois les médecins dans leurs visites ; des factionnaires éloignaient les indiscrets. Des vivres suffisants étaient distribués aux prisonniers. En outre il faisait choisir dans le troupeau enlevé à la tribu razziée des chèvres et des vaches laitières pour les malades et les enfants.

Quelques mots encore.

Le maréchal Bugeaud(1) reçut le titre de duc d'Isly après la bataille de ce nom où il écrasa les hordes marocaines. Cette distinction assez puérile et peu en harmonie avec son existence toute de simplicité lui attira de la presse libérale des injures répétées.

Le 15 mai 1847 il terminait sa grande épopée guerrière par le glorieux combat d'Azrou, en Kabylie, et le 25 du même mois s'embarquait à Bougie pour la France, déclarant son rôle terminé.

En février 1848, Louis-Philippe eut un instant la pensée de résister et de confier au maréchal le commandement de l'armée de Paris. Bugeaud eut avec le roi une suprême entrevue dans laquelle il exprima, ont dit les uns, sa répugnance à tirer l'épée contre son pays ; d'autres affirment que l'un et l'autre reconnurent qu'il était trop tard pour lutter contre la révolution. Ayant fait acte d'adhésion au nouveau gouvernement, il n'en fut pas moins poursuivi par la haine des sectaires républicains.

Les départements de la Gironde et de la Charente-Inférieure élurent député le vainqueur d'Isly ; la Dordogne, qu'il avait arrachée à la misère et à la routine, délaissa le soldat laboureur d'Excideuil, le premier qui eût planté la pomme de terre et la luzerne en Périgord.

Le prince président avait appelé le maréchal Bugeaud au commandement supérieur de l'armée des Alpes. Mais il revint à Paris, où il parut quelques jours encore à l'Assemblée ; le 8 juin 1849, il était frappé du choléra

(1) Bugeaud fut nommé maréchal de France en 1843.

Louis-Napoléon, président de la République, étant venu le voir dès le lendemain :

« Tout n'est pas désespéré, dit le prince ; nous avons besoin de vous, et Dieu vous conservera. »

Et il ajouta :

« Je reviendrai.

» — Vous avez d'autres devoirs à remplir, répondit l'illustre moribond ; merci, je sens que tout est fini pour moi. »

L'archevêque de Paris, qui lui avait rendu dans la matinée une première visite, revint à midi. Bugeaud accueillit le digne prélat avec un véritable bonheur et lui dit :

« Votre présence, monseigneur, me fait grand bien ; j'avais besoin de vous voir. »

La cour et les abords de sa maison étaient encombrés de vieux soldats, anxieux, venus pour s'informer de l'état du maréchal, de l'illustre guerrier que les balles ennemies avaient épargné tant de fois. Il mourut dans la nuit, juste au moment où les tambours d'une caserne voisine battaient la diane.

Le maréchal Bugeaud vécut comme un fort et comme un juste.

A l'heure actuelle son corps repose aux Invalides près des cendres de Napoléon, de Turenne et de Vauban.

II

Comme on vient de le voir, le maréchal Bugeaud est mort chrétiennement ; il ne fut pas toutefois ce qu'on appelle un chrétien pratiquant. Dans le courant de sa vie, sincèrement tolérant, il était de ces hommes à croyances un peu vagues qui admettent fort bien que d'autres aient la foi, les enviant parfois et ne se permettant ni les critiques niaises, ni les tracasseries mesquines. Aux grandes fêtes, concordataires ou non, Bugeaud n'oubliait jamais de faire célébrer la messe et donnait des ordres pour que la célébration en fût accompagnée d'un grand apparat militaire. Allait à la cérémonie qui voulait, mais le maréchal n'ignorait pas qu'il n'y a pas à obliger le troupier à suivre une messe au camp ; célébrée en rase campagne, au milieu des pompes de la nature, elle est en effet un de ces spectacles qui impressionnent profondément et atteignent les plus hautes régions de la sublimité. Ceux qui y ont assisté ne peuvent l'oublier. Le militaire le plus sceptique baisse la tête en voyant les armes s'incliner devant l'autel. Face à face avec l'ennemi, personne n'est sûr du lendemain ; le danger trempe l'âme et on comprend qu'il y a quelque chose au delà de la vie.

Et ces braves, qui oserait les accuser d'hypocrisie ? L'officier qui a vu ses hommes trémir au moment de l'élévation, quand les tambours battent aux champs, sait bien que dans sa vie aventureuse et insouciante le soldat peut être plus ou moins frotté de scepticisme, mais qu'à certain moment les croyances de son enfance reparaissent toujours et viennent le réconforter.

Raillé un jour dans les couloirs du Palais-Bourbon par un de ces députés qui, après une excursion en Afrique, péroraient à tort et à travers sur l'Algérie, Bugeaud répondit :

« Croyez-moi, monsieur, je sais ce qu'il faut au soldat. »

Et comme son contradicteur insistait, il lui tourna brusquement le dos, en disant :

« Si vous n'en voulez pas, n'en dégoûtez pas les autres. »

Le maréchal exaltait les aumôniers chaque fois qu'il en trouvait l'occasion. Après le combat d'Ak-bel-Kredda qu'il dut livrer en revenant de détruire Tegdempt, il signala la bravoure de plusieurs officiers et soldats. Après les noms des premiers, figurait celui de l'abbé G'talther, aumônier de la colonne expéditionnaire. Pendant tout le temps que dura l'action, ce prêtre était resté constamment dans la ligne de tirailleurs, aidant les soldats du train à aller enlever les morts et les blessés sous le feu très rapproché de l'ennemi. C'est au milieu d'une grêle de balles que l'intrépide abbé s'agenouillait auprès des mourants pour leur faire entendre quelques-unes de ces paroles mystérieuses qui font mieux mourir.

L'ordre du jour du maréchal fut extrêmement flatteur pour l'aumônier ; il savait que dans la colonne, aucun nom n'exciterait une sympathie plus vive que celui de l'abbé G'talther.

En honorant ainsi le culte catholique trop négligé jusqu'à son arrivée, en exaltant les ministres de la religion. le maréchal Bugeaud ne pensait pas seulement à ses soldats, natures naïves sur lesquelles les grandes scènes religieuses avaient une puissante influence ; il pensait aussi aux Arabes, et agissait en profond politique. Inutile de rappeler qu'un des principaux prétextes mis en avant par Abd-el-Kader pour rompre le traité de la Tafna, fut que les Français étaient des gens sur la foi desquels il ne fallait pas compter, car ils méprisaient leur religion.

Les Arabes vénèrent grandement nos prêtres. « Ceux qui sont le mieux disposés, dit le Coran, à aimer les musulmans, sont les hommes qui se disent chrétiens et cela parce qu'ils ont des prêtres et des moines qui sont sans orgueil. »

Ailleurs le Coran les recommande plus clairement encore au respect des musulmans : « Respectez leurs prêtres et leurs moines, qui jeûnent, qui prient et qui s'adonnent aux bonnes œuvres. »

Il est indéniable que les populations indigènes admirent profondément et sans réserve la charité et la tolérance du clergé et des ordres religieux établis en Algérie. Le maréchal Bugeaud, qui aidait de toutes ses forces l'évêque d'Alger, ne voulait pas de l'intolérance à rebours et disait très haut qu'il y avait des avantages immenses pour l'avenir de la colonie à assurer le respect des choses respectables. Il est bien entendu que l'illustre homme de guerre ne fut pas compris en France et fut en butte aux avanies d'une presse sans dignité à laquelle il ne tarda pas à rendre haine pour haine.

Une des accusations les plus répétées contre le maréchal, fut celle de favoriser l'établissement des Jésuites. Irrité de ces attaques multiples, et ne voulant pas se commettre à discuter avec ces *condottieri* de la plume, il dicta à son interprète M. Léon Roches la lettre suivante adressée à un publiciste éminent :

« J'ai été peiné de l'article sur les Jésuites que j'ai lu dans votre numéro du 13 juin.

» Vous savez bien que je ne suis ni jésuite ni bigot, mais je suis humain et j'aime à faire jouir tous mes concitoyens, quels qu'ils soient, de la somme de liberté dont je veux jouir moi-même. Je ne puis vraiment m'expliquer la terreur qu'inspirent les Jésuites à certains membres de nos assemblées. Ils ont pu être dangereux quand ils se mêlaient à la politique des gouvernements et qu'ils dirigeaient la conscience des souverains. Mais aujourd'hui leur influence politique est nulle, et nous pouvons tirer d'eux un grand avantage pour l'éducation de la jeunesse, car, de l'avis de leurs ennemis les plus acharnés, ils sont passés maîtres dans l'art d'enseigner.

» Quant à moi, qui cherche par tous les moyens à mener à bonne fin la mission difficile que mon pays m'a confiée, comment prendrais-je ombrage des Jésuites, qui, jusqu'ici, ont donné de si grandes preuves de charité et de dévouement aux pauvres émigrants qui viennent en Algérie, croyant y trouver une terre promise, et qui n'y rencontrent tout d'abord que déceptions, maladies, et souvent la mort?

» Les sœurs de charité ont soigné les malades qui ne trouvaient plus de place dans les hôpitaux et se sont chargées des orphelines.

» Les Jésuites ont adopté les orphelins.

» Le P. Brumeau, leur supérieur, a acquis, moyennant cent vingt mille francs, une vaste maison de campagne à Ben-Aknoun, aux environs d'Alger, entourée de cent cinquante hectares de terre cultivable, et là il a recueilli plus de cent trente orphelins européens qui, sous la direction de différents professeurs, apprennent les métiers de laboureur, jardinier, charpentier, menuisier, maçon, etc.

» Il sortira de là des hommes utiles à la colonisation, au lieu de vagabonds dangereux qu'ils eussent été.

» Sans doute, les Jésuites apprendront à leurs orphelins à aimer Dieu. Est-ce là un si grand mal ? Tous mes soldats, à de rares exceptions près, croient en Dieu, et je vous affirme qu'ils ne s'en battent pas avec moins de courage.

» Je ne puis m'empêcher de sourire quand je lis dans les journaux l'énumération des dangers dont la corporation des Jésuites menace la France. Il faudrait, en vérité, qu'un gouvernement fût bien faible pour redouter quelques prêtres qu'il est, du reste, facile de surveiller.

» Mais au gouvernement du roi seul, appartient de résoudre cette question.

» Pour moi, gouverneur de l'Algérie, je demande à conserver mes jésuites, parce que, je vous le répète, ils ne me portent nullement ombrage et qu'ils concourent efficacement au succès de ma mission.

» Que ceux qui veulent les chasser nous offrent donc les moyens de remplacer les soins et la charité *gratuits* de ces terribles fils de Loyola.

» Mais, je les connais, ils déclameront et ne feront rien qu'en grevant le budget colonial, sur lequel ils commenceront par prélever leurs bons traitements, tandis que les Jésuites ne nous ont rien demandé que la tolérance. »

C'était résoudre la question religieuse en Algérie par le bon sens, et la lettre du maréchal est encore d'actualité à l'heure présente.

Si les conquêtes se font par la force, on les consolide et on les achève par la raison et la justice. Une haute mission incombe au vainqueur qui a pour devoir l'amélioration de la condition matérielle et morale du peuple vaincu ; le maréchal Bugeaud le comprit, et, aux yeux de la postérité impartiale, ce sera un de ses plus beaux titres de gloire. Il ne voulut pas seulement que la probité, la dignité, l'équité, l'intégrité fussent les apanages du commandement ; il voulut, dans sa tolérance éclairée, que la religion, par la prédication muette des vertus évangéliques, apportât son appui à l'œuvre entreprise.

Il seconda de tout son pouvoir Mgr Dupuch (1), dont notre belle colonie transméditerranéenne n'a pas oublié le nom. Ce n'est certes pas du maréchal que se plaignait le vénérable prélat, lorsque dans son mémoire au roi, du 24 janvier 1845, il constatait que la religion catholique était « plutôt entravée qu'encouragée », et son épiscopat marqué « par des douleurs, des épreuves, des efforts désespérés, entremêlés d'outrages ». Il faisait allusion au défaut de concours sinon à l'hostilité de l'administration. Un an plus tard, le 29 janvier 1846, l'évêque, voyant son rapport écarté par les ministres du roi qui n'avaient voulu donner aucune suite à ses réclamations, s'adressa directement au pape.

« Sachez, dit-il, que j'ai été prévenu officiellement que je n'étais chargé que des chrétiens romains, et que je ne devais pas oublier que sur nul autre je n'avais de juridiction. Sachez qu'une autre fois il me fut ordonné de réprimander sévèrement un de mes prêtres, parce qu'il avait poussé l'imprudence jusqu'à dire à un Arabe avec lequel il échangeait quelques discussions religieuses, que le mahométisme était absurde. »

Et plus loin il ajoute :

« Sachez qu'un prêtre auxiliaire, qui devait m'arriver des montagnes de la Syrie, fut menacé d'être arrêté s'il mettait le pied sur le rivage de Philippeville, parce qu'il savait et

---

(1) Le premier évêque d'Alger.

parlait l'arabe, et qu'il était possible qu'il fût tenté de parler de religion aux Arabes. »

De telles prohibitions, de pareilles tracasseries sont ridicules et odieuses. Les Anglais, nos maîtres en colonisation, favorisent dans leurs colonies leurs missionnaires presbytériens et méthodistes ; mais nos voisins d'outre-Manche, hommes de vraie liberté, estiment que la tolérance est une des formes de cette liberté même. La raison ou le prétexte toujours mis en avant pour entraver l'action du clergé est qu'en 1830 nous aurions promis aux vaincus d'Alger le libre exercice de leur culte ; des insurrections, ajoute-t-on, seraient à craindre si nous permettions à nos prêtres de faire œuvre de propagande dans les tribus. Les prêtres anglais font bien, eux, œuvre de propagande dans les colonies britanniques qui pour cela ne s'insurgent aucunement. Le clergé algérien n'a jamais demandé qu'à ne pas subir de sottes tracasseries et à jouir des mêmes droits qu'en France ; à l'époque du maréchal Bugeaud, comme à l'heure actuelle, il ne réclamait que la liberté de prédication muette des vertus de l'Evangile.

Monseigneur Dupuch usa sa santé, donna sa fortune, et finit par succomber à la peine, laissant après lui un déficit considérable qui dénonçait l'insuffisance des ressources mises à sa disposition. Lorsqu'en 1838 il avait débarqué à Alger, il n'y avait dans cette grande ville qu'une seule église desservie par un ecclésiastique et dépourvue des objets les plus nécessaires au culte. Il s'y trouvait aussi un établissement de sœurs qui fournissaient des gardes-malades à l'hôpital civil. Quand le prélat parcourut son diocèse, il ne rencontra à Oran qu'un vieux prêtre pliant sous le faix, et un autre à Bône qui était obligé de dire la messe dans une masure arabe. Dès ce moment, cet évêque sans clergé entreprit une véritable lutte. Bien qu'appuyé par les autorités les plus hautes, par le roi et la reine, par le gouverneur général, il échouait misérablement contre une bureaucratie intraitable et tracassière qui le séparait de nos soldats, l accusait de nuire à nos progrès auprès des musulmans, ne trouvant jamais l'article de la loi quand le saint prélat évoquait quelque droit, mais, en retour, ayant toujours un texte à lui opposer pour lui refuser la moindre faveur.

Le maréchal Valée, et après lui le maréchal Bugeaud, ne cessaient de dire que la religion était appelée à faire quelque bien en Algérie, et transmettaient fidèlement les réclamations des colons à ce sujet. Petit à petit, ils obtinrent satisfaction pour les principales demandes du courageux évêque. Quand celui-ci se retira, en 1846, son clergé comprenait quatre-vingt-onze ecclésiastiques desservant soixante églises ou oratoires, pourvus des objets indispensables. Il y avait en outre seize établissements religieux avec quantité de sœurs hospitalières de différents ordres, de Saint-Vincent de Paul particulièrement, de nombreux religieux Trappistes, Jésuites, Lazaristes, Frères des écoles chrétiennes, un séminaire, plusieurs maisons d'éducation, des œuvres pour les orphelins, les orphelines et les pauvres, des refuges et des sociétés de charité.

Monseigneur Dupuch, désirant avoir des frères des écoles chrétiennes, soumit sa requête au maréchal Bugeaud, qui écrivit simplement en marge :

« Si vous n'avez pas d'argent pour m'expédier des Frères, il faudra que vous trouviez de l'argent pour m'envoyer des maîtres d'école, beaucoup plus chers comme vous savez. »

Les Trappistes, particulièrement protégés par Soult, l'éminent ministre de la guerre, édifièrent leur établissement à Staouëli, sur la place même où avait été construit un blockhauss en 1830 ; le touriste qui visite aujourd'hui leur domaine, à quelques lieues d'Alger, en sort émerveillé des résultats agricoles qu'ils ont obtenus. Les premiers en Afrique ils ont planté la vigne, et l'on sait que les vignobles de la colonie, prenant de jour en jour une extension plus grande, sont d'une ressource précieuse et contrebalanceront peut-être pour la France les pertes occasionnées par le phylloxera. C'est le 14 septembre 1843 que la première pierre du monastère fut posée en grande cérémonie sur un lit de boulets ramassés dans la plaine. Le gouverneur général était aux côtés de Mgr Dupuch. Celui-ci prononça un discours qui fit battre le cœur de tous les soldats. Les Trappistes font un bien considérable dans la région. Pendant les famines de 1847 et de 1867, ils ont nourri tous les villages voisins.

En 1841, l'évêque d'Alger soigna en personne, dans la Casbah, les Arabes prisonniers, et prodigua à leurs femmes et à leurs enfants les marques de l'intérêt le plus touchant. Cette charitable et admirable conduite fit sur les indigènes de l'intérieur du pays l'impression la plus vive, et facilita l'échange des prisonniers dont l'autorité militaire supérieure ne pouvait s'occuper.

III

Le maréchal Bugeaud n'eut point à se repentir de ses excellentes et amicales relations avec l'évêque. Comme il ne pouvait lui-même traiter directement avec Abd-el-Kader pour l'échange des prisonniers (les ordres reçus étaient formels, car c'eût été laisser croire à l'émir que la France le reconnaissait comme chef d'un gouvernement régulier), le gouverneur donna carte blanche à Monseigneur Dupuch qui s'acquitta avec bonheur d'une mission toute de charité. Le vénérable prélat rendit un service immense à la cause de l'humanité, continuant ainsi l'œuvre des religieux de la Merci et des chevaliers de Malte, et montrant que la religion, toujours la même, sait poursuivre à travers les âges son but divin.

Les événements de guerre avaient fait tomber entre nos

mains un certain nombre d'Arabes que nous traitions avec bonté ; par contre, ceux des nôtres, soldats ou colons que les indigènes avaient pris étaient traités avec la dernière rigueur. C'est en vain que beaucoup d'indigènes avaient été relâchés par nous dans l'espérance qu'Abd-el-Kader userait de réciprocité ou du moins adoucirait le sort de nos compatriotes. Au début de la conquête, les Arabes tuaient de sang-froid tous les Français qu'ils pouvaient atteindre. L'émir entreprit de mettre fin à cette boucherie ; il songea à la possibilité des échanges, et, après avoir imposé sa volonté à ses réguliers, il l'imposa à la grande majorité des tribus qui combattaient pour lui. Celles-ci peu à peu se mirent à faire des prisonniers : il leur était rigoureusement prescrit de ne tuer que ceux des nôtres qui se défendaient à outrance.

Le moyen dont Abd-el-Kader se servit pour amener ses réguliers à se départir de l'usage immémorial de mutiler, fut aussi simple qu'expéditif, car inutile d'ajouter qu'il ne promulguait pas d'ordres écrits. Un régulier étant venu un jour lui présenter la tête d'un soldat français, il lui demanda si l'homme à qui elle appartenait était mort quand on l'avait décapité.

Le régulier répondit affirmativement.

« Tu recevras deux cent cinquante coups de bâton pour avoir contrevenu à mes défenses ; tu apprendras qu'un mort n'étant l'ennemi de personne, il y a lâcheté barbare à le mutiler. »

La bastonnade terminée, le soldat, passablement meurtri, pensait en être quitte et se préparait à regagner sa tente. Abd-el-Kader l'arrêta par cette question :

« Pendant que tu coupais la tête à cet homme, où était ton fusil ?

» — Je l'avais posé à terre, répondit l'Arabe.

» — Deux cent cinquante autres coups de bâton pour avoir abandonné ton arme pendant le combat. »

Après cette deuxième bastonnade, le patient ne pouvait

plus se tenir sur ses jambes. Les camarades se disposaient à l'emporter, quand l'émir lui demanda encore :

« Lorsque tu as coupé la tête de cet homme, comment t'y es-tu pris pour pouvoir rapporter à la fois cette tête et tes armes ?

» — Je tenais mon fusil d'une main et la tête de l'autre.

» — C'est-à-dire que tu portais tes armes de manière à ne pouvoir en faire usage. Qu'on lui donne encore deux cent cinquante coups de bâton. »

C'était la mort ; et la victime expira au vingtième coup.

Abd-el-Kader, s'adressant ensuite aux réguliers présents à l'exécution, et les ayant fixés avec ses yeux durs, ajouta :

« Faites savoir à vos camarades que je saurai me faire obéir : plus de têtes. »

Tous se le tinrent pour dit.

Ce qui détermina le maréchal Bugeaud à confier la négociation de l'échange des prisonniers à Monseigneur Dupuch fut l'audacieux coup de main exécuté par les Hadjoutes dans la nuit du 4 octobre 1840. La diligence de Douéra à Alger fut enlevée près du village de Dély-Ibrahim, à onze ou douze kilomètres d'Alger. Parmi les personnes tombées au pouvoir des Arabes, se trouvait le sous-intendant militaire Massot, qui se rendait à Alger pour présenter ses adieux à son supérieur hiérarchique, l'intendant Verdun, rentrant en France. Le ruban de la Légion d'honneur que M. Massot portait à la boutonnière fit croire d'abord aux Hadjoutes, prompts comme tous les Arabes à se monter l'imagination, qu'ils venaient de s'emparer tout au moins d'un général. L'erreur fut reconnue, mais il n'en demeura pas moins constant pour eux que la capture était importante.

L'ennemi réussissait parfois à enlever des détachements de troupes. Le 12 août 1840, un capitaine, M. Morizot, envoyé en reconnaissance du côté du Mazafran avec deux cents hommes d'infanterie, négligea les précautions habituelles, qui consistaient à faire partir chaque jour du camp des patrouilles chargées de battre le pays, afin de dénicher les embuscades. Bien plus, il marcha directement à travers les fourrés au lieu de suivre la ligne des crêtes, se bornant à se faire précéder de quelques hommes d'avant-garde. Il n'avait même pas envoyé des flanqueurs à droite et à gauche de la route. Le commandant du blockhauss placé sur les bords du Mazafran avertit le capitaine Morizot qu'on avait aperçu des cavaliers rôder dans la plaine; mais celui-ci ne prêta à l'avertissement qu'une médiocre attention, traversa le bois pour gagner Mahelma, et commença à gravir la pente opposée sans prendre plus de précautions que pour descendre à la rivière.

Le terrain était boisé et la chaleur extrême. Les soldats avançaient péniblement et sans beaucoup d'ordre quand ils furent assaillis par un millier de cavaliers et de fantassins qui enlevèrent du coup la petite avant-garde et criblèrent de coups de feu le détachement allongé sur un trop long parcours. Le capitaine Morizot voulut faire resserrer ses hommes, mais entre les diverses fractions de la petite troupe existaient de trop grands intervalles ; les tronçons ne purent se rejoindre, et le capitaine tomba lui-même blessé d'un coup de pistolet.

Environ quatre-vingts soldats parvinrent jusqu'au blockhauss ; mais quatre-vingts autres furent tués, et une quarantaine seulement épargnés par les Arabes, qui les entraînèrent avec M. Morizot tout sanglant.

Les cas d'enlèvement de colons furent aussi nombreux. Parmi ces derniers, faits prisonniers dans la plaine de la Mitidja, en 1839, on cite un nommé Lanternier, qui fut pris près de Bou-Farik avec sa femme et sa fille âgée de quinze ans ; cette dernière était douée d'une grande beauté. L'histoire de cette famille est des plus curieuses. Lanternier fut séparé de sa femme et de son enfant, conduit de prison en prison, et mourut de misère à Milianah. Quant à la mère et à la fille, Abd-el-Kader eut l'idée singulière d'en faire cadeau a l'empereur du Maroc, dont il recevait quantité de secours en munitions de guerre et de bouche et en objets de toute sorte. Adroite autant que jolie, la fille Lanternier sut captiver plus tard le fils héritier présomptif de l'empereur (1), abjura le catholicisme, et finit par se faire épouser.

On pourrait diviser les prisonniers en deux catégories : ceux qui consentaient à abjurer, et ceux qui refusaient de commettre cet acte de suprême hypocrisie et de lâcheté. Ces derniers étaient fort maltraités et leur captivité chez les Arabes forme un ensemble d'épisodes les plus sombres de l'histoire de la conquête. Un jeune officier de vaisseau, M. France, enseigne à bord du brick le *Loiret*, fut pris sur la plage d'Arzew pendant qu'il observait les effets d'un exercice de tir à boulets auquel se livrait son bâtiment, et mené à Abd-el-Kader. On lui donna pour compagnon un géomètre-arpenteur, M. Meurice, enlevé lui aussi par les Hadjoutes dans la plaine de la Mitidja. M. France et M. Meurice sommés d'abjurer s'y refusèrent avec indignation. Malgré ce refus, M. France, en sa qualité d'officier, était traité avec quelque bienveillance, mais M. Meurice, qu'Abd-el-Kader s'obstinait à prendre pour un cantinier civil, mourut de misère et de froid, car il subissait sa captivité dans un campement arabe aux environs de Tegdempt, sorte de nid d'aigle où le froid est excessif en hiver.

Beaucoup de prisonniers étaient astreints à travailler aux fortifications de Tegdempt ou autres villes fortifiées par l'émir, et se vengeaient en laissant de grands vides dans les maçonneries, afin qu'elles pussent être démolies au premier coup de canon. L'enseigne de vaisseau France ayant reconnu parmi ces travailleurs forcés plusieurs corailleurs sardes qui avaient échappé au massacre de l'équipage des bateaux la *Conception* et le *Jésus-Marie* naufragés près de Ténès, fit observer à Abd-el-Kader que ces corailleurs

(1) C'est ce prince qui fut battu à l'Isly.

appartenaient à une nation non-ennemie des Arabes, mais l'orgueilleux émir répondit qu'il faisait la guerre à toutes les puissances chrétiennes à la fois.

M. France convint plus tard que les rares officiers français prisonniers étaient l'objet d'une certaine considération. Les Arabes montrèrent pour l'un d'eux, M. de Mirandol (1), un respect superstitieux. La déira (convoi de prisonniers) dont il faisait partie, et qui se composait d'une centaine de Français, changeait fort souvent d'emplacement, et chaque tribu, à tour de rôle, en avait la garde. Pendant un de ces changements, elle fut assaillie par la population fanatique d'un village, et tous les prisonniers furent roués de coups. Un vieil Arabe, plus fanatique que les autres, marcha sur le lieutenant Mirandol un fusil à la main, et le couchant en joue à bout portant, s'écria :

« Chien de chrétien, répète après moi : Dieu est grand et Mahomet est son prophète, ou tu vas mourir.

» — Dieu est grand, dit l'énergique lieutenant, le regard ferme et assuré, et Mahomet est un imposteur ; je suis le serviteur du Christ, et tu ne peux rien contre moi. Tire, ton fusil ne partira point. »

Le fusil rata, et le lieutenant Mirandol, impassible, continua son chemin au milieu d'une population frappée de stupeur.

Ayant appris le fait, Abd-el-Kader s'écria qu'il voyait là une éclatante manifestation de la protection divine. Il donna des ordres pour que le brave officier fût entouré de soins et d'égards et pour que le traitement des prisonniers fût adouci. On ne tarda pas à offrir sa liberté à M. de Mirandol, mais il refusa de séparer son sort de celui de ses compagnons d'infortune.

« Dire qu'il faut une publication de hasard comme la mienne pour faire connaître un pareil trait d'héroïsme,

---

(1) M. de Mirandol, lieutenant d'état-major, faisait son stage au 2ᵉ régiment de chasseurs d'Afrique ; il fut plus tard général à l'expédition du Mexique.

digne des martyrs de la chrétienté et des grands hommes de l'histoire ancienne et moderne ! » (1)

Quelquefois les prisonniers qui abjuraient le christianisme étaient enrôlés dans les troupes régulières d'Abd-el-Kader, sans qu'on daignât, bien entendu, leur demander leur consentement. Quant aux colons renégats, ils étaient envoyés dans l'intérieur, à Tegdempt, à Thaza ou à Boghart, où ils travaillaient.

Les abjurations étaient assez rares parmi nos soldats. Le 23 mai 1842, trente hommes commandés par un officier furent attirés dans une embuscade aux environs de la Maison-Carrée, et massacrés impitoyablement parce qu'ils refusaient de se rendre et d'abjurer. Parmi les assaillants, chose triste à dire, se trouvaient dix déserteurs de la légion étrangère, tous Allemands, dont la cruauté dépassa celle des Arabes. Un seul des nôtres, nommé Vagner, couvert de blessures, fut emmené en captivité. Il réussit à s'évader, et fut rencontré mourant de faim et de fatigue par une patrouille française, aux environs du camp de l'Harrach. Il raconta que ses malheureux camarades étaient tombés presque tous à la fois. Vagner ajouta que, blessé et étendu à terre, il avait vu son officier et le tambour, restés seuls debout, refuser la vie que les ennemis leur offraient s'ils voulaient embrasser l'islamisme, et succomber aussitôt percés de coups.

Une autre fois un prisonnier avait consenti à prononcer la formule d'abjuration, qui pour lui n'était qu'une parole vide de sens. Il lui restait à recevoir la tonsure usitée chez les musulmans ; mais à ce moment il sentit la honte de l'apostasie, et résista. On lui dit de réfléchir : « Coupez-moi la tête si vous voulez, s'écria-t-il ; je suis né chrétien et les soldats français ne sont pas des hypocrites. » Il fut immédiatement décapité.

Un ouvrier français, du nom de Beauprêtre, surpris près de

(1) *Spectateur militaire*, 1885. « Souvenirs », par l'intendant général Wolf.

Tenez, fut conduit à Bou-Maza qui l'envoya à Abd-el-Kader. L'émir était alors traqué par nos colonnes; il ne lui restait qu'un embryon de smala qu'il avait envoyée sur le territoire marocain. C'est vers cette smala que fut dirigé le jeune Beauprêtre ; il y rencontra une vingtaine de captifs moitié colons, moitié militaires, et lui-même fut enchaîné avec un jeune soldat du 32° de ligne. Une nuit les deux compagnons de misère crurent comprendre que les gens de la smala se disposaient à égorger les prisonniers. Ils s'évadèrent, usèrent leurs fers en les frottant contre des pierres et se mirent à courir le pays. Mais, exténués de faim, ils durent se livrer aux Arabes d'un douar.

Là ils trouvèrent une foule fanatique qui voulut les faire reconduire à la smala d'Abd-el-Kader. Un marabout s'interposa et proposa de faire prononcer aux deux Français le symbole de la foi musulmane. Les pauvres jeunes gens refusèrent, et le soldat du 32° fut immédiatement massacré. Beauprêtre tendait déjà le cou quand les Arabes se mirent à se chamailler, avec ces hurlements et ces vociférations aiguës dont ils sont coutumiers. Des injures ils en vinrent aux coups, et le captif s'évada pendant la bagarre. Il vécut pendant plusieurs jours d'un mulet mort qu'il trouva au fond d'un ravin. Ne pouvant aller vers le nord, il se dirigea vers les Hauts-Plateaux et tomba dans un parti de Harrars, (tribu en guerre avec Abd-el-Kader) qui le renvoya aux Français.

La bravoure simple de cet ouvrier refusant d'abjurer la foi chrétienne devant le cadavre mutilé de son compagnon, n'est-elle pas héroïque?

Abd-el-Kader finit par défendre qu'on exigeât l'apostasie des prisonniers, et cassa de son grade le commandant d'un bataillon de réguliers qui avait voulu faire apostasier deux soldats du 48° de ligne ; cet indigne officier, par suite du refus de ces braves gens, les avait livrés aux femmes d'une tribu voisine. Ces hideuses mégères leur avaient arraché les ongles et crevé les yeux avant de les jeter vivants dans un brasier.

Il est temps de revenir aux négociations engagées entre Monseigneur Dupuch et Abd-el-Kader.

Le 29 mars 1841, le bey de Milianah envoya un aman (sauf-conduit) pour quatre personnes ; et l'évêque désigna l'abbé Suchet, vicaire général du diocèse, mort depuis curé de Constantine, M. de Franclieu, propriétaire, M. Berbrugger, membre correspondant de l'institut et de la commission scientifique d'Algérie, et M. de Toustain-Dumanoir, de l'administration du domaine.

Au dernier moment M. Suchet tomba malade, et l'abbé G'thalther le remplaça.

Avant de quitter Blidah, la mission fut prévenue par le colonel Bedeau, commandant supérieur, qu'il y avait grand danger pour elle à se confier à la bonne foi indigène, car les dernières proclamations françaises mettaient en quelque sorte Abd-el-Kader hors la loi, et de plus une expédition sous les ordres du général Baraguay d'Hillers battait la plaine en avant de Blidah pour préparer le ravitaillement de Médéa. A l'Oued-el-Kébir, notre dernier poste dans la direction de l'ouest, l'officier commandant n'en put croire d'abord ses yeux en examinant l'autorisation donnée à trois civils et à un prêtre de franchir la ligne des avant-postes français, et ce n'est pas sans un air de commisération douloureuse qu'il leur dit : « Messieurs, la plaine est ouverte devant vous. »

Ils partirent. Les soldats du 17° léger qui formaient la garnison du blockhauss de l'Oued-el-Kébir montèrent tous aussitôt sur les épaulements de la fortification avec l'empressement de gens qui s'attendent à éprouver les émotions de quelque scène tragique.

Malgré ces sombres pronostics, la mission pénétra hardiment sur le territoire des Hadjoutes. Les Arabes et les Kabyles qui la voyaient passer crurent naïvement qu'elle venait traiter de la paix, pensant que l'évêque d'Alger pouvait tout aussi bien conclure la paix que négocier un échange de prisonniers. Ce fut peut-être à cette opinion généralement accréditée que les quatre courageux négociateurs durent la vie.

La mission arriva auprès d'Abd-el-Kader précisément au moment où l'on venait de lui amener huit espions indigènes qui s'étaient chargés de répandre à l'intérieur les proclamations des Français.

« — Combien, dit Abd-el-Kader à chacun d'eux, t'a-t-on donné pour colporter ces papiers ?
» — Un douro (cinq francs).
» — Comment, misérable, c'est pour un douro que tu trahis la cause de l'Islam ? »

Et sur un signe de l'émir, un chaouch approcha, expliqua aux huit pauvres diables que la loi musulmane punit l'espion de mort. Puis les ayant traînés quelques pas plus loin et après les avoir fait mettre à genoux, il leur trancha sommairement la tête. Ces huit exécutions ne prirent pas dix minutes, et Abd-el-Kader, gracieusement et sans paraître s'apercevoir que le sang ruisselait aux abords de sa tente, demanda à l'abbé G'thalter de lui remettre la lettre que lui écrivait le « grand marabout des Français ».

Les négociations ne furent pas longues ; Abd-el-Kader exigea qu'il lui fût remis cent cinquante des siens contre tous les prisonniers français en son pouvoir. Les cent cinquante Arabes furent conduits par Mgr Dupuch en personne à la ferme de Mouzaïa où s'opéra l'échange, et le vénérable prélat rentra à Bou-Farik à la tête d'une colonne de cent vingt-huit prisonniers français, en avant de laquelle marchait le sous-intendant militaire Massot.

Il serait impossible de peindre avec exactitude l'effet produit à Bou-Farik et à Alger par l'arrivée de ces captifs et les scènes attendrissantes auxquelles elle donna lieu dans ces deux villes et dans tous les villages que traversa la colonne.

Les récits du temps nous disent combien était populaire dans l'armée d'Afrique le nom du vénérable évêque d'Alger ; cette popularité, l'abbé Suchet, vicaire général, la partageait. C'est que nul plus que lui ne seconda aussi activement le prélat pour les échanges de prisonniers. Courses aventureuses dans un pays inconnu et ennemi, correspondances, séjours prolongés dans des avant-postes dépourvus de tout confortable, nuits passées au grand air, mauvais vouloirs des bureaux, rien ne rebutait le digne prêtre. Mais il ne risquait pas toujours les seuls coups de fusil des Arabes. Il revenait un jour du camp d'Abd-el-Kader escorté par une trentaine de ses cavaliers rouges qui, en approchant de nos avant-postes, se heurtèrent à l'improviste contre une reconnaissance de notre infanterie appuyée par deux pièces de canon. Le commandant du détachement français, voyant à quelques centaines de mètres en avant ce groupe d'ennemis arrêté court fit mettre en batterie une de ses pièces de canon qui envoya un obus au milieu des cavaliers. Ceux-ci se dispersèrent, abandonnant l'abbé Suchet, qui poussa son cheval vers les Français, espérant qu'on ne tirerait plus sur un homme isolé ; mais il comptait trop sur le sang-froid de nos soldats. Le canon cessa de tirer, mais les tirailleurs prenant du reste la soutane du pauvre prêtre pour un burnous noir, envoyèrent une volée de balles dont l'une l'atteignit à la cuisse.

Le vicaire général eut le courage de rester à cheval jusqu'à ce qu'il fût reconnu par nos officiers qui se hâtèrent de faire cesser le feu. Il arriva enfin dans un groupe dont faisait partie le général Baraguay d'Hilliers. Il était vraiment temps ; aussitôt il tombe en syncope, et le général le reçoit dans ses bras.

Heureusement que la blessure ne fut pas très grave.

Une colonne française, le 24 mai 1841, étant venue détruire le fort de Thaza que l'émir avait édifié au prix de tant de sacrifices, on lut, dans une chambre du fort, l'inscription suivante :

55 *prisonniers et un capitaine sont partis le 13 mai 1841 où ne savons pas.*

Au-dessous était cette autre :

Le 13 mai 1841, 10 heures, sans savoir où nous allons à la grâce de Dieu.

Ces cinquante-cinq prisonniers se composaient presque tous de soldats du 3ᵉ léger, pris à l'affaire du Mazafran, et dont le capitaine était l'infortuné Morizot.

Ils nous furent spontanément remis par les Arabes, qui demandèrent en échange cinquante-six des leurs parmi lesquels, il est vrai, deux capitaines de réguliers et trois femmes d'une grande beauté, appartenant à un des khalifs d'Abd-el-Kader.

IV

Au début de l'année 1842, les intraitables Hadjoutes n'étaient pas encore soumis. Avec eux c'était plus particulièrement une affaire de temps, car ainsi que nous l'avons dit plus haut, cette tribu se recrutait constamment de tous les rôdeurs arabes en quête d'aventures guerrières et de pillage ; à peine une de nos colonnes évacuait-elle le pays hadjoute, que les hostilités reprenaient et que la plaine de la Mitidja était infestée de coupeurs de route.

Les Hadjoutes concertaient habituellement leurs opérations avec Ben-Salem, khalifa d'Abd-el-Kader pour le pays kabyle. Désirant frapper là un grand coup, le général Bugeaud demanda quelques renforts aux Chambres, mais celles-ci furent prises de panique et il fut avéré que chaque Kabyle était un foudre de guerre. Les députés chargèrent même une commission d'étudier à Paris la réduction des effectifs de l'armée d'Algérie.

Bugeaud dut se résigner et comme il sentait le besoin

absolu de donner la chasse à Abd-el-Kader dans la province d'Oran, il ramassa toutes les troupes disponibles de la province d'Alger, et s'achemina vers Tlemcen, où commandait le général Bedeau. Toutefois, avant de partir, il laissa des ordres rigoureux au général commandant la division. Il fut interdit de circuler isolément dans la plaine de la Mitidja, et tous nos postes étaient tenus de ne communiquer entre eux qu'au moyen de détachements d'infanterie, accompagnés, autant que possible, de quelques cavaliers.

C'est dans ces conditions que se faisait ordinairement le service de la correspondance.

Au nombre des régiments d'infanterie désignés pour aller expéditionner dans la province d'Oran, était le 26° de ligne. Le 2° bataillon de ce régiment laissa deux compagnies au camp d'Erlon, sous Bou-Farik ; on avait versé dans ce bataillon un fort contingent de nouveaux soldats, pensant qu'ils y compléteraient plus facilement leur instruction militaire que si on les envoyait en expédition.

Plusieurs de ces jeunes recrues, sous les ordres d'un sergent, devaient donner un magnifique exemple d'héroïsme, et devenir de sublimes martyrs du devoir militaire.

Le 11 avril 1842, le sous-officier Blandan (1), avec seize hommes de sa compagnie dut escorter la correspondance entre Bou-Farik et Beni. Cette correspondance était confiée à un brigadier de chasseurs d'Afrique, accompagné de deux cavaliers allant en éclaireurs en avant de lui. Le jour où le sergent Blandan fut chargé de l'escorte, le brigadier désigné était un nommé Villars, vieux soldat à trois chevrons, appartenant au 4° chasseurs. Avec Villars marchaient deux chasseurs de son escadron.

La petite troupe française se composait donc du sergent Blandan avec seize soldats du 26° d'infanterie, du briga-

---

(1) Blandan, avant de s'engager volontairement, était imprimeur sur étoffes. Né à Lyon, il n'avait que deux ans de services et était sergent depuis le 1er janvier 1842.

dier Villars avec deux cavaliers, soit vingt hommes en tout. Au dernier moment, M. Ducros, sous-aide chirurgien, se joignit à eux pour rentrer à Blidah, où il était attaché à l'hôpital militaire.

Jamais les chefs de poste de la plaine de la Mitidja ne mettaient un détachement en route sans faire fouiller les environs au télescope par un sous-officier du génie portant le titre de sous-officier observateur et établi pendant tout le jour sur une plate-forme. La plaine ce jour-là parut absolument déserte entre Bou-Farik et Blidah ; pas un cavalier arabe ne se montrait à l'horizon. Le lieutenant-colonel Morris, commandant le camp d'Erlon, invita donc le sergent Blandan à partir.

Les vingt hommes du sergent cheminaient depuis une heure dans la direction de la redoute de Beni-Méred. Un beau village s'élève actuellement à cet endroit ; à l'époque dont nous parlons la redoute, avec blockhauss, servait de poste avancé à Blidah et n'avait guère qu'une garnison de cinquante hommes, relevés tous les cinq jours à cause de son horrible insalubrité (1). Arrivés à un point où la plaine est légèrement exhaussée, les chasseurs d'Afrique et les conscrits du 26°, qui marchaient allégrement avec cette gaieté et cette absence de souci particulière au soldat français en campagne, dirent joyeusement : « Nous arrivons à Beni-Méred. » En effet la redoute se voyait à un kilomètre.

Il n'y avait plus qu'à traverser un assez grand ravin appelé Chabet-el-Mechdoufa, comblé aujourd'hui par les travaux de la route nationale et du chemin de fer. Tout à coup, le brigadier Villars et ses deux chasseurs, qui se trouvaient à une cinquantaine de pas en avant, se rabattirent sur le détachement, en lui signalant un nombreux parti de cavaliers ennemis qui avaient mis pied à terre

(1) Mered en arabe veut dire malade. *Beni-mered* signifie donc les gens habitant le pays des maladies.

dans le creux du ravin, se dissimulant ainsi au télescope du sous-officier observateur du camp d'Erlon.

L'embuscade était habilement choisie. Au milieu d'une plaine nue et aride, n'offrant que d'insignifiants abris, la petite troupe française ne résisterait sans doute pas longtemps et rien n'était plus aisé que de la cerner de toutes parts.

Le brigadier Villars était un de ces braves qui ont en eux le sentiment exalté du devoir militaire. Avec un admirable sang-froid, il dit à Blandan, non moins calme que lui :

« Sergent, nous autres avec nos chevaux nous pourrions facilement regagner Bou-Farik. Mais soyez tranquilles ; puisqu'il y a du danger, nous resterons ensemble. »

Et avec calme, les trois chasseurs d'Afrique mirent pied à terre, se firent un rempart de leurs chevaux et se préparèrent au combat.

Le jeune sous-aide Ducros aurait pu aussi s'échapper, mais il suivit l'exemple des chasseurs d'Afrique, descendit de cheval prêt à prendre le fusil du premier soldat qui serait blessé.

Les cavaliers arabes étaient au nombre d'environ deux cents (1). Mais au bruit de la fusillade, on vit accourir au galop une centaine de Hadjoutes qui n'avaient pas trouvé place dans le creux du Chabet-el-Mechdoufa. Vingt et un Français allaient donc lutter contre trois cents ennemis, sans abri, presque sans munitions, presque sans espoir d'être secourus.

Blandan forme à la hâte ses conscrits en cercle. A ce moment, il voit approcher en caracolant, dédaigneux et la cigarette aux lèvres, un grand nègre que Ben-Douhad lui envoie en parlementaire. Le chef arabe n'a même point songé que vingt et un braves soldats oseraient lui résister ; il a dédaigné de prendre la moindre disposition d'atta-

---

(1) C'étaient les coureurs habituels de Ben-Salem, mêlés à quelques cavaliers hadjoutes.

que, et ses hommes, pied à terre, causent tranquillement.

Le parlementaire, habillé du burnous rouge des cavaliers réguliers d'Abd-el-Kader, crie à Blandan en mauvais français :

« Rends-toi ; nous ne te ferons pas de mal. »

Froidement le sergent sort du cercle, ajuste le nègre, et lui répond, en pressant la détente de son arme :

« Voilà comment se rend un Français. »

L'envoyé de Ben-Douhad tombe sanglant aux pieds de son cheval, et Blandan, magnifique de sang-froid, se replie sur ses hommes en leur disant :

« A présent, camarades, il ne s'agit plus que de montrer à ces gens-là comment des Français savent se défendre. Surtout ne nous pressons pas et visons juste. »

Réglementairement, en Algérie, chaque fantassin n'avait alors que vingt cartouches. C'était, à la façon précipitée dont tirent habituellement les hommes livrés à eux-mêmes, l'affaire de vingt minutes de combat. C'était, à la façon dont le sergent se proposait de régler le tir, l'affaire d'une demi-heure à peine.

Au coup de feu de Blandan, les cavaliers de Ben-Douhad effarés, montent précipitamment à cheval, sortent du ravin, et s'éparpillent dans la plaine pour le prendre de tous côtés. Ils caracolent autour de lui comme une volée de vautours, se promettant bien de rapporter vingt et une têtes dans leur tribu. A la première décharge, ils abattent sept des nôtres, ainsi que leurs chevaux, derrière les cadavres desquels s'embusquent aussitôt les survivants.

Superbes d'audace, ces vaillants, héroïques soldats, commencent un tir lent et meurtrier, ne perdant pas une balle, prenant le temps nécessaire pour viser. Seul, Blandan est debout au milieu des siens ; il n'interrompt son feu que pour prendre des cartouches dans les gibernes des morts et des blessés, et les donner à ses conscrits. Le sous-aide Ducros fait bravement le coup de feu, et les trois chasseurs d'Afrique, jetant leur mousqueton qui n'a pas une portée suffisante, s'arment des fusils des fantassins tombés et prennent stoïquement part à une lutte désespérée.

Beaucoup de chevaux commencent à errer sans cavalier dans la plaine, tant est précis le tir des Français. Mais la partie est trop inégale, et si des secours n'arrivent pas promptement, nos braves vont mourir un à un. Déjà le nombre des morts est plus grand que le nombre des vivants, et le petit cercle s'est singulièrement rétréci. « Serrez vos rangs, » murmure de temps en temps l'héroïque sous-officier resté droit malgré deux blessures et brûlant ses dernières cartouches. Il tombe enfin, frappé à l'abdomen par une troisième balle ; mais il se soutient sur un coude, et crie à ses derniers compagnons :

« Courage, mes amis ! défendez-vous jusqu'à la mort. »

Après Blandan tombe le sous-aide Ducros qui avait pris le commandement. Le commandement de cinq hommes ! C'était tout ce qui restait !

Les cinq braves qui survivent se comptent très rapidement. Le sergent, qui a encore toute sa connaissance, les soutient par ses ardentes excitations, et se traîne encore jusqu'à eux pour leur lancer quelques cartouches. Ils n'ont plus d'espoir. « Adieu, sergent, cela va être fini. »

Tout à coup une trombe s'abat sur les cavaliers de Ben-Douhad. L'observatoire de Bou-Farik a signalé l'attaque, et les chasseurs d'Afrique, qui à ce moment étaient à l'abreuvoir avec leurs chevaux, sous la surveillance de leur officier de semaine, ont couru, le sous-lieutenant de Breteuil en tête, au camp chercher leurs sabres, puis, montés sur leurs chevaux sans selle et en bridon, se sont lancés dans la plaine à fond de train. En arrivant sur le terrain, l'intelligent officier juge d'un coup d'œil la situation. Il voit d'autre part un détachement d'infanterie, sorti de la redoute de Beni-Méred, accourir à perte d'haleine, alors il conduit la charge de ses chasseurs de façon à prendre l'ennemi entre deux feux. Le lieutenant Corcy, des chasseurs lui aussi, arrive au même instant avec quelques retardataires.

Nos cavaliers chargent avec fureur, et poussent les Arabes sur les baïonnettes des fantassins sortis de Beni-Méred.

Ceux-ci sont une trentaine au plus, commandés par le lieutenant du génie de Jouslard. Ce brave officier n'a laissé au camp que des sapeurs, avec quelques artilleurs auxquels il donna l'ordre de faire feu avec l'unique obusier formant l'armement de la redoute. Il sait bien que les coups ne porteront pas ; mais il connaît l'effet moral que produit le canon sur les Arabes, et de plus il veut donner l'alarme à la garnison de Blidah, composée du 17e léger.

Attaqués de trois côtés à la fois, les Arabes tourbillonnent et commencent à fuir. Au même instant, ils entendent les clairons sonner la charge : ce sont les deux compagnies du 26e commandées par les capitaines Durun et Lacarde, qui arrivent au pas de course au secours des conscrits de Blandan. L'ennemi se disperse, sans pouvoir, selon son habitude, emporter ses morts et ses blessés.

Des vingt et un hommes du détachement, cinq seulement n'avaient pas été atteints, quatre hommes du 2e bataillon et un chasseur. Dix étaient blessés, dont trois si grièvement qu'il fallut les amputer. Quant au sergent, il n'avait plus que quelques heures à vivre : il était atteint de trois blessures toutes mortelles.

Le lieutenant-colonel Morris, commandant le camp d'Erlon, reçut les valeureux soldats, en exprimant aux survivants du drame de Beni-Méred un légitime orgueil. Il fit entourer de soins les blessés. Le brave curé de Bou-Farik accourut au camp pour les consoler et exhorter au courage ceux qui allaient être amputés ; il eut l'énergie de rester auprès de ceux-ci pendant la triste opération, d'autant plus douloureuse qu'à cette époque la science ne disposait pas de moyens anesthésiques.

Il voulut se rendre également auprès de l'intrépide Blandan ; on lui dit que cet admirable sous-officier venait de rendre le dernier soupir. Dans son délire, il n'avait cessé de répéter :

« Courage, mes enfants, défendez-vous jusqu'à la mort. »

On fit aux glorieux soldats de Beni-Méred, au nombre de six, des funérailles dignes de leur vaillance. Les morts étaient le sergent Blandan, le chasseur Ducasse, les fusiliers Giraud, Elie, Leconte et Laricon. Le lieutenant-colonel Morris, un de ces braves de l'armée dont les exploits semblent appartenir à la légende, prononça une de ces ardentes et enthousiastes improvisations qui témoignent une foi profonde au culte de l'honneur militaire. « J'envie ton sort, Blandan, s'écria-t-il en terminant, car je ne sais point de plus noble mort que celle du champ d'honneur. »

Le général Bugeaud qui à ce moment était à la veille de se rendre à Oran, s'empressa de faire connaître à l'armée la conduite du sergent Blandan et des braves qu'il commandait. Le combat de Beni-Méred était, dit le général, un des plus beaux faits d'armes de notre armée depuis notre arrivée en Algérie. Voici les deux ordres du jour qu'il publia successivement :

ARMÉE D'AFRIQUE
ÉTAT - MAJOR GÉNÉRAL

(1) **ORDRE GÉNÉRAL**

Au quartier général, à Alger, le 14 avril 1842.

SOLDATS !

J'ai à vous signaler un fait héroïque qui, à mes yeux, égale, au moins, celui de Mazagran : là, quelques braves résistent à plusieurs milliers d'Arabes ; mais ils sont derrière des murailles, tandis que, dans le combat du 11 avril, vingt-un hommes porteurs de la correspondance sont assaillis en plaine, entre Bou-Farik et Mered, par deux cent cinquante à trois cents cavaliers arabes venus de l'Est de

---

(1) Cet ordre du jour avait un supplément destiné à mettre à l'ordre du jour MM. de Breteuil et Corcy, officiers de chasseurs d'Afrique, et MM. Durun et Lacarde, capitaines au 26e de ligne.

la Mitidja. Le chef des soldats français, presque tous du 26⁰ de ligne, était un sergent nommé *Blandan*.

L'un des Arabes, croyant à l'impossibilité de la résistance d'une si faible troupe, s'avance et somme Blandan de se rendre. Celui-ci répond par un coup de fusil qui le renverse. Alors, s'engage un combat acharné : Blandan est frappé de trois coups de feu. En tombant il s'écrie : « *Courage ! mes amis ! défendez-vous jusqu'à la mort !* »

Sa noble voix a été entendue de tous, et tous ont été fidèles à son ordre héroïque ; mais bientôt le feu supérieur des Arabes a tué ou mis hors de combat seize de nos braves. Plusieurs sont morts ; les autres ne peuvent plus tenir leurs armes ; cinq seulement restent debout. Ce sont Bire, Girard, Estal, Marchand et Lemercier ; ils défendaient encore leurs camarades blessés ou morts, lorsque le lieutenant-colonel Morris, du 4⁰ de chasseurs d'Afrique, arrive de Bou-Farik avec un faible renfort. En même temps, le lieutenant du génie de Jouslard, qui exécute les travaux de Mered, accourt avec un détachement de trente hommes ; le nombre des nôtres est encore très inférieur à celui des Arabes ; mais compte-t-on ses ennemis quand il s'agit de sauver un reste de héros ?

Des deux côtés, l'on se précipite sur la horde de Ben-Salem : elle fuit, et laisse sur la place une partie de ses morts.

Des Arabes alliés lui ont vu transporter un grand nombre de blessés ; elle n'a pu couper une seule tête ; elle n'a pu recueillir un seul trophée dans ce combat, où pourtant elle avait un si grand avantage numérique.

Nous avons ramené nos morts, non mutilés, et leur avons donné les honneurs de la sépulture. Nos blessés ont été portés à l'hôpital de Bou-Farik, entourés des hommages d'admiration de leurs camarades.

Lesquels ont le plus mérité de la Patrie, ou de ceux qui ont succombé sous le plomb, ou des cinq braves qui sont restés debout, et qui, jusqu'au dernier moment, ont couvert les corps de leurs frères ? S'il fallait choisir entre eux, je répondrais : « Ceux qui n'ont point été frappés » ; car ils ont vu toutes les phases du combat, dont le danger croissait à mesure que les combattants diminuaient, et leur âme n'en a point été ébranlée.

Mais je ne veux pas établir de parallèle ; tous ont mérité que l'on gardât d'eux un éternel souvenir.

Je compte parmi eux le chirurgien sous-aide Ducros, qui, revenant de congé, rejoignait son poste avec la correspondance. Il a saisi le fusil d'un blessé, et a combattu jusqu'à ce que son bras eût été brisé.

Je témoigne ma satisfaction au lieutenant-colonel Morris, qui, en cette circonstance, a montré son courage habituel, tout en regrettant d'avoir mis en route un aussi faible détachement.

Je la témoigne aussi à M. le lieutenant du génie de Jouslard, qui n'a pas craint de venir, avec trente hommes, partager les dangers de nos vingt et un héros.

Voici les noms des vingt et un Français porteurs de dépêches ; l'armée doit les connaître tous. La France verra que ses enfants n'ont point dégénéré, et que, s'ils sont capables de grandes choses par l'ordre, la discipline, et la tactique qui gouvernent les masses, ils savent, quand ils sont isolés, combattre comme les chevaliers des anciens temps.

26º de ligne.

BLANDAN, sergent, 3 blessures, mort.
LECLAIR, fusilier, amputé de la cuisse.
GIRAUD, fusilier, 2 blessures, mort.
ELIE, fusilier, 1 blessure, mort.
BÉALD, fusilier, 2 blessures.
LECONTE, fusilier, 2 blessures, mort.
ZANHER, fusilier, 1 blessure.
KAMACHAR, fusilier, 1 blessure, amputé de la cuisse.
PÈRE, fusilier, 1 blessure.
LAURENT, fusilier, 1 blessure.

Bourrier, fusilier, 1 blessure.
Michel, fusilier, 2 blessures.
Laricon, fusilier, 1 blessure, mort.
Bire, fusilier, non blessé.
Girard, fusilier, non blessé.
Estal, fusilier, non blessé.
Marchand, fusilier, non blessé.

4° chasseurs d'Afrique.

Villars, brigadier, 1 blessure.
Lemercier, chasseur, non blessé.
Ducasse, chasseur, mort.

Ambulance de l'armée.

Ducros, sous-aide major, 1 blessure, amputé du bras.

Le Lieutenant général, Gouverneur général de l'Algérie,

Signé : BUGEAUD.

ARMÉE D'AFRIQUE
ÉTAT-MAJOR GÉNÉRAL

ORDRE GÉNÉRAL

Au quartier général, à Alger, le 6 juillet 1842.

L'armée et les citoyens conserveront longtemps le souvenir de l'action héroïque des vingt braves commandés par le sergent Blandan, qui, le 11 avril dernier, entre Mered et Bou-Farik, préférèrent mourir que capituler devant une multitude d'Arabes. L'enthousiasme que produisit cette grande et belle action de guerre est encore dans toute sa force et bien loin d'être éteint. Je ne veux pas chercher à le raviver davantage ; mais il ne suffit pas de l'admiration des contemporains ; il faut encore la faire partager aux générations futures : elle multipliera les exemples des hommes qui préfèrent une mort glorieuse à l'humiliation du drapeau de la France.

Quel serait le cœur assez froid pour ne pas se sentir

électrisé en passant devant un monument élevé sur le lieu du combat, et où seraient retracés l'action et les noms des héros qui en furent les acteurs !

Ce mémorable combat ayant eu lieu sur notre principale communication, toute l'armée, tous les colons défileront fréquemment devant le glorieux monument; on s'arrêtera, on s'inclinera. Qui pourrait calculer ce que le sentiment éprouvé par tous produira de gloire pour la Patrie !

Pour élever ce monument, il s'est ouvert une souscription chez M. le chef d'escadron *Beauquet,* remplissant par intérim les fonctions de chef d'état-major général de l'armée : c'est à lui que les corps, les officiers sans troupe, les fonctionnaires des diverses administrations, les citoyens devront adresser leurs offrandes.

Le résultat en sera publié par les journaux d'Alger.

Le Lieutenant général, Gouverneur général,
Signé : BUGEAUD.

Les produits de la souscription provoquée par le général Bugeaud furent consacrés à l'érection, sur la place du nouveau village de Beni-Méred, d'une pyramide quadrangulaire portant le nom des vingt et un modestes héros du combat du 11 avril 1842. Aujourd'hui, quand des détachements de l'armée arrivent à l'entrée du bourg, les hommes se mettent en ordre, et rectifient les détails de leur tenue; devant la pyramide, les tambours s'arrêtent pour battre aux champs. Le détachement défile, les officiers saluent du sabre et de l'épée, et chacun se redresse en songeant à ce que la grande patrie française a déjà provoqué d'héroïsme et de dévouement.

Ce n'est pas sous la pyramide de Beni-Méred que sont inhumés Blandan et ses cinq compagnons de gloire. L'ancien cimetière de Bou-Farik, aujourd'hui propriété privée, contient un petit monument surmonté d'une croix de fer; c'est là qu'ils reposent.

Le sergent Blandan a été un admirable type du soldat des guerres d'Afrique. Cet homme a incarné le devoir militaire, un devoir qui ne transige jamais ; il a eu jusqu'à la folie, jusqu'au sublime, la religion du drapeau, et, dans son indomptable énergie, ce jeune sous-officier ne s'est pas laissé troubler par la perspective d'une mort certaine. Il a été un humble martyr, et cet humble, revêtu de la capote glorieusement légendaire du fantassin français, a donné un magnifique exemple d'héroïsme.

Un ancien colonel, vieux soldat des guerres d'Afrique, M. Trumelet, a entrepris de faire élever une statue à Blandan. Le 29 juin 1884, il exposa au conseil municipal de Bou-Farik que rien ne rappelait sur la terre algérienne la gloire immortelle de cette armée qui a donné l'Algérie à la France et qu'il serait équitable que cet oubli fût réparé, ne fût-ce que pour démontrer que l'exaltation des grands n'est pas toujours exclusive de la glorification des humbles qui ont su mourir pour la Patrie ; ce serait, en outre, ajoutait le colonel, un magnifique et fortifiant exemple pour l'armée de voir décerner les honneurs statuaires, et, par suite, l'immortalité qu'ils entraînent, à un simple sergent, à un enfant du peuple, de le présenter ainsi aux soldats du présent et à ceux de l'avenir, revêtu de sa capote de sous-officier.

La municipalité de Bou-Farik décida d'enthousiasme qu'une statue serait élevée à Blandan sur l'une des places de la ville et organisa sans désemparer un comité d'initiative, déclara en plus qu'appel serait fait à une souscription publique, et, séance tenante, s'inscrivit en tête pour une somme de trois mille francs.

Un journal spécial, la *France militaire*, qui se distingue par son ardent patriotisme, ouvrit ses colonnes à la souscription ; celle-ci eut un succès énorme dans cette armée française où toutes les idées généreuses font si bien leur chemin. C'est que l'armée prend jalousement soin de sa gloire et n'entend pas oublier les héros du temps passé.

« D'Assas, simple capitaine, s'écriait la *France militaire*, a sa statue ; que Blandan, simple sergent, ait la sienne. S'il existe quelque part une égalité, c'est l'égalité devant la mort, devant le sacrifice. Que l'on décerne les honneurs statuaires à tous ceux qui ont su bien mourir pour la patrie, aux petits comme aux grands, et que l'on rende le bronze accessible à tous les degrés de la hiérarchie militaire. »

Le 26° régiment de ligne n'a pas oublié Blandan. L'ordre général lancé avec tant d'à-propos par le général Bugeaud, est inscrit en tête du livre d'ordres du régiment. Tous les ans, le 11 avril, cet ordre du jour est lu à la troupe, puis le colonel passe la revue, et s'arrête devant l'ancienne compagnie du sergent. On fait l'appel, et, au nom de Blandan, le capitaine répond :

« Mort au champ d'honneur. »

Puis le 26° de ligne tout entier va assister à un service funèbre, où se rendent également les autorités civiles et militaires du lieu où le régiment tient garnison.

Le soir, un banquet réunit le colonel et les officiers ; à ce banquet vient prendre place, depuis plusieurs années, le dernier survivant du combat de Beni-Méred. C'est un nommé Marchand, simple aiguilleur à la compagnie des chemins de fer du Nord, et qui ne fut nommé chevalier de la Légion d'honneur qu'en 1854.

Le libellé de la décoration portait : « Services exceptionnels. »

C'était vrai cette fois.

MARÉCHAL BUGEAUD

CHAPITRE V

SOMMAIRE

Les Français aux confins du désert. Le duc d'Aumale à Médéa et à Boghar. Prise de la smala. Effet produit chez les Arabes. Combat de Djedda. Mort de Mustapha-ben-Ismaïl et de Ben-Allal. Le brigadier Gérard. — Chasseurs d'Afrique. Le colonel Tartas.Les chasseurs Cayeux, Goffines et Barthélemy.Le trompette Escoffier. — Les Français dans le désert Le Sah'ra. Le nomade. Le mouton. Le chameau. Chasses. Le chien. Le s'lougui. Le faucon. La gazelle. L'autruche. Populations. Les Beni-Mzab. Les Touaregs. — La légende du lion au désert. Le lion. Récits des Arabes sur le lion. Le pacte d'El-Arbi Le lion Bonhomme à Marseille. — Les Français au Maroc. Le juif Darmon. La guerre sainte au Maroc. Bombardement de Tanger et de Mogador. Le prince de Joinville à l'île Mogador. — Bataille de l'Isly. La hure de sanglier. Yusuf, Tartas, Morris. Traité de Tanger. — Abd-el-Kader au Maroc. Son portrait. Sa vie privée. Usages arabes. Famille et entourage d'Abd-el-Kader. Secrétaires et khalifas. Cruauté. Perfidie. Aïn-Mahdi et le marabout Tedjini. Piété d'Abd-el-Kader. La prière arabe. Le ramadan. Jugement sur Abd-el-Kader.

I

Vers la fin de l'année 1842, le duc d'Aumale, qui venait d'être nommé général de brigade, revint en Afrique, et le général Bugeaud, auquel le roi Louis-Philippe avait confié l'éducation du jeune prince, l'appela au commandement de la subdivision de Médéa (1) ; il se trouvait ainsi comme sous la main de son illustre précepteur.

(1) Médéa est à quatre-vingt-dix kilomètres d'Alger.

Nous aurons, dans le cours de ces *Récits*, à apprécier les qualités et les services du duc d'Aumale, lorsque nous le verrons à la tête de la province de Constantine aider à l'œuvre de la conquête algérienne par une initiative féconde, une administration sage et éclairée qui a laissé les plus durables souvenirs. Ne signalons ici que la bravoure personnelle du prince (1).

A la prise du col de la Mouzaïa, il commande un bataillon du 4° léger et subit gaiement le baptême du feu.

Lorsque le duc d'Orléans, dont il était devenu l'officier d'ordonnance, voulut à tout prix empêcher les Arabes qui lui échappaient de traverser la rivière de l'Oued-Dja, d'Aumale, en l'absence de tout autre aide de camp, porte au colonel du 1ᵉʳ chasseurs d'Afrique l'ordre de lancer ses cavaliers contre l'ennemi. Un instant après, un tourbillon de poussière s'élève dans la plaine où les chasseurs se précipitent avec impétuosité.

La victoire est à nous et la joie générale au camp. Seul le duc d'Orléans s'inquiète, car son jeune frère n'a point reparu; côte à côte avec le colonel qui, d'ailleurs, fut tué dans le combat, il avait suivi nos escadrons dans leur charge furibonde et il ne revint qu'au milieu de la nuit.

Le prince renouvela plus d'une fois ces actes de prouesse qui excitaient l'admiration. Aussi personne ne fut trop surpris dans l'armée d'Afrique quand le jeune général à peine de retour en Algérie se signala par un coup d'audace vraiment extraordinaire.

Pendant plus de dix ans, on pensa que notre occupation effective devait se borner, outre le littoral, aux villes centrales depuis Tlemcen jusqu'à Constantine ; en 1842 seulement, on sentit la nécessité d'établir, sur les limites méridionales du Tell, une seconde ligne de places parallèle à celles du centre, et devant dominer les tribus extrêmes de cette région et même celles du Sahara. La disposition

---

(1) Le duc d'Aumale était entré dans l'armée à l'âge de 17 ans.

des ruines que les Romains ont laissées sur le sol de l'Algérie montrait que ces habiles conquérants avaient exactement adopté ce système de défense en Numidie, et Abd-el-Kader lui-même n'avait fait que les copier en fondant Tegdempt, Boghar, Thaza et Saïda dont nous étions devenus les maîtres.

Le prince, en *croisant* autour de Boghar (1), avait appris que la smala d'Abd-el-Kader se dirigeait vers le Djebel-Ahmour, pendant que l'émir, avec un parti de cavaliers, vingt-cinq hommes seulement comme on le sut plus tard, surveillait le général Lamoricière (le Bou-Haoura (2) des Arabes) lancé à sa poursuite. D'Aumale part aussitôt avec treize cents fantassins, six cents chasseurs d'Afrique, spahis et gendarmes maures, deux pièces d'artillerie, et un convoi de huit cents chameaux et mulets, un approvisionnemen de vingt jours de vivres. Le smala d'après les espions s trouvait alors aux environs de Godjilah ; il se porte immé diatement sur cette bourgade où il parvient le 14 mai aprè une marche de nuit, mais là il apprend que le rassemblement ennemi était à quinze lieues au sud-ouest, à Ouessek-ou-Rekaï; arrivé à ce dernier point, l'insaisissable smala avait levé le camp la veille au soir, marchant sur Tagguin (3).

Enfin le 16 mai, après une pénible marche de nuit, on surprit quelques traînards de la smala. Trompé par les indications qu'ils fournirent, le prince envoya une reconnaissance de cavalerie vers le sud, mais ne découvrant rien dans cette direction, il reprit celle de Tagguin ; ce mouve-

(1) Le duc d'Aumale adopta Boghar comme centre d'opération et y établit un dépôt considérable de munitions de guerre et de bouche ; une garnison de trois cents hommes y était à demeure.

(2) Bou-Haraoua, l'homme au bâton, le père la Trique. Les Arabes donnaient ce nom au général Lamoricière parce que, à pied comme à cheval, il avait toujours une canne à la main.

(3) Le duc d'Aumale avait formé deux subdivisions de sa colonne : l'une, à la tête de laquelle il se mit, fut composée de la cavalerie, du bataillon de zouaves et de l'artillerie ; l'autre, qu'il confia au lieutenant-colonel Chadeysson, le héros de Djemilah, fut chargée d'escorter le convoi, et se composa de deux petits bataillons d'infanterie légère avec cinquante chevaux.

ment l'avait trop éloigné des zouaves et de l'artillerie. Vers onze heures, un caïd envoyé à la recherche d'un emplacement d'eau, revient au galop et annonce que la smala tout entière était établie à la source même de Tagguin, à un kilomètre environ. Un repli de terrain la cachait à notre petite colonne.

La smala présentait une population de vingt mille âmes, dont au moins cinq mille hommes armés. L'attaquer avec cinq cent cinquante cavaliers, sans le secours des zouaves et de l'artillerie, était d'une grande témérité. On le fit observer au prince ; mais il répondit que battre en retraite était extrêmement dangereux, car les cavaliers arabes revenus de la première surprise ne manqueraient pas d'assaillir notre colonne qu'ils mettraient indubitablement dans une position plus que critique. Le plus sûr était donc de répandre la panique en fondant tête baissée sur l'ennemi. Le duc d'Aumale partagea aussitôt sa troupe en trois fractions, confiant sa droite au lieutenant-colonel Morris, et sa gauche au lieutenant-colonel Yusuf ; lui-même resta au centre avec une trentaine de gendarmes indigènes.

Tous nos cavaliers furent lancés à la charge. On peut se figurer la confusion inouïe qui régna pendant plus d'une heure au milieu de cette foule immense surprise ainsi dans une profonde sécurité. Les Arabes armés n'ayant pas eu le temps de se grouper furent réduits à se défendre individuellement dans l'intérieur du camp. Les cris des femmes, les pleurs des enfants, les vociférations des hommes, le bruit des armes de tant de combats particuliers remplissaient l'air d'un horrible fracas au milieu duquel se perdait la voix des chefs.

Enfin les assaillants, trop peu nombreux pour s'emparer de la smala en entier, firent une coupure dans cette ville ambulante, chassant devant eux la partie qu'ils avaient séparée de la masse et laissant fuir le reste.

Outre trois cents Arabes qui tombèrent sous le sabre de nos soldats, on fit trois mille prisonniers, hommes, femmes et enfants, et l'on prit un canon, quatre drapeaux, plus un butin immense. La mère et la femme de l'émir, prises d'abord et perdues au milieu de la bagarre, furent reconnues par quelques Hachems, tribu dont elles faisaient partie, et hissées sur des mulets. Elles purent ainsi s'échapper. L'épouse d'Abd-el-Kader avait tenu pendant quelques instants, en suppliante, l'étrier du cheval du colonel Yusuf; ce rude sabreur rassura cette jeune femme affolée sans savoir qui elle était, et la perdit de vue.

Vers quatre heures, les zouaves rejoignirent avec les deux pièces de montagne. Cette troupe d'élite avait fait trente lieues en trente-six heures, ce qui à la guerre est un vrai prodige pour des fantassins pesamment chargés. L'éminent auteur de *Zouaves et chasseurs à pied,* le vainqueur de Tagguin, fait allusion à cet épisode, lorsqu'il écrit : « Ceux qui, deux mois plus tard, les revoyaient, après une marche de trente lieues franchies en trente-six heures, sans eau, par le vent du désert, marche si dure que le sang colorait leurs guêtres blanches, défiler devant le bivouac des chasseurs d'Afrique en sifflant les fanfares de la cavalerie, comme pour railler les chevaux fatigués et se venger de ce que leurs rivaux de gloire avaient chargé et battu l'ennemi sans eux, ne pouvaient qu'admirer ces intrépides soldats. »

Qu'était donc cette fameuse smala dont le nom a été prononcé si souvent depuis le fait d'armes du prince ?

Quand toutes les villes importantes de l'intérieur furent tombées entre les mains des Français, quand les forts laborieusement édifiés par l'émir eurent été successivement rasés, quand nos colonnes se mirent à parcourir le pays jusqu'aux Hauts-Plateaux et aux confins du Sah'ra, Abd-el-Kader, dans l'impossibilité d'avoir un centre fixe de gouvernement, se vit réduit à une capitale nomade, qui devait être condamnée à être sans cesse pourchassée de la province d'Alger à celle d'Oran, de celle d'Oran à celle d'Alger. Il créa donc la Smala (rassemblement).

Celle-ci se composait d'un grand nombre de douars formant quatre enceintes. Dans la première était le douar du sultan (1), qui comprenait une trentaine de tentes et renfermait la famille d'Abd-el-Kader ; au milieu se trouvait une tente qui abritait la mère de l'émir, sa femme, toutes deux nommées Zohra (la brillante), ses autres femmes, mariées avec lui pour la forme, et ses quatre enfants.

Autour de ce douar central, cinq autres venaient se grouper, ayant aussi chacun environ trente tentes, celles-ci habitées par les familles des principaux khalifas.

C'était la première enceinte.

La deuxième se composait des douars de khalifas inférieurs et de quelques marabouts vénérés.

La troisième était formée des douars des Hachems, tribu d'Abd-el-Kader. Presque toute cette tribu, chassée des environs de Mascara par l'actif et entreprenant général Lamoricière, était venue grossir la Smala ; certaines fractions des Hachems auraient volontiers fait leur soumission, mais l'émir, ne voulant pas que les hommes de sa tribu pussent donner un pareil exemple, leur avait intimé l'ordre impératif de rejoindre le rassemblement qu'il avait formé.

Enfin dans la quatrième enceinte se trouvaient les douars des tribus nomades des Hauts-Plateaux. A vrai dire, ces dernières ne faisaient partie de la Smala qu'absolument contraintes. Elles étaient dans l'impossibilité de résister à Abd-el-Kader, qui gardait leurs principaux chefs comme otages ; l'émir avait, en effet, pris le parti de s'emparer de gré ou de force de tous les chefs influents des nomades pour empêcher qu'on ne se ralliât aux Français.

L'infanterie régulière formait un camp à part, et gardait au milieu d'elle un grand nombre d'otages réduits à la condition la plus misérable ; quelques-uns des plus importants

---

(1) Douar, en arabe, signifie circonférence ; c'est une réunion de tentes placées en rond.

étaient toutefois autorisés à avoir près d'eux leurs familles ; ils avaient des tentes, et campaient dans la première enceinte sous la surveillance de Mustapha-ben-Tahmi, le vaincu de Mazagran.

Certainement beaucoup des habitants de la Smala auraient bien voulu échapper, et particulièrement les tribus nomades des Hauts-Plateaux ainsi que les otages ; les marches, les contre-marches étaient continuelles et chacun était exposé à des fatigues inouïes. D'autre part les dangers étaient grands, et ces dangers ne provenaient pas seulement des colonnes françaises, mais encore de certaines tribus arabes qui, ne reconnaissant aucune autorité, ne se gênaient pas pour envoyer des coups de fusil. Lorsque Abd-el-Kader, pendant la trêve de la Tafna, assiégea l'oasis d'Aïn-Mahdi, habitée par le marabout Tedgini, son rival en influence religieuse, sa Smala fut pillée par les tribus du Djebel-Ahmour.

La disposition de cet immense campement était assez habile et un système d'espionnage à faire envie à la police d'un grand état européen y fonctionnait et rendait les fuites à peu près impossibles. Ceux qui tentaient de s'échapper étaient édifiés d'avance sur les conséquences d'un essai malheureux, l'émir ayant publié cette proclamation courte et significative :

« De quiconque cherchera à fuir, à mes réguliers les biens, à moi la tête. »

Abd-el-Kader faisait de rares apparitions à la Smala, préoccupé qu'il était par les vicissitudes infinies de la guerre à outrance que lui avaient déclarée les Français ; l'actif émir, pendant que la saison froide ou chaude bloquait nos colonnes dans leurs garnisons, chevauchait sans cesse à travers les tribus, encourageant les tièdes, frappant de terreur ceux qui voulaient se soumettre. En deux années, il ne parut peut-être pas deux mois au milieu des siens.

On voyait dans la Smala, outre un bataillon d'infanterie régulière et quelques artilleurs, quantité de gens de métier et de petit commerce·qui avaient évacué Tegdempt, Thaza et Boghar à notre approche. Comme il y avait dans cette ville nomade un certain commerce de subsistances, il s'y trouvait naturellement beaucoup de Juifs. Le fameux tableau d'Horace Vernet en fait foi.

Cette masse énorme circulait assez facilement en Algérie, même au milieu de tribus hostiles à Abd-el-Kader. Celles-ci mettaient bien à ses trousses des partis de maraudeurs qui enlevaient les traînards et pillaient quelques bagages ; mais elles ne pouvaient entamer l'ensemble.

Malgré tout, ces migrations perpétuelles ne pouvaient s'opérer sans d'horribles souffrances. La faim, qui n'atteignait que les plus pauvres, était un des moindres fléaux qui pût frapper cette agglomération de vingt mille individus, le commerce des grains se faisant encore avec une certaine facilité ; mais les marches dans des pays difficiles et sans routes étaient fatales pour les êtres faibles tels que les vieillards, les femmes, les enfants, les malades. On pouvait suivre la Smala à la piste ; elle encombrait les chemins et les bivouacs de morts et de mourants. On cherchait, il est vrai, au moyen de fausses nouvelles habilement répandues, à remonter le moral de chacun, et souvent le canon tonnait, annonçant l'écrasement de la colonne Lamoricière, ou la dispersion de la colonne Bugeaud, ou même la mort du roi Louis-Philippe ; deux ou trois malheureux de nos compatriotes prisonniers étaient promenés dans les douars, avec plus ou moins de pompe solennelle. Ils représentaient soi-disant les colonnes entières capturées par l'émir. D'autres fois on annonçait que le Maroc et la Tunisie s'étaient ouvertement prononcés contre nous ou bien que la Turquie et l'Angleterre nous avaient déclaré la guerre. La foule ignorante finissait cependant par se désabuser, voyant indéfiniment s'éloigner le terme de ses souffrances.

Peut-être même, sans l'audacieuse surprise du 16 mai 1843, la Smala se fût-elle dispersée d'elle-même.

Le général Bugeaud opérait dans le Dahra, entre Ténès

et Orléansville, lorsque arriva un émissaire arabe annonçant qu'Ould-el-Rey (le fils du roi) avait pris la Smala d'Abd-el-Kader. « Nous avons entendu, raconta l'émissaire, parler la poudre à Tagguin, et peu après nous avons vu une immense caravane s'enfuir vers le sud, laissant derrière elle une longue file de femmes, de vieillards, et de troupeaux. C'est Ould-el-Rey, apprîmes-nous plus tard, qui s'est emparé de la Smala. Réellement ces Français sont des *djenouns* (des démons), car ils n'étaient pas mille, et ils en ont attaqué cent mille. »

Les officiers, informés aussitôt de la nouvelle, se réunirent spontanément le soir autour de la tente du gouverneur qui venait de recevoir le rapport officiel du duc d'Aumale, admirable document où le jeune prince parlait de tout et de tous, sans parler de lui. Bugeaud donna à lire le rapport à un de ses aides de camp, en disant : « Lisez haut et lisez bien pour que tout le monde entende. » A chaque moment, l'officier d'ordonnance était interrompu dans sa lecture par les bruyantes exclamations du vieux général. « Ah ! le fier soldat ! Ah ! le noble enfant ! Voilà, messieurs, comme à la guerre il faut savoir prendre des décisions promptes et énergiques. »

Et les yeux de l'illustre guerrier se mouillaient de larmes. Il y eut fête dans le camp français. On était heureux du brillant succès qui ruinait à peu près Abd-el-Kader et le réduisait à la condition d'un vulgaire coureur d'aventures et plus que fier à la pensée que ce succès était dû à un des princes de la famille royale de France.

Pendant que le duc d'Aumale guerroyait dans la vallée du Haut-Chéliff, le général Lamoricière, observé par Abd-el-Kader qui ne s'attendait pas à ce coup de foudre, opérait en avant de Tiaret. Le général fut informé dès le 19 mai du succès remporté le 16 par le prince, et se dirigea aussitôt sur la ligne de retraite que devaient suivre les débris de la Smala, au milieu desquels l'émir s'était porté en personne. Les Hachems se rendirent, et les réguliers tirèrent impitoyablement sur ces malheureux. Lamoricière ému de pitié pour ces pauvres gens qui mouraient de faim leur fit donner quelques secours avant de les conduire aux environs de Mascara; puis il se remit à la poursuite des réguliers qui entraînaient Abd-el-Kader dans leur fuite. Il les atteignit au bout de trois jours sur le plateau de Djeddah, et les attaqua sans désemparer. Ils lui opposèrent une résistance désespérée, mais au bout de deux heures de combat, ils se dispersèrent laissant quatre cents des leurs sur le carreau, outre quelques centaines de fusils et le grand drapeau vert de l'émir.

Mustapha-ben-Ismaïl, avec ses Douars, contribua puissamment au succès de Lamoricière. Après le combat de Djedda, il reçut l'autorisation de retourner à Oran avec ses cavaliers chargés de butin et voulut prendre malgré nos conseils, à travers le territoire suspect des Flittas, une route de montagnes qui abrégeait considérablement le chemin. Sa tête de colonne venait de s'engager dans un défilé boisé, quand il entendit quelques coups de fusil à l'arrière-garde, où il se rendit. Il s'agissait simplement de quelques maraudeurs, quarante ou cinquante au plus, enfants perdus qui le suivaient à la piste et tiraillaient au hasard. A peine arrivé, Mustapha tomba mort frappé d'une balle. La panique s'empara aussitôt de sa troupe chargée de butin et ne songeant qu'à le mettre en sûreté. Elle eut l'infamie d'abandonner son vieux chef et de se débander. Les maraudeurs coupèrent la tête de Mustapha et l'envoyèrent à Abd-el-Kader. Ce fut un sujet de consolation pour lui; il contempla longuement, avec une joie féroce, la tête de cet homme qui avait été son implacable ennemi, et notre premier ami. Brave, plus actif que bien des jeunes, Mustapha-ben-Ismaïl avait lutté pendant neuf ans pour nous, abandonné d'abord par la France, mais la servant toujours et quand même.

L'histoire gardera le souvenir du siège de Tlemcen, ce siège auquel il manque un Homère, où les Coulouglis, avec

Mustapha-ben-Ismaïl, résistèrent pendant six années à l'émir. Séparée, ignorée du reste du monde, sans retraite ni capitulation possibles, cette garnison de Tlemcen put faire face à l'ennemi qui l'usait sans la vaincre, triompher des privations et du découragement. Quand Mustapha, alors âgé de soixante-quinze ans, remit la ville au maréchal Clauzel venu à son secours, ce vieillard à l'œil de feu et à la barbe blanche, montrant les murailles éventrées du Méchouar avec l'orgueil d'un vieux soldat fier de ses blessures, lui dit :

« Ces jours-ci, j'ai perdu soixante de mes plus braves enfants ; mais en te voyant, j'oublie nos malheurs passés et je me confie à ta réputation. Nous nous remettons à toi, moi, les miens, et tout ce que nous avons ; tu seras content de nous. »

Et nous fûmes contents de lui ! Jamais chef arabe ne nous fut plus fidèle.

C'est à sa haine pour Abd-el-Kader que la France a dû son attachement si fidèle. Pendant près de trente ans, Mustapha-ben-Ismaïl avait été l'agha des Turcs dans la province d'Oran, et lorsque le jeune fils de Mahi-Eddin fut créé sultan par les tribus des environs de Mascara, il refusa de lui obéir, déclarant que jamais, avec sa barbe blanche, il n'irait baiser la main d'un enfant.

Les vieux soldats d'Afrique ont gardé le souvenir de ce majestueux vieillard, chargeant en avant des siens, fièrement campé sur sa selle aux étriers d'or, ses haïks flottant au vent, son œil allumé Sous les yeux de ce chef redouté, chacun brûlait de se distinguer. « Je n'ai que deux ennemis, disait-il souvent, Satan et Abd-el-Kader. » Aussi, quand il surprit avec ses Douars, au milieu de fourrés jugés impénétrables, les approvisionnements de l'armée arabe, il monta sur la montagne, et, semblable au prophète des temps bibliques, chargea les vents de porter ces paroles à son ennemi :

« El Hadj Abd-el-Kader, la terre du Moghreb n'est pas

écrite au nom d'un marabout comme toi. La conquête l'a arrachée à ceux que j'ai servis pendant trente ans ; elle est maintenant le bien de ceux dont le bras a su la prendre et elle ne te reviendra pas, à toi qui ne l'avais que volée. De mon sang et de mes forces, j'aiderai les Français. Soldat, je ne veux obéir qu'à des soldats, et je les conduirai aux portes du Sahara, pour faire justice de ton ambition. »

L'émir, après avoir bien contemplé la tête de son redoutable adversaire, voulut que sa mère se rassasiât également de ce spectacle hideux ; celle-ci refusa. « De pareils trophées, répondit-elle à son fils, doivent être confiés à la terre, et non promenés de tribu en tribu comme les restes d'un homme vulgaire. »

Le tronçon du corps, racheté aux Flittas, fut rapporté à Oran, où les troupes françaises rendirent au guerrier arabe les honneurs dus à un général.

Un rapsode indigène composa une complainte sur la mort de Mustapha-ben-Ismaïl. Nous en détachons quelques versets :

« O malheur ! le fils de Mustapha se jette éperdu au milieu du goum, il parcourt les rangs des cavaliers et ne voit plus Mustapha, Mustapha le protecteur des malheureux.

» L'homme héroïque, celui dont l'ascendant maintenait la paix dans les tribus, a quitté pour toujours la terre, et nous ne le verrons plus.

» Qu'il était beau dans l'ivresse du triomphe, lorsque, sur le noir coursier du Soudan, à la selle étincelante de dorures, il apparaissait comme le génie de la guerre ou le dragon des combats !

. . . .

» Dieu est témoin que Mustapha-ben-Ismaïl fut fidèle à sa parole jusqu'à la mort, et qu'il ne cessa jamais d'être le modèle des cavaliers. »

L'auteur des *Annales algériennes* porte sur notre héros le jugement suivant : « Telle fut la fin de cet homme, qu'une basse jalousie contre Abd-el-Kader avait jeté dans nos rangs. Il était d'une bravoure éclatante, mais d'un caractère dur et rapace. Il passa les dernières années de sa vie dans les regrets du passé, cherchant du reste à s'assurer par tous les expédients de l'avarice et de la cupidité un avenir qui lui échappait. »

Ce jugement est profondément injuste. Le maréchal Bugeaud, dans un ordre du jour à l'armée, a rendu en termes émus un magnifique hommage à la mémoire du guerrier arabe qui ne varia jamais dans la foi qu'il avait jurée à la France, et qui, à l'âge de quatre-vingts ans, mettait encore la plus bouillante ardeur à la servir.

Après la prise de la smala et le combat de Djedda qui en fut la conséquence, il ne restait plus à Abd-el-Kader que deux de ses bataillons de réguliers commandés par Ben-Allal (1), le meilleur de ses khalifa ou lieutenants. A la fin de 1843, celui-ci faisait face à nos troupes assemblées à Sidi-bel-Abbès, sous les ordres du colonel Tempoure. Le khalifa reçut de l'émir l'ordre de conduire au Maroc ses réguliers avec quelques Hachems, fidèles à sa fortune. Il se mit en mouvement ; mais aussitôt le colonel Tempoure se lança à sa poursuite. Ce dernier fit trois jours de marche forcée ; mais désespérant d'atteindre l'ennemi avec le trop lourd convoi qu'il traînait à la suite de sa petite colonne, il le laisse aux puits de Gor avec un bataillon d'infanterie, et part avec huit cents fantassins sans sacs, cinq cents cavaliers en selle nue, et trois petites pièces de montagne. Il suit pas à pas les traces de Ben-Allal par un temps épouvantable qui retarde sa marche, mais heureusement aussi celle des Arabes. Le 11 novembre, après d'horribles souffrances, nos soldats atteignent enfin l'Oued-Kacheba sur lequel le khalifa, ignorant notre présence dans ce pays, avait établi son bivouac. Cavaliers et fantassins français

---

(1) Le vrai nom de Ben-Allal était Ben-Hamdân-ben-Si-Embareck. Il appartenait à une famille de marabouts de Coléa (en arabe la sainte).

étaient exténués ; mais à la vue de l'ennemi, ils oublient toutes leurs épreuves. Leur courage et leur persévérance vont enfin recevoir leur récompense.

Ben-Allal, qui ne peut plus reculer, prépare sa défense et établit son infanterie sur une crête boisée et rocheuse, et, drapeaux déployés, attend l'attaque. La charge de nos cavaliers est irrésistible ; en un clin d'œil ils abattent les carrés des réguliers, malgré leur feu à bout portant. Notre infanterie arrive au pas de course. Ce que le sabre a pu laisser debout, la baïonnette le renverse ; le carnage devient horrible, car les soldats de l'émir se défendent avec une rage désespérée et n'acceptent pas de quartier. Le khalifa veut sauver ses drapeaux ; mais il est obligé de s'enfuir avec les quelques hommes qui lui restent.

Déjà il a gagné la pente rocheuse de la montagne ; mais un capitaine du 2° spahis, M. de Cassaignolles, l'aperçoit ; plus de doute pour lui, ce cavalier richement habillé doit être un chef d'importance ; il s'acharne à sa poursuite avec un sous-officier de spahis et deux brigadiers de chasseurs. Tout à coup Ben-Allal se retourne et fait face à ces quatre ennemis. D'un coup de fusil il casse la tête du brigadier Labossey ; le capitaine de Cassaignolles arrive sur lui le sabre au poing, mais un coup de pistolet abat son cheval ; enfin un autre de ses coups blesse grièvement le sous-officier Sicot du 2° spahis, qui venait de lui porter un coup de sabre amorti par son turban.

Il ne reste plus à Ben-Allal qu'un adversaire, le brigadier Gérard. Celui-ci, accueilli par un terrible moulinet que l'intrépide khalifa trace autour de sa tête avec son fusil déchargé, le frappe avec son sabre, puis le renverse d'un coup de pistolet en pleine poitrine.

« Il est à moi, s'écrie le brigadier en sautant à bas de son cheval et en mettant le genou sur la poitrine de Ben-Allal à terre et expirant.

— Regardez s'il est borgne, dit le capitaine Cassaignolles encore engagé sous son cheval.

— Oui.

— Alors, mon brave, réjouissez-vous ! Vous voilà chevalier de la Légion d'honneur, car vous avez tué le fameux Ben-Allal ben Si-Embarek. »

Des huit cents fantassins et cent cinquante cavaliers arabes, quatre cents furent tués, trois cent soixante prisonniers. Nos braves soldats prirent en outre trois drapeaux.

La situation (1) d'Abd-el-Kader parut alors tellement désespérée que le général Bugeaud pouvait dire avec une apparence de vérité :

« Après la campagne du printemps, j'aurais pu proclamer que l'Algérie était domptée et soumise ; j'ai préféré rester au-dessous de la vérité. Mais aujourd'hui, après le combat du 11 novembre qui a détruit les restes de l'infanterie de l'émir et fait tomber son premier lieutenant, je vous dis hardiment que la guerre sérieuse est finie. Abd-el-Kader pourra bien encore, avec la poignée de cavaliers qui lui restent, exécuter quelques coups de main sur les Arabes soumis de la frontière, mais il ne peut rien tenter d'important. »

L'émir était en effet réduit aux abois, mais il était encore assez fort pour exécuter des razzias sur les tribus qui s'étaient soumises à nous et nous faire une guerre de partisans.

Les quelques prisonniers français qu'il avait entre les mains furent dirigés sur le Maroc ; il se posait ainsi aux yeux des populations de ce pays en allié avoué de leur souverain et l'engageait en quelque sorte malgré lui.

II

Les cavaliers qui avaient anéanti au combat de l'Oued-Hacheba les deux derniers bataillons réguliers d'Abd-el-

(1) Fin de l'année 1843.

Kader étaient commandés par le colonel Tartas ; magnifique cavalier, aussi spirituel que brave, véritable héros d'Homère, cet officier ne chargeait jamais assez à son goût et se plaignait parfois de sa « grandeur qui l'attachait au rivage ». Lorsque pendant une marche des groupes d'Arabes suivaient sa colonne à distance en observant ses mouvements, il les caressait d'un œil d'envie ; c'était le sabreur, le simple cavalier, dont le courage s'éveillait. Puis il détournait la tête par prudence pour ne pas céder à la tentation. A la fin, le bouillant Tartas n'y tenant plus, piquait des deux, volait au devant de l'ennemi et ne s'arrêtait qu'à portée de la voix, c'est-à-dire un peu moins que la portée du fusil.

« Ah ! gredins ! Ah ! pendards, criait-il, croyez-vous qu'on a peur par ici ? C'est moi, Tartas ! Arrivez donc un peu quatre ou cinq seulement, me dire deux mots. »

Bien entendu les Arabes répondaient par un feu roulant sur le provocateur ; puis quelques-uns d'entre eux se détachaient venant sur lui, le colonel reculait lentement, et tout à coup faisait volte-face en tirant sa longue latte. Des chasseurs d'Afrique accouraient au galop et il y avait alors un de ces échanges de coups de sabre qui réjouissait tant le téméraire et brave officier.

Le soldat, admirateur de toutes les bravoures, a un faible pour ces preux qui lui rappellent les paladins du temps passé, grands pourfendeurs de cimiers et marteleurs d'armures. Tartas était adoré de son régiment ; à la bataille, personne ne l'eût abandonné, et à la charge, personne n'eût hésité à le suivre. Au combat de l'Oued-Kacheba dont nous venons de faire le récit, le colonel était suivi de près par l'un de ses capitaines, M. de Caulaincourt. Au moment où nos escadrons tombèrent comme une avalanche sur les bataillons arabes, Tartas et le capitaine furent séparés ; les chasseurs d'Afrique avaient presque tous suivi leur colonel. M. de Caulaincourt se trouva isolé ; assailli par un gros de cavaliers rouges, il ne perdit rien de son sang-froid, tua l'un de ceux-ci d'un coup de sabre et réussit à se faire jour, frappé au-dessus de l'œil par un coup de pistolet tiré à bout portant. Son cheval le ramena tout sanglant au milieu des siens.

Le capitaine de Caulaincourt fut reçu dans les bras d'un chasseur qui l'emporta sur son dos à l'ambulance, en traversant un étroit espace jonché de cadavres, tous affreusement mutilés par le sabre de nos cavaliers.

Hâtons-nous de le dire, le capitaine de Caulaincourt se tira la vie sauve d'une horrible blessure, grâce à son indomptable fermeté.

Tartas fut le d'Artagnan des chasseurs d'Afrique. Gascon comme le mousquetaire d'autrefois, il en avait les saillies spirituelles et la bravoure et était adoré des officiers et des soldats. Jadis il avait été capitaine instructeur à Saumur et prétendait, surtout devant ses élèves, n'avoir été désarçonné qu'un jour de pluie, ce qui ne pouvait être de sa faute.

Dans un des combats que livra, en 1841, la colonne Changarnier, les chasseurs d'Afrique du colonel Tartas chargèrent et eurent beaucoup de blessés ; un d'eux, nommé Cayeux, se sentant mourir, fit appeler son capitaine et le chargea d'un dernier souvenir pour sa mère. « Remerciez aussi, ajouta le pauvre garçon, le colonel Tartas ; c'est un brave homme qui a toujours aimé ses chasseurs. Dites-lui qu'en mourant un de ses soldats le remercie. »

Touchante et noble parole qui honore à la fois et le chef et le soldat !

Le 2ᵉ chasseurs d'Afrique eut aussi pour colonel M. Oudinot (tué avant le combat de la Macta, dans la funeste expédition du général Trézel) et parmi plusieurs autres, le général Korte, le maréchal Randon et le général Cousin-Montauban.

Le colonel Korte, avec deux cent cinquante de ses chasseurs, chargea deux ou trois mille ennemis qui protégeaient la fuite des tribus du haut Chéliff devant la colonne

Changarnier. On se battit avec désespoir, car les Arabes défendaient leurs familles et leurs richesses ; le combat devint une horrible confusion, on luttait corps à corps, on s'assommait à coups de crosse de fusil et de pistolet. Grâce à l'exemple de Korte, la valeur française triompha de la rage désespérée des Arabes, et la colonne française vit revenir les deux cent cinquante chasseurs, le sabre rouge de sang jusqu'à la garde et ramenant trois mille prisonniers et une razzia immense.

Et le colonel Noël, du 3ᵉ régiment? Certain jour le général Négrier, rentrant d'une expédition sur Tébessa, lui signale un parti de quatre cents Arabes nous barrant le chemin au gué de l'Oued-Chabro. Aussitôt, accompagné seulement de trois pelotons de vingt-cinq chasseurs, soixante-quinze cavaliers, Noël se jette au milieu des ennemis dont il tue six de sa propre main. L'infanterie de la colonne, l'arme au pied, assistait à ce combat homérique ; au retour de nos cavaliers il y eut des applaudissements frénétiques dont le général Négrier donna lui-même le signal.

Dans une expédition dirigée contre les Flittas par le général Gentil, cinquante chasseurs d'Afrique, commandés par le capitaine Daumas, frère cadet du général, furent subitement assaillis par quinze cents ennemis. Le capitaine Daumas se hâta de gagner le marabout de Sidi-Rached, situé sur un petit mamelon, et là il prescrivit de mettre pied à terre et de combattre en fantassins. Les braves chasseurs résolurent de vendre chèrement leur vie. Le capitaine Favas, du même régiment, entendit le bruit de la fusillade ; au lieu de se retirer sur la colonne française, comme il le pouvait, il accourut se mettre sous les ordres du capitaine Daumas, voulant partager le sort de l'escadron compromis. Il ne parvint au marabout de Sidi-Rached qu'après avoir exécuté une charge furieuse. Les deux intrépides capitaines furent blessés, ainsi que quatre des officiers sur les sept qu'ils avaient sous leurs ordres.

Vingt-deux hommes furent tués et trente et un mis hors de combat.

Les nôtres furent enfin dégagés par un bataillon du 32° de ligne.

Un peloton du 4° chasseurs, commandé par M. Paulze d'Ivoy, reçoit du colonel Berthier l'ordre de faire une charge afin d'appuyer une compagnie de tirailleurs indigènes. Pendant l'action, un chasseur, nommé Geffines, relève le fourrier Parizot sous une grêle de balles, et, après l'avoir mis en sûreté, vient dégager un de ses camarades, renversé sous son cheval; il s'élance ensuite sur un cavalier indigène qui agitait fièrement un drapeau, le tue, soutient une lutte acharnée contre six Arabes qui voulaient lui reprendre le drapeau et tombe enfin criblé de blessures, mais serrant sur son cœur le trophée de sa vaillance.

Les officiers du régiment ont conservé ce drapeau, qu'on voit à leur cercle entre deux tambours pris à l'Oued-Kacheba.

Plus tard, le colonel Berthier fut mortellement blessé dans un combat contre les Flittas. Les chasseurs se précipitèrent sur son cadavre, voulant l'emporter, mais l'ennemi se rua sur eux et une lutte terrible s'engagea. Le brigadier Vincent parvint à hisser sur son cheval le corps du colonel, se dégagea à force coups de sabre, et rapporta au camp la précieuse dépouille.

Un bataillon du 2° léger se trouva dans une position tellement critique sur le bord de la mer, en Kabylie, que le commandant dut coûte que coûte informer la place d'Alger de la situation désastreuse de sa troupe. Comme il avait à sa disposition un peloton du 1ᵉʳ chasseurs d'Afrique, il demanda un homme de bonne volonté pour porter sa dépêche. L'entreprise était des plus périlleuses, car il s'agissait de traverser les rangs nombreux et serrés de l'ennemi. « Ma personne n'est rien, dit un brigadier qui s'approcha; mais il me faut un cheval meilleur que le mien. » Un lieutenant s'empressa de lui donner sa monture. Prenant ensuite le burnous et le fusil d'un régulier tué aux abords du camp, il se mit à galoper à droite et à gauche, tirant sur les Français des cartouches dont il avait ôté la balle, et se rapprocha ainsi des Arabes qui le prirent pour un des leurs. En manœuvrant ainsi, il avait déjà franchi les principaux groupes, quand malheureusement une bouffée de vent souleva le burnous dont il était affublé et découvrit son uniforme.

Un cri de rage s'éleva et une nuée d'ennemis se mit à la poursuite de l'intrépide brigadier qui lança aussitôt son cheval à fond de train dans la direction d'Alger et ne put être atteint. Le cheval se maintint à l'allure du grand galop, depuis le Boudouaou jusqu'à Alger ; mais en arrivant devant le palais du gouverneur, il s'abattit et tomba raide mort. Quelques heures après on vint au secours du 2ᵉ léger qui se trouvait à bout de force et qui fut dégagé.

Pendant une campagne d'hiver que le maréchal Bugeaud dut entreprendre pour soutenir le colonel Saint-Arnaud, engagé contre les contingents de Bou-Maza, au nord d'Orléansville, les chasseurs furent un jour très durement éprouvés, et il y eut beaucoup de blessés. Un de ceux-ci, nommé Barthélemy, avait reçu jusqu'à cinq coups de feu. L'histoire de ce brave soldat est extraordinaire. Dans une charge avec son escadron, une balle le jeta à bas de son cheval ; tout l'escadron le foula aux pieds et il resta abandonné sur le terrain du combat. Des Arabes qui tiraillaient contre nos cavaliers, s'approchèrent de lui, et voyant qu'il n'était que blessé, lui envoyèrent deux coups de feu ; il ne fut pas tué sur le coup, mais se prit à faire le mort. Malgré cette ruse, un régulier lui appliqua un fusil contre la tempe. « Fini, murmura Barthélemy. »

Miracle ! Par suite de l'écart du cheval de l'Arabe, la balle n'avait fait que l'effleurer.

Le mouvement du combat ayant ramené les Français à la place où gisait Barthélemy, il fut relevé, mis sur un cacolet qui le conduisit au camp. Le soir, dans son langage de troupier, il disait au chirurgien qui le pansait :

« C'est égal, major, je leur ai tiré une fameuse carotte ! »

Comme ils étaient magnifiques et admirables ces régiments de chasseurs d'Afrique, alors que l'armée française n'était composée que de vieux soldats ! Figures de bronze aux longues moustaches, grands cavaliers fièrement campés sur leurs petits chevaux trapus, le pinceau d'Horace Vernet, avec une incomparable vigueur, a immortalisé leurs traits dans le célèbre tableau de la Smala. Les plus braves d'entre les Arabes hésitaient à attendre la charge de cette cavalerie superbe que tous redoutaient au suprême degré. Sassours ! Sassours ! criaient-ils du plus loin qu'ils voyaient s'ébranler les escadrons, et le plus souvent ils reculaient.

Quand le trompette Escoffier fut conduit devant Abdel-Kader, celui-ci, par hasard de bonne humeur, lui dit :

« Souffle-moi un air sur ton instrument. » Et Escoffier se mit à sonner la charge.

« Qu'est cela ? demanda l'émir.

— Cela, dit le vaillant trompette, c'est une sonnerie qui fait tourner bride à tes meilleurs cavaliers ; c'est l'air que je sonne aux chasseurs d'Afrique au moment de la charge. »

« Si on me laisse faire, je coupe la tête à cet insolent ! » dit Mustapha-ben-Thami, beau-frère de l'émir.

— Calme-toi, dit Abd-el-Kader pensif ; ce que dit cet homme, nous l'avons vu et éprouvé. »

Il en était des chasseurs (1) comme des zouaves et des

---

(1) Le régiment de chasseurs algériens débarqué avec le général de Bourmont devint le régiment de chasseurs d'Afrique. Ce régiment prit le numéro 1, un 2º régiment, lès 1831, sous le gouvernement du général de Rovigo, ayant été formé à Oran. Plus tard, en 1835, on forma un 3º régiment à Bône, et un 4º régiment à Mostaganem. En ce moment, chaque province d'Algérie a son régiment de chasseurs d'Afrique et le 4º

spahis, ils se recrutaient de soldats ayant le goût des aventures et l'amour du métier militaire. On rencontrait dans leurs régiments nombre de sous-officiers, d'anciens brigadiers, qui avaient rendu leurs galons pour venir faire le coup de sabre. Ils ne recevaient parmi eux que des hommes exercés et tous volontaires.

III

Nous avons démontré ailleurs la nécessité où nous fûmes de former des établissements permanents sur une ligne parallèle à la côte, tracée dans l'intérieur du pays. Il est en Algérie, depuis des siècles, un axiôme politique : *Les maîtres du Tell sont aussi les maîtres du Sahara.* Cela s'explique par l'impossibilité où sont les tribus sahariennes de tirer leurs grains d'ailleurs que du Tell. Sous les Turcs, cette nécessité seule leur faisait payer l'impôt, et la quittance du receveur était la seule clef qui pût leur ouvrir le pays des céréales.

L'invasion arabe, cette invasion qui a été le signal de la décadence du littoral sud de la Méditerranée, n'a jamais été autre chose que la conquête du Tell par le Sahara, de l'habitant agricole par le nomade, de la race sinon aryenne, du moins berbère, par le sémite pasteur, musulman, immuable, resté aujourd'hui ce qu'il était il y a des milliers d'années

De tout temps, aujourd'hui comme autrefois, cette inva-

---

e ces régiments est en Tunisie. — Les chasseurs algériens débarqués en Algérie en 1830 avaient la lance comme armement, à l'exception des sous-officiers, brigadiers et trompettes ; les premiers chasseurs d'Afrique, dans la proportion de un sur deux, reçurent la lance, mais on la leur retira après expérience faite de l'impossibilité de joindre les Arabes, que la vue seule de cette arme mettait en déroute, et de la nécessité de conformer à peu près notre armement au leur.

sion a été imminente. Sous la domination de Carthage comme sous celle de Rome et de Constantinople, le Saharien a toujours livré assaut continu, éternel, aux régions telliennes. A l'époque des guerres puniques, nous voyons les Romains s'en faire un auxiliaire. César le lance contre Caton et Pompée ; plus tard encore Bélisaire le jette sur les Vandales, Okba sur les armées grecques. En un mot, le saharien est toujours l'ennemi, rêvant du Tell et de ses beaux pâturages, mettant à l'heure des troubles et des insurrections son rêve à exécution.

Si ce nomade était le maître absolu du Tell, il en ferait vite un désert. Qu'est l'agriculture pour lui ? Une cause de ruine, car ses troupeaux ont besoin d'aller partout et ne peuvent rien ménager. Le droit de propriété est donc incompatible avec sa vie pastorale, car qui a un champ propre s'y attache et le défend.

Heureusement, chaque année le nomade laisse quelque répit au laboureur tellien. En hiver, il est forcé de gagner le sud, d'abord parce que ni lui ni ses troupeaux ne pourraient supporter les froids du Tell, ensuite parce que les pâturages sont épuisés. Il s'enfonce dans le Sah'ra dès octobre et ne reparaît qu'en avril. Ces migrations sont aussi fatales, aussi forcées, que celles des oiseaux voyageurs, et grâce à elles nous tenons en respect les tribus sahariennes : nous avons mille peines à concevoir les motifs qui ont poussé l'autorité militaire en Algérie à occuper des postes inutiles au milieu du désert tels que Tuggurth, Ouargla, Aïn-Sefra. Le Saharien qu'on forcerait à rester l'hiver dans le Tell périrait de froid ; si on le contraignait à rester l'été dans le Sah'ra, il mourrait de chaleur, et aussi de faim et de soif, car sources et pâturages sont littéralement desséchés par les premiers soleils d'avril et de mai.

Aussi le nomade lutte pour le Tell comme l'homme lutte pour l'existence. De force ou de gré, il a toujours fallu l'y admettre. Quand il s'est senti assez fort pour le prendre, il l'a conquis et gardé, pour être plus sûr d'y être admis.

Militairement, l'élément nomade n'est pas bien redou table. Jamais il n'a opposé de résistance bien sérieuse à nos colonnes, en dehors de quelques oasis qu'il avait organisées défensivement, telles que Zaatcha et Laghouat.

Le nomade ne lit pas ou lit peu, mais il est parfaitement au courant de la politique européenne. Les confréries religieuses, certains indigènes commerçants des grandes villes affiliés aux Khouans ou aux S'noussi, renseignent les tribus sahariennes sur les événements. Ainsi en 1882, les nomades tunisiens espéraient du secours de l'Italie et de la Turquie qu'ils savaient hostiles à la France et Bou-Amema comptait sur les difficultés que l'Espagne et l'Angleterre cherchaient à nous susciter au Maroc.

Le Saharien est le prototype de l'Arabe en Algérie; il n'en diffère que par la pureté de la race; il a su aussi garder avec peu d'altération les mœurs de ses pères. Dans l'immensité du désert, les tribus arabes, fortement fractionnées, isolées, sentant à peine un gouvernement, ont régularisé le brigandage. Autrefois le fait presque quotidien de la vie arabe était la razzia, procédé violent pour s'emparer des richesses de l'ennemi, c'est-à-dire du voisin; aujourd'hui que les Français se sont établis en plein Sah'ra, elle a fait place au vol (*khriana*) et le guerrier est devenu maraudeur ou voleur de profession. Le vol n'est une honte que lorsqu'il a été commis dans la tribu même ou dans une tribu amie; les Arabes disent communément du voleur de profession : « Un tel est brave et vaillant; *il vole chez les ennemis.* »

Si désolé qu'il soit, le Saharien aime son pays. « Les habitants des maisons, écrivait Abd-el-Kader au général Daumas, sont partout forcés de reconnaître un maître, tandis que les Sahariens, toujours prêts au combat comme à la fuite, ne reconnaissent d'autre maître que Dieu. »

Et Abd-el-Kader, qui était pourtant un Tellien, c'est-à-dire un Arabe dégénéré selon l'opinion des gens du désert s'écriait:

« Si tu t'étais éveillé au milieu du Sah'ra, si tes pieds avaient foulé ce tapis de sable parsemé de fleurs semblables à des perles, tu aurais admiré nos plantes, l'étrange variété de leurs teintes, leur grâce, leur parfum délicieux ; tu aurais respiré ce souffle embaumé qui double la vie, car il n'a pas passé sur l'impureté des villes.

» Si, sortant d'une nuit splendide rafraîchie par une abondante rosée, tu avais étendu tes regards autour de toi, tu aurais vu au loin et de toutes parts des troupes d'animaux sauvages broutant les broussailles parfumées. A cette heure, ton chagrin eût fui devant toi ; une joie abondante eût rempli ton âme.

» Le véritable bonheur est dans la vie nomade. »

Il y a plus que de l'optimisme dans ce tableau et c'est le cas de répéter que l'Arabe n'est pas difficile ; le fatalisme lui inspire la résignation dans toutes les circonstances de la vie. Un indigène, moins poétique qu'Abd-el-Kader, appréciant la vie du désert sous son jour plus véritable, disait amèrement :

« Le pauvre nomade, campé dans une plaine immense où il n'entend que le cri du chacal et la voix de l'ange de la mort, a pour seul abri une tente formée de quelques pièces d'étoffe étendues faute de bois avec des os de chameau.

» La nourriture de chaque jour est la chair du mouton, et s'il veut faire un repas un peu recherché, il lui faut chasser l'autruche et la gazelle.

» L'odeur du goudron qui lui sert à guérir ses chameaux de la gale est son seul parfum. »

En dehors du cheval, le mouton et le chameau sont en effet les seuls animaux domestiques du Saharien.

Le mouton (*kebch*) supporte la soif ; en été il boit tous les deux jours seulement, et tous les quatre en hiver. Le désert est la vraie patrie de la race ovine qui y trouve des arbustes salés et quantité de plantes odoriférantes et nutritives. Certaines grandes tribus du Sah'ra possèdent jusqu'à trois cent mille moutons, divisés, pour la surveillance, en troupeaux d'environ quatre cents têtes (*ghelem*). Le paresseux arabe a coutume de dire :

« Le maître du mouton n'a pas besoin de travailler, et il ne manque jamais de rien : ainsi Dieu l'a voulu. »

Pourtant le nomade commence, depuis l'extension considérable du commerce des laines en Algérie, à donner quelques soins à ses troupeaux, à construire des hangars pour les mettre à l'abri pendant les gros coups de vent en hiver, et à faire quelques approvisionnements de fourrage pour la mauvaise saison.

Le chameau (*djemmel*), ou plutôt le dromadaire pour parler scientifiquement, est, selon l'expression consacrée, le vaisseau du désert.

« Les moutons, dit le Coran, sont une bénédiction ; mais le Tout-Puissant, en fait d'animaux, n'a rien créé de préférable au chameau. »

Et Mahomet ajoute :

« Ne poursuivez jamais de propos grossiers ni le chameau ni le vent : le chameau est un bonheur pour les hommes, le vent est une émanation de l'âme de Dieu. »

Les dromadaires (1) sont tondus à l'entrée de l'été ; le poil (*ouber*) sert à faire des étoffes de tente, des cordes, des sacs, des couvertures pour les chevaux. On ne doit guère les charger au-delà de deux cent cinquante kilogrammes ; ils font ainsi de neuf à dix lieues par jour, marchant du lever au coucher du soleil, mais à la condition de ne pas être pressés et de pouvoir, en allongeant le cou, grapiller les arbustes à leur portée.

La viande du chameau n'est pas mangeable, excepté pour les Arabes qui ont vraiment une puissance de mastication extraordinaire. Un chameau bien portant n'est jamais abattu ; on se contente de manger la chair de ceux qui ont une jambe cassée ou qui sont à la veille de mourir de maladie.

(1) Les chameaux sont divisés en troupeaux d'environ cent têtes.

Le Saharien attribue des vertus curatives à l'urine et jusqu'aux poux de son dromadaire.

Le chameau était utilisé dès la plus haute antiquité par les Assyriens et Syriens qui l'employaient comme bête de somme ainsi que les Perses ; s'il faut admettre certains récits, les Parthes, pères des Turcomans d'aujourd'hui, s'en servaient pour former une cavalerie d'un genre particulier.

C'est de la Palestine qu'il fut amené dans la Cyrénaïque par l'émigration des Juifs, fuyant Jérusalem à la suite du sac de la ville opéré par les soldats de Titus.

De là il se répandit dans le Sah'ra et le Moghreb (1) ; au temps des rois numides, on ne le connaissait pas dans le nord de l'Afrique.

Le chameau, somme toute, est l'animal du désert par excellence. Différent des autres qui aiment les gras pâturages et les clairs ruisseaux, il préfère les lieux arides, les herbes maigres, calcinées par le soleil, et les flaques d'eau saumâtre. Il ne tient ni à la qualité de l'herbage ni à celle de l'eau ; s'il savait parler, il serait volontiers de l'avis des Arabes qui, ayant à choisir entre une source d'eau bourbeuse, fétide et chaude et une source limpide et aîche, choisissent généralement la première en disant ottement : cela nourrit.

La légende s'est emparée du dromadaire, comme elle s'est emparée du lion que des romanciers font vivre dans les oasis et en plein désert.

L'histoire de la provision d'eau que le chameau du désert tient en réserve dans une cavité de son estomac pour l'offrir à son seigneur et maître, à la suite d'une autopsie préalable, a pris cours dans le public. D'ailleurs Buffon l'a écrit ; donc plus de doute ! On ne réfléchit pas que l'eau resterait difficilement fraîche, dans l'intérieur du corps d'une bête suant, soufflant, par une température de quarante ou cin-

---

(1) Occident de l'Afrique.

quante degrés. La vérité plus simple est que l'Arabe égaré dans les solitudes immenses du Sah'ra, c'est-à-dire du grand désert, est obligé, quand il est à la veille de mourir de faim et de soif, de tuer son dromadaire et alors il en boit tout simplement le sang.

Quand on a vu le chameau à l'œuvre, quand on a voyagé avec lui, quand on l'a vu de près, on est forcé d'abandonner à son endroit bien des illusions.

On a dit qu'il pouvait rester quinze jours sans boire ; c'est une profonde erreur. Tous les militaires qui ont expéditionné dans le Sah'ra, ont observé que lorsque les chameaux d'une colonne expéditionnaire ont dû rester seulement quatre jours privés d'eau, ils se trouvent fortement incommodés, et s'abattent à chaque instant, ralentissant la marche et obligeant les conducteurs à les décharger.

La piqûre de certaines mouches bouleverse le chameau, l'étourdit et lui fait perdre la tête ; impossible alors de le maintenir si on ne l'éloigne des lieux fréquentés par ces insectes.

Ses jambes fragiles se brisent comme verre aux moindres chutes qui ont lieu très fréquemment aux environs gluants des chotts.

Cet animal est le type achevé de la laideur, de la difformité, du grotesque. Son grand col dont l'arc est en sens contraire de celui des animaux à encolure gracieuse, ses gros yeux saillants et bêtes, son allure stupidement orgueilleuse, son gros ventre, ses cuisses aplaties, ses jambes minces, son pied se terminant en bourrelet, sa vilaine petite queue, tout est chez lui sans grâce, sans harmonie. Il est de plus d'un caractère maussade. Quand on le force à s'accroupir pour recevoir sa charge, il pousse des cris si rauques et si discordants, écorchant si désagréablement les oreilles, que, dans les expéditions du sud, le moment du réveil est éminemment désagréable et finit par devenir un supplice pour les gens nerveux. Sa petite tête difforme perchée sur un col immense paraîtrait menaçante sans les yeux, qui présentent un indéfinissable caractère d'orgueil et de bêtise.

On a beaucoup parlé de sa docilité ; elle est réelle, mais avec cette restriction qu'il est très sujet aux paniques. Peu d'officiers français n'ont pas éprouvé le déplaisir de voir le chameau porteur de leurs effets, pris d'une terreur folle, pour un bidon tombé à terre ou pour tout autre bruit insolite, s'enfuir dans le lointain en semant dans les touffes d'alfa les cantines, le lit et la tente? En débarquant à Sidi-Ferruch, l'administration avait acheté quelques-uns de ces animaux à un prix très bas; les Arabes avaient la certitude de les voir revenir. Un officier supérieur, qui avait lu Buffon, en choisit deux pour le transport de ses bagages. Les chameaux, habitués à leurs conducteurs, ne voulaient pas avancer. Puis ayant entendu les mugissements de leurs camarades que le rusé vendeur avait eu soin de mener sur le passage du convoi, ils partirent au galop, à la grande stupéfaction du général *roumi*.

A chaque insurrection algérienne, des tacticiens en chambre recommandent la formation d'escadrons montés sur des chameaux, sans savoir que pour l'Arabe le « vaisseau du désert » est une bête de somme qu'il ne monte que par hasard. En 1849, le colonel Carbuccia avait entrepris sans succès un essai de ce genre dans la province de Constantine. Le commandant Pein, depuis colonel, se trouvant dans le Mahaguen, au pays des Ouled-Naïl, en 1852, avec une petite colonne, ordonna de trier dans le convoi cent des meilleurs chameaux, et les fit monter par cinquante tirailleurs algériens et cinquante hommes du bataillon d'Afrique, ce qui donna lieu à une représentation du plus haut comique. On fut obligé d'affubler chaque soldat d'un burnous blanc, car le dromadaire ne se laisse approcher que par son conducteur indigène ; il fallut encore voiler l'œil de l'animal pendant que chaque homme se juchait sur sa peu gracieuse monture. Dès les premiers pas, ne reconnaissant pas la main de leurs cavaliers habituels, les chameaux hésitèrent et l'un d'eux s'étant lancé éperdument dans la plaine, les autres, pris de panique, suivirent, et au bout de quelques minutes zéphyrs et turcos, lamentablement excoriés, gisaient avec leurs armes dans toutes les touffes d'alfa.

Le chien vulgaire (*kelb*) est un pauvre animal disgracié, rebuté, quelle que soit d'ailleurs l'utilité de son emploi de gardien du douar et du troupeau. Le kelb est un peu plus petit que notre chien de berger ; son poil est long et épais, ordinairement jaune sale ou rougeâtre ; sa queue, très fournie, forme panache et son museau est pointu comme celui du renard. Cette pauvre bête n'est pas nourrie et vit au hasard de détritus innommés.

Ce défaut de soins ne le rend pas aimable, aussi est-il insociable et sauvage. Le soir, après s'être perché sur la tente, il donne de la voix avec une persistance désolante. Les indigènes sont tellement habitués à cette musique infernale, que toute la tente est en éveil, quand par le plus grand des hasards les chiens cessent d'aboyer ; alors un Arabe sort la trique à la main, leur distribue libéralement quelques coups, et quand les animaux sont bien en voix, tout le monde se rendort.

En Algérie, outre ce chien méprisé de tous, on voit encore, mais seulement dans le Sah'ra, le lévrier (*slougui*). La condition de ce dernier est bien différente de celle du pauvre martyr dont nous venons d'esquisser le portrait. Les habitudes des nomades du Sah'ra sont aristocratiques, et leurs chefs, véritables grands seigneurs féodaux, considèrent le slougui comme le compagnon de leurs plaisirs. Les Sahariens d'une situation moindre ont des slouguis qui alors jouent le rôle de pourvoyeurs les aidant à vivre par les produits de la chasse. Estimé, considéré, choyé, bien couché, bien nourri, le lévrier-slougui est l'objet d'une tendresse constante et de soins empressés. Les Français scandalisent les Arabes en se laissant lécher la main par leurs chiens ; cette familiarité, disent-ils, blesse la dignité de l'homme et le kelb, ou chien vulgaire, qui se laisserait aller à lécher son maître serait assommé sur place. Mais le lévrier slougui jouit de ce privilège ; on lui abandonne volontiers la main.

Les slag (pluriel de slougui) portent généralement des *herouz* (1) (de harez, garantir du mal) ou amulettes en témoignage de tendresse. Ils partagent avec les plus beaux chevaux la faveur de ces préservatifs contre les maladies ou les accidents. Les herouz sont de simples sachets contenant un verset du Coran, verset s'appliquant ou ne s'appliquant pas à la maladie ou à l'accident dont on veut garantir l'animal qui le porte. Parfois le heurz est fait avec de la terre recueillie sur le tombeau d'un marabout vénéré ; alors c'est l'homme qui le porte au bras dans une petite boîte en métal quelconque. Les slag ou les chevaux portent les herouz dans un sachet suspendu au cou.

Il n'est sorte de soins qu'on ne donne aux lévriers ; jeunes, on leur distribue du lait, on va les visiter. Les amis de leurs maîtres en offrent parfois des prix énormes. A trois ou quatre mois, on commence à les dresser en les excitant contre des rats ou des gerboises ; à six mois on les lance déjà contre les lièvres, les petits de la gazelle ; à un an, ils s'attaquent aux gazelles mères.

Quand un lévrier a pris une de celles-ci on lui donne la chair qui entoure les reins ; il délaisserait les intestins, bien qu'ils sentent le musc, le parfum préféré de l'Arabe.

Le lévrier accompagne son maître dans ses visites où il est traité comme un hôte. D'une propreté remarquable, il creuse un trou pour déposer ses excréments et a grand soin de les recouvrir. Quand il meurt, hommes, femmes et enfants le pleurent comme un membre de la famille.

Il est apprécié à tel point qu'on l'échange contre un cheval de prix.

Bien avant les Anglais, les Sahariens ont inventé les paris aux courses ; seulement les chevaux sont remplacés

---

(1) Au singulier heurz.

par des slag, et les bookmakers sont des bergers tenant en laisse des moutons servant d'enjeux.

Les *djouads* ou nobles, chefs des grandes tribus du désert ou des Hauts-Plateaux, chassent aussi au faucon (1), ni plus ni moins que nos grands seigneurs du moyen-âge.

Pour dresser l'oiseau, l'indigène l'attache à une perche sous la tente, l'encapuchonne, et parle devant lui pour l'habituer à la voix de l'homme. Quand il veut le faire manger, il le décapuchonne et lui présente de la viande fraîche. Au bout de quelque temps de ce régime, on suspend un petit lièvre au bout d'une corde, et on place le faucon à l'autre extrémité. Le lièvre prend chasse, le faucon décapuchonné le voit, fond sur lui, et le tue d'un coup de patte. Le maître accourt, éventre le lièvre et lui en donne une partie. Après deux ou trois exercices de cette sorte, l'oiseau est dressé.

Le faucon chasse le lièvre, la gazelle et l'outarde. Pour chaque gibier, il y a une espèce différente de faucons. L'Arabe chasse à cheval, son oiseau au poing, la main gantée avec des gants sans doigts ; les élégants et les riches ont des gants de peau de léopard. De même que le slougui, le faucon est troqué contre un cheval, même un chameau de prix.

Les capuchons (*kembids*) des faucons sont généralement enrichis de broderies et de plumes d'autruche, retenues par des petites chaînettes d'argent. Le comble de l'élégance pour un djouad (noble guerrier) est d'avoir sur son burnous les traces de la fiente de son faucon.

Les fauconniers ont des chants pour leurs oiseaux de race. En voici un :

« Qui donne la joie aux filles de ma tribu ? Qui rougit la figure de mes frères ? Qui fait paraître les vertus de mes chevaux ? Qui des maux de ce monde donne l'oubli ?

» C'est mon oiseau, l'oiseau du désert, le généreux !

---

(1) Faucon en arabe signifie *thaïr-el-heurr* ou *thir-el-horr*, l'oiseau noble, ou simplement *el thir*, l'oiseau.

Présent de Dieu le fort ; le très-haut ! Je te louerai, ô mon fils, sans cesse ni répit ; un jour avec toi est un de ceux du Paradis, si je ne suis en rêve ! »

C'est un étrange spectacle que celui d'une chasse de ce genre. Les fauconniers, leur oiseau au poing, prêts à le déchaperonner, bondissent à cheval dans les touffes d'alfa. « Il n'y a donc plus de lièvres ! crient-ils. Par Sidi-Aïssa, le saint de Dieu, je n'ai jamais vu un pays aussi vide. Où se cachent-ils ? Haou ! haou ! Brr ! brr ! Hé ! ô fils du péché, levez-vous ! Votre jour est arrivé ! Vous finirez entre les sabots de nos chevaux et les serres de nos oiseaux. »

Un lièvre part, le faucon s'élève dans le ciel avec la rapidité d'une flèche, puis, excité par les ardentes clameurs des maîtres, fond sur le lièvre, lui crève les yeux, et le tue.

La gazelle, gibier de peu de valeur, est chassée avec le lévrier ou le faucon, indifféremment. Les gazelles voyagent par troupeaux (djeliba) de dix, vingt, et même cent. Les pauvres hères, accompagnés quelquefois d'un slougui, chassent la gazelle à pied ; ils ont soin de marcher à l'encontre du vent, car cet animal a l'odorat très développé, et les gazelles sont ordinairement réunies par groupe de cinq ou six. On imite leur cri ; l'une d'elles cherche alors sa compagne égarée, s'approche du buisson qui abrite le chasseur, et tombe sous un coup de fusil. Mais les grands seigneurs seuls peuvent se permettre cette chasse à courre. Les slag sont tenus en laisse, et il faut leur couvrir les yeux quand on approche du troupeau, car le slougui a une force musculaire considérable et renverserait le valet de chiens. A un kilomètre des gazelles, on lance les slags, qui les atteignent après une course de deux ou trois lieues. Les Arabes suivent au petit galop, en criant : « Mon ami ! mon frère ! mon seigneur ! tu les vois, elles sont là ! »

Le lévrier choisit généralement la plus belle bête, et la

tue en lui brisant les vertèbres à la naissance du cou. Quelquefois le slougui se trompe et choisit un animal chétif ; son maître arrive alors et lui adresse les plus vifs reproches. L'intelligent animal semble comprendre, baisse la queue, et n'ose réclamer sa part de curée.

Les yeux de la gazelle sont d'une beauté extraordinaire.

Dans le Sah'ra, les Arabes chassent également l'autruche à l'affût, ou bien à cheval.

Ils en aiment passionnément la chair. Pour eux le *hammoum* (chair de l'autruche coupée en menus morceaux et cuits dans sa propre graisse) est un régal digne des dieux. C'est en effet une préparation extrêmement savoureuse, quand on y ajoute la moelle des tibias et force épices. Cette viande a la plus grande analogie avec celle du bœuf. La graisse de l'autruche est considérée par les indigènes comme un remède souverain contre quantité de maladies externes ou internes.

Un couple produit ordinairement de vingt-cinq à trente œufs ; souvent plusieurs couples se réunissent pour pondre en commun. Le plus ancien se met au milieu et les autres se placent tout près en cercle régulier. La femelle couve depuis le matin jusqu'à midi, pendant que le mâle est au pâturage ; quand celui-ci rentre vers midi, il couve à son tour et la femelle va chercher sa nourriture. Quand celle-ci rentre à la nuit, elle se place à quelques pas du mâle, couvant le nid jusqu'au matin. Les chacals rôdent d'habitude autour des nids d'autruche ; si le mâle peut les atteindre, il leur casse les reins d'un coup de bec. C'est ce dernier qui brise l'œuf lorsqu'il sent que le moment de l'éclosion est arrivé ; les petits se nourrissent le premier jour avec le premier œuf pondu, qui est mis en réserve par les parents et qui n'est pas couvé par eux.

L'incubation dure trois mois.

La voracité de l'autruche est proverbiale ; un officier en uniforme ne doit pas trop approcher d'une autruche privée.

Celle-ci lui aurait vite arraché tous les boutons de son dolman.

Parfois on lance des slags contre les petites autruches. Le père seul les défend, car la femelle est très peureuse et les abandonne.

On chasse aussi l'autruche à cheval (1).

Des rabatteurs, entièrement nus, s'efforcent de la ramener dans l'intérieur d'un cercle formé par les cavaliers au nombre de huit ou dix. Poursuivie et ne sachant pas ménager son souffle, elle épuise vite ses forces ; une fois affaiblie, elle ouvre ses ailes en signe de lassitude. Sa tête chauve est très sensible ; c'est là qu'elle est frappée par e chasseur qui la tue d'un grand coup de bâton. Celui-ci descend alors pour la saigner, ayant soin, quand c'est un mâle, de tenir la gorge éloignée du corps, afin que le sang ne tache pas les ailes. Quelquefois elle n'est pas encore morte, et alors la pauvre bête pousse des cris lamentables.

Un feu est immédiatement allumé ; la graisse fondue est versée encore liquide dans une sorte d'outre formée avec la peau la cuisse que l'on attache solidement au pied.

Il ne faut pas confondre le nomade pasteur avec le ksourien sédentaire et agriculteur. Le ksourien est l'habitant des ksour (au singulier ksar), petites villes ou bourgades bâties dans les oasis. L'Arabe nomade méprise profondément le ksourien ; mais la force des choses amène entre eux des rapprochements forcés. Ainsi, le dernier, ne pouvant vivre exclusivement de dattes, achète au premier des grains que celui-ci rapporte de ses migrations annuelles dans le Tell ; le nomade achète au ksourien des dattes et le charge, pour une faible rémunération, d'emmagasiner les grains qu'il a rapportés du nord et qu'il lui serait impossible de garder sous sa tente et de transporter dans les migrations de sa vie pastorale.

---

(1) Les chevaux sont entraînés pour cette chasse plusieurs jours à l'avance.

Avant notre arrivée en Afrique, le commerce des esclaves était considérable dans le Sah'ra algérien. Ceux-ci étaient généralement des nègres que les caravanes se procuraient au Soudan ; les Arabes refusaient ceux qui étaient anthropophages, car, disaient-ils, ils absorbent la santé d'un homme en le regardant ; ils n'achetaient pas également ceux dont les dents étaient en mauvais état, ni les enfants, enfin ni les négresses qui ronflaient en dormant.

Au milieu du Sah'ra algérien, entre Laghouat et Ouargla, se trouve le pays du M'zab, habité par une population différant totalement de mœurs, d'habitudes, de pratiques religieuses, de langage même avec les populations sahariennes. Les M'zabites ou Mozabites ont été longtemps indépendants (1). Leur confédération se compose de sept villes bâties dans les oasis, Ghardaïa, Beni-Isguen, Melika, El-Atheuf et Bou-Noura, plus deux cités en plein désert, El-Guerrara et Berryân. On a d'abord cru que les habitants du M'zab étaient des descendants des Moabites ; c'était pousser la synonymie des noms un peu trop loin. Quelques familles juives et arabes se trouvent parmi eux.

Cette confédération ne voulut jamais payer un tribut aux Turcs, et accueillit avec mépris les menaces d'Abd-el-Kader ; elle se sentait hors d'atteinte dans les affreuses gorges de l'Oued-M'zab, d'où elle a tiré son nom.

Les M'zabites sont musulmans, mais musulmans hérétiques, car ils pratiquent autrement que les orthodoxes et rejettent les quatre premiers califes comme successeurs du Prophète. On les qualifie par le mot *khouaredj* (sortants). Ils ont une grande répugnance pour le vol, contrairement aux Arabes, et leurs lois le punissent fort sévèrement ; très probes, le mensonge leur est en horreur. La femme jouit chez eux d'une toute autre considération que parmi leurs coreligionnaires sur lesquels ils ont une certaine supériorité morale.

(1) Leur pays n'a été annexé par la France qu'en 1882.

On évalue leur population à vingt-cinq mille âmes. Comme ils ne pourraient vivre du produit des palmiers dans leurs pauvres oasis, les M'zabites demandent des ressources au commerce. Non seulement ils trafiquent avec toutes les tribus sahariennes, mais encore ils émigrent et se partagent en Algérie les différentes branches du négoce. Dans toutes les villes, on trouve des corporations du M'zab ; les hommes qui ne commercent pas sont généralement masseurs dans les bains maures. Ils se cotisent entre eux pour tirer un des leurs d'embarras ou pour payer les dettes qu'il aurait laissées en mourant.

Répétons encore qu'il ne faut pas confondre le Sah'ra algérien avec le désert proprement dit. Le Sah'ra algérien n'en est que l'antichambre. L'immense pays (1) qui s'étend entre l'Océan et l'Abyssinie, entre l'Algérie et le Niger, est habité par les *Touaregs*, que les Arabes nomment les voilés, à cause de l'étoffe de soie noire rabattue sur leur visage. « Des gens comme nous, disent-ils, ne doivent pas se montrer. » Ce n'est pas dans cette profession de foi orgueilleuse qu'il faut rechercher la raison d'être du voile noir des Touaregs, mais bien dans les ophthalmies qui les atteindraient si leurs yeux n'étaient pas protégés contre la réverbération des sables. Ils se rasent la figure et les moustaches, et portent les cheveux si longs qu'ils sont forcés de les tresser. Leurs armes sont une longue lance à large fer, des javelots dont la pointe est doublée de crocs recourbés et qu'ils portent attachés sur le devant de la selle de leurs meharis (chameaux de course). Ils ont de plus un poignard et un sabre. Entre leurs mains, le poignard est fort dangereux ; ils le renferment dans une gaîne appliquée sous l'avant-bras gauche, où il est attaché par un cordon ; de cette façon le manche, qui vient se fixer au creux de la main, est constamment facile à saisir. Cependant ils préfèrent à tout le sabre ; quelques chefs ont seuls des fusils.

(1) Le vrai désert.

Les balles, disent-ils, trompent trop souvent, et le sabre est la vraie défense, quand le cœur est aussi fort que le bras. C'est à l'arme blanche que les Touaregs ont attaqué l'escorte de la mission Flatters (1).

Ils portent aussi un petit bouclier, mais ils l'estiment peu comme défensive : « C'est autour du bouclier que se groupent tous les malheurs. »

Les Touaregs, a-t-on dit justement, sont les forbans du désert. C'est à l'aide du mehari ou chameau coureur qu'ils accomplissent des coups de main à des distances extraordinaires. Les richesses, d'après un proverbe saharien, sont les meharis, de même que les richesses du Tellien sont les grains, et celles du nomade les moutons. Le mehari est autrement gracieux que le chameau vulgaire ; svelte dans ses formes, il a les oreilles élégantes de la gazelle, une tête assez gracieuse bien attachée au cou, la bosse petite, et des dents qui ne sont pas, comme celles du dromadaire, un objet de dégoût. Il supporte mieux aussi la faim et la soif ; courageux et ne criant jamais à la douleur, il ne dénonce jamais une embuscade à l'ennemi. Aussi sa naissance et son éducation sont-elles entourées des plus grands soins. Les enfants des Touaregs jouent avec le jeune mehari comme les enfants du Saharien avec les poulains ; il fait partie de la famille, et est admis sous la tente. Un mehari restera un jour, deux jours, sans faire un mouvement, à la place où l'aura laissé son maître. Il porte à la narine droite un anneau en fer qui lui tient lieu de mors. On le selle d'une façon spéciale ; la selle (*rahala*) a l'assiette concave, avec un dossier large et haut, échancré de la base au sommet. Le cavalier targui (2) s'assied dans la rahala comme dans une soucoupe, le dos bien appuyé, les jambes croisées sur le cou du mehari.

Quand on le voit lancé au grand trot, on a peine à com-

(1) En 1884.
(2) Singulier de Touareg.

prendre comment une créature humaine peut supporter des mouvements aussi violents et désordonnés. Nos meilleurs clowns ne supporteraient pas cinq minutes cette allure.

IV

L'expression vulgairement admise « lion du désert » est peut-être poétique, mais manque absolument de vérité.

Ce carnassier habite des pays boisés et ravinés ; pendant l'été il lui faut un ravin frais et couvert avec une source dans le voisinage, et pendant l'hiver un lieu abrité contre les vents du nord et bien exposé au soleil. Il ne mange point lui-même dans sa tanière, et n'y apporte que ce qui est nécessaire à ses lionceaux, lorsque ceux-ci ne peuvent encore s'en éloigner.

Il dort de la pointe du jour au crépuscule du soir. A cette heure, il se lève et va s'installer sur une hauteur d'où son œil peut suivre à de grandes distances la marche des troupeaux. Quand l'appétit est venu, il quitte le bois en prenant le premier sentier venu pour descendre dans la plaine ; il se dirige vers un douar, où il pénètre généralement d'un bond avant que l'éveil ne soit donné, emportant un mouton, voire un bœuf, un mulet ou un âne ; quelquefois il s'accommode d'un cheval. Le sanglier entre à peine pour un trentième dans sa nourriture, et il dédaigne profondément les autres animaux sauvages. Si, par hasard, il rencontre dans le sentier une hyène, cet animal immonde qui se nourrit de charognes, il l'écarte par un méprisant coup de patte qui lui casse les reins.

Les douars, dans les pays fréquentés par le grand carnassier, sont généralement établis dans le voisinage d'une source et forment un rond-point dont le milieu sert de parc au bétail. Une haie, haute de six pieds et large d'autant, clôt le tout, excepté une porte barrée le soir. Le lion franchit cet obstacle avec la plus grande aisance, choisit sa proie sans trop se presser, et repasse la haie avec la même facilité, un mouton à la gueule. Quelquefois, il est accompagné par sa lionne; alors il fait le beau, la prie d'attendre au dehors, et, bondissant au milieu du parc, emporte la bête de choix qui doit faire le plus de plaisir à sa moitié. Le plus souvent la lionne le suit; alors elle égorge de son côté pendant que son époux extermine du sien, et l'on compte plusieurs victimes au lieu d'une seule. Jules Gérard, dans une chasse aux environs de la Calle, passa la nuit dans un douar qui fut visité par un couple de lions; le lendemain on trouva dix-sept cadavres de bœufs tués en moins de cinq minutes, et laissés intacts; le dix-huitième seul avait disparu et servi au souper des fauves. Le célèbre chasseur n'avait pas eu le temps de se lever et de prendre son arme que tout était fini.

Souvent le carnassier, pressé par la faim, se lève avant la nuit, avant que les troupeaux ne soient rentrés dans l'enceinte du douar. Dans ce cas, il ne perd pas son temps en recherches du haut de son observatoire; un cheval au pâturage, un baudet égaré loin des tentes, un chameau, un taureau attelé à la charrue, tout lui est bon.

Une fois repu, il se promène toute la nuit dans les sentiers, au lieu de rentrer à sa demeure.

Le lion méprise l'homme, mais à la condition que celui-ci ne soit pas armé; s'il a un fusil, ce qu'il sait parfaitement distinguer, il ne l'attaquera jamais ouvertement. Un imprudent fait-il feu de manière à le blesser seulement, il est perdu; le lion bondit et tue son agresseur d'un coup de dent ou d'un coup de patte. Si l'homme est sans armes et s'il manque d'assurance, sa mort est également inévitable. Les Arabes prétendent qu'en lui parlant fort et en le couvrant d'injures, le fauve recule toujours. Que l'on n'oublie pas, ajoutent-ils, de ramasser des pierres et de les lui jeter. Inévitablement alors, il s'écarte et livre passage. Ils croient aussi que jamais il n'ose s'attaquer à une femme, et encore moins la manger. Des indigènes, traversant un passage où ils pensent rencontrer le lion, viennent souvent demander aux femmes du douar le plus rapproché de les accompagner au-delà de l'endroit redouté. Cette influence féminine s'explique d'ailleurs naturellement ; dans les douars, seules elles osent lui lancer des pierres, et, en dehors, la conviction qu'elles ne courent aucun danger leur donne une attitude énergique qui en impose au « roi du désert ».

Ecoutons un Arabe narrant sa rencontre avec un lion :

« Au passage du défilé, le lion vient se poser sur mon passage ! Ah ! vilain coupeur de route, lui criai-je, tu ne me reconnais donc pas ? J'ai pourtant tué bien de tes frères ! Si Dieu le veut, ma chair ne te servira pas de pâture. — Le lion se lève lentement et se met sur le côté de la route. Je sens que mes jambes deviennent lourdes, au point que je n'ai plus la force de les arracher du sol ; mon cœur bat, et ma vue s'obscurcit. Je veux passer, je ne le peux. Je sens sur moi le frisson de la mort, quand, grâce à Dieu ! mon pied heurte une racine d'arbre, et je vais rouler dans le ruisseau où l'eau froide me fait revenir à moi. J'invoque la protection de Dieu. Ma prière est entendue, mon sang devient froid, mon cœur tranquille, mes jambes alertes. D'un bond je me relève, et je fais pleuvoir sur les flancs du lion une grêle de pierres. Le lion s'assied et me regarde. Et je lui lance de nouvelles pierres, jusqu'à ce qu'il se soit de nouveau assis. Ce manège dure jusqu'au jour. A ce moment des cavaliers passent et font fuir le lion qui regagne la broussaille, ayant l'air de me dire que cela ne se passera pas ainsi la prochaine fois. »

Rien de plus plaisant que l'histoire du vieil El-Arbi et de son pacte avec le lion. Le général Margueritte, alors commandant supérieur du cercle de Teniet-el-Hâd, nous l'a transmise.

— « O El-Arbi ! dit le général au vieillard, comment se

tait-il qu'un si vaillant homme que toi, si maître de son fusil, n'ait jamais chassé le lion ni cherché à se venger d'un animal qui lui enlève tous les jours des bœufs et des moutons? »

El-Arbi répondit :

« Tu ne sais pas qu'il y a un pacte entre moi et les lions, et que je ne puis ni ne dois les combattre, de quelque manière que ce soit! »

Et il entame son récit :

« Il y a bien des années de cela, mes enfants, c'était du temps du bey Mohammed-el-Kébir. J'étais jeune alors, c'était à peine si le poil avait levé sur ma figure. — Quoique l'on ne doive pas parler de soi et se vanter, je dois néanmoins vous dire que j'étais alors cité pour un bon cavalier. — J'avais échangé des balles avec nos voisins les Khobazzas et les Bethyas ; ils savaient déjà que les miennes ne s'égaraient pas, et eux, de leur côté, m'avaient troué la peau. Voyez cette blessure à la jambe gauche et cette autre au cou.

» Une année, nous avions établi notre campement d'hiver à la colline des glands, sous Kef-el-Siga.

» C'était bien près de la forêt et des repaires du houche (lion); mais nous étions alors en guerre ouverte avec les Beni-Chaïb et les gens de l'Ouarsenis, il n'aurait pas été prudent de rester en plaine en butte à leurs attaques ; mieux valait être exposés à perdre quelque bétail par le fait des bêtes que d'être complètement razziés par nos ennemis.

» Ce que nous avions prévu toutefois arriva.

» Nous n'étions pas dans notre mechta (campement) depuis deux semaines, que nous avions déjà trois bœufs *cassés* et cinq ou six brebis enlevées par le lion, du milieu de notre douar, malgré les grands abatis d'arbres dont nous étions entourés.

» Mon père et mes oncles (que Dieu leur fasse miséricorde!) étaient très peinés de ces pertes ; de plus, le sommeil avait quitté nos yeux; nous passions toutes nos nuits debout pour crier et éloigner l'ennemi, mais sans profit.

» Un matin, après avoir veillé, crié, lancé des tisons enflammés, et, malgré cela, avoir vu notre enceinte franchie, une nouvelle brebis enlevée, je sentis le sang bouillir en moi, et je me dis dans mon âme que nous ne pouvions vivre ainsi.

» J'excitai mon père, mes oncles et mes cousins. C'est une honte, m'écriai-je, de supporter toutes ces avanies! C'est de la couardise qui nous jaunit le visage, et nous rend la risée des gens! Il faut aller nous disputer avec le lion! Il en sera ce qu'il en sera; mais nous pouvons espérer qu'avec l'intervention de Sidi-Boutouchent, nous parviendrons à le tuer et à l'éloigner de nous.

» J'eus de la peine d'abord à décider mon père et mes oncles; ils n'avaient jamais voulu s'attaquer aux lions, dans la crainte de s'attirer leur inimitié. — Mais que pouvait-elle de plus? Je ne l'imaginais pas encore, et je pensais qu'il n'existait aucune raison pour les épargner à l'avenir.

» Je fus appuyé dans mon idée par les femmes. Notre existence est devenue amère, dirent-elles; nos petits enfants maigrissent de peur. Ou chassez le lion, ou quittons ce campement de malheur.

» Quand les femmes eurent parlé, les idées furent retournées; tout le monde fut alors d'avis de charger le lion.

» L'aïat se fit entendre comme pour exciter au combat. Les hommes se ceignirent et prirent les armes. Il nous en vint des douars voisins, qui étaient de nos parents et de nos amis, et qui, apprenant notre résolution, voulurent se joindre à nous.

» Quand nous fûmes réunis, nous comptions vingt-six hommes, tous avec des fusils. Les femmes les plus alertes voulurent nous suivre pour assister au combat et nous encourager au besoin.

» Nous nous mîmes donc en marche, invoquant le marabout Sidi-Boutouchent; pour mon compte, je lui vouai une *ouáda* (vœu) de mon plus beau bélier et de six *djepnas* (plats) de couscouss, si nous réussissions.

» Le lion qui avait mangé nos bestiaux dormait dans le fourré des *Fernâmes* (chênes-lièges), son repaire de prédilection quand il vient dans le Kef-el-Siga.

» C'est là qu'il fallait aller le trouver.

» Notre plan était de nous mettre sur deux rangs, d'approcher à vingt pas du fourré, après avoir préalablement laissé les femmes sur un rocher en arrière, et de défier le lion pour le faire sortir; une fois en vue, de faire sur lui une décharge générale qui ne pouvait manquer de le tuer raide.

» Tout cela bien convenu, nous approchâmes du dortoir du lion, excités par les *tzagr'itz* (1) de nos femmes.

» Au premier rang, étaient les hommes les plus valides et les meilleurs tireurs. On s'arrêta comme il a été dit; les fusils furent armés, et la crosse mise à l'épaule.

» J'appelai alors le lion, et je lui dis : O mangeur de bœufs, sors de ton repaire ! Viens voir en face des hommes ! C'est aujourd'hui le jour du paiement !

» Il ne répondit pas.

» Vous savez, messeigneurs, qu'il en est quelquefois ainsi et qu'il faut répéter l'invitation pour faire sortir le lion. Je la répétai donc en ajoutant : Ne fais pas le chien ! Si tu es un homme, sors, te dis-je ! Viens à nous !

» Et pour donner plus d'effet à mes paroles, je lançai, ainsi que quelques-uns de mes compagnons, des pierres dans l'endroit où nous pensions qu'il était.

» Oh ! alors, mes enfants (et en disant cette phrase, El-Arbi oscillait sa tête de droite et de gauche), si vous aviez vu cela ! Le tonnerre se mit à parler par la bouche de ce lion, et comme un éclair il tomba devant nous.

» Nos fusils partirent, mais il n'eut pas l'air de s'en

---

(1) Cris prolongés poussés par les femmes arabes dans les fêtes et les combats

apercevoir. Il s'élança sur le groupe du milieu, qu'il prit dans ses pattes, et mit trois des nôtres sous lui, mon cousin Ben-Meftah avec la tête fracassée, le fils de Ben-Smaïl avec la poitrine ouverte, et mon oncle Rabah qui, par la protection du Prophète, n'avait pas de blessures graves, mais qui, se voyant sous le lion, nous criait : O mes frères, délivrez-moi ! Par la figure du Dieu le Très-Haut, sauvez-moi de ce péril.

» Presque tout le monde avait fui en voyant ce que le lion avait fait des hommes ; mais les femmes nous firent honte, surtout celles qui avaient un parent parmi les trois qu'il avait couchés sous lui. Ma cousine Aïcha, qui devait être ma femme, pleurait et s'arrachait les cheveux en voyant son père Rabah dans cette position. Elle me criait : El-Arbi, délivre-le ! délivre-le, ou jamais je ne te regarderai ! — Je suis à toi, m'écriai-je ; et je m'avançai vers le lion pour le brûler avec mon fusil, ne voulant pas le tirer de trop loin, dans la crainte de blesser les hommes qu'il tenait. Il me laissa approcher de trois pas ; mais au moment où je l'ajustais à la tête, il se redressa, et, d'un coup de patte, m'arracha mon fusil dont il fit une faucille (1). Me trouvant ainsi désarmé, je me reculai d'un saut en arrière et me mis à fuir ; mais l'affreux houche était sur mes pas. Je sentis qu'il allait m'atteindre, quand, avisant un cèdre énorme qui avait été abattu et qui gisait sur le sol, je me jetai dessous juste au moment où le lion, pensant me joindre, avait levé ses deux pattes pour me saisir. M'étant brusquement dérobé sous l'arbre, il s'abattit sur celui-ci, en le mordant et le déchirant de ses griffes, comme si c'eût été moi.

» Vous voyez ma position, mes enfants ! elle n'avait rien de bon. Mes parents, mes amis et les femmes s'égratignaient les joues en signe de deuil. On me croyait écharpé ; j'entendais les lamentations que l'on faisait sur mon sort.

» Pendant ce temps, le lion était en travers de l'arbre et

(1) Qu'il tordit en forme de faucille.

moi dessous. Ses deux pattes de devant pendaient d'un côté ; celles de derrière touchaient terre de l'autre. Il sortait de sa gueule des grondements effroyables, de l'écume et une odeur infecte. Il était haletant, j'entendais souffler sa poitrine comme si elle eût contenu la tempête.

» Comment cela finira-t-il ? Voilà, messeigneurs, ce que je pensais. Il n'y avait pas à compter sur le secours des hommes, ils avaient été terrifiés par ce qu'ils avaient vu faire au lion. J'invoquai le Prophète (sur lui soit le salut !) et le grand saint de Dieu Sidi-Abd-el-Kader-el-Djilalli (1). Ils eurent pitié de moi... Une inspiration me vint... J'avais entendu dire que le lion comprenait la parole de l'homme et se laissait quelquefois attendrir. Je m'adressai à lui de cette façon : O sultan des animaux ! tu es le plus fort, sois généreux envers ton ennemi vaincu. Si tu me laisses la vie, je prends Dieu à témoin que jamais plus je ne m'attaquerai à toi, ni à ceux de ta race.

» Le lion, comme s'il m'eût compris et accepté le pacte, rugit encore une fois, puis quitta sa position de dessus l'arbre et se retira lentement vers la forêt, en jetant de temps à autre un regard de mon côté.

» J'étais bien joyeux, comme vous pensez, de voir le lion s'éloigner, mais je n'osais sortir de dessous mon arbre pendant qu'il était en vue.

» Ce n'est que lorsqu'il fut rentré dans le bois et que je l'entendis dire par mes compagnons, que je me relevai et me mis à courir vers eux comme si j'avais eu des ailes.

» Je fus accueilli par tous avec des cris d'étonnement et de joie.

» Mais je n'avais pas été seul aux prises avec le lion. Je proposai d'aller relever les trois hommes qu'il avait d'abord abattus. Quel spectacle, ô envoyé de Dieu ! Ben-Meftah était mort..... sa tête était en fromage. — Ben-Smaïl vivait encore, mais il avait la poitrine ouverte et devait mourir

---

(1) Le grand saint de l'islam, invoqué par tous les musulmans dans la détresse.

dans la journée ; enfin mon oncle n'avait que des contusions, mais il avait été foulé par la poitrine du lion et se trouvait évanoui.

» Nous dûmes les rapporter tous les trois à nos tentes, où les lamentations de deuil durèrent huit jours.

» Voilà, mes enfants, ce qui est arrivé de moi avec le lion.

» J'ai eu bien de la peine d'avoir été cause de la mort de deux hommes ; aussi, depuis ce jour, j'ai tenu parole, et jamais, quoi qu'il m'ait mangé bien des bœufs et des brebis, je n'ai songé à me battre de nouveau avec lui. C'était convenu, on ne doit avoir qu'une seule parole. »

« Je sais bien, ajouta El-Arbi en manière de péroraison, qu'il y a des hommes qui tuent le lion comme si ce n'était qu'un chien, mais c'est par la permission de Dieu que cela arrive... C'est alors un don qui leur est fait, ils ne peuvent en tirer vanité, parce que si Dieu s'en mêlait, jamais ils ne vaincraient le lion. »

D'après le naïf récit que l'on vient de lire, le brave El-Arbi faillit être étouffé par l'haleine du carnassier. Son souffle est en effet suffocant et le fauve répand des émanations fétides aux alentours des lieux qu'il habite.

Il ne faudrait pas croire qu'on chasse le lion en troupe et en plein jour comme El-Arbi et ses compagnons. Généralement c'est la nuit, et à l'affût ; ainsi faisait Jules Gérard. Le lion est le seul des animaux vivant à l'état sauvage qui suive les routes frayées plutôt que celles à travers bois ; de l'observation de ce fait, ainsi que des heures de sortie et de rentrée à la tanière, le chasseur déduit une tactique extrêmement simple. Il connaît, par les empreintes larges et profondes des pas, le fourré où cet animal se repose le jour ; il s'embusque dès lors sur un des chemins qui y aboutissent. S'il ne le tire pas la nuit, c'est que le carnassier a suivi un autre chemin, et souvent on doit l'attendre patiemment à la même embuscade dix ou quinze nuits de suite.

Pour la chasse de jour, il faut des hommes fortement trempés ; alors on procède comme le brave El-Arbi, mais on se garde bien de se montrer en groupe, car le lion fondrait sur ses agresseurs au moment où ils s'y attendraient le moins.

Meme dans les contrées où on les rencontre le plus, les lions, quoi qu'on en dise, sont peu nombreux. Il est à croire que la reproduction de ces terribles animaux ne dépasse pas la destruction qu'ils subissent, car ils diminuent chaque jour. On en trouve encore dans le pays autour d'Aumale ou de Guelma ; mais ils deviennent de plus en plus rares. La balle explosible Devisme a singulièrement facilité leur destruction, et l'on peut prédire que dans quelques années il n'y aura plus un seul de ces fauves en Algérie.

Les quelques lions qui restent dans l'Afrique du Nord se divisent en sédentaires, ne quittant pas le canton où ils sont nés, et en nomades étrangers, appelés par les Arabes *berranis*. Ces vagabonds sont les plus dangereux.

Pris jeune, le lion s'apprivoise assez facilement ; on pourra le garder en liberté tant qu'il sera lionceau, mais on doit le mettre en cage une fois adulte. Le fameux bataillon du Méchouar de Tlemcen, du capitaine Cavaignac, avait adopté un lionceau baptisé du nom de *Bonhomme*. Un Alsacien nommé Zimmermann fut élu son nourricier. Charmant pendant sa jeunesse, très sociable, formé par le contact continuel de ces soldats français qui sont bien, dans la vie courante, les meilleurs enfants de la terre, très bien élevé, Bonhomme faisait la joie de tous. Et, avec cela, malin comme un singe ! Il passait son temps à guetter les enfants coulouglis ou juifs, s'approchait d'eux en tapinois, et avec sa patte leur faisait une sorte de croc-en-jambe qui les jetait à terre sans leur faire de mal. Les gamins riaient, criaient, luttaient, à la grande joie de la galerie. Nos troupiers l'exerçaient à se dresser sur ses pattes de derrière et à lutter avec eux corps à corps.

Mais tout a un terme. Le bataillon évacua le Méchouar, les soldats furent versés aux zouaves, et le commandant

PRINCE DE JOINVILLE

Cavaignac resté avec Bonhomme, devenu grand au point que ses coups de patte commençaient à être dangereux, résolut de l'offrir en cadeau au Jardin des Plantes. Le lion fut donc dirigé sur Paris sous la conduite de Zimmermann et se comporta fort bien sur le paquebot d'Oran à Marseille. Dans cette ville, suivi de son fauve apprivoisé qui marchait sur ses talons comme un chien bien dressé, le brave Alsacien alla s'installer à la première auberge venue. L'aubergiste marseillais se récria ; mais voyant dans Bonhomme un animal très doux et très sociable, il finit par l'admettre dans son écurie pendant que son gardien vaquait à ses petites affaires.

Malheureusement, l'Alsacien rencontra des camarades ; on mangea, on but, on narra des histoires d'Afrique à n'en plus finir ; Bonhomme, oublié, finit par briser sa corde et après s'être échappé, prit bravement la première rue qu'il rencontra.

Les Marseillais poussèrent des cris de paon ; c'était un sauve-qui-peut général, accompagné de bruyantes fermetures de portes et de devantures de magasin. La cité phocéenne fut bientôt en révolution, et pendant ce temps le lion marchait à petits pas, avec le calme d'une conscience pure, cherchant Zimmermann de tous les côtés. Il alla ainsi jusqu'au port, huma l'air salin, bâilla démesurément, se coucha tout de son long, examinant les portefaix qui fuyaient d'un air effaré, et se mit à dormir.

Cependant, revenus de leur stupeur, les plus braves citadins s'armèrent de leur fusil, et s'acheminèrent vers la mer. Le pauvre Bonhomme essuya une fusillade générale et ne se réveilla plus.

V

Nous nous sommes trop éloignés des faits de guerre.
La prise de la Smala d'Abd-el-Kader et les glorieux suc-

cès remportés en 1843 en Algérie, eurent en France un retentissement extraordinaire. Le duc d'Aumale, Changarnier et Lamoricière furent nommés généraux de division et investis du commandement supérieur des provinces de Constantine, d'Alger et d'Oran ; enfin Bugeaud recevait le titre de maréchal de France.

C'était dignement récompenser une série ininterrompue de beaux succès ; les forces régulières d'Abd-el-Kader étaient détruites, la Smala, sa capitale nomade, était dispersée, et lui-même, errant et fugitif, cherchait au Maroc un refuge en se jetant dans les montagnes du Riff.

Tels étaient les résultats de trois années de fatigues sans nombre, de batailles et de marches incessantes. Aussi, dès cette époque, tout change de face en Algérie. Les tribus les plus éloignées font leur soumission, une activité jusque-là inconnue règne dans les villes et les campagnes. Les colons rassurés défrichent avec ardeur, des émigrants de toute l'Europe accourent, des villages s'élèvent de toutes parts. Nos expéditions militaires prennent un autre caractère ; ce ne sont plus des razzias ou de timides excursions autour des villes occupées, ce sont des expéditions sérieuses, ayant un principe de force et d'organisation remarquable.

Devenue voisine du Maroc par notre établissement à Alger, la France était exposée à ressentir le mauvais vouloir et l'inimitié de ce vieil empire musulman qui poursuivait obscurément sa carrière de décadence depuis des siècles sans appeler sur lui l'attention du monde civilisé. A deux reprises, en 1831 et en 1836, les hostilités du Maroc avaient nécessité de notre part des représentations énergiques. L'empereur feignit de céder à nos menaces ; mais il continua ses secrètes manœuvres et favorisa de tout son pouvoir l'insurrection des tribus arabes. Tant qu'Abd-el-Kader tenait la campagne, harcelant nos troupes et dévalisant nos convois, il était facile à Abd-er-Rhaman (1) de

(1) Nom de l'empereur du Maroc.

donner cours à ses rancunes sans manquer ostensiblement à sa parole ; il appuyait de son influence religieuse les entreprises de notre implacable ennemi, lui envoyait sans cesse des volontaires, et ne le laissait dépourvu ni d'armes, ni de munitions, ni d'argent. Là, sans doute, se serait bornée son intervention, car il était d'humeur pacifique et ne se souciait pas de compromettre son trône chancelant dans les hasards d'une guerre ; mais Abd-el-Kader jouissait d'un énorme prestige auprès des populations marocaines animées par le fanatisme et qui voyaient en lui le défenseur infatigable de l'Islam ; elles brûlaient de prendre part à la lutte. Fez surtout était le centre de l'irritation qui se manifestait contre la France, et cette irritation ne connut plus de bornes quand l'émir fut dans l'obligation de chercher un refuge sur le territoire de l'empire.

Une circonstance inattendue vint exalter ces animosités. Un juif nommé Darmon, agent consulaire d'Espagne et de Sardaigne à Mazagran (le Mazagran du Maroc), tua un musulman dans une rixe. On cria vengeance, et Darmon, arrêté, fut condamné à mort par le caïd et ensuite pendu. Il était d'usage en ce pays, lorsqu'un Européen avait subi une injustice de la part des autorités locales, que tout le corps consulaire résidant à Tanger se joignît au consul de la nation offensée pour appuyer sa réclamation. Dans cette circonstance, le consul de France se réunit aux consuls d'Espagne et de Sardaigne, demandant l'exécution des traités qui imposaient au gouvernement marocain l'obligation de ne punir aucun agent d'une puissance européenne sans consulter le représentant de sa nation. Les ministres d'Abd-er-Rhaman répondirent d'une manière hautaine à la triple réclamation des consuls de France, d'Espagne et de Sardaigne, prétendant ignorer la qualité consulaire du juif Darmon, et soutenant d'ailleurs que tout juif habitant le Maroc était soumis à une juridiction exceptionnelle. Bientôt après cet incident éclatèrent des hostilités partielles à Ceuta, Melilla et autres présides espagnoles sur la côte marocaine. La nouvelle de ces agressions réveilla la vieille haine des Castillans contre les anciens conquérants de l'Espagne, et le cabinet de Madrid annonça hautement qu'il obtiendrait à main armée réparation de l'atroce injure qu'il venait de subir dans la personne de son représentant. Ces dispositions belliqueuses eurent un grand retentissement dans le Maroc et Abd-el-Kader ne se fit pas faute de dire que les infidèles conjurés contre l'Islam allaient faire la guerre à l'empereur Abd-er-Rhaman : les Français par Tlemcen, les Espagnols et les Sardes par Ceuta. Ces cris d'alarme portèrent coup ; la cour de Fez délibérait encore, que toutes les populations se levaient en masse, demandant la proclamation du djehed, la guerre sainte.

La confiance des Marocains était particulièrement soutenue par une prédiction de Sidi-el-Aribi, de la race royale du Maroc, chériff (descendant du prophète) bien entendu, et chef de la confrérie religieuse de Muley-Taïeb. Cette prédiction, transmise de bouche en bouche, disait en substance :

« Les Marocains domineront un jour tous les pays de l'est, et toute la contrée du royaume d'Alger leur appartiendra ; mais avant que cette parole s'accomplisse, il faut que cette contrée ait été possédée par les *Beni-el-Cefeur* (les enfants du jaune, les Français). Si les Marocains s'en emparent maintenant (en 1831), les enfants du jaune leur enlèveront leur conquête ; si, au contraire, ceux-ci prennent le pays les premiers, l'heure viendra où la main des fidèles du Moghreb brisera leur puissance. »

Les vœux d'Abd-er-Rhaman se trouvaient dépassés ; aussi, afin de régulariser le djehed et de modérer un mouvement qu'il redoutait extrêmement puisqu'il menaçait de tourner au profit de l'émir, ordonna-t-il à ses pachas et caïds de passer la revue des contingents de leurs provinces. Ces revues ont toujours été pour les villes un sujet de terreur et d'effroi ; on craignit le massacre des chrétiens et des juifs, et l'on s'empressa à Tanger et dans les autres cités maritimes du Maroc de fermer les portes lorsque se présentèrent les hordes sauvages des Chelouks, Bédouins, Berbers, etc., venant de l'intérieur. Malgré cela, à Tanger, où la population européenne est nombreuse, les portes furent forcées, et des excès de toute sorte commis; des coups de fusil brisèrent la devanture des magasins appartenant aux Européens ; on tira même sur les bâtiments à l'ancre dans le port. Un brick portugais et deux sloops anglais furent criblés de balles.

Les camps marocains établis sur notre frontière algérienne reçurent des renforts considérables. Ils finirent par se fondre en un seul de l'autre côté de la Moulouïa, en face d'une colonne commandée par les généraux Lamoricière et Bedeau. Pendant quelques jours, les soldats d'Abd-er-Rhaman restèrent assez calmes; mais l'émir avait parmi eux quantité d'émissaires qui les excitèrent à attaquer les Français. Le général Lamoricière, repoussant une avant-garde de nègres, descendit dans la plaine avec les zouaves, les 8e, 9e et 10e bataillons de chasseurs à pied, deux bataillons d'infanterie de ligne, et cinq escadrons de chasseurs d'Afrique aux ordres du colonel Morris. La cavalerie marocaine, dans le projet d'envelopper la petite troupe, s'engagea entre les 8e et 9e chasseurs à pied et une muraille de rochers fermant le vallon d'où descendaient les nôtres. A ce moment, les tirailleurs berbères nous attaquaient avec la plus grande audace ; l'un d'eux vint même saisir corps à corps le capitaine adjudant-major Chapuis qui fut blessé. Tout à coup les 8e et 9e bataillons de chasseurs font face à droite pendant que l'impétueux colonel Morris charge à la tête de ses escadrons. La cavalerie ennemie, composée de nègres appelés Bokharis, réputés invincibles, fut acculée contre la muraille de rochers, et presque anéantie. Trois drapeaux tombèrent en nos mains.

Le maréchal Bugeaud accourut. Il avait l'ordre d'attendre les événements, sans combattre. Il voulut donc négocier avec El-Guennaoui, kaïd d'Ouchda ; mais, dans une entrevue qu'eut celui-ci avec le général Bedeau, des coups de fusil furent tirés par les hordes indisciplinées du Maroc, et le général français ne fut dégagé qu'avec grand'peine. Les émissaires d'Abd-el-Kader faisaient ainsi leur possible pour faire rompre les pourparlers pacifiques. Le maréchal Bugeaud ébranla alors sa colonne, livra aux Marocains un combat des plus rudes, et entra du coup à Ouchda.

La patience de la France était à bout ; une escadre de huit navires partit de Toulon à la fin de juin 1844 sous les ordres du prince de Joinville, et notre consul à Tanger eut l'ordre d'obtenir : 1° la dissolution des corps d'armée disséminés sur la frontière algérienne ; 2° la punition des caïds ou chefs qui avaient violé le droit des gens à notre égard en attaquant nos troupes sur le sol algérien ; 3° l'expulsion d'Abd-el-Kader, ou tout au moins sa translation sur les côtes de l'Océan ; 4° la délimitation exacte des frontières, de façon à éviter tout conflit ultérieur.

A ces justes réclamations le gouvernement de Fez répondit par des fins de non-recevoir et des récriminations sans nombre. Il eut l'impudence d'accuser le maréchal Bugeaud d'avoir marché jusqu'à Ouchda et ne voulut pas reconnaître le tort de El-Guennaoui, qui avait pénétré sur notre territoire, dont, disait-il, les limites étaient contestables. Enfin il ne consentait à punir le caïd que si le maréchal Bugeaud était rappelé en France.

Le consul d'Angleterre, qui voulut s'interposer, dut renoncer à son œuvre de conciliation, en présence des subtilités de droit musulman et des moyens dilatoires mis en avant pour rendre impossible un arrangement raisonnable. Notre consul général à Tanger envoya un ultimatum ; on répondit de nouveau qu'avant tout en exigeait l'éloignement du maréchal. Le 5 août au soir, le prince de Joinville dut commencer les hostilités, et résolut de bombarder Tanger dès le lendemain ; il partit avec les trois vaisseaux le *Jemmapes*, le *Suffren*, le *Triton*, la frégate la *Belle-Poule*, les bricks le *Cassard* et l'*Argus*, tous bâtiments à voiles remorqués par les pyroscaphes le *Véloce*, le *Pluton*, le *Gassendi*, le *Phare*, le *Rubis* et le *Var*. A l'aube, le 6 août, l'escadre française mouillait devant Tanger.

Cette ville (Tingis des Romains, Tandja des Arabes) est très forte par sa position et par le nombre de ses batteries, assez bien armées en 1844 comme aujourd'hui ; elle est située sur le penchant d'une montagne calcaire, dont une grande partie ne porte aucune maison et attriste l'œil par ses flancs nus et décharnés. Tanger est une sentinelle avancée qui garde l'entrée ouest du détroit de Gibraltar ; de là le soin jaloux des Anglais qui observent au Maroc les Espagnols déjà maîtres de Ceuta à quelque distance. Elle est environnée d'une méchante enceinte flanquée de tours rondes et carrées. Une vieille casbah, accolée à un fort de construction portugaise, bastionné à la moderne, mais à peu près ruiné grâce à l'incurie orientale, complète ses fortifications. La casbah est armée de fortes batteries battant le détroit, et le rempart qui fait face à la mer est à double étage de terrassements percés d'embrasures. Dans le rentrant de la porte marine, en face le débarcadère, sont entassées les principales défenses ; là s'élèvent deux gradins de batteries qui ont vue sur le port. Le pourtour de la baie est également garni de batteries. L'attaque de Tanger par mer est donc des plus difficiles.

A l'époque du bombardement de 1844 par l'escadre du prince de Joinville, le nombre des canons et mortiers armant cette place dépassait deux cents, et la garnison s'élevait à près de trois mille hommes.

Les vaisseaux de l'escadre française n'avaient pas encore laissé tomber l'ancre dans la baie de Tanger que le prince de Joinville envoyait son chef d'état-major, le capitaine de vaisseau Duquesne, placer des bouées pour indiquer à chaque navire sa position de combat. Le capitaine s'acquitta audacieusement de sa mission. Deux heures après, toute l'escadre prenait position. Les artilleurs marocains regardaient nos préparatifs d'attaque avec un superbe dédain : on eût dit, à voir leur assurance, qu'ils n'attendaient qu'un signal pour couler bas nos navires.

Le *Suffren* et le *Jemmapes* s'embossent devant les batteries casematées du rentrant de la porte marine, et les bricks le *Cassard* et l'*Argus* devant les batteries rasantes de la baie. A huit heures et demie, le prince de Joinville fait arborer au grand mât du vaisseau-amiral le *Jemmapes* le signal de commencer le feu, et aussitôt une épouvantable détonation se fait entendre du côté de la mer ; les Marocains ripostent avec vivacité à notre attaque, et l'escadre et la ville disparaissent sous un épais nuage de fumée. Bientôt, grâce à la justesse du tir des canonniers français, les fortifications ennemies sont horriblement ravagées ; partout les remparts s'écroulent, les embrasures volent en éclats. Au bout d'une heure, on n'oppose plus qu'une faible résistance ; un grand nombre d'artilleurs marocains ont été tués sur leurs pièces, les autres les ont abandonnées. Le *Triton* et la *Belle-Poule* n'ont pas encore pris part au combat que déjà le feu de Tanger est presque éteint. Le *Suffren* et le *Jemmapes* ne dirigent plus alors leurs coups que sur la casbah et sur une petite batterie casematée du fort de la marine, qui continuent à tirer avec opiniâtreté. Les canons de la casbah, de leur position élevée, se croient inébranlables sur leurs affûts ; mais les boulets du *Jemmapes* les brisent et les culbutent derrière les remparts démantelés. Deux forts, placés au fond de la baie, près des ruines couvertes de sable de la vieille ville, tirent à toute volée ; la *Belle-Poule* et le *Triton* les font taire.

A dix heures, cette brillante action est terminée, aux applaudissements des marines de l'Europe, toutes représentées dans la baie, et qui acclament le courage et l'habileté de nos marins.

Les instructions du prince de Joinville lui interdisent

d'entrer à Tanger, mais elles le laissent libre de se rendre sur un autre point de la côte, afin de confirmer aux yeux de l'ennemi la puissance de la nation qu'il a osé outrager. Le prince reste devant la ville bombardée jusqu'à cinq heures du soir, désirant constater qu'elle ne se défend plus. Puis il donne le signal du départ. Les pyroscaphes s'accrochent de nouveau aux bâtiments à voiles qui pendant la journée du 7 août réparent leurs avaries. Le *Suffren*, notamment, a reçu cinquante boulets dans sa coque. Le 11 août, toute l'escadre est réunie devant Mogador.

Mogador (*Souhira-el-Aziza*, la miniature chérie) était la ville de prédilection de l'empereur du Maroc ; c'est elle aussi qui lui procurait le revenu le plus considérable. Elle est bâtie sur une pointe sablonneuse terminée par des récifs qui en rendent les abords difficiles et dangereux ; cette pointe n'est que le prolongement d'une lande de sable qui s'étend à dix lieues dans l'intérieur. Mogador a été reconstruite à l'européenne en 1760, elle se distingue donc des villes de l'Orient par la régularité de ses maisons et l'alignement de ses rues.

En apparence, les fortifications de Mogador sont moins formidables que celles de Tanger ; elles ont offert cependant en 1844 une résistance plus grande. Un mur d'enceinte, haut de sept mètres en moyenne, et crénelé, entoure complètement la ville. La ligne des fortifications de la marine, protégée par une ceinture de rochers, avait une grande batterie de quarante-huit canons et était terminée à l'angle nord-est de l'enceinte par une petite tour ronde hérissée d'artillerie. La partie de l'enceinte faisant face à la rade était garnie de vingt-quatre pièces, flanquées par deux forts carrés bâtis sur des rochers et armés chacun de huit canons.

Le mouillage était couvert par l'île de Mogador, à quinze cents mètres au large, défendue par une ceinture de batteries, et ayant une garnison de quatre cents hommes.

Pendant quatre jours la violence des vents et l'agitation

de la mer empêchèrent nos vaisseaux de communiquer entre eux et par conséquent de songer à l'attaque. Enfin, le 15 août, le vent étant un peu tombé, la ligne d'embossage fut tracée. Le *Triton*, à la tête de l'escadre, s'avança le premier fièrement sous le feu de toutes les batteries ennemies et laissa tomber l'ancre à sept cents mètres de la place ; de cette situation il prenait à revers les quarante-huit pièces de la marine. Le *Suffren*, à bord duquel était le prince de Joinville, marchant derrière le *Triton*, vint s'établir dans la passe du Nord, battant de front les défenses de la tour ronde, et d'écharpe celles faisant face à la rade. C'était de beaucoup le poste le plus dangereux, car le *Suffren* était pris à revers par les huit pièces qui armaient le fort carré bâti sur le rocher fermant la passe nord. Le *Jemmapes* alla présenter le flanc aux forts de l'ouest.

La place avait ouvert le feu dès que nos vaisseaux s'étaient trouvés à sa portée ; ceux-ci ne purent riposter qu'après la difficile opération de l'embossage. Mais leurs premières bordées réduisirent au silence les batteries de la marine et de la rade. La frégate la *Belle-Poule*, les bricks le *Cassard*, l'*Argus* et le *Volage* reçurent aussitôt l'ordre de pénétrer dans le port. La frégate ne tarda pas à mettre en fuite les canonniers marocains démoralisés, et les bricks éteignirent le feu des canons placés dans l'île.

Le *Suffren*, vaisseau-amiral, et le *Jemmapes*, comptaient de nombreux morts et blessés, et avaient reçu quantité de boulets dans les flancs et à la mâture.

Il est cinq heures du soir, et les batteries de Mogador gardent un morne silence. A ce moment, nos braves équipages poussent des hourras prolongés ; trois vapeurs, le *Phare*, le *Pluton* et le *Gassendi* traversent majestueusement l'escadre aux cris mille fois répétés de vive le roi ! vive la France ! Ils ont à bord cinq cents hommes de débarquement et vont les jeter dans l'île. Le capitaine de vaisseau Duquesne dirige l'opération, qui s'accomplit avec une rapidité merveilleuse, malgré la fusillade des Marocains. La première batterie de l'île est enlevée au pas de course ; puis une lutte acharnée s'engage avec les quatre cents Marocains qui en forment la garnison. Cachés derrière les rochers et les broussailles, ils disputent le terrain pied à pied. Dans cette lutte désespérée, l'ennemi perd deux cent quarante des siens. Une partie des survivants se réfugie dans une mosquée, dont il faut enlever chaque chambre, chaque couloir. Le jour baisse qu'on n'est pas encore maître du minaret, dans lequel se sont retirés les derniers défenseurs.

Le prince de Joinville, entendant toujours des coups de fusil, descend dans l'île, et après avoir enlevé quelques maisons où se trouvaient des Marocains, il fait retirer ceux de nos soldats qui s'acharnaient à la prise de la mosquée, ne voulant pas de combat de nuit dans des conditions défavorables. Le lendemain, l'ennemi se rend à discrétion.

A cette heure le vapeur le *Véloce* apportait l'ordre ministériel de s'emparer de l'île de Mogador et de la conserver. Le prince y installa donc une garnison suffisante, rembarqua le surplus du petit corps de débarquement et, lui adjoignant quelques marins, le jeta dans Mogador.

La ville était dans un état affreux ; les autorités et les habitants l'avaient abandonnée, et des bandes envoyées par les tribus voisines s'étaient abattues sur elle, saccageant les maisons, renversant et brûlant ce que les boulets avaient épargné. Nos soldats ayant dispersé ce ramassis de bandits, mirent hors de service les pièces d'artillerie à l'exception de dix canons de bronze qui furent embarqués, et jetèrent à la mer toute la poudre trouvée dans les magasins. Ils emportèrent trois drapeaux.

Nos matelots découvrirent dans une masure en ruines le consul d'Angleterre avec sa malheureuse famille, prêts à périr de misère et de faim. Les Marocains avaient refusé de le remettre à un vaisseau britannique venu pour le réclamer quelques jours avant le bombardement et lui avaient infligé les traitements les plus indignes. Vers le même temps, un navire de commerce anglais fit naufrage au cap Spartel, et tout son équipage fut massacré ; les batteries marocaines de Rabat ou R'bat canonnèrent même un brick de Liverpool. Nos voisins d'Outre-Manche étaient punis ainsi de l'amitié qu'ils avaient témoignée à nos adversaires.

VI

Revenons au maréchal Bugeaud. Le souverain du Maroc, après bien des tergiversations, avait fini par envoyer sur la frontière son fils Muley-Mohammed avec une nombreuse armée, dans le but d'intimider d'abord les colonnes françaises et de les faire se retirer, ensuite de forcer Abd-el-Kader à ne plus faire de nouvelles incursions sur notre territoire ; il espérait de plus interner ce dernier sur les côtes de l'Océan, à Rabat ou à Mogador.

Il ne connaissait pas Abd-el-Kader. L'astucieux émir, en voyant arriver le fils d'Abd-er-Rhaman, voulut compromettre tout à fait le sultan du Maroc, et lança en Algérie une ardente proclamation :

« Dieu, disait-il, a enfin jeté un regard de miséricorde sur ses fidèles croyants. Voici venir l'heure où l'infidèle va être brisé par le choc terrible des Moudjehedin (guerriers marchant à la guerre sainte) du Moghreb. Depuis dix ans, sans trésor et sans armée, je tiens en échec la puissance des Français ; que sera-ce aujourd'hui que j'ai pour allié le grand chérif, sultan de Fez, de Mequinez et du Maroc ?

» Tandis que leurs chevaux fouleront aux pieds les cadavres des soldats qui ont eu l'audace de les braver, les Arabes de l'Algérie se lèveront de toutes parts et écraseront l'infidèle. Tous seront prêts ; ils n'attendent que mon signal. Que Dieu donne donc la victoire à l'Islam et maudisse le chrétien ! »

Et Abd-el-Kader entra encore une fois dans nos possessions algériennes. Mal lui en prit. Lamoricière se lança à sa poursuite, et le général Tempoure, le héros du combat du 11 novembre 1843, faillit le prendre. L'émir n'avait pu d'ailleurs entraîner avec lui que certaines fractions de tribus, qu'il abandonna honteusement aux mains de nos soldats.

Pour son ravitaillement le maréchal Bugeaud s'assura du port de Djemma-Ghazaouat, et entreprit une série de marches et de contre-marches le long de la frontière, cherchant une nouvelle occasion de battre les Marocains sans trop s'avancer dans leur pays. Des renseignements lui apprirent qu'il avait en face de lui trois mille Oudéïas, cavaliers réguliers de la garde particulière de l'empereur, trois mille Bokharis, cavaliers nègres du même corps, ayant la réputation d'être invincibles, et environ cinquante mille cavaliers irréguliers. Quant aux fantassins, ils n'étaient guère que deux mille ; mais ils devaient servir de noyau à tous les hommes valides des tribus nous avoisinant, et qui attendaient sourdement, pour se déclarer, l'issue de la première bataille.

L'arrivée du fils de l'empereur n'inquiéta nullement le maréchal ; la guerre était diplomatiquement déclarée, et comme il ne doutait en aucune façon de la victoire, comme de plus il savait parfaitement que les tribus de l'Algérie et celles de la frontière marocaine ne s'engageraient pas avant de connaître le résultat de la lutte qui commençait, il résolut de prendre l'offensive, malgré l'avis des généraux Lamoricière et Bedeau, qui avaient fourni assez de preuves de courage pour se permettre de donner des conseils de prudence ; ceux-ci croyaient sage d'y regarder à deux fois avant de jouer sur un coup de dé la fortune de la France, et de risquer une bataille qui eût été la perte de l'Algérie.

Tout en désirant l'occasion de frapper un grand coup afin d'en finir une fois pour toutes, Bugeaud voulut toutefois laisser au fils de l'empereur du Maroc l'entière responsabilité des évènements. Il écrivit à Muley-Mohammed une lettre qui se terminait ainsi : « C'est pour la dernière fois que je te demande une réponse catégorique au sujet des deux conditions que, dès mon arrivée sur la frontière, j'ai posées comme bases d'une paix solide entre nous, et qui sont :

» 1° La reconnaissance de la limite qui existait sous la domination des Turcs entre le Maroc et l'Algérie ;

» Et 2° l'éloignement de la frontière d'Abd-el-Kader et de sa déïra.

» Si d'ici à quatre jours je n'ai pas reçu de toi l'acceptation explicite de ces conditions, j'irai moi-même, à la tête de mon armée, exiger la réponse que je sollicite aujourd'hui avec le désir de maintenir la paix. »

La lettre parvint à Muley-Mohammed le 6 août ; le 12, il n'avait pas encore daigné répondre. Apprenant ce jour-là que le prince de Joinville venait de bombarder Tanger et était en route contre Mogador sur les côtes occidentales du Maroc, le maréchal prit toutes ses dispositions pour franchir l'Oued-Isly, et aller attaquer les hordes ennemies. Il ne craignait qu'une chose, de voir celles-ci se dérober à ses coups.

Muley-Mohammed, en recevant de son père l'annonce du bombardement de Tanger, considérait la paix comme chose conclue ; il ne s'attendait donc à rien moins qu'à une attaque. Bugeaud avait écrit au prince de Joinville :

« Mon prince, vous avez tiré sur moi une lettre de change, je vous promets d'y faire honneur ; demain 13 août, j'exécute une manœuvre qui me rapprochera à son insu de l'armée du fils de l'empereur, et après-demain je la mets en déroute. »

Le maréchal n'était pas homme à manquer à sa parole.

La manœuvre annoncée pour rapprocher l'armée française de l'armée marocaine, s'exécuta ponctuellement. Chaque jour on était obligé de fourrager, et toute notre cavalerie, appuyée par de l'infanterie, allait couper les blés et les orges nécessaires à la nourriture des chevaux et des bêtes de somme de la colonne. Les Marocains, témoins de ces opérations, s'y étaient peu à peu habitués, et ne venaient guère nous inquiéter. Le 13 août, le fourrage se fit comme d'habitude, mais toute l'armée y prit part et, à la tombée de la nuit, au lieu de rentrer dans le camp, on resta sur place. Défense fut faite d'allumer des feux et de fumer, et chaque cavalier tenait son cheval par la bride.

Le tour était joué ; l'armée marocaine était à deux ou trois heures de la nôtre. Il suffisait de faire une petite marche de nuit, et à l'aube les ennemis verraient apparaître nos soldats.

La veille de la bataille, le maréchal Bugeaud eut l'occasion de faire à ses officiers une de ces improvisations pittoresques dans lesquelles il excellait.

Quatre escadrons de cavalerie (deux du 1er chasseurs et deux du 2e hussards), avaient rejoint la colonne, et les officiers du 2e chasseurs d'Afrique et du 2e spahis, régiments des colonels Morris et Yusuf, avaient invité tous leurs camarades du camp non retenus par le service, à un punch donné en l'honneur des nouveaux arrivés.

Dans le creux de l'Oued-Isly se trouvait un vaste jardin dont l'enceinte et les allées étaient formées par des buissons de lauriers-roses et de lentisques. Des portiques en verdure garnissaient l'allée principale aboutissant à une vaste plate-forme entourée de lauriers-roses. Tout ce jardin bien aménagé était richement illuminé par des lanternes vénitiennes aux mille couleurs. L'absence du général en chef était vivement regrettée.

Bugeaud, écrasé de fatigue, dormait sur son lit de camp.

Son interprète, M. Léon Roches, son commensal et par cela même assez familier avec lui, alla hardiment le réveiller, et, après en avoir reçu une terrible bourrade, réussit à le faire lever. Le maréchal couchait tout habillé, et n'eut qu'à mettre un képi à la place du légendaire casque à mèche.

A peine était-il entré dans l'allée principale du jardin improvisé par nos officiers de cavalerie, que des acclamations enthousiastes l'accueillirent. Chacun s'approche de lui avec une respectueuse sympathie. « Enfin, raconte M. Léon Roches, il arrive sur la plate-forme où le punch est servi. Tous les assistants forment le cercle ; les généraux et les colonels sont à ses côtés. Il n'a pas de temps à perdre, dit-il, il a besoin de se reposer pour se préparer aux fatigues des deux jours suivants.

« Après-demain, mes amis, s'écrie le maréchal de sa voix forte et pénétrante, après-demain sera une grande journée, je vous en donne ma parole.

» Avec notre petite armée dont l'effectif s'élève à six mille cinq cents baïonnettes et quinze cents chevaux, je vais attaquer l'armée du prince marocain qui, d'après mes renseignements, s'élève à soixante mille cavaliers. Je voudrais que ce nombre fût double, fût triple, car plus il y en aura, plus leur désordre et leur désastre seront grands. Moi j'ai une armée, lui a une cohue. Je vais vous expliquer mon ordre d'attaque : Je donne à ma petite armée la forme d'une hure de sanglier. Entendez-vous bien ! La défense de droite, c'est Lamoricière ; la défense de gauche, c'est Bedeau ; le museau, c'est Pélissier, et moi je suis entre les deux oreilles. Qui pourra arrêter notre force de pénétration ? Ah ! mes amis, nous entrerons dans l'armée marocaine comme un couteau dans du beurre.

» Je n'ai qu'une crainte ; c'est que, prévoyant une défaite, elle ne se dérobe à nos coups. »

La hure de sanglier fut en réalité un grand losange, avec deux faces très régulières et les deux autres brisées ; les quatre faces étaient composées de petits carrés.

Les corps et régiments d'infanterie de cette petite armée étaient le 2ᵉ bataillon de zouaves, les 3ᵉ, 6ᵉ et 10ᵉ chasseurs à pied, les 3ᵉ, 5ᵉ, 6ᵉ, 13ᵉ et 15ᵉ régiments légers représentés chacun par un bataillon, les 32ᵉ, 41ᵉ, 48ᵉ, 53ᵉ et 68ᵉ régiments de ligne, en tout dix-sept bataillons. La cavalerie se composait d'escadrons des 2ᵉ et 4ᵉ chasseurs d'Afrique, 2ᵉ spahis, 2ᵉ hussards, 1ᵉʳ et 4ᵉ chasseurs, en tout dix-neuf escadrons.

Sur les faces du losange, marchait l'artillerie, disposée entre les intervalles des carrés ; au centre, l'ambulance, le train des équipages, les bagages et le troupeau d'administration.

Le 14 août, à minuit l'infanterie s'ébranla et la cavalerie suivit une demi-heure après. Le plus profond silence était recommandé et les soldats observaient rigoureusement la consigne, car autant que le maréchal, ils tremblaient de voir l'armée marocaine disparaître à l'horizon. Au petit jour, vers quatre heures, la colonne, mais sans s'arrêter, prit la disposition de marche prescrite. A six heures du matin, elle couronna les hauteurs qui dominent l'Oued-Isly. Un hourrah formidable s'éleva ; on apercevait les camps ennemis au nombre de sept, occupant un espace immense.

Le maréchal avait espéré surprendre les Marocains ; mais ils étaient presque tous hors de leurs tentes et l'alarme fut vite donnée ; des milliers sautèrent en selle, et arrivèrent en désordre pour disputer à l'armée française le passage de l'Oued-Isly, qui fut cependant franchi sans peine, nos bataillons balayant devant eux ces hordes indisciplinées qui les assaillaient. De l'autre côté de la rivière, nos carrés se reformèrent, et l'immense losange s'avança majestueusement à travers une foule confuse qui l'enveloppait en remplissant l'air de vociférations étourdissantes. « L'armée française, dit plus tard à M. Léon Roches un cavalier arabe auxiliaire, ressemblait à un lion entouré par cent mille chacals. »

Le losange (ou carré de carrés) arriva sur un plateau immédiatement inférieur à la butte la plus élevée où se tenait le fils de l'empereur. C'est là que la bataille commença sérieusement à s'engager. Les cavaliers ennemis, se divisant en groupes de trois ou quatre mille, chargèrent avec furie chacun de nos bataillons ; nos braves fantassins les laissèrent approcher à demi-portée de fusil et ouvrirent un feu intense tellement bien nourri que les morts eurent bientôt formé devant eux un rempart d'hommes et de chevaux ; les Marocains s'acharnèrent surtout sur l'avant-garde, formée par le 3ᵉ bataillon de chasseurs appuyé immédiatement en arrière par quatre pièces de canon que surveillait le maréchal et qui étaient soutenues par les compagnies d'élite des 53ᵉ et 68ᵉ de ligne. Tandis que les chasseurs à pied exécutaient un terrible feu roulant, les quatre pièces de canon vomissaient sur l'ennemi des torrents de mitraille.

Pendant près de deux heures, ces charges furieuses se renouvelèrent ; à chaque moment de répit, le redoutable losange s'était avancé. On voyait les masses marocaines tournoyer, aller, venir, se culbuter elles-mêmes ; enfin un affreux pêle-mêle, une épouvantable confusion régnait dans leurs rangs ; de rares groupes, emportés par leur courage, exécutaient isolément et sans ensemble des charges à fond contre nous. Ces intrépides cavaliers venaient un à un se faire tuer à bout portant.

Plusieurs des bataillons des faces de droite et de gauche n'eurent pas à former le carré, tant était grande la force de pénétration de la fameuse *hure de sanglier* du maréchal Bugeaud. Son lent et irrésistible mouvement avait brisé la masse compacte des assaillants et l'avait reportée vers les premières tentes. Alors l'infanterie française de l'aile gauche se déploya sur les crêtes, celle de l'aile droite s'établit sur les pentes qui descendent à la rivière et la cavalerie, qui n'avait pas encore pris part au combat, après avoir échelonné ses dix-neuf escadrons par la gauche, de telle sorte que le dernier échelon fût appuyé à la rive droite de l'Isly, reçut l'ordre de charger à la fois sur tous les points.

Les escadrons de spahis aux ordres du colonel Yusuf, ceux de chasseurs d'Afrique et de hussards aux ordres du colonel Tartas, se précipitèrent sur le camp principal où ils furent accueillis par une grêle de balles et de boulets; mais la vigueur de notre attaque rendit impossible de nouvelles décharges d'artillerie. En un clin d'œil, les spahis, qui formaient la tête de colonne, franchirent les faibles barrières qui protégeaient le camp marocain. Tout ce qui s'opposait à leur course fut renversé, et les fantassins ennemis, après s'être défendus assez bravement pendant quelques instants, furent dispersés; les artilleurs, sabrés sur leurs pièces, en laissèrent quatorze entre les mains de nos cavaliers. Tout le matériel de l'armée marocaine tomba entre nos mains : ses munitions de guerre, ses bagages, la tente même et le parasol du fils de l'empereur, objets qui, quelque temps après, furent exposés dans le jardin des Tuileries et livrés à la curiosité des Parisiens.

« Allons! mes enfants, dit alors avec bonne humeur le maréchal Bugeaud aux clairons de l'infanterie, sonnez la casquette du père Bugeaud. »

Les clairons donnèrent alors le signal de la marche en avant. Nos fantassins se mirent à cueillir dans les tentes ceux des Marocains qui avaient cherché derrière la toile des abris illusoires. Presque toute l'infanterie impériale qui, à la fin du combat, avait fait preuve de sa plus insigne lâcheté, fut faite prisonnière. Le premier de nos officiers qui pénétra dans la tente du fils de l'empereur et se coucha sur les coussins épars sur le sol, était un sous-lieutenant du 15º léger, M. Kampff, aujourd'hui général de division.

Cependant le colonel Morris, à l'aile droite avec ses cinq cents chasseurs d'Afrique, soutenait audacieusement le choc de six mille cavaliers, qui, ralliés à quelque distance, avaient repris l'offensive. Au maréchal, qui lui envoya l'ordre de rallier, il fit répondre qu'en face d'un ennemi aussi nombreux un mouvement en arrière pourrait amener un désastre, tandis qu'il se faisait fort de repousser victorieusement ses attaques jusqu'au moment où quelques bataillons d'infanterie pourraient venir le dégager. Les chasseurs de l'intrépide colonel Morris font des prodiges; groupés en pelotons, ils pénétrent la masse compacte de l'ennemi, et s'y maintiennent comme autant de citadelles vivantes ; mais les lames les mieux trempées finissent par s'ébrécher, et les bras les plus énergiques par tomber de lassitude. Le général Bedeau fit cesser cette lutte inégale en détachant de sa brigade trois bataillons qui dégagèrent nos braves cavaliers. Cependant beaucoup de Marocains étaient honteux d'avoir été battus à si plate couture ; quantité d'entre eux se réunirent sur la rive gauche de l'Isly, près de l'endroit où nous avions attaqué, et tentèrent de rentrer de vive force dans leurs camps. Les spahis, appuyés par le quatrième échelon de cavalerie qui n'avait pas encore donné, les chargèrent impétueusement, pendant que l'artillerie les mitraillait. Quatre bataillons accourus avec le colonel Pélissier n'eurent pas même le temps de tirer un coup de fusil ; les Marocains étaient déjà en pleine déroute. Telle fut leur panique, qu'on ne put les reformer le lendemain de la bataille qu'à douze lieues de l'oued Isly, et encore ils reçurent nombre de coups de fusil de la part des Kabyles du Riff, qui, ne pouvant piller les Français victorieux, se rattrapaient sur les musulmans vaincus.

Muley-Mohammed, errant et fugitif, mourait de faim, quand il fut rencontré dans la campagne par un marabout ami de son père, qui lui dit philosophiquement : « Ce qui est arrivé, c'est Dieu qui l'a permis. Arrête-toi chez moi ; tu pourras au moins te désaltérer, toi et les gens de ta suite. »

Le 14 août au soir, le maréchal Bugeaud, ayant réuni les chefs de corps sous la tente du fils de l'empereur, leur offrit le thé et les gâteaux préparés le matin pour le prince vaincu.

Outre les quatorze pièces de canon qu'enlevèrent les spahis du colonel Yusuf, nos soldats s'emparèrent de dix-huit drapeaux et de tous les approvisionnements de l'armée ennemie. Nos pertes furent presque nulles. Nous eûmes à déplorer la mort, notamment, de quatre officiers de spahis. Les pertes des Marocains ne furent pas en proportion de l'échec subi ; huit cents morts sont assurément peu de chose pour une armée de soixante mille hommes. La bataille de l'Isly fut donc plus brillante que meurtrière.

La nouvelle de notre victoire foudroya l'empereur qui s'empressa de donner à son fils l'ordre d'arrêter à tout prix notre marche en avant ; il s'engageait à souscrire immédiatement aux conditions proposées avant la guerre. Muley-Mohammed délégua au maréchal Bugeaud deux caïds porteurs d'une lettre impériale. Ces deux fonctionnaires se présentèrent à M. Léon Roches, chargé de traiter en campagne de toutes les affaires arabes ; il les introduisit dans la tente du maréchal, quand celui-ci voulut bien les recevoir. « Où est la tente du khalifa du roi de France ? demanda l'un d'eux.

— Vous y êtes, répondit M. Roches. »

Ils avaient la plus grande peine du monde, en face de la simplicité de l'ameublement, à croire notre interprète.

Le maréchal entra, et traita immédiatement de la question de l'armistice. A la fin de l'audience, M. Léon Roches, avec l'assentiment des chefs marocains, exprima au maréchal l'étonnement que ceux-ci avaient éprouvé en voyant la simplicité de sa tente.

Le maréchal répondit :

« Dites à votre prince qu'il ne doit pas concevoir de honte de .a perte de la bataille, car lui, jeune, inexpérimenté, n'ayant jamais fait la guerre, avait pour adversaire un vieux soldat blanchi dans les combats. Dites-lui qu'à la guerre il faut toujours prévoir une défaite et par conséquent ne jamais s'embarrasser d'objets de luxe et de bien-être qui peuvent servir de trophées à l'ennemi vainqueur.

» Si le prince Mohammed s'était emparé de mon camp, il n'aurait pu se flatter d'avoir pris la tente d'un khalifa du roi des Français.

» Que mon expérience lui serve. »

Les consequences de la bataille d'Isly furent à peu près nulles ; une belle page de plus dans nos annales militaires, un vain titre héraldique pour celui qui avait remporté la victoire, et une délimitation défectueuse de nos frontières, délimitation dont nous souffrons cruellement depuis l'insurrection à peu près permanente des Ouled-Sidi-Cheik, voilà ce que valurent à la France les héroïques efforts de nos armées de terre et de mer. Et Abd-el-Kader continuant à retirer du Maroc des secours de toute espèce put encore lutter trois ans contre la France.

L'émir avait assisté à la bataille du haut des premiers contre-forts du massif des Beni-Snassen, dont les contingents, avec ceux des montagnards du Riff, attendaient l'issue de la lutte pour se ruer sur le chrétien s'il eût été vaincu. Il faut bien comprendre les deux sentiments opposés qui s'étaient fait jour dans l'esprit de notre implacable ennemi. D'un côté, il désirait la défaite de l'armée française qui aurait donné, en Algérie, le signal d'une insurrection générale dont il avait préparé l'explosion et prévu les conséquences ; d'un autre côté, il lui eût été pénible de voir les Marocains s'installer à Oran. En outre il n'était pas fâché qu'une rude leçon fût infligée au prince qui avait refusé son concours et méprisé ses conseils. Ce jeune présomptueux lui avait en effet constamment fait répondre qu'il n'avait nul besoin de son aide et qu'il comptait, avec les vaillants contingents du Moghreb, anéantir ces Français auxquels lui, Abd-el-Kader, n'avait jamais pu résister.

L'intervention, malveillante comme toujours, de l'Angleterre, nous empêcha de recevoir aucune indemnité du Maroc pour les frais occasionnés par notre double expédition sur mer et sur terre. On prononça alors, pour la première fois, ces paroles stupides, consolations de nos guerres stériles :

« La France n'a pas besoin qu'on lui paie ses victoires. »

Le traité de Tanger, conclu le 10 septembre 1844, mit fin à la guerre de la France avec le Maroc. Nous n'analyserons pas ce traité, qui, réduit à sa plus simple expression et dégagé de toute phraséologie oiseuse, n'était autre chose qu'une déclaration faite par l'empereur du Maroc du désir qu'il éprouvait de ne plus être battu.

VII

Nos lecteurs connaissent la légende qui entoura le nom d'Abd-el-Kader (1) et l'éleva à la dignité de sultan, et nous avons décrit l'organisation militaire qu'il essaya plus tard d'opposer à la nôtre. Il est temps que nous fassions connaître d'une façon plus complète ce redoutable adversaire qui a résumé en lui toutes les forces que l'Algérie nous a opposées, qui a centuplé les difficultés du sol et du climat, l'énergie des Arabes, la force agonisante du fanatisme musulman, et qui s'est tellement élevé au-dessus de ses compatriotes que, lui debout, nous n'avons jamais été sûrs de rien en Afrique.

L'émir n'a pas été un grand homme, dans la rigoureuse acception du mot. Nous croyons surfaite la réputation de ce sauvage très intelligent mais à peine dégrossi.

Le conquérant suscite toujours dans le pays dont il veut s'emparer un homme en qui s'incarne la défense nationale, en qui se personnifie le sol envahi. César appelle Vercingétorix, Charlemagne Vitikind, le Prince-Noir Jeanne d'Arc, Suwarow Kosciusko. La France, abusée par la chimère d'un royaume arabe dont le souverain eût été un vassal, a singulièrement grandi Abd-el-Kader ; une première fois, lors du traité Desmichels, en l'aidant à vaincre les Douars et les Smalas, ses plus terribles ennemis, en

(1) Le serviteur du Tout-Puissant. Dieu a quatre-vingt-dix-neuf attributs : le puissant, le juste, le miséricordieux, etc., etc. Abd veut dire serviteur ; de là la quantité de noms arabes commençant par Abd.

lui livrant les Turcs et les Coulouglis qui avaient versé leur sang pour elle, et en lui donnant les moyens d'organiser, d'équiper et d'armer des corps de troupe réguliers ; une deuxième fois, par le traité de paix et d'alliance de la Tafna qui le reconnaissait en fait souverain incontesté d'un grand pays et assurait la domination de notre ennemi le plus acharné sur la moitié de l'Algérie.

C'est près de Mascara, dans la tribu des Hachems chez lesquels son père était marabout et desservait une zaouïa que prit naissance le pouvoir de celui qui devait nous disputer le sol algérien pendant quinze années (1).

M. Léon Roches, qui a vécu pendant quelque temps dans l'intimité d'Abd-el-Kader, trace de lui le portrait suivant :

« Je crus rêver quand je vis fixés sur moi ses beaux yeux bleus, bordés de longs cils noirs, brillant de cette humidité qui donne en même temps au regard tant d'éclat et de douceur... Son teint blanc a une pâleur mate ; son front est large et élevé. Des sourcils noirs, fins et bien arqués, surmontent les grands yeux bleus qui m'ont fasciné. Son nez est fin et légèrement aquilin, ses lèvres minces sans être pincées. Sa barbe noire et soyeuse encadre légèrement l'ovale de sa figure expressive. Un petit *ouchem* (tatouage) entre les deux sourcils fait ressortir la pureté de son front. Sa main, maigre et petite, est remarquablement blanche, des veines bleues la sillonnent ; ses doigts longs et effilés sont terminés par des ongles roses parfaitement taillés ; son pied, sur lequel il appuie presque toujours une

---

(1) La zaouïa (littéralement réduit ou ermitage) ; c'est une chapelle bâtie sur le tombeau d'un saint vénéré, et à laquelle sont généralement annexés des locaux servant d'écoles. Dans celles-ci, qui sont aux musulmans de vrais séminaires, un saint docteur enseigne la doctrine musulmane, un peu de grammaire, le petit bagage de la science arabe. La première femme de Mahi-Eddin, la mère de notre héros, se nommait Zohra ; Abd-el-Kader n'eut qu'une sœur du même lit, mariée plus tard à ce Mustapha-ben-Tahmi qui fut si joliment repoussé à Mazagran. En bon musulman, Sidi-Mahi-Eddin avait plusieurs femmes, dont il eut quatre fils ; ceux-ci restèrent marabouts et ne se mêlèrent jamais de politique.

de ses mains, ne leur cède ni en blancheur ni en distinction.

» Sa taille n'excède pas cinq pieds et quelques lignes, mais son système musculaire indique une grande vigueur. Quelques tours d'une petite corde en poil de chameau fixent autour de sa tête un haïk de laine fine et blanche ; une chemise en coton et par dessus une chemise en laine de même couleur, le haïk, qui après avoir fait le tour de la tête enveloppe le corps, et un burnous blanc recouvert d'un burnous brun, voilà tout son costume.

Et M. Léon Roches ajoute :

« Si un artiste voulait peindre un de ces moines inspirés du moyen-âge que leur ferveur entraînait sous l'étendard de la croix, il ne pourrait choisir un plus beau modèle. »

Ce portrait est peut-être trop flatté. L'émir poussait jusqu'à l'affectation la dignité et la noblesse de manières que l'on remarque chez les Arabes. Il est bon de remarquer que la manière dont ces derniers s'accostent entre eux et accostent les étrangers, est plus fière que celle des Français. Quand un Arabe voit à quelques pas de lui une personne qu'il connaît, il pose sa main droite sur son cœur en la regardant, puis lui touche légèrement la main, et chacun ensuite baise son propre pouce. Ces règles de la civilité puérile et honnête sont établies dans le Coran par ce fantasque législateur Mahomet, qui s'occupe de tant de minutieux détails :

« Lorsque deux musulmans se rencontrent, ils se touchent la main ; ce procédé doux et fraternel les délivre de leurs péchés qu'il fait tomber comme les feuilles sèches d'un arbre. »

Le comble du respect, pour l'Arabe, c'est de baiser le burnous ; ainsi fait-il à ses marabouts ou prêtres. Et ces formes de respect, il les observe scrupuleusement dans sa famille. Un fils, même marié, ne s'assied jamais devant son père ; il faut une invitation de celui-ci pour qu'il vienne manger à la même table.

En s'adressant à un chrétien ou à un juif, les fanatiques tronquent la formule orthodoxe du salut : *Que Dieu vous donne de nombreux saluts !* Ils prononcent cette formule de manière à dire : *Que Dieu vous inflige de nombreux désagrémens.*

Abd-el-Kader ne se piquait pas de luxe, et exagérait en cela les prescriptions du Coran qui interdit les riches habits aux musulmans. Il était vêtu comme un Arabe aisé, ni plus ni moins. Rentrant un jour d'expédition, au temps de sa splendeur, il vit s'approcher de lui sa femme, vêtue d'un beau caftan, et aperçut dans l'intérieur de la tente de riches tapis, des coussins et matelas recouverts d'étoffes de soie. Il s'écria : « Cette femme n'est pas ma femme ! Cette tente n'est pas ma tente ! Ma femme ne revêt que les étoffes qu'elle a tissées elle-même avec la laine de mes moutons, et mon père et moi n'avons jamais reposé sur la soie. »

Caftan, coussins et matelas disparurent aussitôt pour faire place aux haïks communs et aux nattes tressées avec de l'alfa ou des feuilles de palmier-nain.

Luxe, bien-être, confort, sont des choses qu'un Arabe admet difficilement. La tente dont Abd-el-Kader se servait habituellement ne différait guère que par les dimensions de celles de ses khalifas ou de ses soldats; elle se composait de bandes en laine mêlées de poils de chameaux, rejointes les unes aux autres par de fortes tresses et soutenues au-dessus du sol par des traverses ou des supports en bois. Cette habitation nomade, où se trouvaient des coffres remplis d'argent, avait environ trente pieds de long et onze de haut ; un rideau de laine la séparait en deux parties égales. Dans la partie du fond, était disposé un matelas très simple sur lequel l'émir dormait et faisait sa sieste. Pour tout ornement, elle contenait les quatre drapeaux de l'armée régulière et un tabouret recouvert en rouge, lui servant pour monter à cheval.

Les Arabes sont d'une malpropreté prodigieuse qui favorise à l'infini la multiplication de la vermine dans les habits, ils sont envahis par les poux, et tolèrent ces parasites avec une patience angélique. Abd-el-Kader tout le premier, dans les entretiens les plus graves, ramassait ses poux sur son haïk, les roulait dans ses doigts et les jetait sur ses tapis ou à terre. Il accablait de railleries les prisonniers qu'il voyait chasser la vermine dont ils étaient couverts. Quelquefois l'indigène, par trop infesté, se fâche contre ces insectes parasites; il allume alors un grand feu, ôte son burnous, et requiert l'assistance d'un ami pour l'étendre au-dessus de la flamme. Les petites bêtes, séduites par la chaleur, étendent leurs pattes pour se détirer à l'aise ; et le propriétaire du vêtement trop habité, par de petits coups de bâton appliqués doucement, les fait alors traîtreusement tomber dans la flamme. Les prisonniers français qui voyaient Abd-el-Kader manipuler ses poux ont remarqué que les fidèles nègres de sa garde particulière procédaient souvent ainsi avec les burnous et les haïks de l'émir.

Ses repas n'étaient pas des repas à la Lucullus. Le plus souvent, ils se composaient du vulgaire couscouss, aliment composé simplement avec de la farine de froment, même avec de la semoule et apprêté diversement.

A ce plat national arabe, quelquefois il ajoutait des galettes au beurre ou des fruits. Il ne buvait jamais que du petit lait ou de l'eau, et ne se permettait le café que dans de rares occasions. Il jeûnait une fois par semaine, et ne fumait jamais ; il proscrivait même le tabac à fumer, n'admettant que le tabac à priser. On conçoit qu'une pareille défense gênait singulièrement son entourage et ses réguliers, qui devaient attendre, pour fumer à leur aise, qu'il fût endormi.

Abd-el-Kader aimait beaucoup la diffa, c'est-à-dire l'hospitalité arabe comprenant la nourriture. La diffa est fournie comme témoignage de soumission. Les tribus au milieu desquelles passaient les armées indisciplinées de l'émir leur apportaient en maugréant d'innombrables plats de couscouss, des écuelles sans nombre remplies de ragoûts de toute sorte, des moutons rôtis en entier et embrochés dans des perches gigantesques. Chaque chef mangeait le premier et replaçant sur le plat les morceaux qu'il avait rongés à moitié, remettait le tout à son entourage qui mangeait de même ainsi que les serviteurs ; puis les plats étaient donnés aux nègres ; le même manège se répétait jusqu'aux Arabes du menu peuple, et les os étaient jetés aux chiens.

Contrairement aux usages musulmans, Abd-el-Kader, à cette époque, n'avait qu'une femme, Zohra, sa cousine germaine, dont il eut quatre enfants. Jamais, au temps de sa puissance, il ne se séparait d'elle ni de sa mère, qu'il adorait toutes deux, sans verser des larmes ; pendant son absence, ces deux modestes créatures tissaient de la laine pour confectionner ses vêtements et les leurs, absolument comme les femmes arabes de condition ordinaire.

Il avait pour les femmes, en général, une certaine considération et, sous ce rapport, n'était pas arabe. La situation de ces malheureuses ilotes dont nous avons déjà dépeint nous-même la triste condition, lui inspirait un respect mêlé de commisération. Quoique très orthodoxe, certaine maxime du Coran, qui autorise les musulmans à battre les femmes désobéissantes, ne lui convenait pas. Rigoureux sur le chapitre des mœurs, à la moindre plainte d'un père, il faisait d'autorité procéder au mariage par le cadi et en sa présence.

L'émir parlait sa langue nationale avec une rare pureté d'accent. Cela tenait évidemment à de longues lectures dans le Coran qui est bien réellement le prototype de la langue arabe et dont le texte est tellement invariable que la transposition d'une seule lettre par un copiste est considérée comme une véritable impiété. L'arabe parlé par les habitants de l'Afrique du Nord, Algériens, Marocains et Tunisiens, n'est pas plus l'idiôme du pays de la Mecque que le patois des paysans auvergnats n'est le français parlé en

Touraine ou en Anjou. Les mêmes objets reçoivent des appellations différentes à la Mecque, au Caire, à Tunis, à Oran ou à Fez. Evidemment, au fur et à mesure que les premiers conquérants arabes s'éloignaient du berceau de leur race, ils mêlaient à leur langage quelques termes de l'idiôme des peuples conquis, et peu à peu la prononciation de leur langue se modifiait par la nature des contrées dont ils prenaient possession.

En sa qualité de marabout lettré, Abd-el-Kader affectait de parler l'arabe pur du Coran ; on voyait, sous sa tente, grand ouvert, un *kamous* (1) ou dictionnaire arabe qu'il feuilletait souvent. Et pourtant ce lettré ne savait pas écrire (2).

Des secrétaires ou tolbas (pluriel de taleb, savant) écrivaient ses lettres ; en guise de signature, comme tout le monde, il apposait au bas l'empreinte de son cachet (3).

Les secrétaires d'Abd-el-Kader étaient au nombre de trois. Le premier d'entre eux, Mohammed-el-Kharroubi, ancien khodja (en turc secrétaire) du bey d'Oran, avait un esprit assez fin et servait d'instrument et peut-être d'espion à l'empereur du Maroc qui le payait grassement. Le deuxième, nommé Mohammed-ben-Abd-er-Rhaman, parent de la femme d'Abd-el-Kader, était un dangereux fanatique, hypocrite et capable de tout. Un vieillard, Mustapha-ben-

---

(1) Kamous, littéralement océan ; cette appellation est usitée par les Arabes pour figurer l'immensité de leur langue.

(2) La plupart des Arabes de grande tente, c'est-à-dire des Arabes de bonne famille, ne savent ni lire ni écrire. Abd-el-Kader ne se distinguait d'eux que parce qu'il savait lire.

(3) Le cachet d'un chef arabe porte généralement son nom et est enfermé dans un petit sachet en soie ou en drap, suspendu au cou par des cordons de soie, et dont il ne se sépare jamais. L'empreinte est imprimée au haut de la lettre quand c'est un supérieur qui écrit à un inférieur ; il est apposé au bas dans le cas contraire. Le cachet porte le nom du fonctionnaire et la nature de ses fonctions, et cette désignation est généralement précédée d'une formule religieuse tirée du Coran. Celui d'Abd-el-Kader portait les titres suivants : « Khalife de Dieu sur la terre, prince des croyants, inspecteur du trésor public, khalife de l'empereur du Maroc, guerrier combattant pour la cause de Dieu, qui fait triompher la religion. »

el-Aouni, peu doué sous le rapport de l'intelligence et incapable de pousser son maître à des mesures de violence, était le troisième.

Quelquefois un nègre, Ben-Abbou, qui par extraordinaire savait lire et écrire, servait de khodja. Ce fut même le dernier qui resta avec Abd-el-Kader ; El-Kharroubi l'ayant quitté après l'Isly, Ben Abd-er-Rhamau ayant été tué, et enfin le vieil Aouni étant tombé malade. Ce nègre, très avare, voleur et très rapace, servait aussi d'intendant à l'émir qui en avait un second, Ben-Fakha, nègre également, chargé des distributions de vivres.

Abd-el-Kader n'eut jamais que quatre khalifas vraiment sérieux, Mustapha-ben-Tahmi, khalifa de Mascara, son beau-frère et cousin, Mohammed-Bou-Hammidi, khalifa de Tlemcen, Mohammed-ben-Allal-ben-Si-Embarek, khalifa de Miliana, et Mohammed-el-Berkani, khalifa de Médéa. Ce fut Ben-Tahmi qui fit massacrer la déïra ; c'était un dangereux coquin. Ben-Allal, le plus célèbre de tous, d'une famille de marabouts de Coléah, mourut au combat de Kacheba (1). Les deux autres khalifas, Ben-Hammidi et El-Berkani jouèrent un rôle presque insignifiant.

Parmi les autres, nommons cependant Mohammed-ben-Mahi-Eddin, khalifa dans le Sébaou en Kabylie, qui se rallia à nous, et fut remplacé par le fameux Ahmed-ben-Salem, dont les coupeurs de route massacrèrent l'héroïque détachement du sergent Blandan ; Mohammed-el-Mokrani dans la Medjana et père du célèbre Mokrani qui fut tué en 1871, ne voulant pas reconnaître la République française ; Mohammed-S'rir-ben-Sidi-Okba, dans la région du Ziban, qui ne fut jamais qu'un khalifa *in partibus*. Le pays du Ziban était alors sous l'influence du fameux cheikh El-Arab (surnommé le serpent du désert), franchement rallié à nous après la prise de Constantine. Quand le khalifa d'Abd-el-Kader se présenta devant Biskra, avec un bataillon de régu-

(1) 11 novembre 1843.

liers et un millier de cavaliers irréguliers, le serpent du désert sortit de l'oasis avec ses fidèles Saharis, attaqua Sidi-Okba avec tant d'impétuosité, qu'il le mit complètement en déroute, détruisit le bataillon régulier auquel il prit deux petits canons, ainsi que trois drapeaux, et envoya cinq cents paires d'oreilles, en témoignage de victoire, au général Galbois, commandant la province de Constantine.

Les khalifas avaient sous leurs ordres des aghas qui, eux-mêmes, étaient les supérieurs des caïds ; chaque caïd commandait à une tribu, et chaque tribu se subdivisait en fractions obéissant à des cheikhs (vieillards).

Tous ces secrétaires et ces khalifas, pris en masse, formaient autour d'Abd-el-Kader un entourage exécré par les Arabes, qui disaient communément : « Le sultan, c'est le paradis ; son entourage, c'est l'enfer. » — En dehors des sévères prescriptions de sa religion, l'émir a toujours subi la néfaste influence de ces quelques personnages durs et vindicatifs, qui le volaient audacieusement sans qu'il osât trop protester. Le plus rapace et le plus dangereux, était certainement le fameux Ben-Allal Ben-Si-Embarek.

Avec de pareils hommes il était difficile à l'émir de pouvoir se départir des habitudes de sauvagerie et de férocité innées chez les Arabes. Après une affaire contre une tribu de ces malheureux Coulouglis que la diplomatie aveugle des généraux Desmichels et Bugeaud livrèrent à ses coups, il fit paraître devant lui dix-huit prisonniers que ses soldats avaient dépouillés complètement et dont la nudité n'était cachée que par quelques haillons couverts du sang qui découlait de leurs blessures. Les malheureux savaient d'avance leur sort ; d'un Arabe, un Turc ou fils de Turc n'avait à espérer ni clémence ni justice. Abd-el-Kader, les yeux baissés, égrenait son chapelet avec vivacité ; un morne silence permettait d'entendre le claquement des dents d'un vieillard blessé grelottant de froid.

A la fin l'émir leva la tête, et regardant les prisonniers avec son œil bleu plein de dureté :

« Vous vous êtes révoltés contre la loi de Dieu, dit-il ; vous avez été pris les armes à la main, la loi de Dieu vous condamne à mourir.

» — Ne profane pas ainsi la loi de Dieu, répondit le caïd de la tribu vaincue ; tu n'as pas consulté la loi de Dieu lorsque tu emprisonnais nos frères de Tlemcen, tu ne l'as pas consultée lorsque, après nous avoir donné l'aman, tu lançais contre nous toute ton armée. Tu peux nous faire frapper par tes chaouchs, la mort est cent fois préférable à la honte de t'être soumis. »

Et ces paroles d'un Turc à un Arabe étaient prononcées d'un ton si méprisant, que les traits d'Abd-el-Kader se contractèrent hideusement ; la haine, la haine effroyable leur imprima un cachet de férocité inouïe, ses yeux devinrent des yeux de tigre, ses lèvres blanchirent. Ce n'était plus là le doux Abd-el-Kader, le souverain magnanime et clément comme le présentaient quelques récits par trop naïfs de l'époque ; c'était une bête fauve altérée de sang. Il fit signe à ses chaouchs de saisir le courageux caïd ; celui-ci, en récitant d'une voix assurée la profession de foi musulmane, se mit de lui-même à genoux, tendant la tête qui fut tranchée d'un seul coup et alla rouler aux pieds des bourreaux. La vengeance de l'émir n'était pas assez satisfaite, il fixa sur le groupe des prisonniers ses yeux injectés de sang ; les chaouchs comprirent, une deuxième, une troisième tête roulèrent à côté de la première. Cette scène d'une cruauté sauvage continuant, les quinze prisonniers qui survivaient et dont les visages n'annonçaient ni crainte ni douleur malgré cet horrible spectacle, se préparaient à mourir. Les chaouchs venaient de faire agenouiller devant eux un vieillard presque mort de froid et allaient l'exécuter, lorsque une troupe de petits enfants se précipita sous la tente ; une petite fille s'empara des mains d'Abd-el-Kader et les couvrit de baisers et de larmes. « Au nom de ta mère, au nom de la mémoire de ton père, au nom de tes enfants, pardonne à mon père ! » sanglotait la pauvre enfant.

L'étonnement, sinon l'émotion, se peignit sur le visage de l'émir, sa physionomie reprit cet aspect de douceur qui trompait tant de gens, le tigre fit place au marabout. Il baisa l'enfant sur le front et les quinze prisonniers furent emmenés. Il égrenait son chapelet d'un air placide, quelques minutes après, pendant que ses nègres fidèles nettoyaient à grande eau le sol de la tente, couvert de sang.

Les pauvres Coulouglis eurent ainsi d'abord la vie sauve ; mais, traînés de prison en prison, ils moururent de misère un à un.

Un caïd français des Oued-Souhid, dans la vallée du Chéliff, se signala par un acte de dévouement admirable. Un des lieutenants de l'émir, Ben-Klifa, sorti du Dahra, était tombé sur la tribu à l'improviste, et, suivi de quelques cavaliers, s'était avancé droit à la tente du caïd, le sommant, le pistolet au poing, de forcer les siens à se rendre sans bruit pour ne pas attirer l'attention d'une petite colonne campée dans le voisinage sous les ordres du commandant Canrobert. L'intrépide chef indigène crie au contraire de toutes ses forces : Aux armes ! Les Ouled-Souhid engagèrent aussitôt le combat pendant que le d'Assas arabe mourait criblé de coups, et le bruit de la fusillade amena immédiatement nos soldats.

« Jamais, dit amèrement Abd-el-Kader, un de mes caïds ne se dévouera ainsi à ma cause. »

Les grands chefs arabes, toujours fiers de leur origine aristocratique, méprisaient tout bas ce marabout, fils de marabout, cet homme de peu de naissance qui prétendait les commander ; ils marchaient avec lui en haine de la France, sans avoir pour leur maître ni affection ni respect. Quant aux tribus, elles ne l'aimaient guère à cause de sa cruauté et de sa dureté qui le portait à ruiner celles au milieu desquelles il passait avec son embryon d'armée. Lorsqu'il paraissait sur leur territoire, si le cheval de gada (1)

(1) Le cheval de gada est celui qui est conduit devant quelqu'un, soit en signe de soumission, soit en signe de vasselage.

ou si la diffa, sous la forme d'innombrables plats de couscouss ou d'un troupeau de moutons cuits à la broche, se faisaient attendre, le châtiment était immédiat. Mais malheur, trois fois malheur à la tribu chez laquelle Abd-el-Kader arrivait, si elle avait fait acte de soumission à la France. Pour celle-là, il se montrait sans pitié ; la razzia était complète, les têtes roulaient, après quoi on mettait les femmes, les enfants, les hommes survivants à nu et on chassait le misérable troupeau dans la direction de nos colonnes, en disant : « Allez, fils du péché, allez retrouver les Français. »

Un peu avant la prise de la Smala, Abd-el-Kader étant venu chez les Attafs, qui nous avaient donné de nombreux témoignages de fidélité, en fit un massacre général. Il épargna le caïd, voulant le faire servir à une scène dramatique par laquelle il espérait impressionner ses partisans de moins en moins nombreux, et augmenter la terreur qu'il inspirait à ceux qui se détachaient de lui. Il simula une sorte de conseil de guerre où figuraient ses khalifas, ses secrétaires et même deux de ses nègres et fit comparaître le malheureux caïd devant ce tribunal improvisé dont il s'était nommé président. Notre allié fut condamné à mort à l'unanimité et exécuté séance tenante, en présence de sa femme et de ses enfants, préalablement dépouillés de tous leurs vêtements.

La prise de la Smala devait venger à bref délai cette abominable comédie.

Le massacre de nos prisonniers, plus connu sous le nom de massacre de la déïra, a été une atroce infamie qui déshonorera éternellement le nom de cet homme, sur la poitrine duquel nous avons depuis fixé la plaque de grand-officier de la Légion d'honneur. Abd-el-Kader a essayé, après sa reddition, de rejeter tout l'odieux de cet assassinat sur Mustapha-ben-Tahmi, son âme damnée, son cousin et beau-frère ; mais il n'est pas permis de conserver le moindre doute quand on connaît les récits véridiques des deux ou trois prisonniers français échappés au massacre. Et puis, il inspirait à ses lieutenants, sans exception, une terreur si profonde, qu'aucun d'eux n'eût osé prendre sur lui la responsabilité d'une pareille mesure ; avec lui, on n'était jamais absolument sûr, même dans sa propre famille, d'avoir le lendemain la tête sur les épaules.

Rappelons aussi qu'à l'époque du massacre la culpabilité de l'émir ne fut point mise en doute, et cette opinion persista jusqu'au moment où le prince Napoléon, président de la République, le cerveau déjà hanté par sa chimère du royaume arabe pour un membre de sa famille, ouvrit à Abd-el-Kader les portes de sa prison d'Amboise, et le laissa se fixer à Brousse, avec une rente de cent mille francs payée trop généreusement par la France.

Le crime de la déïra fut précédé d'une sorte de proclamation. Dans le désir de réveiller le fanatisme expirant des tribus, l'émir aux abois y affirmait que les prisonniers arabes avaient tous été égorgés à Toulon, et qu'en conséquence les fidèles musulmans avaient un devoir de vengeance à remplir.

Menteur, il était en outre d'une perfidie inouïe. Après son triomphe de Sidi-Brahim, où il détruisit le 8° bataillon de chasseurs à pied et un escadron de hussards, il réussit à amener la défection des Ouled-Ghossel ralliés à la France. Sur ses instigations le caïd de cette tribu, et pendant même qu'elle préparait son départ, vint trouver le colonel Gagnon du 2° hussards, commandant la subdivision de Tlemcen en l'absence du général Cavaignac. Tout en lui faisant mille protestations de fidélité à notre cause il lui exposa qu'Abd-el-Kader cherchait à le séduire par des propositions plus brillantes les unes que les autres, et finalement demanda deux escadrons de hussards pour empêcher quelques meneurs fanatiques d'entraîner les Ouled-Ghossel dans la déïra de l'émir. Son autorité menacée serait ainsi rétablie. Ce n'était, ajoutait-il, que l'affaire d'un jour ou deux, après lesquels nos escadrons pourraient rentrer à Tlemcen.

Le brave colonel Gagnon avait suivi exclusivement en France sa carrière militaire et connaissait peu les Arabes ; il charge son lieutenant-colonel, M. de Tremblay, de conduire les deux escadrons chez les Ouled-Ghossel. Fort étonné, celui-ci demanda des explications, et, mis au courant de la question, il dit hardiment que lui, vieux soldat d'Afrique, n'ajouterait pas foi aux protestations des Arabes ; bref, il fut si pressant que le caïd fut renvoyé avec un refus.

Les Ouled-Ghossel attendant le retour de leur caïd avaient préparé une embuscade qu'Abd-el-Kader vint visiter personnellement. Les traîtres en furent quittes pour une nuit blanche passée dans les ravins.

Vers la même époque, l'émir tenta de faire assassiner le général Cavaignac. Ayant gagné plusieurs aghas et caïds de la grande tribu des Angades, ces misérables, payés par nous, consentirent à se faire assassins avant de faire défection complète et se distribuèrent les rôles. Cavaignac avait l'habitude de marcher en tête de la colonne avec son état-major ; les chefs indigènes du pays qu'il traversait marchaient immédiatement derrière lui. Un de ceux-ci devait tuer le général, et les autres son aide de camp, son chef d'état-major, et le chef du bureau arabe. Heureusement que l'un de ces coquins, dans l'espoir d'en tirer bénéfice, vint tout raconter au général français, qui, sans rien perdre de son sang-froid, monta tranquillement à cheval ; avant d'arriver à l'endroit convenu, il fit signe aux chefs arabes de l'attendre pendant qu'il donnait des ordres au capitaine commandant la compagnie d'avant-garde, voltigeurs du 15ᵉ léger, qui le comprit à merveille, et força la marche tout en parlant à voix basse à ses sous-officiers. Arrivé à la hauteur où l'assassinat devait avoir lieu, le capitaine fit ouvrir les rangs, et ses sous-officiers et soldats sautèrent à la gorge des traîtres, les renversèrent de cheval et les ficelèrent soigneusement avec leurs propres brimas (1).

(1) Corde en poil de chameau qui fait le tour du turban.

Ils furent envoyés en France, et on permit à l'un d'eux d'informer l'émir de l'insuccès de son odieuse perfidie.

VIII

Le prestige d'Abd-el-Kader fut dû à la réunion entre ses mains de la triple autorité religieuse, politique et militaire ; il était à la fois prophète, prince, général, législateur et bourreau. En plus, comme Pierre Ier (1), il était à la fois grand et trivial et savait redescendre momentanément au derniers degrés de la hiérarchie sociale. Ce que la fondation des établissements militaires de Boghar, Thaza et Tegdempt, où, dans des massifs montagneux qu'il croyait inaccessibles aux Français, il enferma ses trésors, ses arsenaux, ses fabriques, coûta à l'émir de persévérance et d'efforts personnels, est vraiment inimaginable. Cet homme se fit terrassier et maçon, pour donner l'exemple à la masse des sauvages qu'il savait conduire à la bataille.

Il avait à peu près soumis à son autorité la région des Hauts-Plateaux et le Sah'ra des deux provinces d'Oran et d'Alger, pays stérile en céréales et mal pourvu d'eau. Une seule ville l'offusquait dans le Sah'ra, la petite ville d'Aïn-Mahdi, au sud de Mascara, au sud-ouest de Laghouat, où commandait un marabout vénéré, un mulâtre appelé Mohammed-el-Tedjini. Ce personnage, dont un frère avait été emprisonné et l'oncle mis à mort par l'ordre d'un ancien bey turc d'Oran, se méfiait de tout souverain temporel, et avait juré de ne reconnaître l'autorité d'aucun d'eux. L'oasis d'Aïn-Mahdi était donc un centre de résistance pour Abd-el-Kader, qui ne voyait en Tedjini qu'un ambitieux voulant, grâce à son influence religieuse et à ses

(1) Pierre Ier dit le grand, empereur de Russie.

richesses, devenir le maître du désert ; or l'orgueilleux émir avait pour principe qu'il faut étouffer un rival avant de le laisser avoir conscience de sa force matérielle ou morale. Il lui parut donc urgent d'occuper Aïn-Mahdi afin d'y déposer ses trésors et son matériel de guerre, car il était loin d'avoir confiance en l'inexpugnabilité de Tegdempt et de Boghar ; de plus, les Français venaient de prendre d'assaut Constantine jusque là inviolée. Aïn-Mahdi aussi passait pour imprenable, et comme les Arabes n'avaient jamais pu s'emparer de la moindre bicoque ni du plus petit ksar du désert, Abd-el-Kader chercha, dans la conquête de cette oasis, la gloire des armes pour ne pas paraître au-dessous de ces Français abhorrés qu'il se proposait d'expulser de l'Algérie.

L'oasis entière d'Aïn-Mahdi, entretenue par des puits d'eau assez potable, était isolée du Sah'ra par une muraille en terre cuite au soleil formant une première enceinte ; en arrière plusieurs murs intérieurs, hauts de vingt ou trente pieds, formaient des réduits ou compartiments irréguliers qui pouvaient être défendus séparément. La ville proprement dite, comprenant de trois à quatre cents maisons, et peuplée de huit cents habitants à cette date, était bâtie sur un rocher au centre des jardins et défendue par une muraille haute de vingt-cinq pieds, en pierre de taille enduite de béton, large de trois mètres, avec parapet servant de chemin de ronde. Des tours carrées, au nombre de douze, flanquaient cette muraille, et battaient par des meurtrières le pied du mur, ainsi que deux fortins en dehors Les deux portes de cette forteresse, avec battants doublés de lames de fer, étaient masquées par des ouvrages extérieurs.

Un Tunisien, du nom de Mahmoud, avait construit, au commencement du siècle, cette forteresse inexpugnable pour des Arabes à l'époque où Aïn-Mahdi venait de repousser les assauts du bey turc d'Oran, Mohammed-el-Kébir, et s'attendait à un retour offensif.

C'est devant un pareil ensemble de fortifications que se présenta Abd-el-Kader ; l'armée régulière qu'il commandait était composée de six petits escadrons de khiélas ou cavaliers rouges comptant quatre cents hommes, de six petits bataillons réguliers formant au plus quatorze ou quinze cents fantassins, et d'un bataillon de Coulouglis de trois cents hommes. Ces derniers, dont l'émir avait emprisonné les femmes et les enfants, se battaient avec rage et désespoir pour ce maître abhorré.

Son artillerie comprenait deux obusiers de montagne servis par vingt-quatre artilleurs. Le reste de l'armée était un rassemblement confus, produit de la levée en masse des tribus arabes de la province d'Oran.

L'émir s'était flatté un moment qu'Aïn-Mahdi lui ouvrirait ses portes le jour où il paraîtrait devant la place. Mais cinq ou six cents nomades, qui étaient accourus au secours de leur marabout, accueillirent à coups de fusil les éclaireurs de son armée. Il envoya aussitôt à Mascara l'ordre de lui expédier l'artillerie nécessaire, et reçut alors huit vieilles pièces espagnoles ; puis il organisa un service de convois pour être ravitaillé en vivres et en munitions, et commença un siège régulier.

Après avoir battu en brèche le mur extérieur de l'oasis, pointant lui-même les canons, il lança à l'assaut quatre petites colonnes d'infanterie ; trois d'entre elles étaient destinées à faire diversion, et le bataillon qui avait la mission dangereuse de pénétrer dans les jardins était naturellement le pauvre bataillon des Coulouglis de Tlemcen, menacés à l'avance d'être fusillés s'ils reculaient. Le mur extérieur fut assez facilement emporté, mais la ville restait et les assiégeants vinrent échouer contre des murailles infranchissables auxquelles les canons ne purent faire brèche malgré huit cents boulets envoyés par une grossière batterie élevée dans les jardins.

Abd-el-Kader avait perdu quatre-vingts hommes tués et près de deux cents blessés dès le premier jour ; les assiégés entamèrent une série de sorties nocturnes qui finirent par décimer ses troupes. Il se retira alors en dehors de l'oasis, mais comme il sentait que l'accroissement ou le déclin de sa fortune allait dépendre de l'issue de l'entreprise, il s'obstina à rester sous Aïn-Mahdi. Il tenta deux assauts par surprise, puis, voyant que ses ressources s'épuisaient, il songea à établir des mines pour ouvrir ces remparts qui résistaient à sa trop faible artillerie.

Aidé d'un sergent hongrois, déserteur de la légion étrangère, M. Léon Roches, dont nous avons si souvent prononcé le nom et qui depuis la paix s'était attaché à Abd-el-Kader, se mit à pratiquer des mines ; mais il ignorait que les habitants des Ksours ont souvent recours à ce moyen d'attaque, et puis dans la place se trouvait un renégat, déserteur du génie très habile. L'émir fut donc contreminé, et apprit un beau matin avec étonnement que les assiégés avaient fait irruption dans un de ses ouvrages d'où ils ne furent délogés qu'après un combat acharné.

L'empereur du Maroc envoya quatre mortiers approvisionnés à cinq cents bombes, et le maréchal Valée, chose triste à dire, fournit quatre cents obus chargés. On bombarda la ville pendant trois jours, mais la bombe était impuissante contre les murs en terre cuite au soleil des maisons d'Aïn-Mahdi. Le siège menaçait d'être aussi long que celui de Troie.

Les assiégés cependant vivaient dans l'angoisse ; une explosion toujours menaçante leur faisait désirer une capitulation. Après six mois de siège, Tedjini évacua momentanément la ville, et Abd-el-Kader dut se contenter d'une victoire stérile, après avoir usé des ressources dont il aurait dû se montrer plus économe. Après un séjour d'un mois à Aïn-Mahdi, il en sortit pendant que Tedjini, ainsi qu'il était stipulé dans la capitulation, y rentrait par la porte opposée.

Avec leur imagination fertile, les Arabes commentèrent le siège d'Aïn-Mahdi, qui tourna bien vite au roman. L'orgueil de l'émir fut ainsi satisfait. C'est alors qu'il passa le Chéliff, fit une pointe sur Bougie, et montra qu'il était prêt à rompre le traité de la Tafna.

Nous avons montré dans Abd-el-Kader l'homme privé, le soldat, le général ; il nous reste à dire ce qu'était le législateur, l'homme politique.

Comme il connaissait la piété des Arabes, piété réelle quoique de nos jours elle soit fortement teintée d'hypocrisie, il avait constamment entre les mains, pour le seconder, le levier de la loi religieuse. Il voulait être à la fois l'homme le plus capable, le plus brave et le plus pieux de l'Algérie. Il se montrait d'une exactitude scrupuleuse dans l'accomplissement de ses devoirs religieux ; tous les vendredis, au temps de sa puissance, quand il possédait encore des villes, il se rendait solennellement à la mosquée, escorté de huit chaouchs en tête desquels marchait un caïd. Le peuple l'attendait à sa porte et le suivait respectueusement ; à la mosquée, après avoir prié comme fidèle, il enseignait comme prêtre, ayant soin, bien entendu, d'accommoder ses prédictions avec ses intérêts politiques et selon les nécessités du moment. Par un temps de grande sécheresse, il sortit un jour dans la campagne, la tête et les pieds nus, récitant des prières pour demander la pluie, et il voulut que les Juifs, précédés de leur rabbin, joignissent leurs supplications à celles des Musulmans.

Cependant Abd-el-Kader, en vrai Arabe, méprisait profondément les Juifs. « Un juif, disait-il, est à peine au-dessus de l'idolâtre, qui lui-même est à peine au-dessus du porc. » Mais il les tolérait au milieu des siens parce qu'ils pratiquaient le négoce qui répugne aux indigènes, et parce que, ayant presque tous un état et ne s'épargnant pas au travail, ils se rendaient ainsi utiles et même indispensables. Dans la société arabe, telle que prétendit la constituer l'émir, la condition des Juifs était aussi précaire qu'abjecte ; ils n'étaient pas esclaves, en ce sens qu'ils n'appartenaient pas à un homme et que leur personne n'était pas l'objet d'un trafic ; mais les Arabes les regardaient comme des êtres d'une nature infiniment inférieure à la leur. Ils les maltraitaient, les accablaient de toutes les marques de mépris, se posaient auprès d'eux comme de méchants maîtres vis-à-vis de leurs valets, et cherchaient, par les moyens les plus cruels, à leur extorquer leur argent et leurs marchandises.

Dès qu'il fut proclamé sultan par les tribus des environs de Mascara, en 1832, Abd-el-Kader, pour se procurer des ressources, frappa les Juifs d'une grosse contribution.

Ne serait-ce pas un sujet bien digne d'occuper l'attention du philosophe et du législateur que celui de la condition du peuple juif dans les sociétés musulmanes ?

Au Maroc, et dans les autres pays mahométans, les Juifs sont rejetés de l'enceinte des villes maures, ne peuvent y pénétrer la nuit, et sont, pendant ce temps, parqués dans un faubourg formant la ville juive.

Jadis, les chrétiens, aussi bien que les musulmans, montraient à leur égard une défiance qui les tenait dans une infâme abjection. Aujourd'hui, nos civilisations tendent à la fraternité universelle ; reste à savoir de quelle façon les Juifs suivent le mouvement ; en Algérie, depuis leur émancipation en 1870 (1), ils sont tombés dans le vertige de l'orgueil, et il est à croire que bientôt ils réclameront l'indépendance de la colonie, dont ils prétendront faire un nouveau royaume de Juda.

Le mépris que les Arabes témoignent pour le commerce n'a pas existé de tout temps ; Mahomet ne fut autre chose, dans sa jeunesse, qu'un négociant, chargé de la surveillance des caravanes de Khadidja, la veuve qu'il épousa plus tard, et il dit dans le Coran :

(1) **En Algérie**, nous avons émancipé les juifs en 1870 ; un vieillard qui n'avait jamais mis les pieds dans le pays, M. Crémieux, leur donna brusquement les droits de citoyens français, alors qu'ils n'avaient jamais, comme les Arabes, versé pour nous la plus petite goutte de sang. Les juifs algériens sont très au-dessous de nous dans l'échelle de la civilisation ; mais ils sont devenus ainsi électeurs et détiennent entre leurs mains la fortune publique.

« La mendicité doit être la dernière ressource de l'homme... Le commerçant droit et juste est au rang des âmes les plus élevées par la piété... Le travail garantit l'homme de la pauvreté. »

Les Arabes commerçaient en Algérie il y a quelques siècles ; mais l'arrivée des Juifs détruisit chez eux tout esprit mercantile. Ils furent découragés par la concurrence de ces gens humbles, lâches même, dont le caractère et les aptitudes étaient tournés vers le négoce de la façon la plus exclusive.

Peut-être est-ce au mépris inconscient des Arabes pour le commerce et le travail qu'il faut attribuer la haine méprisante d'Abd-el-Kader pour les Kabyles ; à ce motif, ajoutons toutefois la rancune d'un homme que ces rudes montagnards n'avaient jamais voulu reconnaître comme commandeur des croyants, et d'un marabout fanatique qui leur reprochait la tiédeur de leurs croyances religieuses.

« Ces fils du démon, s'écriait-il en rentrant de son excursion aux environs de Bougie, ont été enveloppés par la parole du prophète, mais ils me semblent les serviteurs du lapidé (de Satan). Ils ont soif de richesses, mais ne les demanderont jamais au courage ; comme les Juifs, ils s'en vont courir le pays arabe, forçant leurs bras à travailler, dans l'unique but de ramasser de l'argent. Chez ces sauvages, la femme ne porte pas de voile sur le visage, et l'autorité est dans la bouche de tous. »

L'émir interrogeait tous les Français qu'il pouvait rencontrer sur les pratiques et le fond de la religion chrétienne ; il se faisait expliquer dans le moindre détail et ses bases et ses coutumes. Il ne pouvait savoir grand'chose des déserteurs de la légion étrangère, et se répandait alors en imprécations contre notre incroyance. Malheur aux personnes de son entourage qui n'imitaient pas son exemple au moment de la prière, et ne se prosternaient pas la face tournée vers la sainte kâaba (1). La prière arabe en plein

(1) La construction de la Kâaba, ou temple de la Mecque, est attribuée par les musulmans à Abraham

air ne manque pas d'un certain caractère de grandeur. Point de fausse honte ; l'Arabe affectera plutôt la piété. Aux heures canoniques, il s'agenouillera, chaque jour, le front tourné vers la Mecque, en quelque endroit qu'il se trouve, et, après avoir adressé à Dieu son invocation et levé les bras au ciel, il se baissera jusqu'à terre. Tel est le début de la prière musulmane ; le croyant se redresse ensuite, la tête inclinée, se prosterne encore. Une troisième fois il se redresse, mais seulement sur les genoux et, se prosternant de nouveau, murmure des formules religieuses, et, enfin, se relève définitivement.

C'est cinq fois par jour que l'Arabe prie ainsi, car le Coran prescrit ces prières obligatoires ; à l'aurore (*el Fedjr*), à une heure après midi (*el Douhr*), vers quatre heures (*el Aâsser*), au coucher du soleil (*el Moghreb*), et deux heures après sa disparition (*el Acha*). La prière n'étant valable, d'après le Coran, que si l'on est en état de pureté, il prescrit des ablutions, en ayant soin de spécifier que là où il n'y a pas d'eau, le croyant pourra les remplacer par l'imposition des mains sur la terre ou le sable.

Lorsque la prière se fait en commun, les paroles sacrées sont récitées par le prêtre ou imam. Dans son camp, Abd-el-Kader prêchait d'exemple et récitait les prières devant ses khalifas, secrétaires ou nègres.

Il était particulièrement sévère pour l'observation du jeûne arabe.

Le Ramadan (en arabe *Reumdan*), carême des musulmans, est autrement rigoureux que celui des chrétiens, à la condition, bien entendu, de l'observer selon la règle établie par le Coran. Mahomet a prescrit le jeûne pendant toute la lune du Ramadan parce que c'est dans ce mois que le Coran est descendu du ciel.

Tout musulman, à partir de l'âge de puberté, doit jeûner depuis l'heure où l'on peut distinguer un fil noir d'un fil blanc jusqu'au coucher du soleil. Le jeûne ne consiste pas seulement à s'abstenir de tout aliment solide et liquide ; il consiste aussi à se priver de fumer, de priser, d'aspirer des parfums, etc.

Après le coucher du soleil, les Arabes les plus fervents se jettent sur les aliments avec une voracité extrême. Puis ils fument, ils prisent, et se livrent généralement à l'orgie. Ils se dédommagent largement la nuit, quand leur bourse le permet. des ennuis du jour ; les musulmans aisés, même ceux qui affectent les allures les plus austères, font de la nuit le jour, et du jour la nuit, de sorte qu'un mois de carême qui devrait être pour eux un temps de pénitence devient une époque de réjouissances. Le dernier repas de la nuit est le Sohor, et au moment où le jour arrive, il est d'usage de se rincer la bouche, de faire ses ablutions, puis ses prières, après quoi chacun se couche. Le nombre des musulmans qui, à l'heure matinale du jour, ont la vue faible au point de ne pouvoir distinguer un fil blanc d'un fil noir, est incroyable pendant le Ramadan et augmente de jour en jour.

Les pauvres hères, qui travaillent de leurs mains et n'ont pas les moyens de festoyer du soir au matin, accomplissent le Ramadan dans toute sa rigueur. L'année musulmane ou année lunaire ne comptant que onze mois, le Ramadan arrive à toutes les époques de l'année ; en été il est intolérable à cause de la soif. Il est permis alors aux voyageurs et aux moissonneurs de boire et même de manger. Mais dans ce cas, ils contractent une dette ; ils doivent, au cours de l'année, jeûner le nombre de jours pendant lesquels ils ont été contraints de manquer aux prescriptions du Coran.

L'entrée en Ramandan coïncide avec l'apparition de la nouvelle lune ; les uns la voient, les autres ne la voient pas, et la chose est tranchée en dernier ressort par le cadi ou un de ses assesseurs Pour faciliter aux musulmans la perception d'un fil noir d'avec un fil blanc, l'autorité militaire, en Algérie, fait tirer chaque soir dans les places de guerre un coup de canon, afin d'indiquer l'heure de la rupture du jeûne, et les soirs bien longs d'été, un formidable cri de soulagement accompagne la détonation.

Ceux qui approchaient de l'émir ont pu le voir sans armes ; ils ne l'ont jamais vu sans chapelet. Le chapelet (*sebha*) est porté au cou par les marabouts ; il a toujours quatre-vingt-dix-neuf grains. Après les cinq prières obligatoires, tout Arabe est tenu de dire son chapelet de la manière suivante : il le divise en trois parties égales de trente-trois grains chacune, et il répète trente-trois fois chacune des formules suivantes : *Dieu soit glorifié, Louange à Dieu* et *Dieu est le plus grand.*

Abd-el-Kader était superstitieux comme un enfant. On lui a entendu souvent réciter, entre autres un jour qu'un juif s'était présenté inopinément à lui, la formule orthodoxe d'exorcisme, telle qu'elle est donnée par le Coran :

« Je mets ma confiance dans le maître des hommes, roi des hommes, dieu des hommes, contre la malignité du perfide souffleur qui souffle dans le cœur des hommes, et contre la malignité des génies et des hommes.

» J'ai recours au maître du malin contre la malignité des êtres qu'il a créés, contre la malignité de la lune amie des ténèbres, contre la malignité des femmes qui font des vœux en soufflant, et contre la malignité de l'envieux quand il veut nuire. »

Comme tous les Arabes, il admettait des bons et des mauvais présages. Jamais il ne se serait mis en voyage sous une influence de mauvais augure, comme par exemple lorsque, au sortir de sa tente, il rencontrait un homme nu ou même demi-nu, ou qu'il entendait croasser un corbeau, ou qu'il croisait une vieille femme ou un aveugle.

Chez lui, tout se faisait au nom de Dieu. Le règlement très sommaire et très barbare qu'il donna à ses troupes régulières n'était autre chose qu'un catéchisme militaire, tant le Coran y était invoqué de fois. Les chapitres de ce règlement étaient précédés et suivis de commentaires théologiques ou de prières. Il n'écrivait jamais aux tribus qu'en s'appuyant sur un texte sacré. Pour que nous ayons pu abattre cet homme, la foi musulmane devait être singulièrement affaiblie. Même sur la misérable monnaie de cuivre (*fels*) frappée par lui, on lisait : *La religion aimée de Dieu est l'islamisme,* et sur les piécettes d'argent (*mouzounas*) : *Je remets tout à Dieu ; car il est le meilleur des oukils (chargés d'affaires).*

Somme toute, l'histoire impartiale dira qu'Abd-el-Kader voulut régénérer la race arabe, réveiller la foi musulmane, et chasser l'envahisseur du sol sacré de l'islam. Nous avons signalé les faiblesses, les petites passions de cet homme. Assassin de nos soldats, bourreau des siens, il ne peut nous inspirer qu'une médiocre sympathie.

Le chef arabe, a-t-on dit emphatiquement, le chef arabe qui, pendant six ans, sans armée régulière, sans places fortes, sans dépôts, sans trésor, sans canons, a tenu tête aux meilleurs généraux français qui entouraient le maréchal Bugeaud, l'homme par excellence de la guerre d'Afrique, ne s'est-il pas montré supérieur à ses adversaires, disposant de tout, alors qu'il ne disposait de rien ?

Le lecteur jugera si cette opinion n'est pas profondément erronée.

Abd-el-Kader a combattu pour deux choses sacrées : la foi et la patrie ; mais il a combattu en vrai barbare, et n'est pas à comparer à l'illustre adversaire que lui a opposé la France conquérante, au glorieux Bugeaud.

DUC D'AUMALE

CHAPITRE VI

SOMMAIRE :

Position d'Abd-el-Kader en 1845. Les confréries religieuses musulmanes. Incident de Sidi-bel-Abbès. Le chérif El-Fadel. Les Khouans. Prophéties arabes. Bou-Maza. Les grottes du Dahra. Les faux Bou-Maza. Reddition de Bou-Maza. — Le colonel Montagnac. Le 8ᵉ chasseurs à pied à Sidi-Brahim. Les capitaines Géraux et Dutertre. L'abbé Suchet à Sidi-Brahim. Le lieutenant Marin à Aïn-Témouchent. — Les chasseurs à pied et le duc d'Orléans. Le capitaine de Ribains. — Les prisonniers. Escoffier. La déïra. Massacre des prisonniers. Le clairon Rolland. Echange des prisonniers survivants. L'enseigne de vaisseau Durand et le *Véloce*. — Le duc d'Aumale à Constantine et à Alger. Les Aurès. Biskra. Abd-el-Kader au Maroc. Le général Lamoricière à la frontière. Combats entre les Marocains et la déïra. Reddition d'Abd-el-Kader. Sa présentation au duc d'Aumale. Sa fin. — Bureaux arabes. Le capitaine Gay. Les colonels Valsin et Beauprêtre. Colonisation. Louis Veuillot en Algérie. Nos députés. Le général Bugeaud et la colonisation militaire. Le général Lamoricière et la colonisation civile. Le cantonnement des tribus. — Le duc d'Aumale, gouverneur. La révolution de 1848. Belle conduite du prince. Son départ. Troubles à Alger.

I

Au commencement de 1845, rien n'était changé dans la situation d'Abd-el-Kader ; en outre, les espérances qu'il avait fondées sur la guerre du Maroc s'étaient évanouies après Tanger, Mogador et l'Isly. L'empereur l'invita inutilement à se rendre à Fez ; il ne tint aucun compte d'une injonction qu'il se croyait le droit de considérer comme une amère plaisanterie, et le monarque vaincu se garda bien d'insister !

L'émir résolut donc d'attendre patiemment l'occasion de reparaître en scène. Il était bien placé à cette fin, car, réfugié chez les montagnards du Riff, à quelques lieues seulement de nous, il pouvait facilement, par ses émissaires, se tenir au courant de tout ce qui se passait en Algérie. L'occasion désirée ne se fit pas attendre longtemps. S'il est vrai qu'après la campagne de 1843, signalée par la prise de la Smala et la destruction de Tegdempt et de Thaza, une sorte de lassitude s'était emparée des Arabes, et, au moment de la guerre du Maroc, les avait rendus sourds à toutes les excitations, malgré les chances favorables qu'offrait à l'insurrection une guerre soutenue à la frontière occidentale, cette lassitude avait cessé au bout d'un an. Déjà les esprits se ranimaient au souffle des prédications fanatiques d'affiliés aux congrégations musulmanes. On ne saurait croire quel empire celles-ci prennent en Algérie, sur l'esprit des hommes dont elles font leurs instruments.

Pendant la terrible insurrection que les confréries provoquèrent alors (1845) un fait d'une nature étrange se produisit à Sidi-bel-Abbès, où nous n'avions à cette époque qu'une simple redoute en terre. Le commandant supérieur de ce poste était allé, avec la plupart de ses soldats, visiter le territoire d'une tribu voisine, lorsqu'une soixantaine d'Arabes vinrent en chantant des prières, et sans armes apparentes, se présenter à la porte de Sidi-Bel-Abbès. Le factionnaire, voulant les empêcher d'entrer, fut en un clin d'œil entouré, désarmé, poignardé et jeté dans un fossé ; puis, le yatagan à la main, les Arabes se répandirent dans le fort, tombant sur tout ce qu'ils rencontraient ; ils massacrèrent ainsi une vingtaine de nos soldats. Heureusement, quelques officiers restés à la redoute réussirent à rallier leurs hommes, et les lancèrent sur les assaillants. Ceux-ci, luttant avec une rage extraordinaire, mais n'acceptant ni grâce ni merci, furent tués jusqu'au dernier. On reconnut alors que ces Arabes, presque tous de la tribu des Ouled-Brahim, étaient affiliés à la secte des Derkaouas, espèce de puritains musulmans aussi dangereux que les S'noussi de la Tripolitaine.

Peu après, un agitateur nommé Sid-el-Fadel, à la tête d'un millier de cavaliers de la tribu des Angade et de quelques centaines d'aventuriers de toutes les tribus, marcha contre Tlemcen, où commandait le général Cavaignac. El-Fadel se disait l'image de Dieu, le prophète ressuscité pour purger la terre sacrée de l'Islam de la présence du roumi maudit. Il annonçait, comme quantité de Chérifs ou prétendus envoyés de Dieu l'ont fait par la suite, que les fusils des Français ne partiraient pas, que toute résistance leur serait impossible, et autres absurdités du même genre. En même temps, il envoyait au général Cavaignac, par un de ses lieutenants, une lettre où nous relevons ce passage curieux :

« Sachez que Dieu m'a envoyé pour que vous vous soumettiez. Il a dit : Soumettez-vous à moi et à mon envoyé. Vous savez qu'il doit venir un homme qui régnera à la fin des temps ; cet homme, c'est moi, envoyé de Dieu le Très-Haut, et choisi parmi les plus saints de la suite du Prophète. Je suis l'image de celui qui est sorti du souffle de Dieu. *Je suis l'image de notre Seigneur Jésus, je suis Jésus le ressuscité,* croyant à Dieu et à son prophète. »

Le général Cavaignac se riait de cette audacieuse missive, lorsque le chef de bataillon Bazaine, chef du bureau arabe, vint lui apprendre que de nombreux exemplaires de la lettre avaient été répandus dans la ville, et qu'une grande agitation régnait parmi les indigènes. Ceux-ci se répétaient les uns aux autres les prodiges accomplis par El-Fadel, le maître de l'heure, prodiges dont les Français devaient surtout se ressentir. Le messager fut donc incarcéré ; mais quand on vint lui dire qu'il allait tout bonnement être pendu, il répondit avec assurance qu'il défiait les Français de mettre leur projet à exécution, car au premier cheveu qui tomberait de sa tête, la terre s'entr'ouvrirait pour engloutir les chrétiens de Tlemcen, général en tête. Dans la ville, en effet, les Arabes se tenaient prêts à la révolte, convaincus que l'émissaire d'El-Fadel était inviolable et prophétisait vrai. Pour frapper cette population dans ses superstitions, en même temps qu'étouffer promptement ses velléités de révolte, Cavaignac donna l'ordre de promener l'émissaire à travers la ville, pendant qu'un crieur public annonçait que cet individu était condamné à être pendu comme espion et colporteur des lettres de l'ennemi. Plongés dans un morne silence et attendant toujours les prodiges annoncés, les habitants de Tlemcen virent accrocher le pauvre diable à une pièce de canon qui sortait d'une des embrasures du Méchouar. La terre ne s'entr'ouvrit pas ; mais un moment après on entendit les trompettes du 2° hussards et les clairons des zouaves, du 10° chasseurs à pied et du 15° léger, qui se rendaient au-devant d'El-Fadel, campé à une lieue de Tlemcen. A onze heures, nos troupes quittaient la ville, à midi elles attaquaient l'envoyé du ciel, à une heure elles rentraient triomphantes : l'existence politique et guerrière de Sid-el-Fadel venait d'être terminée à son début.

L'insurrection qui couvait en 1845, éclata formidable dans le Dahra et la vallée du Chélif. Depuis longtemps, les Khouans annonçaient que le jour de la délivrance approchait, et que le *Muley-el-Sâa* (le maître de l'heure) allait enfin se lever pour délivrer le territoire algérien de la présence des Français. Le mot *Khouan*, qui signifie littéralement *frère*, est le titre que se donnent entr'eux les membres des congrégations de l'Islam. Quoique ces confréries de Khouans semblent n'avoir d'autre but que de s'occuper des questions religieuses, elles deviennent, par rapport à nous, essentiellement politiques. La preuve, c'est que nous les verrons, au cours de notre récit, fomenter toutes les insurrections locales qu'il a fallu réprimer depuis

1848 jusqu'à nos jours ; nous constaterons que partout la résistance a été proportionnée au nombre des Khouans. Si ces fanatiques refoulent par moments leur haine au fond de leur cœur, ils profitent de toutes les circonstances pour la manifester. En dépit donc des déclarations optimistes de certains hommes qui connaissent peu ou point la France africaine, il est clair que l'Arabe ne désarme pas, puisqu'il prête toujours l'oreille aux prédications des Khouans.

En 1845 les marabouts ne se bornaient pas à prononcer de vagues paroles : ils rapportaient encore les prophéties de Sidi-el-Akridar, l'un des écrivains les plus vénérés des Arabes. Cet El-Akridar avait prédit l'arrivée des chrétiens en Afrique, ainsi que leur départ ; des versets empruntés à ses écrits couraient le pays :

« Leur arrivée est certaine, car, par la puissance de Dieu, je suis instruit de l'affaire. Les troupes des chrétiens viendront de toute part ; les montagnes et les villes se rétréciront pour nous. Ils viendront avec des cavaliers et des fantassins ; ils traverseront la mer.

» Ils descendront sur la plage avec des troupes semblables à un incendie violent, à une étincelle volante.

» Les milices chrétiennes viendront du côté de leur pays ; certes, ce sera un royaume puissant qui les enverra.

» En vérité, tout le pays de France viendra. Ils arriveront tous comme un torrent pendant la nuit obscure, comme un nuage de sable poussé par les vents.

» Ils entreront par la muraille orientale.

» Tu verras des chrétiens en masse venir dans des vaisseaux. Ils domineront les Arabes par l'ordre tout-puissant de Dieu ; les filles du pays seront en leur pouvoir.

» Mais après eux paraîtra le puissant de la montagne d'or ; il régnera plusieurs années. »

Un autre marabout s'écriait, dans des versets colportés de douar en douar :

« Il nous est venu des beys soumis aux chrétiens..... Tranquillisez-vous ; *celui qui est arrivé* les dispersera. Les chrétiens se réfugieront derrière le grand étang salé ; ils vont quitter Oran. »

Plus explicite encore, le marabout Sidi-Lakhdar disait : « Il viendra un chérif de l'ouest ; il s'élèvera derrière le fleuve et tuera les Français avec les soldats du Dahra. »

On ne comprend pas assez quelle foi profonde ont les Arabes dans des prophéties qui répondent à leurs plus ardents désirs, en élevant à la hauteur d'une vérité religieuse leur confiance dans l'affranchissement des races musulmanes. Chez eux, le mot *religion* remplace le mot *patrie*, qui n'entre pas dans les conceptions de leur intelligence. C'est le sentiment religieux qui leur fait combattre les chrétiens, ennemis de leur Prophète, et, en défendant leur religion, ils défendent plus que le sol de la patrie, plus que le foyer de leur famille : ils défendent leurs idées et leurs mœurs, en un mot, tout ce qui constitue le caractère particulier de leur race. Aussi posons-nous ceci en fait : tant qu'il y aura, en Algérie, un marabout pour prêcher et des Arabes pour l'écouter, l'ère des insurrections ne sera jamais close.

Le moment choisi par les confréries religieuses pour pousser en avant leur adepte, l'instrument de leurs visées, fut le mois d'avril (1). Un *Mouley-el-Sâa* (le maître de l'heure) se leva dans le Dahra ; à la tête d'une horde kabyle, il se précipita sur un détachement de quatre cents chasseurs à pied qui allait de Ténez à Orléansville, et ce ne fut qu'après deux jours d'une lutte opiniâtre que nos soldats purent continuer leur chemin. Quand ils arrivèrent à Orléansville, tout le pays était en feu.

Ce Mouley-el-Sâa, qui s'était proclamé le véritable sauveur des croyants, et qui avait pris le nom de Mohammed-ben-Abdallah (le nom du prophète), titre dont s'emparèrent dès lors tous les agitateurs qui tentèrent de se faire passer pour *maîtres de l'heure,* était né à Taroudent, dans le Ma-

(1) 1845.

roc. Il avait passé sa jeunesse à voyager de zaouïa en zaouïa, dans l'Afrique du Nord, où son fanatisme fut excité par la fréquentation assidue des marabouts et des khouans les plus exaltés. Sur l'ordre de ceux-ci, qui voulaient exploiter les prophéties, il s'était fixé dans le Dahra, pays au nord d'Orléansville (province d'Alger). Là, pendant deux années, il étudia les ressources du pays, les mœurs de ses habitants, se préparant de son mieux au rôle qu'il devait jouer. Ses extases, sa manière de vivre, ses prières continuelles, la malpropreté de ses vêtements, ne tardèrent pas à lui procurer une réputation de sainteté qui ne fit que grandir de jour en jour. Une chèvre, qui ne le quittait jamais et qui savait exécuter quelques tours de jonglerie et d'adresse, en excitant l'admiration des grossiers Kabyles du Dahra, lui avait valu un nom qui allait bientôt devenir populaire. On l'appelait Bou-Maza (le père de la chèvre, l'homme à la chèvre).

Bou-Maza avait reçu une leçon sévère en essayant de surprendre le détachement de chasseurs à pied ; renonçant donc à attaquer les Français, il s'en prit impitoyablement aux tribus qui s'étaient rangées sous notre domination. Deux caïds furent assassinés, et avec une mise en scène qui impressionna profondément la foule. Ainsi, l'un de ces chefs ayant été surpris dans sa tente, au milieu de la nuit, Bou-Maza le fit attacher et conduire devant lui :

« C'est toi, Bel-Kassem, dit-il, qui as semé le mal et servi le chrétien ? L'heure de ton châtiment a sonné.

— Hier, répondit Bel-Kassem j'ai envoyé vers toi un des miens pour te porter des paroles d'amitié et tu me réponds par la trahison !

— Fils de chien, tu oses parler ! s'écria Bou-Maza. »

Et se dressant sur ses étriers, il ajouta :

« Vous autres, écoutez ; que mon commandement s'accomplisse. Je viens d'en haut, et je porte la volonté du Tout-Puissant. Prenez cet homme : que le fer rougi au feu entre dans sa chair, que ses yeux cessent de voir, et restent suspendus à sa joue par un lien de chair, que chacun de ses membres soit brisé un à un, et que de chacun d'eux sorte une douleur nouvelle. »

L'épouvantable supplice ordonné par Bou-Maza eut lieu. Le malheureux caïd fut tenaillé avec un fer rougi au feu, on lui creva les yeux, ses membres furent broyés un à un par le revers d'un yatagan. Bel-Kassem vivait encore, quand le Mouley-el-Sâa s'approcha de lui en criant :

« Vous autres, qui avez été témoins de la justice, allez. Que tous le sachent; ainsi seront punis les serviteurs des chrétiens. La douleur en ce monde, la mort pour aller souffrir dans l'autre, voilà qui les attend. »

Et, armant son pistolet, il cassa la tête de Bel-Kassem.

Plusieurs exécutions de ce genre donnèrent à Bou-Maza un prestige extraordinaire. C'était réellement un dangereux ennemi, car il avait pour lui l'admiration respectueuse des Arabes. Lorsqu'il devait se défendre contre des compétiteurs religieux non affiliés aux Khouans, il s'écriait :

« Que celui qu'anime l'esprit de Dieu se révèle en présence de l'ennemi ! »

Et cet appel restait sans réponse, nul n'osant lui disputer le prix de la bravoure, vertu qui est la plus estimée des Arabes. Le pouvoir de Bou-Maza était donc immense.

Un jour, se présenta devant lui un Kabyle, évidemment un compère. « Des gens, lui dit-il, m'ont annoncé que tu es l'envoyé de Dieu. Dans ta course plus rapide que celle du lion, tu rassasies les vautours de cadavres de chrétiens ; un fleuve de sang les rejettera dans la mer d'où ils sont venus vivants. Je veux savoir la vérité. Si tu viens d'en haut, ce pistolet sera sans effet sur toi; si tu as menti, la balle qu'il renferme dévoilera ton imposture. »

Le Mouley-el-Sâa se leva avec calme, et répondit :

« Que la preuve de la vérité soit donnée. »

Le Kabyle arma son pistolet, visa Bou-Maza à la poitrine, et lâcha la détente. Bien entendu, le coup ne partit point. Trois fois il renouvela sa tentative ; trois fois encore, le coup rata.

Tous ces tours d'escamotage n'étaient même pas discutés par les Arabes, peuple crédule à l'excès. Quoi d'étonnant, lorsque Bou-Maza, après s'être rendu, fut dirigé sur la France, si les populations indigènes traversaient son escorte, se prosternaient à ses genoux, baisaient ses pieds, ses étriers, ses vêtements, même son cheval, chacun sollicitant un mot ou un regard ?

Nous n'avons pas l'intention de raconter en détail les nombreuses opérations militaires que nécessita l'insurrection de cet arabe. Bornons-nous à dire qu'au début, le maréchal Bugeaud lança dans le Dahra trois colonnes commandées par les colonels Pélissier, Saint-Arnaud et Ladmirault, pendant que lui-même se dirigeait sur Ténez, au centre des opérations. Bou-Maza disparut alors et la première phase de la révolte fut terminée. Ici se place l'histoire d'une exécution militaire qui eut en France un retentissement trop considérable, et au sujet de laquelle cette classe de philanthropes, parfaitement insensibles d'ailleurs aux misères et à la mort de nos soldats, mais qui, en revanche, garde ses attendrissements pour nos ennemis, jeta les hauts cris, sans vouloir convenir que le colonel Pélissier avait tout simplement obéi aux impérieuses nécessités de la guerre.

Le colonel Pélissier, chef d'état-major du maréchal Bugeaud, voulant opérer le désarmement des Ouled-Riah, ces derniers crurent pouvoir s'y soustraire en se retirant dans des grottes réputées inexpugnables. Pélissier se présenta devant la principale ouverture de ces cavernes, mais sa tête de colonne fut reçue à coups de fusil. Les circonstances étaient graves ; l'insurrection grondait et menaçait d'éclater de nouveau. D'abord on se contenta de bloquer les Ouled-Riah dans leur repaire, en les sommant de se rendre ; mais comme nos parlementaires furent tous massacrés, comme le temps pressait et que le colonel n'avait pas le loisir d'attendre que la famine poussât ces fanatiques hors de leur retraite, il donna l'ordre de couper des fascines et de les entasser entre les fissures des rochers qui surmontaient les grottes. Ensuite, à plusieurs reprises, il prévint les Ouled-Riah qu'il allait faire mettre le feu aux fascines. Ce fut en vain : nos parlementaires furent toujours reçus à coups de fusil. Alors le colonel Pélissier exécuta sa menace, et, convaincu que les Ouled-Riah se soumettraient, disposa sa troupe de façon à cerner les avenues conduisant aux grottes, pour s'emparer des Arabes que la fumée chasserait au dehors. Les fascines, composées de bois vert, dégageaient une fumée âcre qui, entraînée par le vent, s'engouffrait partout. De longues heures s'écoulèrent, durant lesquelles aucun Kabyle ne se montra ; seulement on entendait confusément, dans l'intérieur, comme le bruit d'une lutte, accompagnée de gémissements. C'étaient évidemment les gens fanatisés par Bou-Maza, qui empêchaient les autres de se rendre. Enfin le lendemain, tout, dans le voisinage, était silencieux comme un sépulcre. La fumée avait disparu, mais sans laisser derrière elle aucun être vivant. Pénétrant alors dans les grottes, nos soldats y trouvèrent, gisant sur la terre humide, huit cents cadavres d'hommes, de femmes et d'enfants, confondus avec des milliers de chèvres et de moutons, asphyxiés comme leurs maîtres.

« Terrible, mais indispensable résolution, écrivait à son frère le colonel Saint-Arnaud. Pélissier a employé tous les moyens, tous les raisonnements, toutes les sommations ; il a dû agir de rigueur. J'aurais été à sa place, j'en aurais fait de même ; mais je préfère que ce lot lui soit tombé plutôt qu'à moi. Les journaux philanthropes ne vont pas manquer de s'emparer de ce fait pour attaquer encore l'armée d'Afrique... Je voudrais bien que vos journalistes de Paris fissent campagne avec nous ! »

Effectivement, le déchaînement contre le colonel Pélissier fut universel; personne ne voulait comprendre comment des

Français n'avaient pas reculé devant de telles horreurs. Le maréchal Bugeaud s'empressa, avec une rare loyauté, de couvrir son subordonné ; il fournit des explications catégoriques sur l'affaire des grottes, et en assuma toute la responsabilité.

« Commençons, écrivit-il, par examiner à son véritable point de vue le terrible siège des grottes des Ouled-Riah. Pour que le public puisse apprécier cet événement funeste, il faut qu'il sache combien il était important, pour la politique et pour l'humanité, de détruire la confiance que les populations du Dahra et de beaucoup d'autres lieux avaient dans les grottes. Toutes les tribus qui en possèdent s'y croyaient inexpugnables, et, dans cette opinion, elles se sont de tout temps montrées fort récalcitrantes. Sous les Turcs, elles refusaient souvent l'impôt, et quand la cavalerie du gouvernement se présentait, la tribu tout entière se retirait dans les cavernes, où l'on ne savait pas la forcer.

» Abd-el-Kader lui-même l'a éprouvé à l'égard des Sbéahs, qui se sont mis deux fois en révolte contre lui. Il a pu les réduire au moyen de sa grande influence morale, qui lui a permis de les faire bloquer et séquestrer par les autres tribus environnantes ; mais un pareil moyen serait inefficace entre nos mains : on ne sert pas les chrétiens comme on servait Abd-el-Kader.

» Lorsque le colonel Pélissier eut fait l'investissement complet des grottes, il tenta de parlementer au moyen d'Arabes qui étaient dans son camp ; mais on fit feu sur les parlementaires. Cependant, à force de persévérance, on parvint à ouvrir des pourparlers ; ils durèrent toute la journée sans aboutir à rien. Les Ouled-Riah répondaient toujours : « Que le camp français se retire ; nous sortirons et nous nous soumettrons. » Ce fut en vain qu'on leur fit, à plusieurs reprises, la promesse de respecter les personnes et les propriétés, de n'en considérer aucun comme prisonnier de guerre, et de se borner au désarmement. De temps à autre, on les prévenait que le combustible était ramassé, et qu'on allait les chauffer si l'on n'en finissait pas. De délai en délai, la nuit arriva. Fallait-il que le colonel Pélissier se retirât devant cette obstination, abandonnât la partie ? Mais les soldats et les chefs l'en auraient vivement blâmé. Les conséquences politiques de ces déterminations eussent été funestes, car la confiance dans les grottes aurait beaucoup grandi. Aurait-il dû attaquer de vive force ? Cela était à peu près impossible, et, dans tous les cas, il fallait perdre beaucoup de monde dans cette guerre souterraine, qui n'eût pas été beaucoup plus satisfaisante pour l'humanité. Se résigner à un simple blocus qui pouvait durer quinze jours, c'était perdre un temps précieux pour la soumission du Dahra, et refuser son concours au colonel Saint-Arnaud. Après avoir pesé ces divers partis, le colonel Pélissier se décida à employer le moyen qui lui avait été recommandé par le gouverneur général pour les cas d'extrême urgence. »

Toutes ces raisons sont péremptoires.

Le terrible exemple des grottes des Ouled-Riah ne devait pas être perdu. Quelques jours après l'exécution ordonnée par le colonel Pélissier, les Sbéahs, tribu voisine également en insurrection, se retirèrent aussi dans leurs grottes. On les y poursuivit, et dès la première sommation, sans qu'on fût cette fois obligé de ramasser des fascines, ils se rendirent immédiatement.

L'insurrection ne se calmait pourtant pas. Tribus sur tribus faisaient défection. « Comment les Chambres, écrivait le colonel Saint-Arnaud à son frère, prendront-elles tous ces événements ? La presse attaque toujours le maréchal avec acharnement, et lui, toujours il répond par des succès. C'est une barque difficile à conduire, frère, et vos journaux n'aident pas à gouverner. *Abd-el-Kader les fait traduire, et profite ainsi de nos folies et de nos erreurs.* »

Un autre jour, le colonel Saint-Arnaud écrivait :

« Les journaux continuent à être absurdes, et à attaquer notre maréchal sans rime ni raison. C'est qu'il ne travaille pas, comme tant d'autres, pour les journaux et pour l'opinion, mais seulement pour le pays. »

Sur tous les points où l'insurrection s'organisait, des prédicateurs de guerre sainte se présentaient sous le nom de Bou-Maza, de sorte que nos soldats finirent par révoquer en doute l'existence même du puissant agitateur. On crut un instant qu'il n'était qu'un mythe, un étendard invisible et immatériel, une sorte de mot d'ordre qu'on se passait de main en main. Le véritable Bou-Maza ne devait pas tarder à faire parler de lui.

Il était alors dans la valée du Chéliff, aux prises avec l'actif colonel Saint-Arnaud, commandant la subdivision d'Orléansville ; c'est dire qu'il avait à lutter contre un adversaire que rien n'arrêtait. En plein hiver, le colonel écrivait à son frère (1) : « Il faut bien tenir la campagne, puisque l'ennemi la tient... Mais quelle guerre ! Ces Arabes, ce sont les chouans, les bons chouans de 1794. Les chefs leur manquent, heureusement, et aussi l'union, car chaque tribu est un peuple qui agit selon ses passions, et dont la tribu voisine est souvent l'ennemie mortelle. Si l'Afrique entière se soulevait comme un seul homme, malgré les bavards qui disent qu'il n'y a pas ici de population, nous serions bien vite acculés à la mer... Nous faisons une guerre sans gloire, et qui nous coûte autant, en résumé, que la bataille d'Austerlitz. »

Les autres Bou-Maza, ou plutôt les autres Chérifs (2), surgisssaient un peu partout. « Ils sortent de terre, écrivait le colonel Saint-Arnaud. Les cartes se sont brouillées par ici, et les Arabes veulent encore des coups de fusil — que je vais leur prodiguer. » Un de ces chérifs souleva le pays autour de Cherchell ; un autre, celui des Beni-Zoug-Zoug, fut pris et traduit devant un conseil de guerre, où il se déclara le frère de Bou-Maza, né dans le Maroc

---

(1) 14 février 1846.
(2) Le pluriel arabe est cheurfa.

comme lui. Sans doute, cet individu était encore un émissaire des khouans ; il avoua, du reste, appartenir à la grande confrérie des Muley-Thaïeb, qu'il glorifia avec emphase, déclarant qu'elle était si redoutable, qu'aucun sultan ne pouvait être nommé sans son assentiment (1). Quand le président du conseil de guerre lui demanda pourquoi lui, étranger, était venu prendre part aux insurrections algériennes, il répondit : « Je n'avais d'autre désir que celui de faire triompher notre sainte religion. » Par là le caractère religieux de l'insurrection de 1845-1846 s'affirmait nettement. En France, on en fut surpris, tant on s'était habitué à parler de l'Algérie sans la connaître.

Cependant, le vrai Bou-Maza s'était jeté dans les Flittas, puis avait été rejoindre Abd-el-Kader, qui avait repris la campagne dès le commencement des hostilités. Chassé du désert par les généraux Marey et Herbillon, le Mouley-el-Sâa, suivi d'un certain nombre de cavaliers fidèles, essaya de regagner le Dahra et la vallée du Chélif. Près de Teniet-el-Hâad, il fut rencontré par le lieutenant Margueritte (2), chef du bureau arabe de Teniet-el-Hâad, qui n'avait avec lui que quelques spahis avec lesquels il chargea audacieusement la troupe de Bou-Maza ; celle-ci perdit la moitié des siens, avec tous les bagages. Arrivé presque seul au Dahra, et sachant que le colonel Saint-Arnaud, à Orléanville, se tenait prêt à toute éventualité, à la tête d'une colonne toujours tenue en haleine, Bou-Maza, désespérant de la fortune, prit une résolution extrême : celle de se rendre. Mais il préféra se constituer prisonnier entre les mains de celui qui avait été son plus terrible adversaire : le colonel Saint-Arnaud. Comme le caïd des Beni-Younès, était occupé à percevoir les impôts dans sa tribu, un homme se présenta tout à coup devant lui, descendit de cheval et s'avança fièrement, calme et hardi ainsi qu'aux jours de sa

---

(1) C'est à peu près exact quant au Maroc. (Voir 2ᵉ vol.)
(2) Plus tard général, tué glorieusement à la bataille de Sedan.

puissance. Frappés de terreur à son aspect, le caïd et les quatre cavaliers qui l'accompagnaient n'osaient bouger. Ceux qui auraient dû se jeter sur lui pour le garrotter, se sentaient plutôt disposés à tomber à ses pieds.

Prenant alors la parole, Bou-Maza leur dit avec un certain mépris :

« Je vous accorde l'aman, je ne viens plus pour faire la guerre. Dieu est pour les chrétiens ; qui oserait lutter contre ses desseins ? Conduisez-moi vers le chef d'Orléansville. »

Un des cavaliers prit aussitôt les devants pour avertir le colonel Saint-Arnaud ; le caïd et ses compagnons marchèrent derrière Bou-Maza, lui servant humblement d'escorte. Mis en présence du colonel, le chérif lui dit avec autant d'assurance que de dignité :

« Après avoir fait pour notre religion et notre indépendance tout ce qu'un homme peut faire, je me rends à toi, car tu es le Français qui a le plus combattu contre moi. »

« Bou-Maza est entre nos mains, écrivait Saint-Arnaud à son frère (1). Il est ici depuis deux heures. Quel beau et fier jeune homme ! Nous nous sommes regardés dans le blanc des yeux... Bou-Maza n'est pas un homme ordinaire ; il y a en lui une audace indomptable, jointe à beaucoup d'intelligence, dans un cadre d'exaltation et de fanatisme. Il se croyait appelé à de grandes choses, et comment ne l'aurait-il pas cru ? Mis en avant par la puissante secte des Muley-Taïeb, il correspondait avec l'empereur du Maroc, qui l'aidait de son or, de sa poudre, et l'encourageait à la guerre sainte. »

Plus loin le colonel, ajoute :

« Tous nos caïds, presque sans exception, lui fournissaient des hommes, de l'argent et de la poudre. Ce serait triste, si les révélations d'un conseil de guerre venaient mettre à nu ces plaies de notre histoire africaine. »

(1) 13 avril 1847.

Ces plaies, depuis l'époque où fut écrite la lettre que nous venons de citer, ont été souvent mises à nu. Que de fois n'a-t-on pas répété :

Dans tout chef arabe, il y a l'étoffe d'un traître.

Le maréchal Bugeaud envoya Bou-Maza à Paris. Un journal de l'époque trace de lui le portrait suivant :

« C'est un homme de vingt-cinq ans au plus ; sa taille est élevée, svelte et même élégante. Quoique souffrant de plusieurs blessures, surtout du bras gauche, dont l'articulation est complètement ankylosée, son aspect annonce la vigueur. Ses grands yeux noirs, bordés de longs cils, et ses sourcils bien arqués, sont éclairés d'un feu sombre. Ses lèvres un peu épaisses, le bas de son visage proéminent, son teint bronzé annoncent de violentes passions. Rien dans sa personne ne dément les aventures extraordinaires, ni la réputation d'audace et de cruauté qu'a laissée le sultan du Dahra parmi les populations qu'il a traversées. »

« Dans une grande guerre, j'aurais la plus grande confiance en Saint-Arnaud. C'est un homme qui ira loin, et qui sera toujours à la hauteur des positions qu'on lui assignera. »

Tel était alors le jugement porté par le duc d'Aumale sur le vainqueur de Bou-Maza.

« Tu as vu Canrobert, écrivait de son côté le colonel Saint-Arnaud à son frère ; c'est un vrai Duguesclin qui a dû te convenir. »

La répression de cette révolte fut l'origine de la fortune militaire de Canrobert ; on le chargea d'annoncer au maréchal que le Dahra était pacifié. Bugeaud se préparait à se retirer lorsque prenant sous le bras le lieutenant-colonel (1), il s'avança près du groupe formé par les officiers de son état-major :

« Messieurs, dit-il, une armée qui sait obéir, une armée

(1) Canrobert était alors lieutenant-colonel.

qui sait souffrir, une armée qui a des chefs comme ceux-ci (et il désignait le lieutenant-colonel), est la force et l'espoir d'un pays. Vous avez montré, durant ces campagnes, ce que vous valiez; le temps ne vous fera jamais faillir à la France. »

L'avenir prouva que le maréchal avait dit vrai.

II

Pendant l'insurrection du Dahra, Abd-el-Kader n'était pas inactif. Nous avons vu qu'après la terrible exécution des grottes des Ouled-Riah, Bou-Maza s'était jeté dans le pays des Flittas. Le général Bourjolly, commandant la subdivision de Mostaganem, voulut pénétrer sur ce dangereux territoire ; mais, battu dans un furieux combat de deux jours, dans lequel nous perdîmes une centaine de blessés et trente morts (dont le lieutenant-colonel Berthier, du 4ᵉ chasseurs d'Afrique, et le commandant Clère, du 9ᵉ bataillon de chasseurs à pied), il avait dû prendre position sur la basse Mina, attendant du secours de Mascara et d'Orléansville. C'est à ce moment que l'émir, d'accord avec Bou-Maza pour se tenir sans cesse en mouvement afin de diviser nos forces, se montra tout à coup suivi d'une vingtaine de mille cavaliers, aux environs du poste de Djemma-Ghazaouat, placé au bord de la mer, et sous le commandement du lieutenant-colonel de Montagnac.

Cet officier supérieur, dont les lettres viennent d'être récemment publiées par son neveu, était le type de ce que nous appelons le troupier fini, dur pour lui-même autant que pour les autres. Ecoutons-le parler :

« Je pioche, dit-il, je me remue, je bisque, je jure, je tempête, je ris — pas souvent, par exemple, — je mange — pas trop, — je bois très peu, je dors mal ; je fais trimer les uns, je rosse les autres ; j'ai fait appliquer, ces jours-ci, cent coups de bâton à quatre Arabes, en plein marché, moyen infaillible pour réduire mon monde à l'obéissance. »

Le côté brutal du caractère de cet homme de guerre se révèle encore dans le passage suivant :

« J'aurais dû servir chez les Turcs : avec l'étonnante disposition que j'ai à tanner la peau humaine, j'aurais eu des chances pour devenir un personnage remarquable dans un pays où les instruments contondants et tranchants jouent un si grand rôle comme moyen de persuasion. »

Plusieurs fois, le lieutenant-colonel de Montagnac reçut des observations du général de Lamoricière, mais il se déclarait incorrigible.

« Je suis, disait-il, exaspéré par les lâches assassinats, les surprises nocturnes et les trahisons des Arabes, et je crois que ma sévérité est nécessaire. »

S'adressant à sa famille, il écrivait :

« Pour dominer les Arabes, il faut les rétribuer selon leurs œuvres, avec la justice la plus indépendante et la plus impartiale, et briser leurs chefs sous une verge de fer, lorsqu'ils s'écartent de la ligne de leurs devoirs. »

Et un autre jour :

« Ces actes d'autorité vous paraissent abjects, à vous, braves gens qui vivez en paix dans votre cité industrielle ; mais, dans ce pays-ci, où les serpents rampent sous l'herbe, où les loups-cerviers sont partout sur les sentiers, la mort doit faucher sans relâche. Voilà pourtant comme le cœur le plus sensible peut devenir implacable, lorsqu'il est obligé d'endosser cette immense responsabilité de la tranquillité d'un pays. »

« A chaque instant, ajoutait-il, je suis forcé d'user de ces moyens qui brisent toutes les fibres de mon pauvre vieux cœur, pour maintenir ces populations remuantes, qui ne comprennent encore que la justice saignante. »

Voici comment il souhaitait mourir :

« Se faire casser la tête sur un champ de bataille est, à

mon avis, pour un soldat, la façon la plus propre de quitter ce bas monde. »

Le vœu du lieutenant-colonel de Montaignac devait être exaucé.

Sitôt qu'Abd-el-Kader eut signalé sa présence sur le territoire de la province d'Oran, le général Cavaignac, commandant la subdivision de Tlemcen, se porta contre lui. Pourtant il n'était pas sans inquiétudes, car, pour garder cent lieues de frontières et maîtriser une insurrection étendue, il ne disposait que d'un bataillon de zouaves, des 8ᵉ et 10ᵉ bataillons de chasseurs à pied, du 15ᵉ léger, du 41ᵉ de ligne et du 2ᵉ hussards, en tout sept bataillons et quatre escadrons. Dans un premier engagement, le bataillon de zouaves perdit son chef, le commandant Péraguay, vieux soldat de l'île d'Elbe ; dans l'engagement suivant, les Arabes combattirent avec une telle impétuosité, montrèrent une si grande confiance en eux-mêmes, que Cavaignac, jugeant qu'il devait être arrivé quelque événement extraordinaire, se replia sur son camp de Lalla-Maghnia, où, en effet, il reçut les plus déplorables nouvelles.

Abd-el-Kader s'étant montré aux environs de Djemma-Ghazaouat, où commandait le lieutenant-colonel de Montagnac, avait sommé la tribu des Souhalia d'embrasser sa cause. Celle-ci ne demandait pas mieux que de nous trahir et était en même temps désireuse de se venger ; elle députa vers le colonel un caïd chargé de lui dire que, craignant la visite de l'émir, la tribu implorait le secours des Français. La prudence du lieutenant-colonel de Montagnac n'égalait malheureusement pas sa bravoure. Lamoricière et Cavaignac, qui redoutaient son exaltation chevaleresque, lui avaient pourtant bien recommandé de ne pas sortir de Djemma-Ghazaouat quoi qu'il arrivât : le soin de tenir la campagne, s'il y avait lieu, ne le concernait en aucune façon. D'ailleurs la troupe dont disposait le colonel ne se composait que d'un seul bataillon, le 8ᵉ chasseurs à pied, commandant Froment-Coste, et d'un escadron du

5ᵉ hussards, capitaine Gentil de Saint-Alphonse, près duquel se trouvait par hasard le chef d'escadron Courby de Cognord, du même régiment. Cette garnison comptait sept cents hommes au plus.

Montagnac oublia les sages avis de ses supérieurs, devant l'insistance du caïd. « Viens, lui disait ce traître ; l'émir est tout près d'ici ; avec quelques cavaliers seulement, nous te conduirons jusqu'à lui et tu le prendras. »

Cette tribu des Souhalia nous ayant rendu de réels services pendant la campagne de 1844, le généreux soldat ne voulait pas l'abandonner au ressentiment d'Abd-el-Kader. Il sortit donc avec tout ce qu'il avait de disponible, c'est-à-dire trois cent cinquante chasseurs à pied et soixante-deux hussards, commandés par MM. Froment-Coste et Courby de Cognord.

Après avoir marché toute la nuit du 21 septembre, la petite colonne vint camper sur les bords de l'Oued-Saouli ; la position bien choisie eût coûté trop d'efforts aux Arabes ; aussi le caïd des Souhalia revint-il importuner Montagnac qui consentit à s'avancer jusqu'au marabout de Sidi-Brahim, construit sur un plateau découvert. Une quarantaine de cavaliers indigènes parurent alors à quelque distance ; mais leur allure était timide et circonspecte, et, quand le colonel marcha contre eux avec l'escadron de hussards, ils tournèrent bride et s'enfuirent précipitamment. Montagnac avait laissé au camp de l'Oued-Saouli le commandant Froment-Coste avec une compagnie de chasseurs, et s'était avancé sur Sidi-Brahim avec les trois autres compagnies. En voyant la fuite des Arabes, il commit encore l'imprudence de morceler sa troupe. Il fit prendre le trot à l'escadron de hussards, et, laissant une compagnie de chasseurs à pied au marabout même, il donna aux deux autres l'ordre de suivre le mouvement. Dès que les pelotons de hussards qui tenaient la tête furent arrivés au bas du plateau, les Arabes poursuivis firent brusquement volte-face, et de tous les ravins sortirent des milliers de combattants.

Le guet-apens était habilement préparé.

Au premier choc, le commandant Courby de Cognord, qui conduisait le premier peloton de l'escadron de hussards, fut démonté et blessé ; il sauta sur un autre cheval, mais, blessé deux fois encore, il tomba entre les mains des Arabes, qui le hachèrent à coups de yatagan. Le capitaine Gentil de Saint-Alphonse, qui suivait avec le deuxième peloton, eut la tête fracassée d'un coup de pistolet tiré à bout portant. Montagnac fait alors hâter la marche des deux compagnies de chasseurs à pied, s'élance avec les deux autres pelotons de l'escadron, et rallie une vingtaine de cavaliers échappés au massacre ; mais un ennemi dix fois supérieur en nombre l'entoure, le presse, et finalement il est atteint d'une horrible blessure au ventre. A ce moment, les deux compagnies de chasseurs arrivent, et forment tant bien que mal le carré avec les débris des hussards. Rappelant à lui, pour sauver les braves gens que son imprudence avait sacrifiés, le reste de ses forces, l'infortuné colonel ordonne au maréchal des logis Barbier de se mettre à la recherche du commandant Froment-Coste, et de l'amener sur le lieu du combat. Pendant trois heures, hussards et chasseurs à pied soutiennent les assauts de la cavalerie ennemie, et se défendent jusqu'à épuisement complet des munitions. Alors les Arabes se rapprochent de ce groupe silencieux, et sous leur feu, selon l'expression d'un témoin oculaire, nos soldats tombent un à un « comme les pierres d'un mur ». Le lieutenant-colonel Montagnac, se sentant mourir, trouve encore assez d'énergie et de présence d'esprit pour dire aux derniers survivants :

« Enfants ! laissez-moi, mon compte est réglé ; tâchez de gagner le marabout de Sidi-Brahim, et faites-y une défense désespérée. »

Ce furent ses dernières paroles. Le commandant Froment-Coste arrive avec ce qui reste de chasseurs ; mais, aux premières décharges des réguliers d'Abd-el-Kader, il tombe à son tour mortellement frappé. Tous ses hommes se font hacher autour de son cadavre.

Il ne restait plus que la compagnie de carabiniers, forte de quatre-vingt-trois hommes, qui s'était retranchée au marabout de Sidi-Brahim, sous les ordres du capitaine Géraux. Une multitude d'Arabes, conduits par l'émir en personne, investissent le marabout, et dirigent sur les nôtres une violente fusillade, mêlée de pierres ; mais le tir des grosses carabines arrête les assaillants, dont les plus hardis se font tuer à coups de baïonnette sur les murs du marabout. Abd-el-Kader suspend alors le combat, et envoie au capitaine une sommation écrite, l'engageant à cesser une lutte inutile et lui promettant la vie sauve pour lui et ses soldats. Géraux leur communique la lettre ; tous y répondent par le cri de : Vive le roi ! Aussitôt ils improvisent un drapeau tricolore avec des débris de vêtements, le hissent sur le sommet du marabout, pratiquent à la hâte quelques créneaux dans la muraille, coupent les balles en quatre pour prolonger la résistance, et se préparent à mourir pour leur pays. L'attaque recommence furieuse et acharnée, puis cesse tout à coup. Ici se place un épisode admirable. Le capitaine adjudant-major Dutertre, pris blessé et laissé vivant, va, comme le chevalier d'Assas, nous donner l'exemple d'un héroïsme sublime, que l'histoire, en traits indélébiles, doit enregistrer pour la consolation du genre humain.

Les blessures du capitaine Dutertre ne l'empêchant pas de marcher, Abd-el-Kader lui ordonne d'accompagner quelques cavaliers arabes, pour engager les Français à se rendre. L'héroïque officier écoute froidement les ordres de l'émir et s'achemine vers le marabout.

« Géraux, s'écrie-t-il, quand il est à portée de la voix, Géraux, et vous, mes camarades du 8ᵉ, on va me tuer si vous ne déposez les armes, et moi, je viens vous dire de résister jusqu'à la mort. Vive la France ! »

Le vaillant Dutertre tombe foudroyé ; un des cavaliers

lui coupe la tête et va la présenter à Abd-el-Kader. Plein de rage, celui-ci recommence le combat; mais aucun des nôtres ne faiblit.

L'émir fait de nouveau cesser le feu jusqu'au lendemain et, faisant disparaître ses cavaliers, il engage contre nous un millier de ses plus intrépides fantassins. Le lieutenant Chappedelaine, quoique blessé, reste debout aux côtés du capitaine Géraux, et continue à diriger la résistance. Abd-el-Kader recourt ensuite à un moyen qui lui semble plus efficace; s'éloignant hors de la portée des carabines, il enveloppe le marabout d'un cordon de postes qui ferme toute issue.

Pendant trois jours, les énergiques soldats du capitaine Géraux restent sans eau et sans vivres. On a bien sauvé les deux mulets du cantinier; mais ces animaux sont chargés d'absinthe, et l'absinthe pure ne calme pas la soif, au contraire. Quelques hommes en prennent pourtant et la mélangent avec de l'urine. A la fin du troisième jour, la situation n'est plus tenable; les chasseurs supplient leur capitaine de sortir avec eux : « Mourons en rase campagne, disent-ils, plutôt que de périr ici misérablement. »

Le capitaine Géraux croit avoir remarqué que l'ennemi se relâche un peu de son active surveillance; il se rend aux instances des siens. « Mieux vaut, en effet, leur répond-il, mourir en combattant que d'agoniser ainsi. » Mais Géraux a le tort de partir en plein jour, oubliant que, grâce au caractère de l'Arabe qui n'aime pas le combat de nuit, l'obscurité lui offrait plus de chances de salut. Il y a dix blessés dans le marabout; les chasseurs n'abandonneront pas leurs camarades, on les emportera. A la tête des soixante-dix hommes valides qui lui restent, Géraux s'élance et fait une trouée à la baïonnette à travers les postes ennemis; toutefois il se garde bien de prendre le chemin qui serpente à travers la plaine, il essaye de gagner Djemma-Ghazaouat (1) par la ligne des crêtes.

(1) Aujourd'hui Nemours.

Tant d'audace frappe les Arabes de stupeur; mais sachant que la compagnie Géraux est armée de carabines à longue portée, ils se bornent à la suivre à distance. Quelques membres de la tribu des Souhalia en font autant. Tout va bien; la petite troupe française peut gagner les villages de Zéri et Sidi-Tamar, séparés de Djemma-Ghazaouat par un ravin. Elle serait sauvée si la garnison de la place tentait une sortie en sa faveur; mais personne ne se montre. A ce moment les chasseurs aperçoivent un filet d'eau qui coule au fond du ravin; ces pauvres diables, qui depuis trois jours subissent toutes les tortures de la soif, n'y tiennent plus; tous se précipitent au bas du ravin et se jettent à plat-ventre dans le lit du torrent. L'occasion était trop belle pour les goumiers d'Abd-el-Kader et les Souhalia, qui voyaient déjà leur proie leur échapper; ils bondissent alors, et criblent de coups de fusil la malheureuse compagnie. Le lieutenant Chappedelaine, déjà blessé, tombe mort. Le capitaine Géraux le fait charger sur les épaules d'un chasseur, les autres blessés sont enlevés de même, et l'on essaye ainsi de gagner la ville. Mais le capitaine Géraux est tué, la fusillade des ennemis redouble d'intensité : blessés et porteurs roulent les uns sur les autres. Douze chasseurs seulement rentrent à Djemma-Ghazaouat, où, trop tard hélas ! bat la générale.

De ces douze hommes, un seul, le caporal Lavaissière, rapportait sa carabine. Quelque temps après, le général Lamoricière, au nom du roi, décorait ce brave homme en présence de toute la division réunie sous les armes, et lui remettait une carabine d'honneur qu'il avait bien gagnée.

Et dire que nos chasseurs auraient pu être sauvés, non seulement par la garnison de Djemma-Ghazaouat, mais encore par une petite colonne qui opérait autour de Lalla-Maghnia, sous les ordres du lieutenant-colonel Barral.

Le capitaine du génie Coffine, commandant par intérim à Djemma-Ghazaouat, disposait de deux compagnies de chasseurs et de quelques hussards. Deux fois il avait réuni tout son monde valide. et était venu jusqu'aux villages de Zéri et de Sidi-Tamar, interrogeant l'horizon, prêtant avec anxiété l'oreille au moindre bruit ; deux fois il était rentré dans la place. Quand les sentinelles le firent prévenir qu'on entendait la fusillade en avant des deux villages, il ne jugea pas à propos de sortir une troisième fois, croyant que la colonne Montagnac revenait tout entière. Cet officier fut donc bien mal inspiré. Par la suite, accusé publiquement d'avoir été trop prudent, il dut demander son retour en France, puis sa mise à la retraite.

Quant au lieutenant-colonel Barral, il fut moins excusable encore. Avant de se renfermer complètement dans le marabout de Sidi-Brahim, le capitaine Géraux avait expédié à Lalla-Maghnia un Arabe convoyeur, porteur d'un billet dans lequel ce brave officier exposait la situation critique de la compagnie placée sous ses ordres. Déjà M. Barral connaissait, par quelques hommes échappés au massacre, la malheureuse affaire de son collègue Montagnac, tout en ignorant que deux officiers et quatre-vingts chasseurs avaient pu se réfugier au marabout de Sidi-Brahim. Le commandant d'Exéa, depuis général, chef du 10ᵉ bataillon de chasseurs, supplia vainement le lieutenant-colonel de le laisser aller avec son bataillon au secours de la compagnie Géraux ; il lui fut d'abord répondu qu'Abd-el-Kader, avec tous ses contingents, pourrait fermer la retraite à la colonne. Ensuite, le lieutenant-colonel objecta que le billet qui lui avait été remis de la part du capitaine Géraux lui paraissait gros de trahisons, malgré les affirmations catégoriques de plusieurs officiers de chasseurs à pied, qui reconnaissaient fort bien l'écriture de leur camarade. Bref, M. Barral ne mit pas sa troupe en mouvement.

Dans la catastrophe du colonel de Montagnac, les Arabes firent quatre-vingt-seize prisonniers, presque tous blessés. Le commandant Courby de Cognord tout sanglant allait être décapité, lorsqu'il fut reconnu par un cavalier rouge d'Abd-el-Kader, et épargné. Les officiers tués furent : le lieutenant-colonel de Montagnac, le commandant Froment-Coste, le capitaine Gentil de Saint-Alphonse et le lieutenant Klein, ces deux derniers du 5ᵉ hussards ; enfin les capitaines Dutertre, Chargère, Burgard, Géraux, les lieutenants Chappedelaine et Raylon, du 8ᵉ bataillon de chasseurs. A ces noms il faut ajouter celui du chirurgien-major Rogazetti, qui, resté dans le marabout avec le capitaine Géraux, fut tué dans le fatal ravin, en avant de Djemma-Ghazaouat.

Ce fut seulement après plusieurs mois, le 1ᵉʳ avril 1846, que la sépulture put être donnée aux restes des héros qui avaient combattu à Sidi-Brahim. A son retour d'une pointe dans le Maroc, le général Cavaignac voulut faire passer ses troupes sur le champ de bataille. Les ossements répandus sur le sol racontaient les différentes phases de cette lutte mémorable. Voici, s'écriaient nos soldats, où la charge a commencé ; on voit encore la marque du sabot des chevaux ! — Et c'est ici que la charge s'est arrêtée ; voici le dernier cadavre, voici la carcasse du dernier cheval ! — C'est ici, s'écriaient-ils plus loin, qu'ils ont formé le carré ; la terre en porte encore les traces ! — Une poignante émotion vibrait dans les rangs de la colonne Cavaignac, à laquelle venait de se joindre la garnison de Djemma-Ghazaouat. Au marabout de Sidi-Brahim, nos officiers et nos soldats contemplèrent, avec un sentiment de douloureuse fierté, les larges taches de sang qui couvraient les murailles du petit bâtiment.

Cavaignac, ayant appris la présence à Djemma-Ghazaouat de l'abbé Suchet, vicaire général du diocèse d'Alger, venu pour y organiser le culte, avait prié ce vénérable prêtre d'accompagner la garnison à Sidi-Brahim, pour y rendre les derniers devoirs aux héros qui avaient succombé aux côtés du colonel de Montagnac. Le général était un de ces républicains qui comprennent les sentiments secrets du soldat, un de ces esprits largement ouverts qui, tout en n'ayant pas la foi, comprennent que d'autres la possèdent. L'abbé Suchet n'aurait eu garde de manquer au pieux rendez-vous qui lui était assigné. Quelques soldats lui improvisèrent un autel à quelques pas du marabout ; deux planches grossières, posées sur deux bâtons, devinrent la table sainte ; sur deux perches à hauteur d'homme, enfoncées en terre, on accrocha le manteau du prêtre pour former le fond de cet autel primitif ; le bénitier était un de ces simples petits vases en fer blanc dont le soldat se sert en campagne, et qu'il nomme quart ; l'aspersoir était une feuille de palmier-nain ; deux fanaux de marine, apportés de Djemma, servirent de flambeaux ; enfin, la croix fut fixée dans le canon d'un fusil. Ces préparatifs achevés, Cavaignac fit déployer sa troupe sur une seule ligne et sur un seul rang, chaque soldat ayant son fusil en bandoulière ; puis on se mit lentement en route, ramassant les os et les débris d'armes, d'équipements, de vêtements épars tout le long du plateau. Ces débris, pieusement réunis, furent transportés à Djemma-Ghazaouat. Devant le funèbre amoncellement, les bataillons serrés en masse défilèrent, puis firent face à droite et présentèrent les armes, pendant que l'artillerie tirait une salve de ses canons.

Ce cérémonial militaire achevé, la colonne forma le carré autour de l'autel. Il serait difficile de rendre les impressions qui se peignaient sur le visage hâlé de nos soldats, pendant que le sacrifice de la messe s'accomplissait ainsi sous la voûte du ciel ; des témoins racontent que cette cérémonie fut sublime, et qu'à l'élévation, les tambours et les clairons retentirent comme la clameur d'un triomphe. S'adressant à la foule attentive, le vicaire général trouva au fond de son cœur des paroles qui exprimaient avec une rare éloquence les sentiments du plus pur patriotisme, et qui émurent profondément l'auditoire.

« C'est là, disait ce vénérable prêtre, c'est là qu'ils moururent ! Voilà cette terre qui a bu le sang de quatre cents braves ! Comme à Waterloo, où la France avait dit, par la bouche d'un de ses fils : Je meurs et ne me rends pas ; de même, longtemps après, en face d'autres ennemis, quatre cents Français ont prouvé que les enfants de la France savent toujours préférer la mort à une honteuse captivité. Accablés par le nombre, ils ne pouvaient vaincre : ils ont triomphé par la mort. Mais ils périrent loin de leur patrie, sans recevoir les derniers adieux d'une mère, d'une sœur, d'un ami, d'une épouse peut-être. Qui nous dira les secrets de la mort? Qui nous dira ce qui se passe dans l'âme du soldat chrétien à ce moment suprême, alors que, dégagé des illusions d'un monde qui lui échappe, à la porte de son éternité, elle va paraître devant Dieu qui l'attend? Le sentiment religieux, qui ne s'éteint jamais dans un cœur noble, se réveille avec intensité. Le doux souvenir des prières d'une mère, d'une sœur, excite en lui le repentir qui ouvre le ciel.

» Ils moururent comme vous savez tous mourir, comme vous seriez morts à leur place, comme meurent les soldats français. Leur voix s'élève pour nous crier d'aimer la France. Ils sont là, voilà leurs ossements déposés devant vous.

» Mais il manquait à ces nobles dépouilles de derniers et suprêmes honneurs, les honneurs de la religion, qui doit imprimer sur toutes les œuvres des hommes le cachet de l'éternité. C'est ce devoir sacré que nous remplissons aujourd'hui. Ce ne sont pas de stériles regrets, ni des couronnes périssables que nous déposons en ce moment sur cette grande tombe ; j'y ai appelé l'auguste victime immolée pour le salut de tous. Nous avons prié le Dieu des armées, par le sang de son divin fils, d'ouvrir à ces héros, à nos frères, les portes du ciel... Et pourquoi ne pas espérer qu'un Dieu clément les a reçus dans sa grande miséricorde? La valeur est une vertu ; ces vaillants hommes sont morts pour la patrie, et le drapeau de la patrie, sur cette terre d'Afrique, n'est-ce pas le drapeau de la religion?

» Maintenant, que la renommée aille dire à la France que la religion est venue verser ses vœux, ses prières, ses bénédictions sur la tombe solitaire de Sidi-Brahim ; qu'elle le redise surtout à ces mères, à ces sœurs, à ces épouses en deuil... Leurs larmes couleront moins amères, et leurs cœurs seront consolés par l'espérance de retrouver, dans une meilleure vie, ceux qu'elles ont perdus.

» La France entière est avec vous ; elle sera reconnaissante de l'acte religieux que vous venez d'accomplir.

» Recouvrons d'un peu de terre les restes glorieux de nos frères sacrifiés. Plus tard, sans doute, lorsque des villages et des villes couvriront cette Algérie française, on élèvera ici, à la place où nous sommes, un monument digne de notre grande nation, et le guerrier viendra, comme autrefois les anciens preux, aiguiser son épée sur la pierre de cette tombe, avant d'aller, s'il en était besoin encore, combattre et vaincre nos turbulents ennemis. »

Le souhait de l'abbé Suchet fut exaucé plus tard. A deux cents pas de Djemma-Ghazaouat, devenu Nemours, à l'ombre des caroubiers, une pierre funéraire recouvre l'endroit où furent déposés les ossements réunis de nos officiers et de nos soldats.

Un malheur, dit le proverbe, n'arrive jamais seul. L'impression produite sur l'armée d'Afrique, par le fatal combat de Sidi-Brahim, était douloureuse, mais exempte d'amertume ; il n'en fut pas de même lors de la triste affaire d'Aïn-Témouchent, désastre pour nous entaché de honte. Il s'agissait d'un fait sans précédent dans les annales d'Afrique : la reddition, sans combat, de deux cents hommes à l'ennemi.

Après sa facile victoire de Sidi-Brahim, Abd-el-Kader avait traversé la tribu des Traras et celle des Beni-Ameur, qu'il avait entraînées à sa suite. La résistance opiniâtre de ces deux tribus avait frappé Cavaignac, et lui donnait lieu de craindre que ses troupes ne fussent victimes d'une catastrophe. Il songea d'abord au poste d'Aïn-Témouchent, où commandait le capitaine Safrané, du 2ᵉ bataillon de zouaves. Nous avons raconté, dans le chapitre consacré aux zouaves, comment cet intelligent officier réussit à en imposer à Abd-el-Kader, en disposant en batterie les charrues des colons réfugiés dans la redoute, et en mettant au bout de bâtons tous les vieux chapeaux qu'il avait pu se procurer. En attendant l'arrivée de Lamoricière, gouverneur général par intérim, qui accourait d'Alger avec un renfort de trois bataillons, Cavaignac voulut pourvoir à la complète sécurité de ce poste, placé sur une des routes que devait suivre l'émir en manœuvrant au pays des Traras. Réunissant tous les malingres et les convalescents, il en forma un détachement qu'il fit partir de nuit; c'était une faute, car si les marches de nuit sont extrêmement pénibles pour les soldats valides, à plus forte raison deviennent-elles presque impossibles à des hommes faibles ou relevant de maladie.

Le général commit une seconde faute, celle de déroger à ses habitudes de discipline. D'après les règlements militaires, quand deux officiers de même grade marchent ensemble, c'est le plus ancien qui doit commander. Or, deux officiers étaient désignés pour aller à Aïn-Témouchent : M. Hilarin, lieutenant au 41° de ligne, et M. Marin, lieutenant au 15° léger. Le commandement revenait de droit au plus ancien, M. Hilarin; mais, comme il était nouveau venu en Afrique, on lui supposait peu d'expérience des choses de la guerre. M. Marin, au contraire, avait fait sa carrière aux zouaves, et était personnellement connu de Cavaignac, qui avait été son colonel; ayant fait ses preuves, il jouissait d'une grande réputation de bravoure. Aussi le général jugea-t-il cet officier éminemment apte à conduire un détachement nombreux, chose toujours délicate. Il prit donc sur lui de violer le règlement, en cette circonstance, pour subordonner M. Hilarin à son protégé M. Marin.

On adjoignit à ces deux officiers, M. Cabasse, sous-aide-major du service des hôpitaux. Un convoi de munitions et de vivres suivait le détachement.

M. Marin partit à l'entrée de la nuit; on espérait que le

lendemain, vers dix heures du matin, il serait rendu à Aïn-Temouchent. A minuit, la petite troupe franchit l'Oued-Isser, pour gagner un piton sur lequel se voyaient trois marabouts en ruines. C'est là que le lieutenant Marin comptait faire une halte. Le détachement atteignit péniblement ce point; les hommes déposèrent leur sac, et commencèrent les préparatifs de leur repas. Ils n'avaient plus que deux heures de marche pour arriver à destination. Tout à coup débouchèrent de nombreux groupes de cavaliers arabes, parmi lesquels on distinguait Abd-el-Kader et Bou-Hamidi, le khalifa de Tlemcen. Renonçant à attaquer la redoute d'Aïn-Temouchent, à cause des charrues que le capitaine Safrané avait si ingénieusement disposées en batterie, l'émir reprenait la route de la frontière marocaine, sans se douter de la rencontre qu'il allait faire et de la proie que le hasard lui ménageait.

A la première apparition des goums ennemis, les soldats du détachement Marin coururent aux armes. Certes, la défense était facile; outre qu'ils se trouvaient sur un mamelon dominant la plaine, ils pouvaient se retrancher dans les ruines des trois marabouts, qui se flanquaient mutuellement. Abd-el-Kader et Bou-Hamidi allaient passer leur chemin, peu soucieux d'engager avec leurs cavaliers une lutte problématique contre nos fantassins occupant une position favorable, lorsqu'ils virent s'avancer vers eux un officier français. C'était M. Marin, qui, pris évidemment d'un accès de folie, avait défendu à ses hommes de bouger, et venait offrir de se rendre, lui et sa troupe, moyennant la vie sauve pour tous.

On vit alors, ô honte! la cavalerie arabe entourer le détachement français, lui faire mettre bas les armes, s'emparer des munitions, et se diriger sur le Maroc, traînant à sa suite deux cents soldats qui allèrent, sur les bords de la Tafna, rejoindre les chasseurs pris à Sidi-Brahim.

Abd-el-Kader déclara plus tard que jamais il n'aurait osé attaquer le détachement Marin, s'il avait fait mine de se défendre. Effrayés par les pertes qu'ils avaient subies à Sidi-Brahim, ses cavaliers ne l'eussent point suivi. Il fallut que la folie d'un officier lui fournît l'occasion d'un succès sans risques.

Ce qu'il y eut d'extraordinaire, c'est que ni le lieutenant Hilarin, ni le docteur Cabasse, ni même un soldat du détachement, ne songèrent à protester contre l'acte inqualifiable de leur chef. Hélas ! tous ces malheureux devaient payer cher un moment d'oubli; car, après quatre mois de captivité et de souffrances, ils furent lâchement égorgés, à l'exception des officiers. Le lieutenant Hilarin mourut au Maroc, de désespoir et de misère, et Marin ne reparut que pour être traduit devant un conseil de guerre qui le condamna à mort. La peine fut commuée, il est vrai ; mais le malheureux officier, que personne ne songea à accuser de lâcheté, puisqu'on le savait brave, quitta l'armée et l'on ignore ce qu'il est devenu.

Ce fait, inouï jusqu'alors, de Français déposant les armes devant des Arabes, flatta si fort la vanité des indigènes, que la révolte en reçut une impulsion nouvelle. La possibilité entrevue d'un triomphe sans lutte sanglante, en s'emparant de leur complaisante imagination, inspira de l'audace aux plus timides. L'habileté d'Abd-el-Kader sut tirer parti de ces deux événements. Il fit publier dans les tribus que « pour éprouver le courage et la foi de ses fidèles, il avait voulu qu'à Sidi-Brahim les soldats français se défendissent à outrance ; tandis qu'à Aïn-Temouchent, pour récompenser le zèle et le dévouement de ses partisans, il leur avait accordé une victoire facile, en fascinant de son regard les deux cents hommes capturés. »

C'est ainsi que notre adversaire acharné exploitait, au profit de sa cause, la passion des Arabes pour le merveilleux.

Lamoricière réprima assez rapidement la révolte de la province d'Oran ; mais Bou-Maza ne s'était pas encore rendu au colonel Saint-Arnaud, et l'insurrection, maîtrisée sur un point, éclatait sur d'autres. Des officiers isolés, comme le chef de bataillon Billot, commandant le poste de Sebdou, étaient attirés sous la tente par des Arabes, en apparence nos amis, et traîtreusement assassinés.

L'annonce d'une insurrection, qui, au dire des pessimistes, allait détruire les résultats de quinze années de guerre, causa en France une impression des plus fâcheuses. Le gouvernement se hâta de diriger sur l'Afrique douze mille hommes de renfort, et le maréchal Bugeaud, retiré dans sa propriété d'Excideuil, fut invité à se rendre à Alger. Le vieux guerrier ne sut pas obéir en silence ; il se laissa aller à son humeur, et, sans souci de tempérer son langage, se mit à déverser le blâme sur le ministère, sur les chambres et jusque sur ses propres lieutenants, disant à qui voulait l'entendre, qu'on s'était plu, en contrariant ses plans de campagne du printemps, à appeler des calamités sur l'Algérie. Une lettre du maréchal, rendue publique, augmenta les appréhensions. « J'ai le cœur navré, écrivait-il, de tant de malheurs et de tant d'aveuglement de la part des gouvernants et de la presse ; il est à craindre que tout cela ne soit une forte guerre à recommencer. »

Appelé à Paris afin de s'expliquer devant les chambres, le vainqueur de l'Isly refusa de se défendre au sujet d'une lettre purement confidentielle, et partit immédiatement pour Alger. Son prompt retour imprima bientôt plus d'ensemble aux opérations militaires, et rétablit la confiance. Jurant qu'Abd-el-Kader lui demanderait grâce tôt ou tard, l'obstiné maréchal résolut de lui faire une guerre à outrance, sans trêve ni merci, aussi tenace que la sienne. Par une savante combinaison de marches et de contre-marches, nos colonnes se trouvaient sans cesse sur les traces de l'émir, lui barrant les passages, châtiant les tribus qui lui donnaient asile, soutenant celles qui lui résistaient. L'actif général Yusuf, avec une colonne mobile, fut chargé tout spécialement de suivre sa piste pour le combattre et l'anéantir. Trois fois Yusuf réussit à le joindre et trois fois l'émir put s'échapper avec son escorte. Il n'était plus qu'un vulgaire batteur d'estrade, courant un peu partout à l'aventure, razziant les tribus pour se procurer des ressources, se montrant tantôt ici, tantôt là. Le général Yusuf, le général Lamoricière, le colonel Renault se le renvoyaient les uns aux autres. Beaucoup de caïds et d'aghas, qui avaient naguère suivi sa fortune, l'abandonnaient pour faire des offres de soumission qu'on accueillait volontiers. Abd-el-Kader déchu essaya une pointe dans le Djurjura, où les tribus kabyles le reçurent à coups de fusil; de là, il gagna Boghar, d'où sortit le colonel Camou, qui lui livra combat et le rejeta sur la colonne Yusuf; celle-ci le poursuivit de bivouac en bivouac et le renvoya tout mutilé à la colonne Renault. Cette dernière surprit chez les Chellahahs les derniers cavaliers de celui qui avait été l'émir, et lui donna ainsi le coup de grâce; puis elle le chassa au-delà des frontières du Maroc: notre ennemi ne devait plus les franchir que pour venir implorer la générosité de la France.

Ainsi finit cette campagne. Elle avait duré près de deux ans, et donné lieu à plus de cent combats. La révolte était définitivement écrasée: une fois de plus, la discipline et la tactique venaient de l'emporter sur le fanatisme. Cette grande insurrection de 1845-1846 donna à chacun une utile leçon; elle démontra aux Arabes l'inutilité de leurs efforts pour secouer un joug que la France s'efforçait d'ailleurs de rendre doux, en même temps qu'elle nous enseignait à se tenir toujours sur nos gardes.

III

Il n'y avait pas longtemps que les chasseurs à pied, dont le 8⁰ bataillon se fit si glorieusement hacher à Sidi-Brahim, existaient dans l'armée française. La nécessité pour notre pays d'avoir des troupes à opposer aux corps spéciaux des armées étrangères, étant reconnue par le duc d'Orléans, il fit partager son opinion au maréchal Soult. C'est alors qu'on forma (1) à Vincennes, à titre d'essai, une compagnie qui devait recevoir une instruction et un armement particuliers. On lui donna la carabine Delvigne, perfectionnée par le colonel d'artillerie Poncharra. Le roi avait délégué un de ses généraux aides de camp pour suivre les manœuvres de la nouvelle compagnie, et l'essai avait paru concluant. En conséquence, un bataillon entier fut créé par décision royale du 14 novembre 1838 (2). Il fallut naturellement lui enseigner une nouvelle école de tirailleurs, multiplier les exercices de gymnastique, lui apprendre l'escrime à la baïonnette, etc., etc. On ne se doutait pas, à l'époque où furent institués les chasseurs à pied, de quelle nécessité est l'instruction sur le tir, dans l'infanterie ; cette instruction, qui, de nos jours, a acquis une importance capitale, était alors à peu près nulle.

Lorsque, un an après sa formation, le roi passa au camp de Fontainebleau la revue du nouveau bataillon, il fut frappé de l'étonnante agilité avec laquelle ces soldats exécutaient les mouvements variés qu'on leur commandait. Il en exprima toute sa satisfaction au ministre de la guerre :

« Sire, ce n'est pas un bataillon, mais trente comme celui-ci, que je voudrais voir à Votre Majesté, » répondit Soult.

A la fin de 1839, Abd-el-Kader venant de déclarer la guerre sainte, les tirailleurs de Vincennes firent partie des nombreux renforts que l'on expédia au maréchal Valée. On pense bien qu'un bataillon composé d'officiers et d'hommes choisis, formés par une éducation militaire spéciale, fut promptement rompu aux marches et aux fati-

(1) Sous les ordres du capitaine Delamarre, depuis général de division.
(2) Ce bataillon, également formé à Vincennes, conserva le surnom de chasseurs de Vincennes, qu'il avait reçu dès le début.

gues. Les compagnies Castagny (1) et Ribains se distinguèrent tout d'abord brillamment. Afin d'assurer le libre passage de la colonne Changarnier, le capitaine de Ribains avait été chargé de déloger les Arabes d'une position formidable. C'était une sorte de cascade verticale de rochers friables, que quelques chasseurs essayèrent de franchir en ligne droite. Mais le pied leur manqua, et neuf d'entre eux furent précipités, d'une hauteur de quatre-vingts mètres, dans le lit de la rivière qui coulait au pied des rochers. Le capitaine de Ribains tourna la position par la droite.

On vit, dans ce combat, le chasseur Calmette, entouré d'ennemis et séparé de ses camarades, abattre, d'un coup de carabine, un de ses agresseurs, en renverser deux autres à coups de baïonnette, et, acculé au précipice, s'accrocher encore à deux d'entre eux, pour les entraîner dans sa mort. Le rocher était à pic, tous trois roulèrent dans l'abîme ; mais, par un hasard providentiel, l'Arabe que Calmette tenait étroitement serré se trouva par dessous quand le groupe toucha la terre, et sauva ainsi la vie à l'intrépide soldat.

Quand il fallut abandonner la position, après le passage de la colonne, le capitaine de Ribains dirigea la retraite, descendit le dernier de tous, bravant les balles ennemies. Trois Arabes tombèrent sur lui, le renversèrent, et, d'un coup tiré à bout portant, lui fracassèrent l'épaule ; les chasseurs ne purent dégager leur capitaine qu'après un furieux combat corps à corps. Dans la nuit qui suivit, Ribains dut subir l'amputation du bras. Assis sur une caisse à biscuit, au milieu des morts et des mourants, l'héroïque officier supporta, avec son inébranlable fermeté, une opération des plus douloureuses. A cette époque, on n'endormait pas les patients. Deux ou trois fois, pendant l'opération, il se tourna vers le docteur, lui disant doucement :

« Vraiment, docteur, vous me faites mal. »

___

(1) Plus tard général de division.

Dans cette campagne de 1840, les chasseurs de Vincennes perdirent un de leurs capitaines, et presque tous leurs officiers furent blessés, entr'autres le commandant Grobon, plus tard général, le capitaine de Ribains, et le lieutenant Uhrich, frère du défenseur de Strasbourg en 1870.

Cependant, dans cette même année 1840, un formidable orage menaçait d'éclater sur l'Europe. On sait que le gouvernement de Louis-Philippe se prépara vigoureusement à la guerre ; pendant que les fortifications de Paris s'élevaient, l'armée s'augmentait de douze régiments d'infanterie et de quatre régiments de cavalerie. Comme le bataillon de tirailleurs de Vincennes s'était valeureusement conduit en Afrique, on décida la création immédiate de dix bataillons de chasseurs à pied, et on confia le soin de les former au duc d'Orléans qui avait beaucoup médité sur la guerre, n'ayant négligé aucune occasion de la voir de près et de la faire bravement lui-même. De plus, il jouissait dans l'armée de la confiance la plus entière et d'une immense popularité. Nul mieux que lui ne pouvait donc s'acquitter d'une mission difficile, celle de former des corps d'élite appelés à rendre des services essentiels.

Le bataillon créé à Vincennes en 1838-1839 fut rappelé d'Algérie, reçut le nom de 1er bataillon de chasseurs à pied, et servit de type à l'organisation des neuf autres, qui furent formés (1) au moyen d'hommes prélevés sur tous les régiments d'infanterie de ligne et d'infanterie légère. Le prince choisit pour les dix bataillons de chasseurs un corps d'officiers remarquable, tiré de l'infanterie française ; mais il ne voulut pas que les chasseurs fussent différenciés du reste de leurs camarades par des tarifs spéciaux pour la solde et les prestations. C'était sagement agir ; car, de la sorte, il ne pouvait être question de rivalités ou de jalousies d'armes.

Le commandant du 1er bataillon de chasseurs fut M. de

---

(1) Au camp de Saint-Omer.

Ladmirault, ancien capitaine de zouaves ; les autres se nommaient Camou, Mellinet, Forey, Uhrich. Le duc d'Orléans voulut aussi que l'état-major participât à la nouvelle institution ; le commandement d'un des bataillons fut donné au capitaine de Mac-Mahon (1), déjà proposé, quoique bien jeune, pour le grade supérieur, à la suite de plusieurs actions d'éclat.

Combien de zèle et de tact ne fallut-il pas au duc d'Orléans pour mener à bien la besogne qui lui était confiée. Il passa un hiver à Saint-Omer, où il se fit adjoindre le général Rostolan, avec deux lieutenants-colonels des plus distingués, choisis dans l'arme de l'infanterie. En mai 1841, les bataillons de chasseurs émerveillèrent les Parisiens à la grande revue que le roi Louis-Philippe ordonna, pour la distribution des drapeaux. Les bruits de guerre s'étant un peu apaisés, quatre des nouveaux bataillons partirent immédiatement pour l'Algérie. Dans le cours de ces récits, maintes fois nous avons eu l'occasion de rappeler de glorieux faits d'armes accomplis par les chasseurs à pied. Si le général Changarnier, au célèbre combat de l'Oued-Foddah, osa exécuter un pareil coup de main, c'est qu'il savait quelle était la valeur des soldats dont il disposait. Il n'avait que deux bataillons d'infanterie, mais ces deux bataillons étaient de zouaves et le 6° chasseurs à pied. Nous avons vu le général Bugeaud à la bataille d'Isly placer le 3° chasseurs à la tête du fameux losange, de la hure de sanglier, que figurait la colonne française. Le 9° bataillon, commandant Clère, fit l'admiration de l'armée d'Afrique en 1845. Dans un terrible combat contre les bandes de Bou-Maza, Clère fut frappé à mort, et les chasseurs, ne voulant pas abandonner à l'ennemi le corps de leur commandant, inébranlables dans leur résolution malgré l'épuisement des cartouches, rentrèrent au camp victorieux, mais avec des baïonnettes **rouges de sang jusqu'à la douille.**

(1) Alors capitaine d'état-major.

Nous retrouvons un des bataillons de chasseurs s'immortalisant à Sidi-Brahim, un autre à Zaatcha. Un volume ne suffirait pas à raconter leurs prouesses en Crimée, en Italie, en Chine, au Mexique. Sous le deuxième empire, les bataillons furent portés au nombre de vingt, outre le bataillon de la garde impériale. Nous estimons que le gouvernement de la République aurait bien fait de se borner à ce chiffre. En effet, ces bataillons, sous le règne de Louis-Philippe, pendant lequel ils étaient armés d'une carabine à longue portée, et sous le règne de Napoléon III où on leur donna la grosse carabine à tige, avaient leur raison d'être ; mais aujourd'hui que l'armement est uniforme pour toute l'infanterie française, on se demande s'il y a lieu de conserver trente bataillons à recrutement spécial, formés des hommes les plus robustes du contingent. Mieux vaudrait, disent les novateurs, les répartir dans la masse, qui de la sorte serait améliorée dans son ensemble.

Les défenseurs des chasseurs à pied invoquent la tradition, et objectent qu'à toute armée il faut des corps d'avant-garde. Sans nous prononcer sur le bien ou le mal fondé de ces arguments, nous ferons observer qu'à l'époque où nous vivons, il est difficile de conserver des traditions, et qu'au surplus un vent d'égalité souffle sur nos institutions militaires. Niveler, niveler, tout jeter dans le même moule égalitaire : telle est la pensée constante de certains réformateurs.

IV

Les prisonniers français de Sidi-Brahim et d'Aïn-Témouchent allèrent en rejoindre d'autres pris dans diverses rencontres, et qui formaient ce qu'on appela la déïra (suite) d'Abd-el-Kader ; celle-ci, de longue date, était reléguée sur le territoire marocain.

Au nombre de ces prisonniers, relativement anciens, se trouvait le célèbre Escoffier, trompette aux chasseurs d'Afrique. Voici dans quelles circonstances fut pris cet intrépide soldat.

A la fin de septembre 1843, le général Lamoricière, dans l'espoir de surprendre Abd-el-Kader, qui essayait de rassembler quelques-uns des débris de la Smala, dispersée par le duc d'Aumale, s'était porté sur Sidi-Yusuf avec sa cavalerie et deux bataillons d'infanterie sans sacs. Quelques centaines de fantassins arabes y furent trouvés rangés en bataille, et le colonel Morris les chargeait, lorsque quatre cents cavaliers rouges de l'émir parurent sur notre flanc droit. Le colonel n'eut que le temps de prescrire un à-droite à deux de ses escadrons, et laissa marcher les deux autres sous les ordres du capitaine de Cotte. Celui-ci, en abordant l'infanterie ennemie, eut son cheval tué sous lui. Mettant aussitôt pied à terre, le trompette Escoffier, avec une noble simplicité, offrit son cheval à son commandant.

« Mais, mon pauvre garçon, dit M. de Cotte, comment feras-tu pour te sauver ?

— Prenez vite, mon capitaine, répondit le généreux soldat, le temps presse. C'est vous et non pas moi qui devez rallier la colonne. »

Escoffier fut donc fait prisonnier. Nous avons déjà raconté de quelle façon il se présenta à Abd-el-Kader, grâce auquel le vaillant trompette fut traité d'abord par les Arabes avec des égards qui n'étaient guère dans leurs habitudes. On ne le sépara pas d'un de ses camarades aux chasseurs d'Afrique, pris en même temps que lui. Plus tard, les deux chasseurs furent confiés à une tribu marocaine, qui leur fit souffrir des traitements inimaginables. L'émir avait promis à Escoffier, s'il consentait à se faire musulman, de lui donner le grade d'officier dans ses réguliers ; comprenant le refus catégorique du trompette, il avait donné l'ordre de le laisser en repos. Mais les fanaques marocains firent expier durement à Escoffier son refus d'apostasier.

« L'armée, disait le maréchal Bugeaud dans un ordre du jour spécial, admire encore le généreux dévouement du trompette Escoffier, du 2ᵉ régiment de chasseurs d'Afrique... Le roi, informé de cette conduite héroïque, n'a point attendu qu'Escoffier fût rendu à la liberté pour le nommer membre de la Légion d'honneur.

» Cette récompense, qui calmera chez Escoffier les douleurs de la captivité, touté l'armée y prendra part ; elle y verra une nouvelle et éclatante preuve que le gouvernement ne laisse jamais dans l'oubli les belles actions. »

Cette croix de la Légion d'honneur fut envoyée à Abd-el-Kader, qui la fit remettre au brave chasseur. Ce modeste héros, compris plus tard dans un échange de prisonniers, échappa ainsi au massacre que nous allons décrire.

Cavaignac avait tenté plusieurs marches hardies dans le Maroc, pour délivrer nos compatriotes. Mais la déïra était extrêmement mobile, et toutes les tentatives du général demeurèrent infructueuses. Cependant, de temps à autre, l'émir nous envoyait un de ses cavaliers, porteur des lettres de nos malheureux captifs. Ces lettres révélaient que ceux-ci jouissaient d'un moral excellent et rendaient toutes un juste hommage aux officiers qui n'avaient jamais consenti à se séparer des soldats afin de leur donner l'exemple de la résignation. Un nommé Bernard, chasseur à pied de Sidi-Brahim, ayant un jour réussi à s'évader, vint apporter des nouvelles qui firent singulièrement réfléchir ceux qui gratifiaient bénévolement l'émir d'une certaine réputation d'humanité On apprit ainsi que six des prisonniers français, malades et dans l'impossibilité de suivre la déïra, avaient été impitoyablement massacrés sur l'ordre de l'âme damnée d'Abd-el-Kader, son beau-frère Mustapha-ben-Tahmi, qui n'osait jamais rien exécuter sans les ordres formels de son terrible parent.

Ce massacre partiel fut le prélude d'un massacre général. Dans le courant de l'été 1846, le bruit que tous les prisonniers de la déïra, à l'exception de quelques officiers et sous-officiers, avaient été exécutés dans la nuit du 27 au 28 avril, répandit la consternation en Algérie. Les premiers renseignements sur ce déplorable évènement furent donnés par Guillaume Roland, clairon au 8ᵉ bataillon de chasseurs. Malgré trois blessures, un coup de feu, un coup de yatagan et un coup de poignard, Roland était parvenu à s'échapper, et avait pu, sous la conduite d'un Marocain, gagner la redoute de Lalla-Maghnia.

Depuis quelque temps, la déïra était dans une situation des plus critiques ; une sorte de papier-monnaie, créé par Abd-el-Kader, et auquel l'espoir d'un succès chimérique avait donné quelque crédit, n'obtenait plus cours parmi les tribus marocaines chez lesquelles la déïra achetait des vivres. Elle ne trouvait plus de moyens d'existence en restant sur le terrain qui lui était assigné, et Mustapha-ben-Tahmi n'osait prendre sur lui de transporter ailleurs le triste troupeau qui lui était confié. Plusieurs fois, il écrivit à son beau-frère qu'il lui était de plus en plus difficile de nourrir les trois cents prisonniers français dont il avait la garde. Pendant ce temps, les pourparlers au sujet de l'échange des prisonniers avaient échoué ; l'émir laissa alors son lieutenant libre d'agir selon les circonstances, et comme celui-ci réclamait des instructions moins vagues, il reçut l'autorisation formelle de faire massacrer les nôtres.

Redoutant le courage désespéré des Français, Mustapha-ben-Tahmi eut recours à la perfidie. Mais donnons la parole au clairon Roland, qui fut à la fois acteur et spectateur de ce drame sanglant.

« La déïra, dit-il, était campée à environ trois lieues de la Malouïa. Les prisonniers, établis sur le bord de la rivière, occupaient une vingtaine de gourbis, au milieu du camp des fantassins réguliers. Ceux-ci, au nombre de cinq cents environ, étaient répartis aussi dans des gourbis, par bandes de cinq ou six. Le camp était clos par une enceinte de broussailles fort élevée, dans laquelle on avait ménagé deux passages ; de cette manière, la garde était plus facile.

» Le 27 avril, vers deux ou trois heures de l'après-midi, arriva une lettre d'Abd-el-Kader ; ensuite trois cavaliers vinrent à notre camp pour chercher les officiers, de la part de Mustapha-ben-Tahmi, et, sous prétexte de les faire assister à une fête chez le khalifa, ils emmenèrent MM. de Cognord, Larrazet, Marin, Hillerin, Cabasse, l'adjudant Thomas, le maréchal des logis chef des hussards Testard, le hussard Trattel et deux autres.

» A l'entrée de la nuit, les autres prisonniers furent réunis sur un rang. On nous avait donné l'ordre d'apporter tous nos effets avec nous. Quand nous avons été ainsi rassemblés, les fantassins réguliers sont venus, et on nous a séparés pour nous conduire dans leurs gourbis. Nous étions sept par gourbi. Je dis à mes camarades qu'il y aurait quelque chose pendant la nuit, qu'il ne fallait pas dormir, mais nous tenir prêts à nous défendre dans le cas où l'on voudrait nous tuer. J'avais un couteau français, que j'avais ramassé sur le bord de la Malouïa trois jours auparavant. En entrant dans la cabane, j'avais trouvé une faucille, que j'avais donnée à mon camarade Daumat. Au moindre bruit, avais-je dit, je sortirai, et vous me suivrez.

» Vers minuit, les soldats d'Abd-el-Kader poussèrent un cri. C'était le signal. Je sors le premier, je rencontre un régulier, je lui donne un coup de couteau dans la poitrine ; il tombe, je saute dans l'enceinte de buissons, et je roule par terre. Pendant que j'étais à me débarrasser, des soldats arrivent cherchant à me prendre ; mon pantalon était heureusement en mauvais état, il reste entre leurs mains, et je m'échappe en chemise. Dans un ravin, à cent mètres du camp, une embuscade tire sur moi, une balle me blesse légèrement à la jambe droite ; je continue à fuir, je monte sur une colline, et je m'assieds pour voir si quelqu'un de mes camarades pourra me rejoindre.

» En me tournant vers le camp, j'entendais les cris des prisonniers et des gens d'Abd-el-Kader. Les coups de fusil ont duré plus d'une demi-heure ; et si j'en juge par le bruit que j'ai entendu, mes camarades ont dû se défendre.

» Voulant échapper au massacre, plusieurs prisonniers s'étaient réfugiés dans nos gourbis, au milieu du camp ; pour les en chasser, on y mit le feu, et on les tirait au fur et à mesure qu'ils sortaient.

» Voyant que personne ne me rejoignait, j'ai franchi la Malouïa, et j'ai marché pendant trois nuits, me cachant le jour. Le troisième jour, vers trois ou quatre heures, il a plu et il faisait un vent qui coupait les broussailles. J'ai continué à marcher, mais j'étais presque nu, je souffrais, je supposais que j'avais encore pour deux ou trois heures de marche. Préférant en finir, je me suis dirigé vers un village marocain, où je suis arrivé avant la tombée de la nuit. A l'entrée, j'ai rencontré des femmes qui venaient puiser de l'eau ; à mon aspect, elles ont pris la fuite en poussant des cris, et je suis entré dans le village.

» A l'extrémité d'une petite rue, j'aperçus un jeune homme d'une vingtaine d'années ; en me voyant, il sortit un poignard pour me tuer ; comme je voulais mourir, je m'avançais vers lui lorsqu'un autre homme, venu d'une terrasse voisine, retint le bras du jeune homme. Ce dernier m'emmena chez lui, me fit chauffer quelques minutes, puis me conduisit dans sa case. Là, il m'attacha les pieds et les mains, et jeta sur moi une couverture. Moi, je ne disais rien, je croyais que je ne souffrirais pas longtemps. Cependant, il me dit qu'il ne me tuerait pas. Je passai la nuit comme je pus ; au matin, il vint me détacher. Je suis resté sept jours avec lui ; il ne me laissait pas sortir, parce qu'il y avait des gens qui voulaient me tuer.

» Le septième jour, est arrivé un homme qui m'a acheté deux douros, et qui m'a fait partir la nuit pour me conduire dans sa maison. En arrivant, il m'a donné un haïk et un burnous ; il m'a gardé dix jours. Le dixième jour, il m'a conduit chez un de ses parents qui habite un village marocain, à un jour de marche de Lalla-Maghnia. Ce dernier m'a emmené parce que l'autre ne connaissait pas la route ; nous sommes venus par les montagnes de Nedroma, et, près de cette ville, mon conducteur a dû prendre un guide.

» J'avais dit à mon premier patron qu'il aurait de l'argent, s'il me rendait aux Français. Je pense que c'est ce qui a donné au second l'idée de me ramener. Nous étions à la déïra deux cent quatre-vingts. On m'a dit qu'il y a deux de mes camarades qui sont dans d'autres villages marocains. »

Deux autres prisonniers en effet s'échappèrent. On ignore ce que devint l'un d'eux ; l'autre, nommé Joseph Delpech, reparut, et son récit, en tous points conforme à celui de Roland, vint en corroborer tous les détails.

Abd-el-Kader n'osa rentrer à sa déïra qu'un mois après cette infamie, qui souille à tout jamais la mémoire de cet homme, dont quelques qualités ont provoqué parmi les Français des admirations exagérées. Il s'est toujours défendu d'avoir ordonné le massacre de nos compatriotes, exprimant le regret qu'on eût pu l'en croire capable. Mais comme ce regret n'a jamais été accompagné d'aucune preuve, comme les témoignages en sens contraire abondent, il faut considérer le procès comme jugé.

Le gouvernement du roi Louis-Philippe, et par suite, le maréchal Bugeaud, furent violemment attaqués à cette occasion. Interpellé à la Chambre des députés, le ministre des affaires étrangères répondit :

« Nous avons appris en même temps la proposition d'échange des prisonniers, faite par Abd-el-Kader, et l'avis du maréchal Bugeaud. M. le gouverneur général nous mandait qu'il considérait ces ouvertures comme n'étant ni sérieuses ni sincères ; il était convaincu que cette démarche n'avait pas d'autre objet que de persuader aux populations arabes que des négociations pour la paix existaient entre la France et Abd-el-Kader, et d'aider ce dernier à maintenir son ascendant sur les tribus qui étaient sur le point de lui échapper. Le gouvernement eût été parfaitement déraisonnable, s'il avait cru devoir imposer une conviction différente à M. le maréchal Bugeaud. Au surplus, le gouvernement a employé tous les moyens en son pouvoir, directs ou indirects. Ainsi, plusieurs tentatives pour surprendre la déïra et délivrer nos prisonniers ont été faites ou commencées ; et en même temps, des négociations ont été ouvertes avec l'empereur du Maroc pour arriver à ce résultat. L'empereur a répondu à notre appel. Il a fait avancer des troupes, et il a même changé le gouverneur de la province voisine de notre frontière ; mais alors la crainte a gagné la déïra, elle a senti que le péril approchait, et elle a pris le parti de se dissoudre, d'après les ordres formels d'Abd-el-Kader lui-même. C'est au moment où cette résolution critique était prise, qu'a eu lieu la désolante catastrophe dont s'occupe la Chambre. La déïra ne s'est pas sentie en état de garder les prisonniers et de les nourrir ; et plutôt que de les rendre à la liberté, elle a exercé sur eux une vengeance atroce. »

Comme on le voit, le gouvernement royal n'eut, en cette affaire, qu'un seul tort, celui de trop s'en rapporter au maréchal Bugeaud, dont les convictions absolues firent rejeter opiniâtrément les cartels d'échange proposés par Abd el-Kader. Ces convictions étaient sincères sans doute ; mais il n'en est pas moins acquis à l'histoire que nos braves et malheureux soldats ont payé cher l'erreur et l'obstination du maréchal. Le massacre de la déïra est un des épisodes les plus sombres du grand problème de civilisation que la France s'efforce de résoudre dans le nord de l'Afrique.

MM. Courby de Cognard, qui venait d'être promu lieutenant-colonel, MM. les lieutenants Larrazet et Marin, M. Thomas, promu sous-lieutenant, le maréchal des logis Barbat, Testard, hussard, Trott, chasseur à pied, Michel, fusilier au

41°, enfin la femme Thérèse Gilles avaient été heureusement épargnés. Cette dernière avait été prise aux portes d'Oran, huit ans auparavant.

Le lieutenant Hillerin, du 41°, celui que le général Cavaignac, par suite d'une inspiration malheureuse, avait mis sous les ordres de son collègue Marin, était mort dans un village des Kabyles du Riff.

Tous ces braves gens furent délivrés de la façon la plus inespérée. Donnons ici la parole au lieutenant de Castellane, aide de camp de Lamoricière.

« ... Mon lieutenant, un Maltais veut vous parler.

» — Que le diable t'emporte! Qui va là?

» Et, me frottant les yeux, avec le mouvement de colère qu'éprouve toujours un homme dont le premier sommeil est brusquement interrompu, je parvins enfin à rattraper mon bon sens.

» — Lieutenant, reprit le planton de la légion étrangère dès qu'il me vit en état de le comprendre, un Maltais dit avoir à parler au général.

» — C'est moi, Durande (1); j'arrive de Djemma-Ghazâouat, me cria à travers la porte entrebâillée le prétendu Maltais.

» Aussitôt je saute à bas de mon lit, et, tout en passant mon uniforme : — Entrez donc, dis-je à M. Durande, entrez bien vite. Quelles nouvelles apportez-vous?

» — Bonnes, monsieur. Grâce au ciel, les prisonniers sont sauvés; je les ai laissés à Djemma.

» — Courons chez le général; sa joie sera grande.

» Et, m'élançant vers la porte, je descendis l'escalier tortueux quatre à quatre, au risque de me rompre le cou, suivi de M. Durande, affublé d'un grand caban napolitain, couvert de vêtements de pêcheur, et ressemblant si bien à un flibustier des côtes, que l'erreur du soldat était vraiment excusable. M. Durande attendit dans la grande salle mau-

(1) M. Durande était enseigne de vaisseau.

resque du Château-Neuf, pendant que j'entrais chez le général. Il me fallut le secouer rudement, car, si le général de Lamoricière est un travailleur infatigable, il était aussi difficile de l'arracher au sommeil qu'à l'étude. Dès que je lui eus fait part des nouvelles :

» — Envoyez chercher, me dit-il, le colonel de Martimprey. Que l'on réveille ces messieurs. Donnez à deux courriers arabes l'ordre de se tenir prêts à monter à cheval.

» Il était une heure et demie du matin; mais, dans un état-major, le jour ou la nuit les ordres s'exécutent sans retard. Deux minutes après, les plantons se mettaient en route, et j'avais rejoint le général. Nous trouvâmes ce pauvre Durande assis sur un des canapés de la grande salle; la fièvre commençait à lui faire claquer les dents. Constamment en mer depuis soixante heures, sur une méchante balancelle, tour à tour en proie à la crainte et agité par l'espérance, l'excitation nerveuse l'avait soutenu tant qu'il avait dû conserver ses forces pour accomplir son devoir; mais maintenant la réaction commençait à se faire sentir. Il pouvait à peine ouvrir la bouche ; aussi quelles n'avaient pas été ses fatigues depuis un mois !

» Le 2 novembre 1846, un Arabe remettait au gouverneur de Mélilla, ville occupée par les Espagnols sur la côte d'Afrique, une lettre de M. le commandant Courby de Cognord, prisonnier de l'émir. Dans cette lettre, M. de Cognord annonçait que, moyennant une rançon de 40,000 francs, le chef chargé de leur garde consentirait à les livrer, lui et ses dix compagnons d'infortune, les seuls qui eussent survécu au massacre de tous les prisonniers, fait par l'ordre d'Abd-el-Kader.

» Le gouverneur de Mélilla transmit immédiatement cette lettre au général d'Arbouville, commandant alors par intérim la subdivision d'Oran. Bien qu'il eût peu d'espoir, le général d'Arbouville, ne voulant pas laisser échapper la moindre occasion de secourir des Français, fit demander au commandant de la corvette à vapeur *le Véloce* un officier intelligent et énergique, pour remplir une mission importante. M. Durande, enseigne de vaisseau, fut désigné Quant aux 40,000 francs, prix de la rançon, on ne les avait pas ; mais, heureusement, la caisse du payeur divisionnaire se trouvait à Oran. Toutefois, comme aucun crédit n'était ouvert au budget, l'on dut forcer la caisse ; ce qui se fit de la meilleure grâce du monde. Les honnêtes gendarmes, devenus voleurs, prêtèrent main forte au colonel de Martimprey ; procès-verbal fut dressé, et les 40,000 francs, bien comptés en bons douros d'Espagne, furent emportés à bord du *Véloce* qui déposa M. Durande à Mélilla. Depuis ce moment, le *Véloce* touchait dans ce port à chaque courrier de Tanger pour prendre des nouvelles, lorsqu'un ordre venu d'Alger envoya la corvette à Cadix. Le *Véloce* allait se mettre à la disposition de M. Alexandre Dumas : Oran resta sans stationnaire, et les courriers du Maroc furent interrompus.

» Nous étions depuis lors sans nouvelles, et il est facile de comprendre avec quelle impatience nous attendions le récit de M. Durande ; mais la fièvre lui fermait la bouche Alors une boisson chaude et fortifiante est préparée à la hâte ; on l'entoure de soins, on cherche à le ranimer. Il fallait qu'il parlât ; chacun était suspendu à ses lèvres. Enfin, il reprend ses forces, et il nous raconte que, dès son arrivée à Mélilla, un Arabe, par l'entremise du gouverneur espagnol, avait porté à M. de Cognord une lettre lui donnant avis que l'argent était dans la ville, qu'on se tenait prêt à toute éventualité, et qu'une balancelle frétée par M. Durande croiserait constamment le long des côtes. Pendant longtemps la balancelle ne vit rien, et tous avaient déjà perdu l'espoir, lorsque, le 24 novembre, deux Arabes se présentèrent dans les fossés de la place, annonçant que les prisonniers se trouvaient à quatre lieues de la pointe de Bertinza. Le lendemain, 25, ils y étaient rendus. Un grand feu allumé sur une hauteur devait indiquer le point du rivage où se ferait l'échange. Le gouverneur de la ville et M. Durande se consultèrent : n'était-ce pas un nouveau piège ? Quelles garanties offraient ces Arabes ?

« J'ai pour mission, dit M. Durande, de sauver les prisonniers à tout prix ; qu'importe si je péris en essayant d'exécuter les ordres du général ? »

» Ils convinrent donc que le lendemain, vers midi, M. Durande se trouverait au lieu indiqué, et que don Luis Cappa, major de place à Mélilla, marcherait, de concert avec la balancelle, dans un canot du port monté par un équipage bien armé. L'argent devait être déposé dans ce canot, qui se tiendrait au large jusqu'à ce que M. Durande eût donné le signal.

» A midi, le feu est allumé ; à midi, la balancelle accoste le rivage. Quatre ou cinq cavaliers sont déjà sur la plage : ils annoncent que les prisonniers, retenus à une demi-heure de là, vont arriver ; puis ils partent au galop. M. Durande se rembarque, dans la crainte d'une surprise, et se tient à une portée de fusil. Bientôt il aperçoit un nuage de poussière, soulevé par les chevaux des réguliers de l'émir. De la barque, on distingue les onze Français, et les cavaliers s'éloignent, emmenant les prisonniers sur les hauteurs, où ils attendent ; une cinquantaine seulement restent avec un chef, près de la balancelle, qui s'est rapprochée. Ce fut un moment solennel, celui où la longueur d'un fusil séparait seule la poitrine de nos braves matelots du groupe ennemi. La trahison était facile. Le chef arabe demanda l'argent ; on lui montre la barque qui croisait au large ; s'il veut passer à bord, il est libre de compter. Le chef accepte ; au signal convenu, le canot espagnol se rapproche ; on compte l'argent ; la moitié des lourdes caisses est transportée à terre, la moitié des prisonniers est remise en même temps ; le reste de l'argent est compté, les derniers prisonniers s'embarquent, et M. Durande se hâte de pousser au large. Le vent était favorable ; on arriva promptement à Melilla, où la garnison espagnole entoura d'hommages ces vaillants soldats dont le courage n'avait pas faibli un instant durant ces longs mois d'épreuve.

» Tous cependant étaient pressés d'arriver sur une terre française ; aussi, comme le vent soufflait du détroit, ils s'embarquèrent sur la balancelle, et, douze heures après, le colonel de Mac-Mahon et la petite garnison de Djemma-Ghazaouat fêtaient, dans un repas de famille, à quelques lieues du marabout de Sidi-Brahim, témoin de leur héroïque valeur, le retour de ceux que l'on croyait perdus. Quant à M. Durande, il s'était dérobé aux félicitations de tous ; impatient d'accomplir jusqu'au bout sa mission, il avait repris la mer, afin d'annoncer au général la bonne nouvelle. »

Interrompons un instant le récit de M. de Castellane. Pendant que le colonel de Mac-Mahon, avec ses officiers, fêtait le retour des prisonniers, arriva le *Véloce*, avec Alexandre Dumas. L'illustre romancier ayant appris, à Mélilla, que les prisonniers venaient de partir pour Djemma-Ghazaouat, avait supplié le commandant de la corvette de le conduire auprès d'eux, ne voulant pas manquer l'occasion de voir les héros de Sidi-Brahim. Il arriva au milieu du banquet, s'assit parmi nos officiers, et fut étincelant de cœur et d'esprit.

Un seul des prisonniers n'assistait pas au banquet ; c'était le triste héros d'Aïn-Temouchent, le lieutenant Marin, écrasé dans sa honte.

« Nous obtînmes, continue M. de Castellane, tous ces détails à grand peine ; mais enfin, le thé et le grog aidant, M. Durande avait parlé ; on en savait assez pour écrire sur-le-champ à M. le maréchal, qui arrivait à Mostaganem par la vallée du Chélif, et, tandis que l'un de nous menait le brave enseigne prendre un repos si bien gagné, le colonel de Martimprey, assis devant le bureau du général, écrivait sous sa dictée la lettre que les cavaliers arabes allaient porter en toute hâte. L'année précédente, c'était une dépêche du colonel de Martimprey qui avait donné la première nouvelle du désastre ; chargé d'une mission pour Djemma, il avait dû transmettre tous les détails du combat de Sidi-Brahim, et maintenant c'était encore sa main qui allait annoncer la délivrance de ceux dont, par deux fois déjà, il avait raconté la terrible histoire. Aussi, lorsque nous nous étions approchés du bureau, nous avait-il écartés en disant :

« Pour cette fois, je prends votre place ; laissez-moi, je suis superstitieux. »

« Les courriers expédiés, chacun regagna son lit, et le lendemain, réunis au déjeuner, nous nous réjouissions à la pensée de revoir bientôt nos compagnons d'armes, car l'ordre venait d'être envoyé de faire repartir pour Djemma le *Véloce*, que l'on attendait à chaque heure, sans lui laisser le temps de s'amarrer, lorsqu'on vint annoncer que le *Véloce* était signalé au large, avec le cap sur Alger. L'embarras était grand : pas de bateau à vapeur, un vent du détroit qui rendait toute navigation à voile impossible. Le *Caméléon*, bateau à vapeur du maréchal, venu pour l'attendre, avait éprouvé une forte avarie, qui ne lui permettait pas de reprendre la mer avant quarante-huit heures.

» On ne savait comment se tirer d'affaire, lorsque d'honorables négociants d'Oran, MM. Dervieux, apprirent l'embarras où se trouvait le général Lamoricière. Ils possédaient un petit bateau à vapeur, la *Pauline*, qui faisait le service d'Espagne, ils le lui offrirent, ne demandant même pas le prix du charbon brûlé. Douze heures après, la *Pauline* mouillait en rade de Djemma-Ghazaouat, pendant que le maréchal, de son côté, recevait les dépêches à Mostaganem, et annonçait son arrivée pour le lendemain. Dans la nuit, la *Pauline* était de retour, et, dès cinq heures du matin, l'état-major expédiait des ordres. A sept heures, les troupes descendaient vers la marine pour aller recevoir les prisonniers. La ville entière était en joie, chacun avait mis ses habits de fête ; gens du midi et gens du nord, le Valencien au chapeau pointu, l'Allemand lourd et blond, le Marseillais à l'accent bien connu, toute la foule bariolée enfin, les femmes surtout, toujours avides de spectacles, marchaient à la suite des troupes. Les bataillons, rangés depuis le Château-Neuf jusqu'au bord de l'Hamoun, se déroulaient au flanc de la colline, sur un espace de près de trois quarts de lieue, comme un long serpent de fer.

» Le ciel était sans nuages ; ce beau soleil de décembre d'Afrique, plus beau que le soleil du mois de mai à Paris, éclairait la foule, le port et la ville. La vaste baie, unie comme un miroir d'azur, semblait se prêter à la joie de la terre, et les murmures des flots qui baignaient les rochers du fort étaient si doux, qu'on eût dit le murmure d'un ruisseau. Au fort l'Hamoun, un pavillon est hissé ; la *Pauline* a quitté Mers-el-Kébir, elle double bientôt la pointe, rase les rochers et s'arrête à quelques mètres du quai. Tous les regards se portent vers le navire, le canot-major du *Caméléon*, avec ses matelots en chemises blanches, au col bleu, se tient près de l'échelle : les rames sont droites, saluant du salut réservé aux amiraux le soldat qui a versé son sang et supporté la captivité pour l'honneur du drapeau.

» Le canot s'éloigne du navire, la foule devient silencieuse ; on était avide de voir ceux qui avaient tant souffert. — Ils accostent ; le général de Lamoricière le premier tend la main au commandant de Cognord, et l'embrasse avec l'effusion d'un soldat. — La musique des régiments entonna alors un chant de guerre, et elle répondait si bien aux sentiments de ce peuple entier, que vous eussiez vu des éclairs jaillir de tous les regards, des larmes couler de tous les yeux, à mesure que le son, roulant d'écho en écho, allait porter à travers tous les rangs la bonne nouvelle de l'arrivée. On se remet en marche, les tambours battent aux champs, les soldats présentent les armes, les drapeaux saluent, et ils s'avancent ainsi, avec une escorte d'officiers, traversant tous les respects. »

M. de Castellane raconte ensuite l'arrivée du maréchal Bugeaud à Oran. « Le lendemain, dit-il, les réceptions officielles commencèrent. Le vieux maréchal était debout dans cette grande salle mauresque du Château-Neuf, dont les arceaux de marbre sculpté portent encore le croissant de la domination turque. Derrière lui, ses officiers, état-major de guerre que l'on sent toujours prêt à sauter à cheval et à courir au péril ; à sa droite, tous les corps de l'armée : l'infanterie, si tenace, si laborieuse et si utile ; la cavalerie, dont le bruit du sabre frappant les dalles, résonne comme un lointain écho du bruit de la charge ; et, à sa gauche, les gens de grande tente des Douairs et des Smélas, revêtus du burnous blanc sur lequel brillait, pour plusieurs, ce ruban rouge que les services rendus ou les blessures reçues pour notre cause avaient fait attacher à leur poitrine. Leur attitude pleine de dignité, les longs plis de leurs vêtements tombant jusqu'à terre, leur regard limpide et brillant comme le diamant, ce regard dont les races d'Orient ont le privilège, rappelaient les scènes de la Bible, et le vieux chef français, salué avec respect comme homme et comme le premier de tous, semblait le lien puissant qui devait cimenter l'union des deux peuples. Ce fut ainsi entouré, que le maréchal Bugeaud reçut les onze prisonniers de Sidi-Brahim, et qu'on le vit, faisant les premiers pas, s'incliner en embrassant ces confesseurs de l'honneur militaire. Il nous prit le cœur à tous, lorsque nous entendîmes les nobles paroles que son âme de soldat sut trouver, en remerciant, au nom de l'armée, ces débris qui semblaient survivre pour témoigner que nos jeunes légions d'Afrique avaient conservé intactes les traditions d'honneur et d'abnégation léguées par les bataillons des grandes **guerres.** »

Abd-el-Kader était décidément aux abois. Contre onze prisonniers, il avait demandé un peu d'argent à la France ; c'était l'indice infaillible de la profonde misère dans laquelle il était plongé. Ce trafic porta une immense atteinte à son prestige ; il s'en aperçut bientôt, lorsqu'on tenta de l'assassiner. Comme il était debout sur le seuil de sa tente, n'ayant plus auprès de lui ses fidèles nègres qui s'étaient dispersés, plusieurs coups de feu furent tirés sur lui. Il reçut ainsi trois blessures, qui l'empêchèrent pendant longtemps de monter à cheval.

Et puis tous ses amis l'abandonnaient un à un pour faire leur soumission aux Français ; ceux-ci virent venir à eux jusqu'au sanguinaire Ben-Salem, le khalifa du Sébaou. Le souverain du Maroc manifestait ouvertement sa défiance et sa haine contre un homme qui l'avait entraîné à une guerre fatale contre la France. Longtemps l'empereur n'avait pris à l'égard d'Abd-el-Kader que des demi-mesures ; nous allons le voir brusquer la solution.

V

Le 5 octobre 1847, le duc d'Aumale, prenait le gouvernement général de l'Algérie, en remplacement du maréchal Bugeaud. C'était la sixième fois que le prince revenait en Afrique ; aussi l'armée et la population, qui voyaient en lui une garantie de la prospérité future de la colonie, l'acclamèrent avec enthousiasme. On espérait en lui, non seulement parce qu'il était fils du roi, ce qui lui permettait de tout obtenir plus facilement que d'autres, mais encore parce que, à la tête de ses troupes, il avait fait preuve de rares qualités militaires, et dans l'administration de la province de Constantine, des plus sérieuses qualités colonisatrices.

Pourtant la presse murmura, non contre la nomination elle-même, mais parce que l'ordonnance royale qui la promulguait ne contenait que quelques mots relatifs au maréchal Bugeaud ; elle qui, peu auparavant, traînait le maréchal dans la boue, jugea que cette restriction était une offense pour le vieil homme de guerre, car l'ordonnance n'exprimait, en effet, ni regrets de sa retraite, ni reconnaissance pour ses éclatants services, se bornant à dire : « La démission du maréchal Bugeaud est acceptée. » Trois mois après, le gouvernement de Louis-Philippe, croyant devoir accorder satisfaction à l'opinion publique, fit insérer les paroles suivantes dans le discours du trône :

« Le chef illustre qui a longtemps et glorieusement commandé en Algérie, a désiré se reposer de ses travaux. J'ai confié à mon bien-aimé fils, le duc d'Aumale, la grande et difficile tâche de gouverner cette terre à jamais française. »

En Europe, la nomination du prince fut assez mal accueillie ; certaines chancelleries blâmèrent la détermination de Louis-Philippe, et ne virent pas d'un bon œil cette nouvelle et plus intime assimilation de l'Algérie à la France. On jugea à propos d'exprimer cette idée que la Porte n'avait pas abandonné ses droits sur l'ancienne régence d'Alger, et les journaux d'Outre-Manche rappelèrent avec arrogance que l'Angleterre n'avait jamais reconnu notre conquête d'une façon explicite ; ils soutenaient que la plupart des puissances européennes avaient plutôt reconnu cette conquête en fait qu'en droit.

Enfin, certains casuistes, en France aussi bien qu'à l'étranger, firent ressortir les inconvénients qu'offrait l'autorité conférée au prince. « Le duc d'Aumale, disaient-ils, gouverneur général de l'Algérie, irresponsable en fait si ce n'est en droit, peut commettre des fautes très grandes sans que le ministre de la guerre, légalement responsable de la conduite des fonctionnaires de son département, ose demander son remplacement ou même le blâmer ; or, dans une situation si anormale, les difficultés pourraient être de telle nature qu'aucun cabinet prévoyant ne voudrait consentir à les affronter. »

A tout cela, on pouvait répondre que la présence d'un fils du roi en Afrique devait être un gage de stabilité, une garantie pour les intérêts civils, et exercerait forcément sur l'esprit des Arabes l'influence la plus heureuse. D'un côté, la colonie devait y voir une preuve irrécusable de l'intention bien arrêtée du gouvernement de faire de l'Algérie une seconde France ; de l'autre, l'administration supérieure devait retirer de cette nomination plus de force et d'unité.

Et puis, il faut considérer qu'à cette époque deux grands principes commençaient déjà à se disputer la direction des affaires en Algérie : le principe militaire qui personnifiait le passé, et le principe civil qui représentait l'avenir. Le duc d'Aumale résumait en sa personne ces deux principes et devait les maintenir en équilibre. Ajoutons que sa naissance, son titre d'Ould-el-Rey (fils du roi), devaient lui donner un ascendant immense sur un peuple habitué à se laisser dominer par les grandes familles aristocratiques.

L'armée, la société civile, les Arabes, accueillirent donc le prince avec bonheur. Il prit au sérieux sa nouvelle position, comme, quelques années auparavant, il avait pris au sérieux le commandement de la province de Constantine. A ce propos, qu'il nous soit permis de remonter le cours des événements.

En arrivant à Constantine, au commencement de 1844, le duc d'Aumale avait dit aux autorités militaires et civiles venues pour le complimenter :

« Le roi sera heureux d'apprendre quel accueil vous m'avez fait. Il nous a envoyés ici, nous ses fils, pour y payer à la patrie notre dette de citoyens et de soldats, et pour montrer que notre titre de princes est celui de premiers serviteurs de la France. »

Informé par le général Baraguay d'Hilliers, son prédécesseur (1), qu'une colonne expéditionnaire était réunie à Batna, dans le Sah'ra, le duc d'Aumale quitta Constantine quelques jours après son arrivée. Son frère, le duc de Montpensier, qui avait le grade de capitaine d'artillerie, l'accompagnait. Il s'agissait de soutenir le fameux Cheikh-el-Arab, le serpent du désert, qui tenait quelques oasis des Zibans, et avait peine à lutter contre un khalifa d'Abd-el-Kader, nommé Mohammed-el-Sghir. Ce Moham-

---

(1) Dans le gouvernement de Constantine.

med occupait la Casbah de Biskra avec quelques centaines de réguliers.

Les Français marchèrent sur Biskra, où ils entrèrent sans coup férir ; mais Mohammed-el-Sghir se réfugia avec ses réguliers dans l'oasis de M'chounech, au pied des Aurès, sur le flanc du Djebel-Amar-Khaddou. Cette position était des plus difficiles à enlever, car l'oasis était flanquée de trois fortins et accessible seulement par un sentier étroit courant sur le flanc d'un profond ravin. Pendant que le duc de Montpensier canonnait les forts, le duc d'Aumale enleva en personne la position avec une compagnie de grenadiers de la légion étrangère. Son aide de camp, le colonel Jamin, fut grièvement blessé à côté de lui, et son frère Montpensier fut atteint d'une balle au front. Les princes venaient de donner ainsi une preuve nouvelle de bravoure ; et le héros de la Smala, en particulier, montrait qu'il n'avait pas dégénéré. Comme tous les officiers, une fois l'action terminée, les félicitaient, le duc d'Aumale expliqua qu'avec les Arabes il fallait avoir des procédés particuliers d'attaque. « Une marche hardie et ferme, dit-il, sans coups de fusil, les épouvante bien plus qu'une vaine fusillade à laquelle ils ripostent souvent avec avantage, et qui nous fait perdre des hommes et du temps. »

Le prince pénétra ensuite dans le massif des Ouled-Sulthan, à l'ouest de Batna, et y soutint plusieurs rudes combats. Dans l'un d'eux, on le vit charger lui-même à côté du colonel Noël, du 3° chasseurs d'Afrique. Apprenant qu'une compagnie de tirailleurs algériens, qu'il avait laissée à Biskra, avait massacré ses officiers et ses sous-officiers français, il partit brusquement avec sa cavalerie, fit trente-six lieues en quarante heures, réprima la révolte et revint organiser le pays des Ouled-Sulthan.

Son administration des tribus de la province de Constantine fut citée entre toutes, car il s'efforça de la rendre régulière et protectrice. Expulser les agents d'Abd-el-Kader de la seule région où ils étaient encore établis avec une apparence d'organisation, n'était rien pour lui; il voulut constituer les grands khalifalicks du Sahel (pays de Bône à Djigelly), du Ferdjioua (à l'ouest de Milah), des oasis du Zab, dont la principale était Biskra, et de la Medjana (entre Sétif et les Portes de fer). Il entreprit d'aborder cette populeuse et riche montagne de l'Aurès, dont nous n'avions encore exploré que le revers occidental. En thèse générale, les expéditions qu'entreprit le duc d'Aumale étaient plutôt administratives et politiques, que militaires.

La sage administration du jeune prince fut si bien appréciée par les populations indigènes, que plusieurs tribus tunisiennes lui demandèrent l'autorisation de s'établir sur le territoire de la province de Constantine. Cette demande ne fut pas accueillie; nous avions à ce moment la guerre avec le Maroc, et il eût été imprudent de nous créer de nouvelles complications sur les frontières de l'Est.

Le duc d'Aumale quitta le commandement de la province de Constantine au milieu de 1845, pour le céder au général Bedeau. Il dirigeait les grandes manœuvres d'une division d'infanterie concentrée dans le département de la Gironde, lorsqu'il apprit la révolte de Bou-Maza. Il se hâta de retourner en Algérie, où le général Bugeaud lui tailla un commandement en réunissant la subdivision de Médéa à celle de Miliana. Le prince ne rentra en France qu'après la reddition de Bou-Maza et l'expulsion d'Abd-el-Kader du territoire algérien.

C'est avec ces précédents que le duc d'Aumale revint en Afrique comme gouverneur de la colonie.

Avant de s'embarquer, il sollicita les conseils de son illustre prédécesseur, qui lui écrivit :

« Vous partez, dites-vous, sans illusions et sans découragement, convaincu des immenses difficultés de l'œuvre, fort de votre abnégation, de votre zèle et de votre désintéressement, profondément dévoué à votre pays et à ses institutions, dont vous êtes prêt à accepter toutes les conséquences.

» Voilà d'admirables dispositions de l'esprit et du cœur. Pour vaincre les difficultés, il ne faut pas d'illusions, mais voir les choses telles qu'elles sont ; et, parmi les obstacles que vous aurez à surmonter, comptez les illusions de la presse, des chambres et de tout le public qui écrit, parle et influe sur le gouvernement.

» Vous me dites aussi que vous recevrez toujours mes conseils avec plaisir ; mais j'ai la conviction que vous n'en aurez pas besoin. Vous avez déjà, quoique très jeune, une grande expérience..... »

Aux paroles de bienvenue que lui adressa, dès son arrivée à Alger, le général Bedeau, gouverneur général par intérim, le prince répondit :

« J'accepte avec reconnaissance les vœux pour l'avenir et le bienveillant souvenir d'un modeste passé. Je ne puis apporter à l'Algérie ni les brillants services, ni l'expérience et les hautes qualités de mes illustres prédécesseurs, mais un dévouement sans bornes à mon pays, à ses institutions, à l'œuvre glorieuse et civilisatrice que la France a entreprise sur cette terre. En acceptant la haute et difficile mission qui m'est confiée et qui m'a profondément honoré, j'ai moins compté sur mes propres forces que sur le concours de tous ceux qui m'entourent, sur la valeur de notre armée, sur le mérite tant de fois éprouvé de ses chefs, sur le patriotisme et l'esprit éclairé de la population civile.

» Messieurs, si je puis rendre ici quelques services à la France, et contribuer pour ma faible part à la prospérité de l'Algérie, mes vœux les plus chers seront comblés. »

S'adressant, dans une proclamation, aux populations arabes, après avoir rendu un digne hommage à l'œuvre glorieuse du maréchal Bugeaud, le duc d'Aumale ajoutait : « C'est pour vous donner un gage éclatant de ses bonnes intentions à votre égard, que le roi des Français m'a envoyé au milieu de vous comme son représentant sur cette terre, qu'il aime à l'égal de la France. »

Hélas ! tous ces projets d'avenir s'évanouirent bientôt.

De tous les gouverneurs de l'Algérie, le prince fut celui qui occupa le moins longtemps son poste. Mais, sous son gouvernement, qui ne dura que quelques mois, se produisit un fait important : il reçut la soumission d'Abd-el-Kader, qui revenait de droit au vainqueur de la Smala.

Depuis près d'un an, Lamoricière avait échelonné les troupes de la division d'Oran le long de la frontière marocaine, pour surveiller les mouvements d'Abd-el-Kader et de sa déïra. L'empereur du Maroc constatait avec colère l'influence que l'émir fugitif exerçait sur certaines tribus de son empire; il s'attendait à le voir d'un instant à l'autre déployer contre lui l'étendard de la révolte. Déjà il avait eu l'audace d'attaquer et de disperser un corps de cavalerie régulière marocaine qui s'était trop approché de sa déïra; la lutte était donc imminente.

Lamoricière n'avait pas oublié la subite irruption de notre implacable adversaire sur le territoire algérien en 1845. Autant pour prévenir une tentative désespérée de la part de celui qu'il savait réduit à la dernière extrémité, que pour soutenir au besoin le caïd marocain d'Ouchda, il se porta avec une forte colonne, trois mille cinq cents fantassins et douze cents sabres, sur la frontière. La précaution était sage, car le souverain du Maroc, perdant enfin le respect superstitieux qu'il avait eu jusqu'alors pour son dangereux allié, ne voyant en lui qu'un ambitieux qui cherchait à le renverser du trône, résolut non plus de l'observer, mais de l'attaquer ouvertement. Un corps de troupes, commandé par Muley-Hachem, son neveu, se rapprocha de la Malouïa, et se disposa à attaquer l'émir. A cette nouvelle, Lamoricière se hâta de quitter son camp au delà de Tlemcen, et vint établir son quartier général à Djemma-Ghazaouat, pour être à portée des événements.

Quand Muley-Hachem fut près de la déïra, il envoya une reconnaissance de cavalerie qui fut repoussée par les gens d'Abd-el-Kader ; celui-ci fit ensuite demander au prince marocain ce qu'il lui voulait; et n'ayant reçu qu'une réponse hautaine et évasive, il comprit qu'on était décidé à le traiter sans ménagement. Il résolut donc de prévenir l'ennemi, le surprit dans son camp et le mit en pleine déroute. Muley-Hachem fut poursuivi longtemps et ne s'arrêta qu'à Fez; son lieutenant, un caïd nommé El-Amar, fut fait prisonnier et décapité.

Cette victoire releva pendant quelque temps l'ancien prestige de l'émir. Un grand nombre de tribus, le voyant engager une lutte décisive contre l'empereur, et le croyant destiné à régner sur le Maroc, se rapprochèrent naturellement de lui au premier succès. Quelques tribus algériennes, réfugiées sur le terriroire marocain, et auxquelles Muley-Abderrhaman avait fait donner des terres, se pressèrent même un peu trop; elles firent annoncer à Abd-el-Kader leur détermination de retourner près de lui, en le priant de se porter à leur rencontre avec ses réguliers, afin d'appuyer leur mouvement. Mais le gouvernement marocain apprit toutes ces menées; et avant que l'émir se fût assez avancé pour soutenir les tribus qui voulaient se rattacher à sa fortune, celles-ci furent chargées par la cavalerie noire, et taillées en pièces. À la place des soldats qui devaient grossir sa petite armée, Abd-el-Kader ne vit venir à lui qu'un surcroît de bouches inutiles, des femmes, des vieillards et des enfants, dans un état pitoyable.

Et c'est à peine s'il pouvait nourrir sa déïra! Il eut beau répandre, par ses émissaires, le bruit qu'il agissait avec l'agrément des Français; comme les tribus savaient que tous ses messages à nos généraux étaient restés sans réponse et qu'elles voyaient Lamoricière à Djemma-Ghazaouat prêt à fondre sur lui dès qu'il franchirait la frontière, ses assertions eurent peu de succès. La place espagnole de Melilla se trouvait dans le voisinage de la déïra; un jour, Abd-el-Kader, avec tout ce qu'il avait d'hommes, s'y présenta et fit demander une entrevue au gouverneur.

Celui-ci la lui accorda, et comme l'entrevue se passa en compliments, l'Espagnol se demanda vainement ce que pouvait désirer l'émir. Le but de celui-ci était sans doute de faire passer, aux yeux des Arabes, le gouverneur de Melilla comme l'intermédiaire de ses négociations avec la France. Très au courant des affaires de l'Europe, il n'ignorait pas que l'Espagne ne se soucierait pas de prendre sa cause en mains contre notre nation, sa meilleure alliée sous le gouvernement de Juillet. On a cru aussi, pendant longtemps, que l'émir avait voulu se rendre compte de la possibilité d'enlever Melilla par un coup de main. Il est évident que la surprise d'une des places que possèdent les Espagnols sur ces côtes, lui eût procuré un regain de popularité, outre qu'il aurait pu se mettre en relations avec les Anglais et défier tous les efforts de l'empereur du Maroc.

Quoi qu'il en soit, Abd-el-Kader essaya une dernière fois d'entrer en pourparlers avec Lamoricière. Ce dernier en prévint le duc d'Aumale, qui venait d'arriver à Alger, et qui ordonna de transmettre verbalement la réponse suivante :

« Le meurtrier de nos soldats prisonniers peut recourir à la générosité et à la clémence du roi, mais tout traité avec lui ou ses adhérents et toute reconnaissance d'une autorité quelconque en sa faveur sont impossibles. »

Cependant, le souverain du Maroc a rassemblé une nouvelle armée dont il donne le commandement à ses deux fils, Muley-Mohammed et Muley-Sliman. Ceux-ci se disposent à serrer de près, pendant que le caïd du Riff l'attaquera d'un autre côté, un ennemi dont on n'a pu jusque-là avoir raison ; en même temps, ils préviennent Lamoricière de faire bonne garde, et le général consent à envoyer des cartouches aux caïds marocains du Riff et d'Ouchda. Cerné de toutes parts, Abd-el-Kader envoie faire des excuses à Muley-Abderrhaman par Bou-Hamidi, son ancien khalifa de Tlemcen ; mais on retint celui-ci prisonnier à Fez, et l'empereur fit savoir à l'ex-émir qu'il devait apporter sa soumission lui-même. Abd-el-Kader se prépare alors à une résistance désespérée; prenant l'initiative de l'attaque, il se porte, dans la nuit du 11 au 12 décembre, sur le camp marocain le plus rapproché de lui et placé sous le commandement de Muley-Mohammed, le vaincu d'Isly. Suppléant au nombre par la ruse, Abd-el-Kader a recours au stratagème suivant : quatre chameaux enduits de goudron, entourés d'herbes et de broussailles sèches, sont, tout en feu, lancés pendant la nuit sur le camp des Marocains. Ceux-ci fuient épouvantés, mais l'émir n'a pas assez de monde pour les poursuivre et les empêcher de se reformer plus loin. Muley-Mohammed se replie sur le camp de son frère, pendant que la déïra se dirige vers l'embouchure de la Malouia, où les princes vont l'attaquer.

C'en est fait; Abd-el-Kader n'a plus qu'à chercher un refuge sur le territoire algérien. Il se met en mesure de faire passer la Malouïa aux femmes, aux enfants, aux vieillards, aux blessés et aux malades, c'est-à-dire à toute la partie non combattante de la déïra; mais les Kabyles marocains, excités par l'appât du pillage, l'assaillent furieusement. Les quelques réguliers qui lui restent résistent bravement au choc des masses ennemies, et couvrent la retraite des siens avec un admirable dévouement. Abd-el-Kader lui-même, un fusil à la main, les bras nus comme un simple cavalier arabe, conduit l'extrême arrière-garde; il a trois chevaux tués sous lui, et ses vêtements sont criblés de balles. Enfin, la Malouïa est franchie; il fait camper sa déïra, lui fait tristement ses adieux, et l'engage à se confier à la générosité des Français. Lui-même, avec quelques cavaliers, va essayer de gagner la tribu marocaine des Beni-Snassen, où il a encore des partisans, pour de là se jeter dans le Sah'ra. Il se dirige donc vers le col de Kerbous; mais il le trouve occupé par des spahis qui le reçoivent à coups de fusil. « J'avais été prévenu, dit Lamoricière dans son rapport, que l'émir devait avoir gagné le pays des Beni-Snassen ; mais il s'agissait d'en sortir. Or, la seule fraction la mieux disposée à son égard est précisément la plus rapprochée de notre territoire. Le col qui débouche dans la plaine par le pays de ces Beni-Snassen a son issue à une lieue et demie environ de la frontière. Je me décidai à garder ce passage, et, ce qui me détermina, c'est que le frère du caïd d'Ouchda nous avait écrit, le soir même, pour nous engager à surveiller cette direction, par laquelle l'émir devait sans doute passer. Mais il fallait prendre cette mesure sans donner l'éveil aux tribus campées sur la route.

» Deux détachements de vingt spahis choisis, revêtus de burnous blancs, et commandés, l'un par le lieutenant Ben-Krauïa, l'autre par le sous-lieutenant Brahim, furent chargés de cette mission. Le premier se rendit au col même, le deuxième choisit une position intermédiaire entre ce point et notre camp. La cavalerie sella ses chevaux et le reste de la colonne se tint prêt à partir au premier signal. Enfin, pour parer à tout événement, après avoir calculé la marche probable de l'émir, je fis prendre les armes, à deux heures du matin, pour porter ma colonne sur la frontière. J'avais à peine fait une lieue et demie, que des cavaliers, envoyés par le lieutenant Ben-Krauïa, me prévinrent qu'on était en présence d'Abd-el-Kader, et que l'action s'était engagée. Le deuxième détachement s'était porté au secours du premier ; je fis de même, aussi vite que possible, avec toute la cavalerie. Il était trois heures du matin. Chemin faisant, j'ai reçu les députés de la déïra et je leur ai donné l'aman au grand trot. Sitôt après, je rencontrai le lieutenant Ben-Krauïa lui-même, avec deux des hommes les plus dévoués à l'émir. Trouvant le passage occupé, celui-ci demandait à se soumettre. Le vent, la pluie et la nuit l'empêchant d'écrire, il avait mis son cachet sur une feuille de papier. Ne pouvant pas non plus écrire, j'envoyai mon sabre et la promesse d'aman la plus solennelle. J'arrivai à cinq heures et demie près du col ; j'attendis la réponse jusqu'à onze heures et demie. Sans doute on recueillait de divers côtés des réguliers qui cherchaient à rejoindre l'émir. Enfin, le soir, le lieutenant revint avec une lettre de l'émir, écrite par Mustapha-ben-Tahmi. J'étais obligé de prendre des engagements, je les ai pris, et j'ai le ferme espoir que le gouvernement les ratifiera. »

Disons tout de suite que Lamoricière avait promis de faire conduire Abd-el-Kader à Alexandrie, avec sa famille.

Mais tout en parlementant avec son adversaire, le général avait prudemment envoyé le colonel de Montauban, avec cinq cents hommes de cavalerie, observer les mouvements de la déïra ; le colonel la trouva dans un état déplorable, encombrée de blessés et de malades, et déjà attaquée par les tribus algériennes qui cherchaient à la piller. Il la mit en sûreté, lui prêta le secours de ses chirurgiens, et prévint Lamoricière de ce qui se passait. Celui-ci fit aussitôt partir le colonel de Mac-Mahon avec les zouaves et un bataillon du 9° de ligne pour relever le colonel de Montauban, qu'il dirigea sur le marabout de Sidi-Brahim. Lui-même se porta sur ce point avec Cavaignac. A peine arrivés, nos généraux virent venir à eux quelques cavaliers qui agitaient leurs burnous en signe de soumission. C'était l'avant-garde de ceux qui restaient à Abd-el-Kader. L'émir ne tarda pas à paraître, accompagné de Mustapha-ben-Tahmi et de quelques autres chefs fidèles à son malheur ; sa famille suivait à un kilomètre en arrière, sous la garde d'une vingtaine de spahis.

Abd-el-Kader prit à peine le temps de se présenter ; il demanda à faire ses prières au marabout de Sidi-Brahim ; c'était comme une expiation du massacre de nos infortunés compatriotes, dont le sang paraissait encore sur les murs. Un quart d'heure après, il revint près du colonel de Montauban, qui l'escorta jusqu'à Djemma-Ghazaouat, où le duc d'Aumale venait d'arriver en bravant une violente tempête.

Conduit aussitôt près du prince, l'émir déchu déposa humblement ses sandales devant la porte, et attendit un signe qui lui permit de s'asseoir. Sa pâleur était extrême, et la contraction de ses lèvres trahissait l'émotion qui l'agitait. Evidemment le souvenir du massacre de nos prisonniers pesait sur sa conscience. Il présenta ses armes au prince-gouverneur, qui prit le pistolet en disant : « Ceci est pour le roi. » Quant au sabre, il le tendit à Lamoricière, et ajouta : « Ce sabre est pour vous, général, vous l'avez bien gagné. » Après un moment de silence, Abd-el-Kader prit la parole :

« J'aurais voulu faire plus tôt ce que je fais aujourd'hui ; j'ai attendu l'heure marquée par Dieu. Le général m'a donné une promesse à laquelle je me suis fié. Je ne crains pas qu'elle soit violée par le fils d'un grand roi comme celui des Français. Je demande son aman pour ma famille et pour moi.

» — Je ratifie la parole engagée par le général de Lamoricière, répondit le prince, et j'ai le ferme espoir que le gouvernement du roi lui donnera sa sanction. »

Le lendemain eut lieu la présentation publique et officielle. Abd-el-Kader offrit au duc d'Aumale une belle jument noire qu'il montait :

« Je t'offre la seule chose que je possède et que j'estime en ce moment.

» — Je l'accepte, dit le prince, comme un gage de ta soumission à la France et de la paix en Algérie. »

Le jour même, Abd-el-Kader s'embarqua sur la frégate à vapeur l'*Asmodée*, qui, le 29 décembre 1847, le débarqua à Toulon avec une suite de quatre-vingt-seize personnes.

On a beaucoup reproché au gouvernement de Louis-Philippe de n'avoir pas ratifié l'engagement pris par Lamoricière et le duc d'Aumale, de le conduire à Alexandrie. « C'était, dit M. Keller dans sa *Vie du général de Lamoricière,* une infraction fâcheuse au droit des gens, un inexcusable abus de la victoire envers un homme que l'adversité accablait de tout son poids. » Nous ne ferons nous-même à ce sujet qu'une réflexion : transporter à Alexandrie, passage ordinaire des pèlerins se rendant d'Algérie à la Mecque, un homme comme Abd-el-Kader, c'était fournir un élément au fanatisme arabe, c'était préparer son retour triomphal. L'insurrection fût restée en Algérie à l'état endémique.

« Si l'on nous attaque à la Chambre, avait dit Lamoricière à Cavaignac, vos amis nous défendront-ils ?

» — Ah! je n'en sais rien », répondit ce dernier en souriant.

Le général républicain avait raison ; personne à la Chambre ne prit la défense de Lamoricière. On le manda à Paris, et il dut monter à la tribune pour justifier lui-même sa conduite. Ayant dit qu'au moment où il engageait sa parole, il n'ignorait pas que l'émir avait encore des chances pour s'enfuir au désert, un orateur s'écria qu'il aimait mieux voir Abd-el-Kader dans le désert qu'à Alexandrie : « S'il en est ainsi, riposta le général, rien n'est plus facile que de le remettre au désert ; vous n'avez qu'un mot à dire. Les chemins sont ouverts ; offrez la liberté à votre prisonnier, il ne la refusera pas. »

Tous ces débats étaient stériles. Quelque temps après, étant devenu ministre, Lamoricière dut laisser l'ex-émir dans sa prison d'Amboise.

Un mot encore pour terminer l'histoire d'Abd-el-Kader.

Il séjourna d'abord au lazaret de Toulon, puis, le 8 janvier 1848, il fut conduit au fort Lamalgue. Il y était encore lorsque la révolution du 24 février éclata. Le 28 avril suivant, le gouvernement provisoire le fit transférer au château de Pau, où il resta près de sept mois. En novembre 1848, on lui assigna pour résidence le château d'Amboise ; c'est là qu'il se trouvait le 17 octobre 1852, lorsque Louis-Napoléon, passant dans cette petite ville en revenant du midi de la France, se le fit présenter et lui accorda la liberté. Abd-el-Kader consentit à se retirer à Brousse, dans l'Asie mineure, à une centaine de kilomètres de Constantinople. De Brousse, il obtint d'aller se fixer à

Damas, où il réunit autour de lui une petite colonie algérienne. L'empereur Napoléon lui accorda une pension de cent mille francs, et lui conféra le grand cordon de la Légion d'honneur. L'ex-émir réussit, en 1860, à soustraire au fer des Druses fanatiques plusieurs milliers de chrétiens ; ce témoignage de reconnaissance fit un peu oublier le massacre des prisonniers de la déïra.

La chute d'Abd-el-Kader était un événement considérable ; sa soumission produisit en Algérie un effet prodigieux, car ce marabout avait persuadé aux indigènes que se soumettre aux Français c'était renier leur foi, et lui-même s'y voyait contraint. Représentant de l'islamisme, c'est en vain que l'émir essaya de lutter contre une civilisation supérieure, née de l'idée chrétienne. S'il eut le mérite d'incarner la nationalité arabe, en faisant concevoir aux tribus, d'habitude si divisées entre elles, l'idée de la patrie, tout ce qu'il essaya de fonder avec les moyens barbares et arriérés dont il disposait, devait forcément disparaître avec lui.

Il était réservé au duc d'Aumale, qui avait une ténacité égale à la sienne, et un génie supérieur, de recevoir la soumission d'un homme qui, pendant dix ans, avait tenu tête aux armées de la France, et lassé la patience de nos meilleurs généraux.

VI

Un pays qui n'est pas encore conquis et pacifié ne saurait être administré que par des militaires. Aussi la création des bureaux arabes était non seulement utile, mais indispensable ; ils rendirent d'incontestables services, en mettant l'autorité française en relations avec les indigènes, et dans les premières années ils furent de merveilleux instruments de colonisation.

L'institution a été attaquée, et il est de mode aujourd'hui de la décrier ; nous n'avons pas à la défendre, faisant ici de l'histoire et non de la polémique. Ce que nous tenons à établir, c'est que les officiers délégués aux affaires arabes ont été presque partout des modèles de dévouement et d'énergie.

Plutôt soldats qu'administrateurs, toujours à cheval, ils prenaient le commandement des goums ou contingents irréguliers, fournis par les tribus alliées ; malheureusement, il arriva bien des fois que ces goums firent défection, abandonnant à l'ennemi ceux qui étaient chargés de les conduire. Le général Randon, en 1842, eut ainsi à venger la mort d'un brave et excellent soldat, M. Gay, frère de Mme Emile de Girardin, que nos auxiliaires avaient livré aux tribus révoltées de l'Edough, près de Bône. Nous citons cet exemple, parce que sa mort eut, à l'époque dont nous parlons, un grand retentissement ; mais M. Gay n'avait fait que subir le sort de nombre d'officiers des affaires arabes. Il se heurta à l'ennemi avec son goum, et voulut charger, oubliant que dans la troupe irrégulière qu'il commandait, il n'y avait que lui de Français. Ses goumiers le suivirent d'abord, s'arrêtèrent aux premières balles qu'ils entendirent siffler, et tournèrent bride, dès qu'ils virent leur chef démonté. Les insurgés arrivèrent sur le malheureux officier abandonné aussi lâchement, et le tuèrent à coups de pierres.

Après la catastrophe du lieutenant Marin, à Aïn-Témouchent, Cavaignac, ne pouvant accourir de sa personne au secours de la redoute, puisqu'il avait sur les bras toute l'insurrection des Traras, voulut au moins y expédier un approvisionnement de cartouches. Comme il manquait de troupes, il pria le lieutenant-colonel Valsin-Esterhazy de tenter l'aventure. Cet officier supérieur n'hésita pas, quoiqu'il fût seul Français avec cinq cents Arabes, d'autant moins sûrs qu'Abd-el-Kader, après ses triomphes de Sidi-Brahim et d'Aïn-Témouchent, travaillait toutes les tribus de la subdivision de Tlemcen, qu'il réussissait le plus souvent à entraîner. Quand Valsin prescrivit au goum de marcher, un caïd fit une observation ; le colonel, renouvela l'ordre, et, comme le chef indigène refusait formellement de lui obéir, il le tua d'un coup de pistolet. Les cavaliers se mirent en selle, et l'on marcha en silence pendant une demi-heure. Alors un autre caïd se met à murmurer, protestant contre le mouvement ordonné ; sans hésiter, Valsin lui brûla la cervelle. Les Arabes devinrent doux comme des moutons ; deux heures après, ils étaient arrivés avec les cartouches.

« Désignez-moi les récalcitrants, dit au colonel le capitaine Safrané ; je les ferai fusiller sur-le-champ.

» — Il n'y en a plus », répondit Valsin.

La mission confiée aux chefs des bureaux arabes était extrêmement délicate et exigeait autant d'intelligence que de bravoure. Aussi ne choisissait-on que des sujets d'élite. Un des plus renommés fut le fameux Beauprêtre, dont les indigènes ne prononçaient jamais le nom qu'avec terreur. Fils d'un colon, il avait grandi au milieu des Arabes, et leur langage n'avait plus de secrets pour lui. Devenu homme, il s'engagea aux zouaves, et, s'appliquant à développer son instruction première, un peu trop négligée, il entreprit d'écrire et de lire cette langue du pays qu'il parlait si bien. Dès qu'il fut sous-lieutenant, il entra aux affaires arabes. Le maréchal Bugeaud était enchanté de ses rapports pleins de précision et de clarté.

Quand on lui demanda des renseignements sur la Kabylie, le jeune officier eut le courage de se déguiser en Kabyle, d'aller se bâtir une hutte au pied du Djurjura, et de vivre de la vie des montagnards, piochant, bêchant son maigre champ, visitant les tribus du voisinage, fréquentant les réunions et les marchés, où il s'informait de tout.

Un jour, au camp de Bordj-Menaïel, un indigène malpropre, vêtu de haillons, se présenta devant une tente où dînaient les officiers de zouaves, et leur offrit des figues et des œufs. On le renvoya au cuisinier, qui chassa le pauvre diable en le menaçant de coups de bâton. Le Kabyle se retira on ne peut plus satisfait. C'était Beauprêtre que ses collègues n'avaient pas reconnu.

D'une finesse et d'une intelligence remarquables, cet officier était en outre doué de la plus grande bravoure. Un chérif qui se disait Bou-Maza parut, en 1848, dans les montagnes du Djurjura, et lui envoya, alors qu'il était chef du bureau arabe d'Aumale, un défi ainsi conçu :

« De la part du protecteur de la religion, à l'infidèle Beauprêtre. Que la malédiction du Très-Haut soit sur lui et les siens. J'ai appris que tu avais l'intention de venir nous faire la guerre ; je suis prêt et désire me trouver en face de toi. »

Le chef du bureau d'Aumale marcha contre le chérif avec son goum, sans attendre l'arrivée d'une colonne française. L'agitateur avait fait répandre le bruit que les fusils dirigés contre lui et ses partisans ne partiraient pas ; les goumiers étaient donc très indécis. Lorsque les contingents kabyles furent en vue, Beauprêtre prit le fusil d'un de ses cavaliers, et en tira un premier coup. Visiblement rassurés, ses hommes déchargèrent leurs armes, engageant ainsi le combat. Mais le chérif, comme tous ses pareils, s'était également fait passer pour invulnérable ; quand on le vit s'avancer, la terreur s'empara de tous. Beauprêtre courut sus au faux prophète, et tira sur lui un coup de pistolet qui fit voler son turban. Ses goumiers accoururent aussitôt, tuèrent l'invulnérable comme un vulgaire cavalier, et lui coupèrent la tête.

On a souvent reproché à l'administration militaire d'avoir mis des entraves à la colonisation de l'Algérie ; la suite de ce récit fera juger du peu de solidité de cette accusation. Des hommes influents ayant conçu l'idée d'établir une ferme expérimentale, pour servir de régulateur à tous les établissements agricoles qui viendraient se former dans le pays, une société anonyme s'organisa dans ce but ; un arrêté du 30 octobre 1831, signé par le général Clauzel, en approuva les statuts et lui loua la ferme dite Haouch-Hassan-Pacha, connue depuis sous le nom de Ferme-Modèle. La location, outre les bâtiments, comprit mille hectares et fut faite au prix annuel d'un franc par hectare pour neuf, dix-huit ou vingt-sept ans, avec faculté de résiliation, mais seulement pour les preneurs. Cette ferme-modèle ne fut pas précisément le modèle des fermes ; des actions furent lancées à 500 francs, mais tombèrent aussi bas que les valeurs turques à notre époque. La principale des causes qui arrêtèrent le développement de cet établissement fut l'insalubrité de l'emplacement choisi.

Les intentions de l'autorité militaire étaient assurément louables. Le duc de Rovigo continua d'appliquer les plans de colonisation du général Clauzel. Dans le courant de 1831, quelques centaines d'émigrés allemands et suisses, partis de chez eux dans l'intention de se rendre en Amérique, avaient brusquement changé de résolution avant l'embarquement au Hâvre et étaient venus à Alger. Rien n'étant prêt pour les recevoir, ils tombèrent forcément à la charge de l'administration, qui dut leur fournir des tentes et des vivres. Au bout de quelques mois, une centaine de ces malheureux étaient morts de misère. Le duc de Rovigo voulut distribuer aux survivants des terrains aux environs d'Alger ; mais comme le domaine ne possédait là aucune terre, le gouverneur fit un premier pas dans la voie des expropriations pour cause d'utilité publique, dont on a tant usé et abusé depuis. D'accord avec M. Genty administrateur civil, il créa de cette façon les deux villages de Kouba et de Dely-Ibrahim. On avait alloué à l'intendant civil un insuffisant crédit de 200,000 francs pour des essais de colonisation, et c'est sur cette somme que furent prélevées les dépenses des constructions ; celles-ci furent exécutées par le service des ponts et chaussées. A Dely-Ibrahim, une ferme ayant appartenu aux janissaires turcs, et à Kouba, une autre ferme appartenant à une mosquée, furent les noyaux des concessions délivrées aux nouveaux colons. On prit tout autour des terrains en friche qui semblaient n'être à personne; mais aussitôt des propriétaires indigènes surgirent en foule. On eut beau les évincer; comme ils vendirent à vil prix, à des spéculateurs français, leurs titres de propriété, l'administration eut à subir, pendant plusieurs années, toutes les tracasseries des huissiers.

La manière dont on procéda à Kouba et à Dely-Ibrahim pour les concessions de terrain mérite d'être rapportée. On divisa les colons en trois classes; puis on donna dix hectares par tête à ceux qui avaient les moyens de faire bâtir leurs maisons, six à d'anciens soldats de l'armée française, et quatre à ceux dont il fallut construire les habitations.

Le duc de Rovigo était arrivé en Algérie avec l'idée que tous les pays de l'Europe devaient nous envoyer l'excédent de leur population; mais ses idées se modifièrent lorsqu'il vit combien il était difficile de caser seulement quelques centaines d'individus. Il décida alors que nul ne serait reçu à Alger, en qualité de colon, s'il n'y arrivait en fournissant la preuve qu'il pouvait, pendant un an, pourvoir à sa subsistance. C'était peine perdue, car les usuriers attiraient les émigrants et spéculaient sur leurs concessions à venir.

Le général Avizard, gouverneur par intérim après le départ du duc de Rovigo, prit un arrêté prohibant la coupe des arbres, essayant ainsi d'introduire en Algérie un commencement de législation forestière. Défense fut faite à tous propriétaires, colons ou fermiers, d'abattre ou d'arracher, sans une autorisation du directeur des domaines, aucun arbre forestier ou fruitier, en plein vent ou en haie, sous peine d'amende et de confiscation.

Cet arrêté était sage, malheureusement il n'était pas exécutable. Ce n'est que tout récemment que la population européenne d'Algérie, s'apercevant qu'un système continu de dévastation était nuisible à ses intérêts, a formé, en dehors de l'administration, une ligue de reboisement.

Le général Voirol ne fonda pas de nouveaux villages ; il pensa qu'avant de coloniser, il fallait tracer des voies praticables dans le pays. C'est lui qui fit commencer la route de Blidah par Dely-Ibrahim, Douéra et Bou-Farik, et celle de Blidah par Bir-Kadem. On lui doit également celle de la Maison-Carrée, à l'embouchure de l'Harrach. A cette époque, ces travaux étaient exécutés par les troupes, sous la direction du génie ; mais les Ponts et Chaussées se chargeaient de l'empierrement. Les soldats étaient payés en nature, et recevaient double ration de vin.

Le général Voirol ne négligea pas non plus les travaux de dessèchement ; c'est lui qui fit disparaître les marais qui existaient aux environs de la Maison-Carrée et de Bône. Cette mesure était à la fois hygiénique et agricole.

Le maréchal Clauzel, quand il revint pour la deuxième fois en Algérie, eut la singulière idée de couvrir, par une ligne continue, le périmètre de colonisation, restreint en 1835 à la banlieue d'Alger. De l'Oued-Agar jusqu'au ruisseau de Bou-Farik, on escarpa les berges de quantité de petits ravins et de cours d'eau dont on eut soin de briser les gués, et l'on obtint ainsi une ligne qui était loin d'être infranchissable, mais qui, dans une certaine mesure, gênait les mouvements de la cavalerie des Hadjoutes et donnait un peu plus de sécurité à nos colons.

Le même maréchal fut plus heureux dans d'autres expériences de colonisation, et il fit preuve d'un zèle des plus louables. Il entretenait une active correspondance avec des comités formés en France pour envoyer des colons à Alger ; il voulait, et c'était de sa part une erreur, attirer beaucoup d'hommes en Afrique, persuadé qu'une fois qu'ils y seraient, on trouverait bien moyen de les y employer. Clauzel ne connaissait pas encore la gent des spéculateurs ; ceux-ci, voyant arriver des émigrants, élevèrent leurs prétentions au lieu de les diminuer, de sorte que ceux d'entre les nouveaux venus qui avaient les moyens de rentrer en France, s'en retournèrent découragés. Ainsi firent des colons francs-comtois. Un prince polonais, M. de Mir, obtint la concession de cinq fermes du domaine ; tout marcha admirablement au début ; mais ayant épuisé ses capitaux, il dut emprunter et tomba ainsi entre les griffes d'une bande de loups-cerviers de l'usure, qui le ruinèrent. Le village de la Rassauta, à quelques lieues d'Alger, est une fondation du prince. C'est un Français qui établit dans les mêmes parages le village de la Regaïa ; ce Français, M. Mercier, fut également dévoré par les usuriers, juifs ou autres.

Le gouverneur adopta un système de concessions à grands lots ; mais beaucoup de bénéficiaires n'ayant pas rempli les conditions qui leur étaient imposées par l'administration et ayant été évincés, on décida qu'il ne serait plus délivré que des promesses de concessions échangeables contre un titre définitif de propriété, après l'accomplissement des obligations stipulées aux concessionnaires. C'était apporter, dans une certaine mesure, un tempérament à la rage de concessions dont était animée l'administration, rage qui, en 1835, se manifesta d'une manière phénoménale : on concéda, par exemple, autour de Douéra, trois cents hectares de terrains domaniaux, au cas, spécifiait-on, *où il en existerait sur ce point.*

Désormais, le maréchal Clauzel ne voulut plus faire de concessions que par parcelles. Ce fut de cette façon que fut fondée la jolie ville de Bou-Farik, baptisée d'abord Medina-Clauzel, et qui finit par reprendre son nom indigène. A Bou-Farik on concéda cent soixante lots d'un tiers d'hectare pour le terrain de la ville, et cent soixante-dix lots de quatre hectares pour celui de la banlieue. Les concessionnaires, assujettis à une redevance fort légère, ne furent astreints à d'autres conditions que celles de bâtir dans les alignements fixés, de mettre en culture et de planter d'arbres leurs terrains dans un espace de trois ans.

La ville de Bou-Farik, horriblement malsaine dans le début, est aujourd'hui florissante.

A la fin de 1836, la population européenne, l'armée exceptée, ne s'élevait qu'à 14,561 têtes, dont 9,000 dans la province d'Alger, un peu moins de 4,000 dans celle d'Oran, et le reste, 2,000 à peine, à Bougie et à Bône, seuls points que nous occupions dans la province de Constantine. Sur ce nombre, on ne comptait que 5,485 Français. C'est seulement à cette époque que l'administration des domaines, à force de découvrir des usurpations et de vérifier des titres, connut enfin ce que l'Etat possédait dans la province d'Alger.

Pendant l'année 1837, sous l'administration du général Damrémont, qui ne s'occupa guère que de son expédition de Constantine, la population européenne ne s'accrut que de deux mille individus, moitié français, moitié étrangers. Ceux-ci continuèrent à être en majorité. On ne comptait que sept mille hectares de terre en culture dans la banlieue d'Alger, dont plusieurs centres de population furent érigés en communes. On commença à tracer des chemins vicinaux, et l'industrie agricole prit un certain développement. Ce sont les communes dont il vient d'être question qui, en faisant des avances de grains aux indigènes, sauvèrent de la ruine la culture arabe des environs de Blidah, détruite par la guerre et par les achats de terrains que faisaient des spéculateurs.

Lorsque Abd-el-Kader, en 1839, nous déclara la guerre sainte, les progrès accomplis étaient à peu près nuls, et cependant le journal officiel du gouverneur s'écriait, dans un accès de lyrisme :

« L'Algérie a traversé l'époque d'épreuves qui marque toujours la naissance des établissements coloniaux ; elle marche maintenant par ses propres forces, et nous touchons au jour où nos efforts recevront une glorieuse récompense. »

La guerre devait déranger tous ces beaux plans ; au

moment où l'on faisait cette superbe déclaration, la population européenne ne s'élevait qu'à 25,000 âmes, et, sur ce nombre, il n'y avait que 11,000 Français. Quelques chétifs établissements s'étaient bien fondés de ci, de là ; mais les exploitants n'étaient le plus souvent que les gérants de quelques compagnies qui manquaient de capitaux.

Le maréchal Valée ne se montra pas trop favorable à la colonisaton ; il désapprouvait le plan du maréchal Clauzel, qui encourageait les petits établissements isolés, et il estimait qu'il fallait procéder sagement et marcher pas à pas, de façon à créer des établissements fortement agglomérés, s'appuyant les uns sur les autres et pouvant se secourir mutuellement. Le vainqueur de Constantine ne sut pas réagir contre les lenteurs des formalités administratives, qui avaient pour résultat de faire dépenser aux colons arrivant à Alger dans une longue et pénible attente, les ressources qu'ils avaient apportées. Ces malheureux n'étaient jamais mis en possession des terres qu'on leur concédait, que lorsqu'ils n'avaient plus d'argent pour les mettre en valeur.

Louis Veuillot trace un tableau fort sombre de la colonisation en 1841. « Aucune terre, dit-il, n'est cultivée nulle part, à moins qu'on n'accorde le nom de terre cultivée à quelques jardinets, situés sous le fusil de nos remparts, où l'on récolte quelques légumes et quelques salades qui se vendent à prix d'or. La viande, les fruits, le pain, le fourrage, tous les objets de consommation viennent par la mer. Nous ne nous levons guère de table que le gouverneur général ne calcule avec amertume la somme que le repas a coûté à la France, sans compter le sang. Lorsqu'on lui parle de la colonisation, son bon sens n'y peut tenir : il se répand en railleries poignantes contre ce mensonge criant, n'épargnant personne, et ne s'inquiétant guère de savoir qui l'écoute... A peu d'exceptions près, il n'y a en Algérie d'autres colons que les fonctionnaires, les agioteurs et les cabaretiers. »

Et Louis Veuillot ajoute :

« Les systèmes les plus divers, les plus contradictoires, les plus absurdes sur la guerre, l'administration, la colonisation ont été proposés, proposés sérieusement, et, chose lamentable, appuyés par des hommes compétents, par des savants, par des fonctionnaires anciens dans l'Algérie, par des officiers qui ont fait la guerre longtemps et avec succès..... Chacun démontre parfaitement que les autres demandent l'inutile et l'impossible ; et les autres, à leur tour, n'ont pas de peine à lui prouver que son plan pèche par les mêmes torts. Ajoutons-y le bruit des journaux, qui ne parlent que de la trahison du gouverneur ; les directions de deux ou trois commis qui, de leurs bureaux au ministère de la guerre à Paris, prétendent tout régler et tout faire, et qui envoient pour raison sans réplique la signature du ministre ; ajoutons-y les discussions des Chambres, où l'avis le mieux développé, le mieux écouté, n'est pas toujours le plus sage, où des orateurs se croient ou sont crus bien au courant des affaires d'Alger pour avoir fait une courte apparition sur la côte, questionné un interprète ou un juif, reçu quelques lettres, celles-ci d'un enthousiaste, celles-là d'un mécontent ; ajoutons-y cette horreur que nous inspirent en général les dépenses opportunes, et qui dans une grande affaire nous porte à lésiner sur un détail important, vous n'aurez encore qu'une faible idée des obstacles qui se présentent, qui s'accumulent de toutes parts. »

Mais Louis Veuillot n'a pas assez insisté sur les apparitions de nos députés en Afrique. L'un d'eux, voulant connaître l'Algérie et se rendre compte de la manière dont nos soldats y faisaient la guerre, alla trouver le général Bugeaud, qui l'emmena expéditionner dans la vallée du Chélif. Au bout de quelques jours, le voyageur aurait bien voulu s'en aller ; mais le général lui ayant répondu qu'il ne pouvait le faire escorter jusqu'à Milianah, il dut se résigner à marcher. On le voyait chevaucher mélancoliquement derrière le général, coiffé, comme Fra-Diavolo, d'un gigantesque chapeau surmonté d'une plume d'aigle ; avec cela une grande houppelande noire, coupée au milieu par un ceinturon blanc que tirait un sabre de cuirassier. Après une expédition de deux mois, le général Bugeaud ramena le député à Milianah, d'où il gagna Alger, pour s'embarquer au plus vite.

En 1846, Lamoricière eut à recevoir toute une commission parlementaire venue pour étudier sur place les divers systèmes de colonisation que l'on essayait. Quand la susdite commission arriva à Mers-el-Kébir, le temps était pluvieux et sombre ; une heure après le débarquement, on déjeuna au Château-Neuf avec le général. Déjà celui-ci avait mis tout son état-major à la disposition des députés, et organisé des moyens de transport pour leur faire parcourir la province d'Oran ; mais ils trouvèrent le pays prodigieusement triste. Ayant appris, dans la journée, qu'un courrier de commerce partait la nuit même et qu'ils pouvaient en profiter pour écrire en France, ils prirent alors une résolution sublime : celle de se rembarquer tous, ce qu'ils firent sans plus de cérémonies.

Ils avaient vu le pays ! ils pouvaient en parler ! la Chambre les écouta avec beaucoup d'attention.

Le général Bugeaud, successeur du maréchal Valée, arriva avec un plan parfaitement arrêté. Son intention était de former des villages militaires avec des soldats ayant encore à accomplir plusieurs années de services. Il se proposait de leur allouer des terres. Ces hommes auraient fait venir leurs familles en Algérie et s'y seraient mariés. La colonisation en Algérie étant un champ ouvert à tous, on essaya du système préconisé par Bugeaud. Celui-ci ne voyait guère que ses soldats, et quand on lui objectait que la colonisation d'un pays ne peut se faire sans capitaux, montrant dédaigneusement du doigt les spéculateurs qui, en 1841, pullulaient à Alger, il demandait si ces gens véreux étaient de vrais capitalistes !

L'idée du général fut écartée par la suite ; son plan parut trop dispendieux. Il faut considérer, disait-on, que l'établissement d'un seul colon militaire coûterait de 5 à 6,000 francs, ce qui, pour deux cent mille colons choisis de la sorte, nécessiterait une dépense d'un milliard tout au moins.

C'était peut-être aller un peu vite en besogne que de calculer ainsi. Dans tous les cas, il est des entreprises qui rendent au centuple ce qu'elles coûtent au pays. Si, depuis cinquante-cinq ans, l'Etat avait inscrit chaque année à son budget cinq millions pour l'établissement en Algérie de colons militaires, nous aurions là-bas une population agricole excellente, sans avoir dépensé plus de deux cents à deux cent cinquante millions en un demi-siècle, à peine.

Quand le général Bugeaud entreprit l'application de son système, il décida que tous les régiments feraient un peu de colonisation. Il reprit un arrêté du général Schramm, (gouverneur intérimaire de l'Algérie après le départ du maréchal Valée), ordonnant que des terres à proximité des camps seraient mises à la disposition des troupes, autant que possible à raison de deux hectares cinquante centiares par bataillon, pour être cultivées au profit de l'ordinaire et de la masse générale d'entretien. Bugeaud déclara que chaque régiment disposerait de trente hectares pris soit sur les biens domaniaux, soit, en cas d'insuffisance, par expropriation pour cause d'utilité publique sur ceux des indigènes.

En 1842, le théâtre de la guerre s'étant un peu éloigné de la plaine de la Mitidja et de la banlieue des villes que nous occupions sur la côte, Bugeaud obtint qu'un crédit de 500,000 francs serait inscrit au budget ordinaire pour donner de l'impulsion aux travaux agricoles ; un autre de 485,500 francs sur la caisse coloniale fut consacré à de nouveaux essais. On forma à Alger un bureau de colonisation, auquel on adjoignit une section de géomètres. On créa ainsi autour de cette ville quatre centres dont toutes les constructions d'utilité publique furent faites aux frais de l'Etat ; et à Douéra, aux lieu et place du vilain village de cantiniers qui y existait, on jeta les fondements d'une petite ville. Deux autres villages, Sainte-Amélie et Saint-Ferdinand, près de Coléa, furent construits par des condamnés militaires, sous la direction du génie, et chaque colon, pour 1,500 francs, eut une petite maison et douze hectares de terre, dont quatre défrichés.

Bugeaud fit construire par le génie les villages de Fouka et de Béni-Méred et les peupla de soldats congédiés, à qui il permit de venir se marier en France. L'essai ne réussit pas, et il fallut compléter le peuplement de ces deux villages avec des colons civils.

La sollicitude du général pour les colons était si grande, qu'il obligea l'administration militaire à leur prêter des animaux de labour ; bien plus, il alla jusqu'à envoyer dans les villages nouvellement créés des bataillons entiers pour cultiver les terres et les mettre tout de suite en rapport.

L'illustre gouverneur fonda encore plusieurs villages avec l'aide de particuliers auxquels l'Etat faisait des avantages. Ces particuliers concessionnaires s'engageaient à établir sur leurs domaines un certain nombre de familles européennes, dont chacune devait recevoir quatre hectares et une habitation ; et, de son côté, l'Etat accordait en numéraire et en matériaux une avance de 1,000 francs par famille, avance remboursable, par cinquième, d'année en année. Le général installa aussi trois villages maritimes, qui se peuplèrent de pêcheurs auxquels étaient accordées des primes, tant pour leurs maisons que pour les barques de pêche faites par eux.

Comme on le voit, Bugeaud, dans l'ardeur de son zèle, faisait à la fois de la colonisation avec des civils, des militaires et des entrepreneurs. Il essaya de faire de la colonisation par les mains des moines, en allouant aux frères trappistes, dans la plaine de Staouëli, une concession de 1,020 hectares de terre, avec 62,000 francs de subvention ; puis il attira les Pères jésuites à Ben-Aknoun ; et l'on peut dire qu'aux trappistes aussi bien qu'aux jésuites. il ne refusa pas la coopération des troupes.

En 1844, il amena le gouvernement à jeter les yeux sur la province de Constantine, qui présentait, disait-il avec raison, le plus de chances favorables à la grande colonisation. Le territoire de Philippeville fut naturellement le premier dont on s'occupa. Par suite d'arrangements à l'amiable faits avec les tribus qui séjournaient aux environs de cette ville, celles-ci consentirent à se transporter ailleurs, laissant le champ libre à la culture européenne. Rien de plus riche et de plus beau que les environs de Philippeville ; on se hâta donc de dépenser les 100,000 francs inscrits au budget général pour construire, dans un rayon très rapproché, les villages de Damrémont, de Saint-Antoine et de Valée. Autour des camps d'El-Arrouch, des Toumiettes, de Smendou, sur la route de Philippeville à Constantine, on groupa quelques centaines de colons. Smendou et El-Arrouch sont aujourd'hui des villages florissants. A Guelma et à Sétif, on décida la construction de villes, en remplacement des immondes bourgs de cabaretiers qui s'étaient formés à côté des camps ; enfin, les cent premières familles qui se présentèrent à Guelma et à Sétif reçurent, avec des concessions gratuites, un secours de 600 francs en matériaux de construction.

Dans la province d'Oran, le gouverneur fit agrandir le territoire civil autour des villes d'Oran et de Mostaganem ; puis, s'apercevant que le sol d'Oran est aride presque partout et se prête peu à la colonisation, il s'arrêta, après avoir décidé la création des centres de Misserghin, de la Senia, de Sidi-Chami et d'Arzew, et reporta ses soins sur la ville de Monstaganem. Il avait déjà bâti un village à Mazagran et fait diviser le ravin de Mostaganem en lots horticoles, quand, en 1846, il dirigea sur cette ville huit cents Prussiens. Ces malheureux avaient été abandonnés à Dunkerque par des agents d'émigration qui s'étaient engagés à les faire conduire en Amérique ; on les avait embarqués ensuite pour Oran, où ils étaient arrivés dans un dénuement complet. L'administration civile ayant déclaré ne savoir que faire d'eux, Bugeaud les mit à la charge de l'administration militaire, qui leur fit construire les villages de Sdidia et de Sainte-Léonie.

Djemma-Ghazaouat, sur la frontière du Maroc, fut alors convertie en ville sous le nom de Nemours. Saint-Denis du Sig, aujourd'hui ville importante sur la route d'Oran à Mascara, fut créée par 197 colons. Tous les centres de population fondés dans la province d'Oran durent recevoir au moins les trois cinquièmes de Français.

L'année qui précéda son départ, le maréchal proposa au gouvernement, qui entra dans ses vues, de laisser au ministre de la guerre la faculté d'accorder toutes les concessions moindres que cent hectares, à la condition de faire intervenir des ordonnances royales pour les concessions plus considérables. Les concessionnaires de plus de cent hectares étaient astreints à un cautionnement de dix francs par hectare, qui restait acquis à l'Etat, en cas d'inexécution des conditions de culture et de peuplement qui étaient imposées. Ce cautionnement n'était exigible ni pour les concessions délivrées par le ministre de la guerre, ni pour les concessions de vingt-cinq hectares et au-dessous, que l'on réservait au gouverneur général.

Ce fut Bugeaud qui organisa le service de santé gratuit à l'usage des colons, composé de médecins salariés par l'Etat. En même temps il créait, sous le nom d'inspecteurs de colonisation, une classe spéciale d'employés chargés de veiller aux besoins agricoles et économiques de la population européenne des villages.

Pendant le gouvernement du maréchal, en sept années, la population civile de l'Algérie s'accrut de 85,000 âmes ; elle s'élevait à la fin de 1846 à 109,400 âmes, un peu plus que le chiffre de l'armée, qui était de 104,808 hommes. Il y eut pendant cette période 11,266 naissances contre

14,899 décès. Un pareil résultat n'était certes pas brillant, mais Bugeaud fit le possible pour lutter contre l'incertitude des systèmes, les tracasseries de l'administration, et les méfiances excitées contre l'Algérie. En défalquant la population agricole de la totalité de la population européenne, on constate que près de 90,000 individus ont vécu par des moyens d'existence étrangers à l'agriculture, c'est-à-dire par le commerce ou les professions industrielles. La population agricole ne s'élevait alors qu'à 17,000 individus.

Nous devons dire un mot des dissentiments qui surgirent entre le maréchal et l'un de ses meilleurs lieutenants, le général de Lamoricière, alors commandant de la province d'Oran.

A l'inverse du premier, Lamoricière repoussait d'une façon absolue le concours de l'Etat pour le peuplement de l'Algérie, et rejetait par conséquent la colonisation militaire ; d'après lui, pour mener tout à bien, il aurait suffi de faire appel aux capitaux et à l'industrie ; le général oubliait que la confiance ne se commande pas, ne se rendant peut-être pas un compte exact qu'en Algérie un colon ne pouvait, à l'époque où il parlait, piocher son champ sans avoir son fusil à portée de sa main. Il y avait beaucoup de libéralisme dans les idées de Lamoricière, et elles devaient naturellement séduire ; mais ces idées ne sont applicables qu'à un pays absolument pacifié, où l'ère des insurrections est définitivement close. D'ailleurs les deux systèmes de colonisation ne s'excluaient pas l'un l'autre et pouvaient s'appliquer concurremment.

Un abîme séparait donc Bugeaud de Lamoricière, et leurs relations étaient souvent tendues. Sur un seul point les deux généraux étaient d'accord ; ils n'aimaient pas les aventuriers, les nomades de la civilisation, les prétendus travailleurs qui arrivaient en Algérie en se plaignant de n'avoir pas su trouver en Europe leur place au soleil, et ils ne croyaient pas que ces déclassés pouvaient du jour au lendemain être transformés en propriétaires. Moins sévère toutefois que son supérieur hiérarchique, Lamoricière ne les repoussait pas toujours ; il leur venait même en aide, jusqu'à ce qu'il fût prouvé que le travail leur était en horreur ; enfin il trouvait moyen de distribuer à chaque famille d'émigrants, un bœuf avec les outils de labourage.

La sollicitude de Lamoricière ne s'étendait pas seulement aux nomades de la civilisation, mais encore à ceux de la barbarie, les tribus arabes. Il avait sur le cantonnement de celles-ci des idées parfaitement arrêtées, et que le sénatus-consulte de 1863, qui les a rendues propriétaires d'un sol sur lequel elles n'avaient aucun droit, n'a pas infirmées depuis. « Il sera bien difficile, disait-il, de faire quelque chose pour des gens qui ont la passion innée du vagabondage. » Il réussit pourtant sur certains points, notamment aux environs de Tlemcen, à créer des villages, initiant ainsi la famille arabe aux bienfaits de notre agriculture ; mais, en général, les indigènes se montrent rebelles à la civilisation, et de nos jours même, excepté chez les Kabyles, on compte peu de villages (1).

Les raisons principales qui, d'après Lamoricière, empêchaient les Français de se fixer en Afrique, étaient surtout l'appréhension de lois et de tribunaux exceptionnels, d'un arbitraire excessif à peine tempéré par la crainte de l'opinion en France, et une monstrueuse administration voulant tout faire, s'occupant de tout, et ne faisant même pas nettoyer les rues ou allumer les réverbères. « Quand, ajoutait-il, Louis XIV et Colbert entreprirent de fonder une colonie au Canada, ils y amenèrent des paysans, des gentilshommes et des curés ; ils y constituèrent le pays comme il l'était alors en France, en paroisses, en districts, en provinces, avec la même organisation, les mêmes franchises, les mêmes garanties

(1) En 1863, on a agi avec une fâcheuse précipitation. Sans doute il était digne de la France d'accorder gratuitement aux Arabes le droit de devenir propriétaires ; mais il y aurait eu sagesse à leur imposer la condition de se restreindre au territoire dont ils avaient réellement besoin, et de les inviter, au préalable, à transformer leurs douars en villages. C'était peut-être le seul moyen de résoudre le difficile problème de la constitution de la propriété individuelle.

que la mère-patrie, et ils firent ainsi quelque chose de solide et de durable. »

La première chose à faire, disait-il, pour attirer les colons, est de leur offrir des garanties. Et ces garanties, il voulait qu'on les offrît non seulement à la population européenne, qui devait trouver en Algérie une seconde France, mais encore aux musulmans et aux juifs indigènes. Il convenait bien toutefois qu'il n'était pas prudent, d'un jour à l'autre, de traiter sur le pied de l'égalité le peuple conquis et le peuple conquérant, c'est-à-dire l'élément européen nous servant d'appui et celui qui devait nous être encore hostile durant de longues années. Impossible, en effet, de jeter dans le même moule égalitaire musulmans, juifs, chrétiens et autres, mais tous les indigènes, ajoutait Lamoricière, ne repoussent pas de parti-pris les garanties que peuvent leur présenter les Français. Aux juifs, par exemple, il accordait le droit de cité, mais à la condition de se soumettre à nos lois, de supporter leur part de nos charges et de justifier d'un certain temps de résidence, pour n'être pas obligé de regarder comme citoyen le premier juif échappé de Tanger ou de Tunis.

On comprend qu'avec de pareilles idées, à la Chambre des députés, en 1846, le général ait refusé de faire partie de la commission dite des camps agricoles, appelée à juger les projets de colonisation du maréchal Bugeaud. Le rapporteur, M. de Tocqueville, ayant avancé que l'on pouvait introduire la population européenne sur le sol de l'Algérie sans gêner la population vaincue, et que le domaine public à distribuer, sans blesser personne, était immense, Lamoricière qualifia d'absurde la première de ces deux assertions, et, quant à la seconde, répondit que le domaine public avait été gaspillé sur bien des points.

« Il est facile, disait encore M. de Tocqueville, d'amener les tribus à restreindre leur territoire.

» — Facile, non, répondit Lamoricière, possible, oui. »

Et le rapporteur concluait en rejetant, comme trop onéreux, le système du maréchal Bugeaud. Il se rallia implicitement à celui de Lamoricière, en demandant pour la société européenne établie en Algérie la liberté civile et religieuse, une meilleure administration, une complète sécurité.

Comme on le voit, les gouverneurs militaires de la colonie, ainsi que les généraux commandant les provinces, une fois l'œuvre de guerre accomplie, avaient peu le temps de se reposer (1). On a peine à se figurer l'importance qu'avait alors une situation d'officier général placé à la tête d'une province. Celui-ci était, à vrai dire, une seconde Providence. Maître absolu en pays arabe, il régnait sur les indigènes sans que ses ordres fussent discutés. Son influence sur les Européens n'était pas moins grande ; dans n'importe quel conflit d'attributions, dans n'importe quel cas, sa décision avait force de loi. Sa recommandation auprès des commissaires civils et des préfets équivalait à un ordre, car sur lui reposaient la paix et la sécurité qui doivent accompagner forcément toute œuvre de colonisation, en rassurant des gens venus pour tenter le sort sur une terre nouvelle.

A la fois homme de guerre et homme d'étude, le général ne quittait le fauteuil de son cabinet que pour monter à cheval, tant pour s'entretenir avec les officiers des bureaux arabes et recevoir les plaintes des chefs indigènes, que pour visiter ou encourager les colons dans leurs travaux.

Voici près de soixante années que nous possédons l'Algérie. Sans doute, à considérer les progrès réalisés depuis chez nous, on aurait été en droit d'espérer mieux de notre pays, qui ne manque pas d'une façon absolue d'aptitudes colonisatrices. Pourtant on ne peut nier que l'autorité militaire, pendant la période conquérante, ait fait de

(1) Aujourd'hui, les généraux placés à la tête du 19º corps d'armée n'ont plus à s'occuper d'administration ; seuls, les généraux mis à la tête des provinces régissent, pour le compte du gouvernement général, des territoires de commandement, c'est-à-dire trop éloignés pour être soumis au régime civil

réels et méritoires efforts. Après 1848. quantité de systèmes ont été appliqués à l'Algérie, et chacun d'eux avait son bon côté ; mais il aurait fallu faire faire un triage convenable et procéder à un éclectisme rationnel. Il ne s'agit pas seulement de développer une vieille idée, si pratique qu'elle soit ; encore faut-il la rajeunir, pour l'adapter aux circonstances

Il est difficile d'admettre que les concessions gratuites de terres peuvent être attribuées à des paysans venus de France, non acclimatés, réduits à manger leurs avances quand la fièvre les a cloués sur leurs grabats, plutôt qu'à des hommes libérés du service. La sécurité générale gagnerait à la présence de ces derniers, car au moindre mouvement insurrectionnel, les soldats-colons déposeraient la pioche pour prendre le fusil. Ce système, répétons-le, ne serait point exclusif ; l'essentiel serait d'avoir dans tous les centres de population européenne un noyau de colons aguerris.

Ense et aratro. Le maréchal Bugeaud avait emprunté cette maxime aux Romains, dont les légions, après avoir défait Jugurtha, s'établirent à demeure dans le pays qu'elles avaient conquis, et le couvrirent de monuments dont les admirables vestiges résistent aux outrages du temps et témoignent aux races futures de la grandeur du peuple souverain.

VII

Avec le duc d'Aumale, la colonie était entrée dans une ère nouvelle. Dès son arrivée, le prince avait fait preuve d'un libéralisme éclairé en demandant que la presse locale fût soumise au droit commun, c'est-à-dire délivrée de la censure ; il avait décidé la création de nombreux villages européens et institué immédiatement une commission mixte chargée du cantonnement des tribus en dehors du périmètre réservé à la colonisation. Talonnée par le prince gouverneur, cette commission avait, en six semaines, rendu disponibles quinze mille hectares, et un savant archéologue, M. Texier, entreprit le relevé des stations romaines dans l'intérieur, afin de jalonner les grandes lignes de communication qu'on se proposait d'établir. La banque d'Algérie fut fondée, et les négociants eurent toute latitude de nommer eux-mêmes leurs juges consulaires.

Préoccupé des intérêts matériels et moraux des indigènes, le duc d'Aumale voulut remettre parmi eux l'instruction publique en honneur. Il reprenait ainsi une des idées favorites de Lamoricière, qui faisait observer à tout propos que la génération arabe née après 1830 était livrée à la plus profonde ignorance, parce qu'elle avait grandi pendant la guerre. Cette ignorance, ajoutait-il, était un des obstacles les plus sérieux à la pacification. Le prince proposa donc au ministère Guizot la création à Alger d'une école supérieure musulmane, et à Constantine, Bône, Coléa, Tlemcen, etc., d'écoles arabes-françaises, où l'on enseignerait aux enfants indigènes à la fois le français et l'arabe. Dans ces derniers temps, cette sage idée du prince a été mise à exécution.

Mais la plupart de ces réformes restèrent à l'état de lettre morte. Elles étaient à l'étude quand éclata la Révolution de février, qui n'excita aucun enthousiasme en Algérie, où colons et indigènes avaient fondé sur le duc d'Aumale les plus légitimes espérances. On accueillit même froidement une proclamation du gouvernement provisoire, où il était dit que « la coupable incurie du gouvernement déchu avait entravé le développement de la colonie. » Cette proclamation contenait, en outre, quantité de ces promesses banales que font, d'ordinaire, les pouvoirs qui s'installent. On se gardait bien de rappeler aux Algériens que Louis-Philippe avait envoyé ses cinq fils parmi eux, pour partager les dangers et les fatigues de l'armée, et que l'un d'eux, placé à la tête du pays, venait de faire preuve d'une hauteur de vues, d'une décision, d'une sagacité remarquables.

Avant de publier sa proclamation, le gouvernement provisoire, n'osant pas agir avec franchise, avait fait circuler officieusement la dépêche suivante :

« Le roi a abdiqué ; Madame la duchesse d'Orléans est proclamée régente. »

On craignait à Paris que le duc d'Aumale, avec son frère le prince de Joinville, qui se trouvait aussi à Alger, c'est-à-dire le héros de la Smala et le vainqueur de Tanger, ne franchissent la Méditerranée avec quarante mille hommes, pour venir en France restaurer la monarchie. Mais on connaissait peu les princes et leurs sentiments généreux. Le duc d'Aumale se contenta de publier les lignes suivantes :

« Le gouverneur général, connaissant le patriotisme de tous, n'ajoute rien aux nouvelles déjà parvenues : rien ne saurait changer nos destinées, ni altérer notre dévouement à la France. Les bons citoyens et l'armée attendront avec le plus grand calme les ordres de la mère-patrie. »

Lamartine déclara ces paroles dignes des premiers temps de la République de 89, « où l'homme s'effaçait devant la patrie. »

Enhardi par l'attitude des princes, le gouvernement provisoire promulgua aussitôt le décret qui bannissait de France les membres de la famille d'Orléans, et celui qui nommait Cavaignac au poste de gouverneur général de l'Algérie. Le duc d'Aumale écrivit à son successeur la lettre suivante :

« Alger, le 2 mars 1848.

» Général,

» Le *Moniteur* du 25 février m'apprend votre nomination aux fonctions de gouverneur général de l'Algérie.

» Fidèle à mes devoirs de citoyen et de soldat, j'étais resté à mon poste tant que j'avais pu croire ma présence utile au service du pays. Aujourd'hui elle pourrait devenir un embarras.

» Soumis à la volonté nationale, j'aurai quitté demain la terre française.

» Je remets par intérim le commandement au général Changarnier. J'avais espéré combattre avec vous ici ou ailleurs pour la Patrie.

» Loin d'elle mon cœur reste français ; tous mes vœux seront pour son bonheur et pour sa gloire.

» Henri d'Orléans. »

A l'armée d'Afrique, le prince adressa ce dernier ordre du jour :

« Officiers, sous-officiers et soldats,

» En me séparant d'une armée, modèle d'honneur et de courage, dans les rangs de laquelle j'ai passé les plus beaux jours de ma vie, je ne puis que lui souhaiter de nouveaux succès. Une nouvelle carrière va peut-être bientôt s'ouvrir à sa valeur ; elle la remplira glorieusement, j'en ai la ferme croyance.

» J'avais espéré combattre encore avec vous pour la Patrie. Cet honneur m'est refusé ; mais du fond de l'exil mon cœur vous suivra partout où vous appellera la volonté nationale ; il triomphera de vos succès. Tous mes vœux sont pour la gloire et l'honneur de la France.

» Henri d'Orléans. »

Le même jour, on affichait sur les murs d'Alger la proclamation suivante :

« Fidèle à mes devoirs de citoyen et de soldat, je suis resté à mon poste tant que je pensais ma présence utile au service du pays. Cette situation n'existe plus, M. le général Cavaignac est nommé gouverneur général de l'Algéric. Jusqu'à son arrivée, les fonctions de gouverneur général seront remplies par M. le général Changarnier.

» Soumis à la volonté nationale, je m'éloigne ; mais du fond de l'exil, tous mes vœux seront pour votre prospérité et pour la gloire de la France, que j'aurais voulu pouvoir servir plus longtemps.

» Henri d'Orléans. »

Bien qu'atteint dans ses rêves d'avenir, le noble prince ne songea pas un instant à aggraver les maux qui venaient fondre sur sa patrie.

Comme il l'avait annoncé, le duc d'Aumale, accompagné de sa famille, du prince et de la princesse de Joinville, partit le 3 mars pour l'exil. Malgré le mauvais temps, l'armée et la population remplissaient en foule les rues d'Alger aboutissant au port. En tête du triste cortège, on voyait s'avancer le duc d'Aumale tenant ses fils par la main ; la duchesse donnait le bras au général Changarnier, et la princesse de Joinville à un haut fonctionnaire civil. Le vainqueur de Tanger et de Saint-Jean-d'Ulloa venait ensuite, aussi calme que son frère. « Dans les rues d'Alger, s'écrie le capitaine Blanc, témoin oculaire, passait ce qu'on peut appeler le convoi de la bravoure et de la loyauté. »

De la foule respectueusement recueillie sortit tout à coup un cri de : « Vive la République ! » Le moment était mal choisi ; on fit aussitôt disparaître l'insulteur dans un soupirail de cave.

Un moment après, le *Solon* embarquait les exilés et voguait vers les côtes d'Espagne.

Le jour même du départ des princes, un club s'ouvrait à Alger ; le lendemain il y en avait dix. Dans l'un d'eux, un conseiller à la cour d'appel, devenu subitement républicain écarlate, demanda le renversement de la statue du duc d'Orléans, qui se dresse encore aujourd'hui sur la place du Gouvernement. Changarnier, apprenant que l'idée du nouveau converti faisait son chemin, n'hésita pas à répandr le bruit que si des manifestants osaient tenter l'exécution de ce projet, la garnison avait ordre de les jeter à la mer. La menace produisit son effet. Mais dès l'arrivée de Cavaignac, les exaltés voulurent de nouveau renverser la statue du prince. Tout en étant républicain, Cavaignac n'aimait guère le désordre dans la rue et les folies démagogiques; aussi fit-il simplement prévenir la garnison de l'heure fixée pour la démolition. Les sous-officiers arrivèrent avec leurs plus vigoureux soldats. L'un de ceux-ci, un hercule, saisit un braillard qui criait : « A bas! à bas! » et le lança comme un colis au milieu de la foule. Ce fut le signal; les sergents, avec leurs hommes, coururent à la statue, et, en un clin d'œil, l'échafaudage de madriers et de cordages dont on l'avait déjà entourée fut détruit et jeté à la mer, pendant que la tourbe qui s'était formée sur la place se dissipait comme par enchantement.

En dehors du siège d'Anvers (1) qu'il nous suffira de rappeler, l'histoire militaire du gouvernement de Louis-Philippe consiste entièrement dans les expéditions algériennes.

(1) La révolution de juillet ayant eu son contre-coup dans toute l'Europe, la Belgique se sépara de la Hollande et réclama notre appui (août 1831).
Une armée française, commandée par le maréchal Gérard, expulsa les Hollandais de la Belgique. Mais ils prétendirent conserver Anvers ; à la suite de la conférence de Londres, qui venait de signifier au roi de Hollande le traité dit des vingt-quatre articles, le maréchal Gérard se présenta devant cette place avec cinquante mille hommes formés en quatre divisions d'infanterie et une de cavalerie, et suivis de cent pièces de siège. Anvers fut énergiquement défendue par le général Chassé, qui ne capitula qu'après la prise de la lunette Saint-Laurent ; une brèche était pratiquée au corps de place, et l'assaut allait être livré.

ÉPHÉMÉRIDES

(1830-1848)

14 juin 1830. — Débarquement de l'armée française à Sidi-Ferruch.
19 juin 1830. — Bataille de Staouëli.
5 juillet 1830. — Entrée des Français à Alger.
22 juillet 1830. — Pointe du maréchal de Bourmont sur Blidah.
2 août 1830. — Occupation de Bône.
2 septembre 1830. — Arrivée du général Clauzel, nommé gouverneur de l'Algérie.
17 novembre 1830. — Expédition de Médéa.
20 février 1831. — Le général Berthezène vient remplacer le général Clauzel.
25 juin 1831. — Deuxième expédition de Médéa.
17 décembre 1831. — Le général Savary de Rovigo succède au général Berthezène.
26 mars 1832. — Prise de la Casbah de Bône par les capitaines Armandy et Yusuf.
4 mars 1833. — Le duc de Rovigo quitte l'Algérie, laissant l'intérim du gouvernement au général Avizard.
2 avril 1833. — Création du premier bureau arabe.
20 avril 1833. — Le général Voirol remplace le général Avizard.
29 septembre 1833. — Occupation de Bougie.
26 février 1834. — Le général Desmichels signe un traité désastreux avec Abd-el-Kader.
3 juillet 1834. — Le général Voirol est remplacé par le général Drouet d'Erlon.
28 juin 1835. — Désastre de la Macta.
8 juillet 1835. — Retour en Algérie du général Clauzel, devenu maréchal.
25 novembre 1835. — Le maréchal Clauzel et le duc d'Orléans entreprennent l'expédition de Mascara.
12 janvier 1836. — Délivrance de Tlemcen.
23 novembre 1836. — *Premier assaut de Constantine.*
12 février 1837. — Le général Damrémont est nommé gouverneur de l'Algérie.
mai 1837. — Traité de la Tafna avec Abd-el-Kader.
22 octobre 1837. — Le général Damrémont est tué devant Constantine.
23 octobre 1837. — *Prise de Constantine.*
6 novembre 1837. — Le maréchal Valée remplace le général Damrémont.
6 octobre 1838. — Fondation de Philippeville.

25 octobre 1839. — *Expédition des Portes de Fer.*
12 novembre 1839. — Rupture de la paix de la Tafna.
1er février 1840. — *Attaque de Mazagran.*
12 mai 1840. — Combat de Mouzaïg.
23 décembre 1840. — Le général Bugeaud est nommé gouverneur de l'Algérie.
18 mai 1841. — Destruction de Tegdempt.
10 septembre 1842. — Combat de l'Oued-Foddah.
16 mai 1843. — *Prise de la Smala d'Abd-el-Kader.*
22 juin 1843. — Combat de Djeddah.
6 août 1844. — *Bombardement de Tanger.*
14 août 1844. — *Bataille de l'Isly.*
15 août 1844. — *Bombardement de Mogador.*
22 mai 1845. — *Affaire des grottes de l'Oued-Rhia.*
23 septembre 1845. — *Désastre de Sidi-Brahim.*
30 septembre 1845. — *Désastre d'Aïn-Temouchent.*
28 avril 1846. — *Massacre de la déïra d'Abd-el-Kader.*
12 avril 1847. — *Reddition de Bou-Maza.*
11 septembre 1847. — Le duc d'Aumale est nommé gouverneur de l'Algérie.
24 décembre 1847. — *Reddition d'Abd-el-Kader.*
3 mars 1848. — Le duc d'Aumale part en exil.

TABLE DES MATIÈRES

                                                                         Pages

INTRODUCTION   1

CHAPITRE PREMIER. — La question d'Alger. Le gouvernement de la Restauration et l'opposition. L'Europe devant la piraterie barbaresque Le baron d'Haussez et lord Stuart. — L'armée en 1830. Le comte de Clermont-Tonnerre. Les camps d'instruction. Composition de l'armée expéditionnaire. Savants, peintres, volontaires, officiers étrangers. Le capitaine Mansell. L'orage de Charles-Quint. — Charles-Quint. Les captifs. Armadas espagnoles. Charles-Quint devant Alger. Le duc de Beaufort à Djigelly. Duquesne devant Alger. Les Anglais. La flotte française en 1830. — L'amiral Duperré. Ses débuts dans la carrière maritime. Duperré dans la mer des Indes et à Saint-Thomas — Prise d'Alger. Aspect du pays. L'Atlas, le Sahara, le Sahel, les hauts-plateaux, le désert, les oasis. — Les Arabes. Leur portrait par Joinville. Manière de combattre. Salluste. Cruauté des Arabes. Combat de Staouëli. Le jeune de Bourmont. Le capitaine Changarnier. Les maladies. La tente-abri, la demi-couverture et le duc d'Orléans. — Les Turcs chassés d'Alger. Peuples qui les ont précédés. Carthaginois, Romains, Vandales, Grecs, Arabes. Paresse et imprévoyance des Arabes. La tribu. La propriété. La famille. La femme arabe. — L'odjack d'Alger. Les Barberousse. Deys, janissaires. Justice turque et justice arabe. Les Coulouglis. Les tribus maghzen. Le trésor des deys. Calomnies. Le maréchal de Bourmont.   1

CHAPITRE II — Les premiers corps indigènes. Zouaves. Lamoricière. Portrait des zouaves, par L. Veuillot. Les zouaves au blocus de Médéa Le lieutenant-colonel Grandchamp, les capitaines Gardarens et Safrané. Chapardages. — Causes qui ont amené la puissance d'Abd-el-Kader. Légende arabe sur l'émir. — Traité Desmichels. La Macta. Le maréchal Clauzel. L'expédition de Mascara. Le duc d'Orléans. Abd-el-Kader et le commandant Yusuf. — Le sort de l'Algérie dépendant d'un cheval. Le cheval arabe. Mahomet en fait un animal sacré. Le Coran et le cheval. — Le commandant Yusuf à la Casbah de Bône. Yusuf, chef des premiers escadrons de spahis. Les spahis. Types de spahis. Le caïde Osman et le brigadier Moncel. Yusuf bey de Constantine. — Première expédition de Constantine. Illusions. Lamentable état de la colonne expéditionnaire. Arrivée devant Constantine. Désastres. Le carabinier Mourambe. Double assaut désespéré. Retraite. Le bataillon Changarnier. Le général de Rigny. Le duc de Caraman. Le député Baude. Le duc de Nemours. — Changarnier. Les colonels Changarnier et Bourjolly. L'affaire de l'Oued-el-Alleug. Changarlô. Admirable combat de l'Oued-Foddah. Ténacité et bravoure de Changarnier. La révolution de 1848. Changarnier à la Chambre. Le vieux héros à Metz. Sa mort................. 103

CHAPITRE III. — Effet produit par l'échec de Constantine. Ben-Aïssa. Le choléra à Bône. L'armée expéditionnaire devant Constantine. Mort du général Damrémont. Assaut. Les colonels Lamoricière et Combes. Les pertes. — La province d'Oran. La Sickah. Traité de la Tafna. Entrevue d'Abd-el-Kader et du général Bugeaud. Armée régulière d'Abd-el-Kader. Les déserteurs. Les renégats. Le bavarois Glockner. — Rupture imminente. La province de Constantine. Le passage des Portes-de-Fer. Le duc d'Orléans. — La guerre sainte. Les journaux. Effondrement des croyances musulmanes. La légende arabe sur le Christ. Les fettouas. — Les Hadjoutes. Les Arabes à la guerre. La vie de campagne. Misères et travaux. Les hôpitaux. — Médéa. Miliana. Le colonel d'Illens. Changarnier et le maréchal Valée. Le général Bugeaud. Mazagran. — Les Zéphyrs. Les disciplinaires dans l'armée. Les chamborans du père Marengo. Les zéphyrs à Rachgoun. Débraillé de leur tenue. Chapardages. La vente de la salle de police à Bougie. Les rats à trompe... 167

CHAPITRE IV. — Le général Bugeaud. Son passé militaire, sa mission à Blaye. Le général Bugeaud en Algérie. Son système de guerre, mulets, flanqueurs, embuscades. La casquette du père Bugeaud. Le maréchal Bugeaud. Sa mort. — Tolérance du maréchal Bugeaud. La messe au camp. L'abbé G'talther. Monseigneur Dupuch. Les jésuites. L'administration et le clergé en Algérie. L'œuvre de l'évêque d'Alger. — Echange de prisonniers par l'intermédiaire de Mgr Dupuch. L'intendant Massot. Le capitaine Morisot. Le père Lanternier. Le lieutenant de Mirandol. Le jeune Beauprêtre. L'abbé Suchet. Le sergent Blandan. Le monument de Beni-Mered............. 239

CHAPITRE V. — Les Français aux confins du désert. Le duc d'Aumale à Médéa et à Boghar. Prise de la Smala. Effet produit chez les Arabes. Combat de Djedda. Mort de Mustapha-ben-Ismaïl et de Ben-Allal. Le brigadier Gérard. — Chasseurs d'Afrique. Le colonel Tartas. Les chasseurs Cayeux, Goffines et Barthélemy. Le trompette Escoffier. — Les Français dans le désert. Le Sah'ra. Le nomade. Le mouton. Le chameau. Chasses. Le chien. Le s'lougui. Le faucon. La gazelle. L'autruche. Populations. Les Beni-M'zab. Les Touaregs. — La légende du lion du désert. Le lion. Récits des Arabes sur le lion. Le pacte d'El-Arbi. Le lion Bonhomme à Marseille. — Les Français au Maroc. Le juif Darmon. La guerre sainte au Maroc. Bombardement de Tanger et de Mogador. Le prince de Joinville à l'île Mogador.

— Bataille de l'Isly. La hure de sanglier. Yusuf, Tartas, Moris. Traité de Tanger. — Abd-el-Kader au Maroc. Son portrait. Sa vie privée. Usages arabes. Famille et entourage d'Abd-el-Kader. Secrétaires et khalifas. Cruauté. Perfidie. Aïn-Mahdi et le marabout Tedjini Piété d'Abd-el-Kader. La prière arabe. Le ramadan. Jugement sur Abd-el-Kader 289

CHAPITRE VI. — Position d'Abd-el-Kader en 1845. Les confréries religieuses musulmanes. Incident de Sidi-bel-Abbès. Le chérif El-Fadel. Les Khouans. Prophéties arabes. Bou-Maza. Les grottes du Dahra. Les faux Bou-Maza. Reddition de Bou-Maza. — Le colonel Montagnac. Le 8e chasseurs à pied à Sidi-Brahim. Les capitaines Géraux et Dutertre. L'abbé Suchet à Sidi-Brahim. Le lieutenant Marin à Aïn-Témouchent. — Les chasseurs à pied et le duc d'Orléans. Le capitaine de Ribains. — Les prisonniers. Escoffier. La deïra. Massacre des prisonniers. Le clairon Roland. Echange des prisonniers survivants. L'enseigne de vaisseau Durand et le *Véloce*. — Le duc d'Aumale à Constantine et à Alger. Les Aurès. Biskra. Abd-el-Kader au Maroc. Le général Lamoricière à la frontière. Combats entre les Marocains et la deïra. Reddition d'Abd-el-Kader. Sa présentation au duc d'Aumale. Sa fin. — Bureaux arabes. Le capitaine Gay. Les colonels Valsin et Beauprêtre. Colonisation. Louis Veuillot en Algérie. Nos députés. Le général Bugeaud et la colonisation militaire. Le général Lamoricière et la colonisation civile. Le cantonnement des tribus. — Le duc d'Aumale, gouverneur. La révolution de 1848. Belle conduite du prince. Son départ. Troubles à Alger 385

EPHÉMÉRIDES 481

Bar-le-Duc. — Typ. et Lith. COMTE-JACQUET.

LIBRAIRIE B. BLOUD
4, RUE MADAME ET RUE DE RENNES, 59

SCIENCE ET RELIGION[1]
ÉTUDES POUR LE TEMPS PRÉSENT

Volumes in-12 de 64 pages compactes : **0 fr. 60** le vol.

PLUS DE 200 VOLUMES PUBLIÉS

8ᵉ Série. — MYSTIQUE. — SCIENCES OCCULTES

16 **Où en est l'Hypnotisme,** son histoire, sa nature et ses dangers, par A. JEANNIARD DU DOT, auteur du *Spiritisme dévoilé*, 3ᵉ édition.................... 1 vol.

Dans ce travail, l'auteur expose impartialement les faits et les doctrines qui se rattachent à cet intéressant sujet. La valeur de ce petit livre très substantiel consiste principalement dans le parallèle de quelques faits d'hypnotisme avec des faits analogues de spiritisme. C'est un rapprochement dont le lecteur tire lui-même les conclusions. S'il fait des découvertes, c'est à lui qu'en reviendra le plaisir comme le profit.

17 *Du même auteur :* **Où en est le Spiritisme,** sa nature et ses dangers. 3ᵉ édition................ 1 vol.

Beaucoup de gens, même instruits, ne croient pas à l'existence du spiritisme et n'y voient que charlatanisme ou escamotage. L'opuscule de M. Jeanniard du Dot démontre péremptoirement la réalité des faits spirites et leur caractère extra-naturel.

34 **La Religion spirite,** son dogme, sa morale et ses pratiques, par I. BERTRAND, 2ᵉ édition........ 1 vol.

Ce petit volume, a dit le *Peuple Français*, mérite d'être recommandé. Il signale les contradictions, les incohérences et les dangers de la nouvelle hérésie, avec une précision et une netteté remarquables.

35 **L'Hypnotisme franc et l'Hypnotisme vrai,** par le Dʳ HÉLOT, 3ᵉ édition.................... 1 vol.

Dans cette étude sur l'hypnotisme, le savant auteur de *Névroses et Possessions diaboliques* s'attaque surtout aux partisans de l'hypnotisme médical.

[1] Envoi gratuit sur demande du catalogue analytique spécial.

39 L'Hypnotisme et la science catholique, par A. Jean-
        niard du Dot, 2º édition................ 1 vol.

Les principaux ouvrages des écrivains religieux sur la matière sont résumés fidèlement dans cet opuscule.

45 L'Occultisme ancien et moderne. — *Les mystères
        religieux de l'antiquité païenne.* — *Kabbale maçon-
        nique.* — *Magie et Magiciens fin de siècle,* par I. Ber-
        trand, 2ᵉ édition....................... 1 vol.

L'auteur a voulu prouver — et nous croyons que la preuve est faite — que l'occultisme, ou surnaturel diabolique, a toujours suivi une ligne parallèle au surnaturel divin. Un Père de l'Église a dit que *Satan est le singe* de Dieu, parole profonde que M. I. Bertrand a développée et commentée, l'histoire en main.

**50 L'Hypnotisme transcendant en face de la philoso-
        phie chrétienne,** ouvrage dédié au Dʳ Ch. Hélot,
        par A. Jeanniard du Dot, 2ᵉ édition....... 1 vol.

Plusieurs auteurs ont étudié, avec une science profonde, l'*hypnotisme franc*, c'est-à-dire sans mélange de phénomènes extra-naturels.
Ce sont précisément ces phénomènes que l'auteur de l'*Hypnotisme transcendant* s'efforce d'éclairer à la double lumière de la philosophie et de la théologie.

59 L'Esprit et la Chair, *Philosophie des macérations*, par
        Henri Lasserre, auteur de *Notre-Dame de Lour-
        des,* etc. 3ᵉ édition.................... 1 vol.

Vivre selon l'esprit, c'est dompter la chair ; vivre selon la chair, c'est lui donner la prédominance sur l'esprit. L'ouvrage de M. Lasserre n'est autre chose que le développement de cette pensée simple, et pourtant l'auteur, avec son habituel talent, a su en faire, en quelques pages d'un style nerveux, clair et précis, une réfutation saisissante du matérialisme.

65 L'Hypnotisme et la Stigmatisation, par le Dʳ A. Im-
        bert-Gourbeyre, ancien professeur à l'Ecole de mé-
        decine de Clermont-Ferrand, 2ᵉ édition.... 1 vol.

Le savant auteur, contre l'opinion de quelques catholiques, médecins, etc., démontre que les faux stigmates de l'hypnotisme ne peuvent s'expliquer naturellement. Et il conclut victorieusement que ces phénomènes ne sont nullement comparables aux stigmates d'origine divine dont ils ne sont que la contrefaçon diabolique.

81 Le Diable dans l'Hypnotisme, par le docteur Ch. Hé-
        lot, 2ᵉ édition......................... 1 vol.

L'auteur étudie l'hypnotisme au point de vue théologique, bat en brèche l'opinion des naturalistes, en démontrant le caractère souvent diabolique de l'hypnotisme, et condamne cette fausse science comme une rébellion contre Dieu.

84   La Sorcellerie, par I. Bertrand, 2ᵉ édition.. 1 vol.

L'auteur établit que la « *magie noire* » a réellement existé et procède d'un pacte entre l'homme et le démon. Les Pères de l'Eglise ont constaté le fait et les chefs de la magie, de nos jours encore, y croient. Il examine ensuite, en faisant connaître les solutions *actuellement* possibles, les questions connexes : bi-location ou bi-corporéité, répercussion, transport aérien, etc.

105   L'Occultisme contemporain. — *Ses doctrines et ses divers systèmes*, par Charles Godard, professeur agrégé de l'Université, docteurs ès lettres, membre associé de l'Académie de Besançon .... 1 vol.

Exposé historique et critique des doctrines occultes depuis 1870, néo-bouddhiques, néo-brahmanistes, néo-kabbalistes et autres. L'auteur démontre que la mystique catholique révèle un grand nombre de faits plus intéressants et signale les grands dangers, pour les fidèles, des pratiques occultes.

107   Les Morts reviennent-ils ? par I. Bertrand, auteur de la *Sorcellerie*, etc.................... 1 vol.

L'auteur résout cette question par l'affirmative. Il appuie son argumentation sur des faits à lui personnellement connus, ou dont les preuves d'authenticité semblent indiscutables, ou enfin qui sont affirmés par l'Ecriture elle-même.

La question des vampires, incubes et succubes se rattachant à son sujet, M. Bertrand la traite avec son habituelle discrétion.

158   Qu'est-ce qu'un saint ? *Essai de psychologie surnaturelle*, par Dom Paul Chauvin, O. S. B.... 1 vol.

Le but de ces quelques pages est de mettre en lumière la notion de la sainteté.

En une première partie, il dégage ce qui constitue *l'essentiel* de la sainteté ; dans une seconde, il en étudie les phénomènes *accessoires*.

159   Les Phénomènes télépathiques et le secret de l'Au-delà, par le R. P. Lodiel, S. J., professeur de philosophie............................. 1 vol.

Il s'agit de faits constatés d'une manière scientifique, reconnus aujourd'hui pour vrais par des savants très positifs ou même positivistes, et l'auteur en cite un grand nombre des plus curieux et des plus suggestifs. Mais il en cherche aussi la cause et le sens. Il expose et discute les divers systèmes et donne ensuite sa propre solution.

193 Les sciences physionomiques, par Ch. Godard, agrégé de l'Université, docteur ès-lettres.

L'auteur étudie successivement l'astrologie, la chirognomonie et la chiromancie, la graphologie et les essais de synthèse. Il s'efforce de nous prémunir à la fois contre la crédulité et contre un dédain injustifié.

198 L'Evocation des Morts, par le P. A. Matignon.

Courte, claire, substantielle, cette brochure pourra fixer sur un point très controversé l'opinion des fidèles, et résoudre un *cas de conscience* devenu très actuel et très pratique.

NOUVELLES PUBLICATIONS :

Les Principes ou Essai sur le problème des Destinées de l'Homme, par l'abbé Georges Frémont, docteur en théologie, chanoine d'Alger et de Carthage, de Poitiers, de Nice et d'Albi. — I. *Importance souveraine et universelle du problème des destinées de l'homme pour l'individu, pour la famille et pour la société.* 1 beau vol. in-8. — Prix : **5 fr.** ; franco .... **5 fr. 50.**

Voilà déjà bien des années que l'abbé Frémont remue le champ de l'apologétique en des conférences suivies et accueillies, aussi bien à Paris que dans les villes de province, tout le monde sait avec quel intérêt et quel succès.

M. Frémont a pensé que le moment était venu de mettre en œuvre et de coordonner en une unité puissante le fruit de vingt-sept années d'un labeur persévérant ; et, appuyé sur des encouragements tels qu'on n'en saurait souhaiter de plus augustes (le Pape Léon XIII a daigné bénir l'œuvre, et le cardinal Rampolla encourager l'auteur), il commence la publication d'une série de volumes dont l'ensemble imposant doit constituer un véritable monument élevé pour la défense de la religion.

La compétence incontestable de l'auteur, les approbations dont son travail a été l'objet, après lecture, font espérer à juste titre que les *Principes* formeront une *Apologie du Christianisme* définitive pour le temps présent.

Dans les quatorze volumes annoncés, dont chacun formera à lui seul un tout organique *(et vendu séparément),* les résultats vraiment acquis pendant le siècle écoulé sur le terrain des sciences ecclésiastiques et profanes viendront, dominés par une philosophie puissante et unifiés par un plan large et compréhensif, projeter et confondre leurs faisceaux lumineux sur le grand problème de la destinée.

C'est de ce plan qu'il s'agit dans le premier volume, véritable « discours de la méthode ».

L'auteur y montre que l'homme étant doué d'intelligence (et cela de l'aveu même des matérialistes les plus obstinés et les plus subtils), ne peut organiser et diriger sa vie, s'il ne connaît le but final que sa vie doit se proposer. Au triple point de vue *individuel*, *domestique* et *social*, cette vérité est établie avec une parfaite netteté. L'auteur fait ici œuvre d'actualité car, dans le troisième livre du premier tome, il prouve que les divisions de l'heure présente proviennent d'un manque d'accord sur le but suprême de l'activité humaine. Ces pages éclairent vivement la *situation de l'Europe* et en particulier de la *France*.

7I. — Importance souveraine des destinées de l'homme, dans l'histoire, la haute littérature et la philosophie. — 1 beau volume in-8°. Prix : **5** francs ; *franco*.......... **5 fr. 50**

Après avoir, dans le premier volume, démontré l'importance universelle et souveraine du problème des destinées de l'homme au triple point de vue individuel, familial et social, l'auteur s'attache dans ce deuxième volume, à épuiser l'analyse des motifs fondamentaux qui établissent scientifiquement la supériorité absolue de ce problème sur tous les autres.

Cette nouvelle série d'observations s'imposait. Indépendamment des considérations auxquelles donne lieu ce problème au triple point de vue dont nous venons de parler, combien ne voyons-nous pas de manifestations de l'activité humaine qui, par une sorte d'origine mixte, tiennent tout à la fois de l'individu et de la société !

Voici, par exemple, le **langage**. Ses rapports avec le problème des destinées de l'homme sont si nombreux, si étroits, si nécessaires, que les mêmes expressions grammaticales ont un sens non seulement différent, mais contradictoire, selon que ceux qui parlent ou qui écrivent adoptent telle ou telle solution de ce problème supérieur.

Poursuivons. Quelle que soit la vraie solution du problème de nos destinées, la préoccupation en revient sans cesse dans les chefs-d'œuvre de la **Poésie** : l'*Iliade* et l'*Odyssée* d'Homère, les tragédies d'Eschyle, de Sophocle, d'Euripide, l'*Énéide* de Virgile, les poèmes de Lucrèce et de Lucain, la *Divine Comédie* de Dante, les *Lusiades* de Camoëns, le *Paradis perdu* de Milton. Les œuvres poétiques contemporaines de Lamartine et de Victor Hugo, de Leconte de Lisle et de Sully-Prudhomme, de François Coppée, de Verlaine et de Rostand, nous en fournissent des preuves saisissantes.

Et les **Beaux-Arts** ! Qui dira combien passionnément la question de nos fins suprêmes agita les grands artistes, Michel-Ange par exemple dans le domaine de l'architecture, de la peinture et de la sculpture, Richard Wagner dans celui de la musique ?

Elargissant le sujet pour le considérer dans toute son ampleur, l'auteur pose ici le principe fondamental de la **Critique littéraire et artistique**. Qui n'a été frappé, en lisant l'appréciation des connaisseurs sur la littérature ancienne ou moderne, nationale ou étrangère, de la contradiction des règles établies ou des principes invoqués ? Quelle sera donc la lumière directrice ? L'auteur prétend et démontre que cette lumière ne peut être que la solution vraie du problème des destinées humaines.

Même observation, même démonstration pour l'**Histoire**. En droit, elle ne peut remplir sa mission, sans se préoccuper de la vraie solution des fins suprêmes de l'homme. En fait, c'est la diversité des solutions, acceptées sur ce point capital par les historiens, qui change le caractère de leurs jugements généraux ou spéciaux, à propos des mêmes personnages et des mêmes événements. Des exemples typiques nous en sont donnés par les œuvres d'Hérodote, de Tacite, de Thiers, de Michelet, de Taine, etc.

Enfin, même observation encore et démonstration identique pour la **Philosophie**. Au fond de tous les systèmes philosophiques, le problème des destinées humaines, comme un bloc inévitable, se retrouve toujours : Socrate, Platon, Aristote, Cicéron, plus près de nous saint Thomas d'Aquin, Descartes, Spinoza, Hobbes, Locke, Leibniz, Victor Cousin, etc., en sont des témoins irrécusables.

Ainsi est démontrée victorieusement — avec un luxe éblouissant de preuves — l'impossibilité absolue d'esquiver, à l'aide du scepticisme ou du positivisme, la question des fins suprêmes de l'homme ; ainsi apparaît de plus en plus lumineuse la nécessité de résoudre cette question majeure.

C'est ce que l'auteur va entreprendre dès le troisième volume de son gigantesque travail.

Vie et Pontificat de Sa Sainteté Léon XIII, par M. l'abbé Joseph GUILLERMIN, aumônier des Ursulines de Jésus à Saint-Tropez, membre de l'Académie pontificale des Arcades. *Avec Lettre-Préface de S. G. Mgr Arnaud, évêque de Fréjus et Toulon. — Ouvrage approuvé par S. Ém. le cardinal Rampola, secrétaire d'État de Sa Sainteté.* — 2 beaux vol. in-8 avec portrait. — Prix : **8 fr.** ; *franco en gare,* **8 fr. 60**

« Vingt-cinq ans de l'histoire de l'Église ! Tel est le titre qu'on eût pu donner à cet ouvrage, où l'auteur s'est efforcé de condenser, en des pages évocatrices, les plus diverses manifestations de la vie religieuse contemporaine.

« Biographe attentif et consciencieux, M. l'abbé Guillermin a dégagé tout d'abord avec soin la psychologie de son héros, ne laissant aucune obscurité dans ces préliminaires obligatoires. Successivement il nous montre le futur Pape enfant, étudiant, puis prélat, délégat à Bénévent et à Pérouse, légat en Belgique, enfin évêque de Pérouse et cardinal. Le lecteur trouvera çà et là un grand nombre de détails peu connus, mais souverainement instructifs et révélateurs.

« Après le portrait, voici le tableau d'histoire. Le Pontificat de Léon XIII n'a certainement jamais été étudié avec cette abondance de documents ni avec cette sûreté de critique dans la discussion des textes et des faits.

« Grâce à l'ingénieuse disposition d'un plan longuement médité, l'auteur a pu grouper et exposer d'ensemble les faits capitaux se rapportant à chaque nation ou les événements ayant entre eux une connexion naturelle. De sorte qu'on peut lire en quelques chapitres solidement liés toute l'histoire religieuse d'un pays, ou l'exposé d'une question particulièrement complexe.

« Nous signalons au lecteur les chapitres sur la France, l'Allemagne (genèse et fin du Kulturkampf, médiation pontificale) ; sur les États-Unis (concile de Baltimore, les Chevaliers du Travail, la question scolaire, l'américanisme) ; sur la question romaine, la presse, l'esclavage, les ordres religieux, l'union des Églises dissidentes ; sur l'Angleterre (lettres aux Anglais, ordinations anglicanes) ; sur la vie intime du Pape, etc., etc...

« Dirai-je que le seul examen de la langue et du style dévoile dans cet ouvrage le fruit d'une longue patience ? On a su se tenir à distance égale de la sécheresse érudite, laquelle eût paru déplacée dans un sujet qui devait être traité *con amore* — et de cette grandiloquence, malheureusement aussi fréquente que détestable dans les ouvrages historiques.

« L'intérêt d'un tel livre — et conçu dans cet esprit — éclate aux yeux de tous. Depuis un quart de siècle, l'action de Léon XIII a été mêlée à tout ce qui s'est fait de grand, d'élevé, de digne d'attention sur le globe. Ceux qui liront l'histoire de son Pontificat par M. l'abbé Guillermin y trouveront l'explication de bien des mystères de la politique contemporaine. »

Les trois Postulats éternels : Dieu, l'Homme, le Christ.
Conférences prêchées à la cathédrale de Noyon, par l'abbé C. Quiévreux, docteur en théologie et en philosophie. — I. *Dieu* : Le quadruple mystère de l'X éternel ; l'existence de l'Être nécessaire ; la Providence divine. — II. *L'Homme* : Corps et âme ; l'Âme spirituelle ; l'Âme immortelle. — III. *Le Christ* : Dans l'histoire humaine ; dans l'histoire évangélique ; dans sa transcendance absolue. — 1 beau vol. in-8 écu de 452 pages. — Prix : **4 fr.** ; *franco*... **4 fr. 50**

Tout roule en ce monde sur trois idées : *Dieu, l'Homme, le Christ.*

Cette triple idée subit toujours les phases successives de la négation ; même, dit-on, pour cette sorte de négation, la conspiration de nos jours fut générale parmi les puissances scientifiques.

Il en résulte cette *conclusion urgente entre toutes* : que, devant la science, par la science elle-même, il faut à tout prix, avant tout, restaurer dans les esprits la *triple idée fondamentale*.

Tel est l'objet de ces **conférences** scientifiques prêchées à la cathédrale de Noyon. Du même coup, c'est marquer leur méthode, aussi scientifique que possible. Chacune d'elles est accompagnée de notes nombreuses qui en augmentent la force démonstrative. Par le fait de cette méthode, tout, dans ces conférences, pourra paraître original : les preuves de l'existence de Dieu, comme celles de l'immortalité de l'âme, comme celles de la divinité du Christ, etc. *Non nova, sed nove.*

L'Incarnation ou le Dieu-Homme, *Conférences prêchées en l'église de Saint-Jacques de Compiègne, au Carême de 1900,* par M. l'abbé Quiévreux, docteur en philosophie et en théologie. — 1 beau vol. in-8 écu de 500 pages. — Prix : **5 fr.**; *franco*... **5 fr. 50**

« Jésus-Christ, a dit Pascal, est le centre où tout tend ; qui le connaît, connaît la raison de toutes choses. »

Montrer que Jésus-Christ est, en effet, ce *centre* unique et universel, cette *raison de toutes choses* première et dernière ; le montrer dans le cadre providentiel le plus éclatant, le plus magnifique tel est l'objet formel des conférences de l'abbé Quiévreux.

I. Le *Plan de l'Incarnation* : avec l'Origine, la Chute, la Reprise ;

II. *L'idée de l'Incarnation* : avec le Divinisme, le Messianisme, les Harmonies du mystère ;

III. *La réalité de l'Incarnation* : avec Bethléem et les Temps ; Nazareth et la Famille, Jérusalem et la Mission.

www.ingramcontent.com/pod-product-compliance
Lightning Source LLC
Chambersburg PA
CBHW060347250426
43669CB00056B/1755